R & L

WILLIBALD ALEXIS

REISE DURCH ÖSTERREICH, SÜD-DEUTSCHLAND UND DIE SCHWEIZ

Rütten & Loening · Berlin

Herausgegeben von Carsten Wurm
Mit 23 zeitgenössischen Illustrationen
und einem Frontispiz

ISBN 3-352-00426-9

1. Auflage 1992

Gesamtgestaltung Torsten Lemme
Satz ComPress Fotosatz GmbH, Berlin
Schrift 9/12 p Walbaum Standard
Reproduktion Förster & Borries, Zwickau
Druck und Binden Kösel GmbH, Kempten
Printed in Germany

Willibald Alexis

Die Barriere von Peterswalde

Ehedem, wenn ich an die Barriere von Peterswalde kam und die ersten gelb und schwarz angestrichenen Balken sah, bemächtigte sich eine gewisse Bangigkeit meiner. Ich sah nach dem Himmel oben und nach den Bergen nebenbei, ob jener drüben noch blau, diese nicht zu hoch wären. Ich meinte, wenn der Schlagbaum hinter mir fiele, sei ich auf Gnade und Ungnade verfallen einer Gewalt, ungefähr so schrecklich wie der Schornsteinfeger in der Ammenstube. Man weiß nicht recht, was der Schornsteinfeger den Kindern tun soll, aber er bleibt doch immer ein Schornsteinfeger.

Wenn der wohlbeleibte Visitator mit der runden Brille heraustrat und seine Leute so emsig und freundlich sich ans Abpacken machten, kamen mir alte Inquisitionsgeschichten in den Sinn von ewigen Einkerkerungen, Folterungen. Ein Demagog, ein Republikaner bin ich nicht und war ich nie, aber ich habe in meinem Leben manches gedacht, was hier nicht laut gedacht werden soll. Ich glaubte, der Mann lese mir mit der Brille ins Herz hinein, und am Hinterkopf habe er noch ein Paar Augen, um zugleich in einem großen Buche zu blättern, wo jeder Mensch, der einmal nach Österreich

Der Heilingsfelsen zwischen Karlsbad und Elbogen

reisen könne, ein eignes Folium habe; und wie er den Blick vorn in meinen Paß geworfen und hinten in seinen Folianten, wisse er genau, wer ich und was an mir sei. Von dem Buche, und was darin steht, lauteten einst die Gerüchte so fabelhaft und wunderbar, als wären es persische Märchen. Die Allwissenheit war hier zu Protokoll gebracht. Von diesem stand darin das Muttermal, das er unterm linken Arme trägt, von jenem sogar, was er im Schlafe gesprochen!

Es fängt ein altes Lied, was die Handwerksburschen singen, mit Östreich an, und die Altdeutschen haben es ihrer Zeit so variiert, daß der erste Vers so lautete:

In Österreich, in Österreich,
In Östreich ist es dunkel.
Warum sollte es nicht dunkel sein,
Es scheint ja nicht Sonne, nicht Mond hinein!

An das dachte ich vor beinahe dreimal fünf Jahren, als ich zum ersten Male, leicht geschürzt, von der Spitze der Schneekoppe herab in die östreichischen Lande meinen Fuß setzte. Es war ein so schneller Ansatz, daß ich in einem Zuge bis Jungbunzlau geriet, ohne an Wallensteins Gruft in Gitschin noch an ein Grenzamt davor zu denken. Dafür hatte die Polizei in Bunzlau nicht übel Lust, mich und meinen Freund wieder auf geradem Wege auf die Schneekoppe zurückzuführen, zumal da in unsern Pässen stand, wir reisten »zum Vergnügen«, was der Kreisamtssekretär nicht als gültige Ursache, weshalb ein vernünftiger Mensch zum Reisen sich entschließen könne, wollte passieren lassen. Es war das Jahr 1819 auch für Studenten, welche keine altdeutschen

Röcke trugen, ein schweres Jahr an allen den Orten, wo jemand denken konnte, er sei *Kotzebue* und, der zu ihm ins Zimmer trat, ein *Sand.* Indessen kamen wir mit blauem Auge und einem Tag Warten davon, weil der Kreishauptmann nach einem Tentamen keine Absicht in uns gewahr wurde, jemand in Böhmen aus der Welt zu schaffen. Ja, ich zweifle nicht, daß der würdige Greis, obgleich in den Pässen stand, daß wir uns der Malerei widmeten, besser als der Prager Torschreiber herauslas, was wir waren. Der Torschreiber nämlich wollte uns durchaus in die Malerherberge weisen, wohingegen der Kreishauptmann meinte: es schiene ihm, als müßten wir sehr von vorn anfangen, wenn wir's in der Malerei zu was bringen wollten.

Mit wie leichtem Herzen sprangen wir damals hinter Elbogen, *Hans Heilings* Felsen vorbei, der bayerschen Grenze zu; wie rissen wir, als der Pfahl mit der Czechie-Granize hinter uns stand und die blauweiße Barriere vor uns, die Matrikeln aus der Brust, die uns nun ein lieberer Paß sein sollten; und die Wonne geträumter Freiheit ging so weit, daß wir in Wunsiedel außer dem Hause, wo *Jean Paul* geboren wurde, auch das sehen mußten, wo der Unglückselige das Licht zuerst erblickt, von dem Varnhagen sagt:

Grausam häufet ein höhnend Geschick
hier Schrecken des Wahnes;
Dich Unglücklichen trieb falscher Gestirne Beruf!
Irr und bejammernswert hat alles
hier sich gestaltet:
Tat, Zweck, Mittel, Erfolg, fremdes
und eigenes Los.

Olmütz

Deutschlands Urteil war damals noch ebensowenig wie das seiner Richter über ihn ausgesprochen. Man glaubte noch etwas Großartiges in den Motiven zur wahnsinnigen Tat zu finden. Richtiger war das Gefühl seiner Familie. Sie zogen sich von den Fenstern zurück, wenn ein unzarter Fremder seine Blicke hin richtete.

Von altdeutschen Wanderern hatten sich wunderbare Märchen verbreitet, mit gläubiger Scheu durch das Römische Reich getragen: wie man den Fremden an Östreichs Grenzen visitiere und examiniere, nicht allein Gesicht und Gesinnung, auch Rock und Hut, ob jener kein altdeutscher, dieser nicht eigentlich eine Mütze sei? Man sprach von Deportationen, feuchten Kerkern und hochluftigen, und hinter allen diesen nebelhaften Schreckbildern, wenn auch halb nur Kinder einer romantischen Demagogenphantasie, glänzten doch in wahrhaftigen Umrissen die Türme von *Dürrenstein*, *Olmütz* und *Munkacs* genug, um eine Scheu auszubreiten über Östreichs Grenzen, wie nur jene in Tiecks Märchen, wo sie mit Fledermausflügeln die Uneingeweihten fortscheuchen vom glücklichen Elfenlande. War es daher ein Wunder, daß sich der jugendlichen Einbildungskraft eine Furcht einimpfte, über die der Wiener jetzt lächelt, und so stark, daß sie noch lange als Befangenheit blieb! Es ist eine Torheit, daß die Sonne in Östreich nicht scheinen soll; aber das unhöfliche Lied kam mir jedesmal in den Sinn, wenn ich von Hellendorf nach Peterswalde fuhr, und ich sah nach dem Himmel und nach der Sonne und nach den Bergen, ob ich drüber zurückkönnte, wenn's mir drinnen zu finster oder zu eng würde.

Diesmal überließ ich die Bangigkeit meinen Begleitern, welche einen reellen Grund dazu hatten, nicht in liberalen Gesinnungen, aber in einigen Pfund Rauchtabak, und dachte, indem ich die grünen Höhen musterte, an den Wiener Spaziergänger, wenn er singt:

Unser Land, wohl ist's ein Garten;
doch der Gärtner, bang und scheu,
Zog ein starres Eisengitter,
daß er rings verschlossen sei!
Doch auch draußen wohnen Leute,
die sich gern der Gärten freun;
Wer sich freut an schönen Fluren,
kann ein schlimmer Gast nicht sein.

Schwarz und gelbe Schranken halten
unsre Grenzen rings umspannt,
Schergenwacht und Mautner hüten
so bei Tag als Nacht das Land,
Sitzen unter Tags vorm Zollhaus,
liegen nachts im feuchten Gras
Still und lauschend auf dem Bauche,
spähend rings ohn Unterlaß.

Daß sich ja kein fremder Krämer,
fremder Knaster, fremder Wein,
Fremde Seide, fremde Linnen
schleichen in das Land hinein!
Daß ein arger Gast vor allem
unsern Grund betrete nicht,
Der Gedanke, der entsprossen
fremdem Boden, fremdem Licht.

Die Art, wie meine Reisegefährten sich vorm Zollhaus mit der Behörde aufs reine setzten, überzeugte mich indes, wie unrecht der Spaziergänger hat, wenn er meint, daß der fremde Knaster und fremde Geist nur zur Geisterstunde auf eine Art, die er weiter so angibt, ins Land kommen:

Sieh, da tauchen aus den Büschen,
aus den Nebeln rings der Nacht
Männer, schwere Last am Rücken,
Karren, schwer von reicher Fracht,
Leise wie die Nebel schleichen
sie die fahlen Steg entlang;
Sieh, da wallt auch der Gedanke
seiner Sendung heil'gen Gang.
Mit den Schmugglern muß er reisen –
er versteckt und hehlt doch nichts! –
Mit den dunklen Nebeln schleichen –
er, der Sohn des Tags und Lichts!

Es ist, wie gesagt, Verleumdung, wenn man behauptet, daß am Peterswalder Schlagbaum ein Zerberus sitzt. Die Quarantäne ist kurz, die Inquisition mild, der Zoll gering, wenn man ihn auf richtige Art zu entrichten weiß. Es kommt ja überall nur auf die richtige Art an. Zu freundlicher Verständigung wirst du die Angestellten hierzulande immer bereit finden, was im Preußischen nicht so der Fall ist. Vielleicht daher, weil der militärische Stolz in den Köpfen gegen friedliche Verständigungen sich sträubt.

Genug, ich, wir, unsere Ideen und unser Tabak wären ohne Aufhalt durchgekommen, wenn nicht einen ungarischen Roßtäuscher die Gewissenhaftigkeit geplagt hätte, zehn Zigarren, die er bei sich trug, anzugeben. Die ehrlichen Leute schüttelten die Köpfe: ob er sich nicht versehen, ob es nicht inländischer Tabak sei? Umsonst, er wollte durchaus ehrlich sein und außer dem Douceur, das schon auf der Schwelle lag und gewiß ebensoviel betrug als der Tarif, auch diesen entrichten. Nun mußte gemessen und gewogen und gerechnet werden, und nach einer Stunde Aufenthalt setzten wir uns mit dem allergewissenhaftesten Manne, der je eine Diligence bestieg, wieder ein. Nur sagte mir der Wirt in Teplitz, daß der ehrliche Handelsmann schon drei glückliche Bankrotte erlebt und, während er um Mittag den Zoll für die zehn Zigarren pünktlich entrichte, um Mitternacht drei Koppeln Pferde über die Berge erwarte.

Jedes Ding hat mehr als eine Seite in Böhmen, sagte mir der Wirt in Teplitz, und ich habe die Bemerkung auch in andern Ländern richtig gefunden.

Teplitz

Überhaupt, behaupte ich, Peterswalde ist gar nicht mehr die Grenze zwischen Preußen – ich wollte Sachsen sagen – und Östreich, seitdem Teplitz dahinter liegt.

Teplitz ist bekanntlich ein Bad, eine Stadt, eine schöne Gegend und eine preußische Kolonie. Ursprünglich war es nicht von Preußen bewohnt, denn die Ureinwohner sind ein Mischvolk zwischen Böhmen und Meißnern, was dir klarer wird, wenn du von Prag, als wenn du von Dresden kommst. Die Bürger sind mehr sächsischen Blutes, die dienende Klasse von böhmischem; doch findet man jetzt auch schon Gesichter darunter, welche ihren Ursprung von allen Stämmen der Welt, deren Söhne in Teplitz badeten, herschreiben. Allein seit fünfzehn Jahren sind die Preußen hier eingewandert und herrschen, wenn auch noch nicht in allen Teilen der City, doch im Westminster, auf der großen Promenade und in den Salons. Noch ist der Dialekt indes ein sächsischer. Wenn der Berliner überhandnimmt, meint man, wird erst die preußische Herrschaft hier begründet sein. In der Stadt möchte das eher eintreten; aber vom Lande ringsum, was zum Teil noch gar nicht deutsch spricht, darf eine stärkere Opposition erwartet werden, indem die gelehrten Mönche von Kloster Ossegg und Mariaschein erklären, daß das Berliner Idiom unter allen germanischen dem slawonisch-böhmischen am entferntesten steht. Sollte es einst zu dem blutigen Kriege zwischen Östreich und Preußen über den Besitz des Teplitzer Tales kommen, wofür freilich die europäischen Konjunkturen jetzt sprechen, so dürfte auf den Besitz des Schloßberges nicht weniger ankommen als auf den der Antwerpener Zitadelle. Hier nun darf der Vaterlandsfreund nicht verschweigen, daß der derzeitige Kommandant uns gewiß geneigt ist, indem er *mir* und *mich* schon häufiger verwechselt, als die Artigkeit gegen seine Berliner Gäste, freilich die zahlreichsten, es von einem spekulierenden Gastwirte fordert.

Läge mir ob, den Operationsplan zu einer Eroberung zu entwerfen, so legte ich vorläufig immer mehr Militärlazarette für uns an, bis wir eine gehörige Anzahl Kranker im Bade hätten, welche über Nacht auf Kommando gesund würden. Erhöbe sich dann ein Aufstand – ich weiß nicht, warum – in der Stadt, so wären wir als die einzige bewaffnete Macht gleich zur Hand. Wir wollten natürlich nichts als Ordnung und würden von den guten Bürgern darum ersucht. Am Morgen darauf wäre es ebenso natürlich noch tumultuös, und es verstände sich von selbst, daß wir das Kastell, den Schloßberg besetzten. Ein unvorsichtiger Unteroffizier pflanzte unsere Fahne auf. Das Tal käme in Alarm. Man ließe uns hochleben und zwänge uns, uns auszusprechen. Wir bewilligten vieles und versprächen noch mehr, zum Beispiel, daß die Teplitzer auch im Winter die

Teplitz

Voß'sche Zeitung lesen dürften, freie Einfuhr des sächsischen Landweins, anfänglich zwei Kammern, für den Prälaten in Ossegg, nachher nur eine, die »Stumme von Portici« fürs Theater und was weiter zu einer glücklichen Revolution gehört. Käme es dann doch zum Kriege, so ist ja das Tal von Teplitz groß genug, um entscheidende Schlachten zu vermeiden; dann würde in Aussig eine Konferenz versammelt, protokolliert und pazifiziert und am Ende wenigstens so geteilt, daß wir die deutsche und die Östreicher die böhmische Bevölkerung behielten. Die Zwistigkeiten, das gegenseitige Auffangen und Abschneiden gäbe gute Nahrung für die Zeitungen und der Diplomatie zu immerwährenden Verhandlungen. Wenn auch sonst nichts, gewönnen wir doch den Schloßberg, für unsere Telegraphenlinie von großem Vorteil, weil man das ganze Tal übersieht.

Ich will nicht die Verdienste dieses Plans mir allein beimessen, da ich vieles davon aus dem Gespräche mit einem belgischen Attaché auf der Promenade mag profitiert haben; aber er wäre doch nicht eher auszuführen, als bis die sächsischen Schnellposten wenigstens täglich einmal von Berlin kommen und gehn.

Aber lohnend einen Krieg ist der Besitz von Teplitz. Der Versucher könnte wenig schönere Plätze in Deutschland wählen, um dem Sohne des Menschen die Herrlichkeiten der Erde zu zeigen, als den Schloßberg. Die Schloßruine ist wenig, wenig durch sich und durch die Erinnerung, der Berg ein kahler Kalksteinhaufen mit einem schon sehr gekämmten Eichenwäldchen; aber ringsum das reiche, üppig schwellende Tal, mit seinen Quellen, Hügeln, Wäldern, Gärten, dort die merkwürdigen Bíliner Felsen mit den stürzenden Wässern zu Füßen, dort die Kuppeln reicher Stifte und Klöster mit wundertätigen Bildern. Und jenseits des Lieblichen und Reichen, des Friedlichen und Wohlgeordneten die mächtigen Bergzüge, dicht bewaldet, welche dieses weite Tal schützend umschließen, ohne es zu drücken. Im Süden die Kette der Paskepole mit dem gewaltigen Milleschau, streitend mit den regelmäßigern Höhenmassen des Erzgebirges gen Norden, wem die gesegneten Triften, die sie umfangen, angehören sollen, ob Böhmen, ob Deutschland? Und längs der tief dunkeln Wände dieses deutschen Gebirges von der höchsten Höhe herab schlängelt in tausend Krümmungen ein weißer Streif sich nieder, die große Straße von Sachsen. Vor zwanzig Jahren rötete ihn dreier Völker Blut, es tränkte die Wiesenabhänge und Wälder. Du siehst die Spitze von Kulm, dort liegen die Hütten von Nollendorf. Zwei Denkmäler haben Menschenhände errichtet, aber das Gedächtnis der gefochtenen Schlachten wird diese Säulen von Metall überdauern.

Es ist kein Feengarten, es ist nichts Gigantisches, nichts Wunderbares, aber alles, was des Menschen Herz erfreut, was ihm das Dasein lieb macht, lacht um ihn her: der Erdgeist in blühender Gestalt wandelt mit dir um die Burgmauern am Morgen und Abend und zeigt dir, wie schön sein Planet ist in dem Wechsel von Licht und Schatten. Nur um Mittag ist es nichts. Volles Licht verträgt die Erde nicht.

Wenn *Blücher*, wie es anfangs bestimmt gewesen, den Johannisberg bekommen, hätte man *Goethen* das Tal von Teplitz schenken sollen. Keinen würdigern Fürsten kennte ich für dieses blühende Tal. Nicht *Schil-*

ler, nicht *Shakespeare*, nicht *Dante; der* Dichter hätte hier walten müssen als Fürst, der

Immerfort sich selbst beschränkend,
Immer nur das Nächste denkend,

doch in engsten Grenzen das Schönste, Lieblichste sammelte und ein solcher Gärtner war, daß die Blüte des Lebens unter seiner Pflege noch im Herbst und Winter frisch blieb und anmutig. Denke ihn dir thronend auf einem neuerbauten Schlosse auf dem Berge und, die greisen Locken vom Abendgold gerötet, mit den ernsten, sichern Blicken musternd seine Welt unter ihm. Für den Faust freilich wär ich um einen Platz verlegen im Tal. Aber zwischen den waldbewachsenen Bergen drüben liegt wohl eine einsame Warte, wo ich den Magier hinversetze.

Volle Lebensblüte atmet das kleine Reich, und doch fehlt ihm Poesie. Ihm fehlt das Auge der Landschaft, Wasser, und ihm fehlt Wein, nämlich den es selbst baut. Sonst fehlt ihm nichts. Der rote Tonboden der nächsten Stadtumgebung dient nicht wenig, jeder kleinen landschaftlichen Szene Freundlichkeit und einen malerischen Anstrich zu geben; und doch wird es dem Maler schwer, bei aller Lieblichkeit Punkte aufzufassen, da die scharfen Umrisse fehlen und das Wohlgefällige mehr auseinandergeht als sich zueinanderdrängt.

Teplitz ist eine preußische Kolonie und eine Weltstadt. Daß große und auch gekrönte Häupter hierherkommen, ist bekannt, außerdem kommen Vornehme und Reiche, um zu baden oder nicht zu baden, um sich sehen zu lassen oder zu sehen, um ernste oder nicht ernste Geschäfte zu schließen; es kommen Spieler aus allen Ländern, Kellner vom Rhein und aus Sachsen, Köche aus Frankreich und Geld aus aller Welt. Teplitz, obgleich ein unbedeutendes Fleckchen in dem kleinen Königreiche Böhmen, ist darin so großartig, daß es Geld von jedem Gepräge annimmt, am meisten preußisches. Gold, Silber oder Papier, hier ist kein Unterschied. Ausländische Weine kann auch jeder Badegast einen halben Eimer unversteuert mitbringen, und der Bürgermeister von Teplitz ist ein Berliner Opernkomponist.

Um deshalb behauptete ich, Peterswalde sei nicht mehr die Grenze zwischen uns und Östreich, denn Teplitz rechne ich noch zu uns.

Böhmen

Ich könnte über vielerlei Betrachtungen anstellen, was ich gedacht, als ich in der Nacht über die Paskopole fuhr, zum Beispiel über Hundesteuern, über den gestirnten Himmel oder Runkelrübenzucker.

Aber ich bekenne, daß ich geschlafen habe, und wenn ich zum Fenster hinaussah, war der Himmel bedeckt. Auf der Höhe schneite es, ich konnte also keine Sterne sehen, Runkelrübenzucker wird in Böhmen erst seit kurzem fabriziert, und von Hunden kommt später Gelegenheit zu sprechen.

Ich muß also spätern Reisebeschreibern überlassen, wenn es nicht vor mir welche getan, ihre Beobachtungen über diese Gegenstände, die ihnen auf dem natürlichsten Wege beim Eintritt in Östreich in den Sinn kommen werden, auszusprechen. Hunde gibt es übrigens auch anderwärts, Runkelrüben nur in Ländern, wo starker Zoll auf Kolonialwaren liegt, und einen Himmel voll Sterne überall, wo man ihn sehen will.

In Dresden lachte der junge Frühling von der Brühlschen Terrasse, von den Weinbergen der Elbe, aus den großen und kleinen Gärten und Promenaden; im südlichern Böhmen war es noch Winter. Eine leichte Schneedecke lag über den Feldern, die Flocken wehten durch Prags Straßen und verfolgten und begleiteten uns bis zu den mährischen Gebirgen. Hier, mit einem Male, hörte der Winter auf, das Frühjahr war schon vorüber, und der üppige Frühling lagerte auf den gesegneten Fluren Östreichs.

Eine andere Vorstellung macht sich doch die Phantasie von Böhmen, als die Wirklichkeit ist, nämlich die man aus den Fenstern der Schnellpost sieht. Wo sind die böhmischen Wälder, wo die Felsen, Schluften, der Aufenthalt für Räuberbanden, Zauberer, Unholde, Amazonen? Wo begegnen uns die Enkel der Prokope, Husineks, Žižka? Sucht dein Auge nicht überall nach zerstörten Burgen, Schlössern, verbrannten Kapellen, Erdrissen? Und wenn du auch nicht die Zauberwälder der alten Tschechen verlangst, nicht nach den Morgensternen und Wagenburgen der Hussiten suchst, nicht nach Wallensteins Hufen und des Grafen Thurn Kürassen, ja nicht einmal nach den Räuberbanden, die von Schiller bis Byron nur in Böhmens Wäldern leben konnten, so meinst du doch in dem bergumschlossenen Kessellande Spuren zu finden von den Sturmrevolutionen und meteorischen Besuchen, die Böhmen, wenn auch sonst nichts mehr revolutionär da ist, wenigstens noch immer in den Zeitungen ein revolutionäres Ansehn geben. Und für alles das findest du nichts als ein fruchtbares, ebenes Ackerland!

Böhmen hat eine Geschichte gehabt, und sie ist nicht so zerrissen und zersplittert als die polnische, und doch entdeckst du auf der ganzen Länge des Landes kaum eine Spur davon. Es scheint, als sei auf die slawische Urzeit die neue gefolgt, das Mittelalter übergehend. Mit der einen großen Ausnahme siehst du nichts von den Bauten, welche in echt altgermanischen Ländern bei jedem Schritte die emsige und kühne Tätigkeit des Mittelalters bezeugen. Jene Waldwohnungen, jene Burgen von Eichenstämmen der alten Slawen sind untergegangen, ohne ein Spur zu hinterlassen. Von Denkmälern einer Zeit von tausend Jahren darnach ist nichts zu finden, und die Geschichte, die im Steine lebt, fängt erst wieder an mit den freundlich hellen Bauten aus der Jesuitenzeit. So weit dein Auge sucht in den Niederungen, wo niedliche Dörfer in großer Zahl an den Bächen des Landes gedrängt liegen, siehst du keinen Spitzturm, keine Spitzbogen, kein gotisches Gewölbe, überall die breiten Tonnenbogen, den hellen behaglichen Baustil, der nicht über den Dreißigjährigen Krieg hinausreicht. Hat dieser nun, haben die noch mörderischern Flammen der Hussitenkriege das Altertum verbrannt, zertrümmert und zertreten?

Vieles gewiß; aber wo die Feudalzeit einmal geherrscht, hat sie so fest gebaut, daß ihre Trümmer noch einem Jahrtausend trotzen, und ihre Wurzeln sind so fest, daß sie erst mit dieser alten Erde untergehen werden. Ist dies doch selbst in Frankreich der Fall, und in keinem Lande wurde ähnlich gegen sie gewütet. Wo sie gewesen, da lebt sie noch in ihren Ruinen fort. In Böhmen hat sie nie geherrscht, Böhmen blieb, trotz aller Versuche, es germanisch zu kolonisieren, bis auf den Dreißigjährigen Krieg durchaus slawisch, und dieses slawische Land teilt noch darin die Verwandtschaft mit seinen Vetterländern Schlesien, Polen, Rußland, daß die ganze bauende Kraft des Volkes in seiner Hauptstadt sich konzentriert hat. Der Adel in allen diesen slawischen Ländern begnügte sich mit Balkenschlössern, das Volk mit Lehmhütten, und ihre Hauptstädte bauten sie von Quadern und Backsteinen; dort errichteten sie Schlösser und ließen ihre Münster und Türme gen Himmel steigen, dem Lande zu Ehren, dem Feinde zum Trotz, dem sie *das* zur Verwüstung preisgaben, woran nicht viel zu verlieren war.

So wurde *Moskau*, überladen mit allen geretteten Erinnerungen und Schätzen des Volkes, eine heilige Stadt, so konnte *Warschau*, während ringsum im einst mächtigen Polen der Bauer wie der Magnat in Lehmkoben und Lattenhütten bis auf den heutigen Tag wohnt, die mächtige Polenburg werden und bis vorgestern eine glänzende Hauptstadt, die jedem zivilisierten Lande Ehre gebracht hätte. Früher und mächtiger drang deutsche Kultur in Schlesien ein. Wenig Burgen zwar sehen wir auf seinen Bergspitzen, dafür desto mehr Städte von reichsstädtischer Zierlichkeit, welche alle freilich hinter dem ehrenfesten Altertume von *Breslau* zurückstehen.

So nur konnte *Prag*, diese alte, steinerne Slawenburg, werden, was es geworden, eine prächtige Königsstadt an einem Flusse, der keine Schiffe zum Meere führt, mitten in einem von Bergen umschlossenen, tief versteckten Binnenlande, ohne Mittel zum Welthandel. Wäre es ein germanisches Land geblieben, so sähen wir kleine feste wohlbehagliche Städte in Bunzlau, Saaz, überall Schlösser und Burgen, aber kein Prag, wie es ist. Prag ist der Stempel für Böhmens Geschichte. Sie läßt sich nicht wieder verlöschen.

Wer aber unternähme es, in einem Kapitel ein Gemälde von Prag zu geben! Hier den richtigen Standpunkt zu finden, hier zu sondern, wo Germanisches, wo Slawisches sich verbindet, wo es sich trennt, dazu gehört Studium; und eine flüchtige Reiseskizze, die Paris, Neapel, Wien und Berlin richtig auffassen mag, weil dort alles dem beobachtenden Blicke zutage liegt, versucht hieran nicht ihre Kräfte.

Böhmen hat Weine, aus *Melnik* und *Černosek*, mehr Raritäten als Produkte. Auch Raritäten können vortrefflich sein. Anerkannt ist der Wert des Bieres. Nicht so gelobt wird die Höflichkeit der Böhmen gegen Fremde, die sie zum ersten Mal sehen. Doch mag dies in der Häuslichkeit auf dem Lande anders sein. Die Lebensbedürfnisse sind teurer als in dem gesegnetern Östreich. Die Emsigkeit, die Betriebsamkeit, die Verstandesschärfe der Böhmen, das Feuerelixier in ihrem Lebensprinzip wird auswärts mehr anerkannt als in ihrem Lande.

In *Slan* fanden wir, um wieder auf Hunde zu kommen, einen Hund, der im Begriff war, sprechen zu lernen. Aber man meinte, er werde ferner einige Schwierigkeiten haben, da es ungewiß, ob er mehr Beruf zum Böhmischen oder Deutschen besitze. Indes konnte er auch Karten ziehen.

Durch *Kolin* fährt man bei Nacht. Ob dies eine Artigkeit ist gegen die preußischen Reisenden, ihnen den Ort zu verbergen, wo Friedrichs Stern unterzugehen drohte? Es war Mitternacht, die Sterne funkelten am Himmel. Auf dem ganzen weiten Markte war es totenstill. Mich durstete; es war kein Kellner zu wecken und zu rufen. Das Rieseln eines immerwährenden Brunnens leitete mich endlich zu einem frischen Labetrunke. Vielleicht derselbe, aus dem Friedrich nach der Schlacht wieder Mut trank! – Ich wünschte, man käme bei Tage durch Kolin, denn auch das Unglück, was uns nicht vernichtet hat, ist eine Perle im Diadem der Ehre, und wäre es auch nicht, man soll ihm doch ins Auge sehen.

Unerwartetes

Der Östreicher weiß sehr wohl, was über ihn und seinen Staat auswärts gedacht wird. Mit Vertrauen kommt er dir entgegen und fordert von deiner Billigkeit, daß du alles ganz anders findest, als du nach dem Gerede erwartet, und daß du mit einem andern Urteile Östreich verlässest, als du mitgebracht.

In Berlin wird das nicht erwartet. Der Fremde darf unsere Sitten belächeln, unsere Einrichtungen kritisieren. Man verlangt nicht, daß er sich besser unterrichte und bekehre. Je schärfer er richtet, um so mehr wird es heißen, wenn er überhaupt Geist hat, er sei geistreich. Man wird sich an ihn drängen, ihn gern hören, ihn anführen gegen Dritte, sogar ungerecht sein gegen sich selbst. Jener, gefragt, warum er so unablässig auf die Berliner stichle, antwortete: »Mein Gott, Sie wollen doch nicht, daß mich die Berliner für einen Dummkopf halten, indem ich sie lobe.«

Ist das der Gipfelpunkt moderner Bildung, alle Urteile zu ertragen und über sie hinauszusein, so ist Berlin die gebildetste Stadt in der zivilisierten Welt. Nur im grauen Altertume gab es eine, die ebenso hoch stand: *Athen*, wo das Volk ertrug, daß seine Lustspieldichter es in der Maske eines närrischen alten Gecken auf die Bühne brachten. Die Athener lachten über sich und ließen andere über sich lachen, denn Marathon und Salamis blieben ihnen doch, und sie waren doch die Gescheitesten in Griechenland. Ich will nicht untersuchen, ob unser Gleichmut vom Gefühl innern Wertes, der nicht zerstört werden kann, oder von einer Blasiertheit der Gefühle herrührt. Eine Apathie ist da, aber auch ein Wert errungener Bildung, der nicht der Schätzung bedarf. Wenn auch nicht höchster humaner Bildung, so ist doch dieser Zustand der Gipfelpunkt einer durch Bildung errungenen sozialen Freiheit, wie sie in keinem freien Staate vorkommt.

Zu dieser Höhe ist der Wiener noch nicht gelangt. Er fodert, daß, was ihm gefällt, auch dem Fremden gefalle, er fodert Anerkennung, Lob, Entzücken. Ist das ein Verbrechen? Ein phlegmatischer alter Holländer las mir ein Gedicht vor zum Preise seines freien Vaterlandes, was sehr langweilig war, und die Tränen flossen ihm die Backen herunter, und die Stimme wurde gerührt, und er nahm es sehr übel, daß ich nicht auch so gerührt war und auch so weinte. Ähnliches wirst du in allen Ländern finden, in absoluten wie in freien, in tief verfinsterten und in hochgebildeten. Nur in Lappland und in Deutschland verträgt es der Patriot, daß der Fremde vor ihm sein Land heruntersetzt. In Lappland, weiß ich, ist es gewiß nicht das Gefühl des Wertes. Aber sei es bei uns auch die Höhe der Bildung, Sicherheit und Überzeugung, dennoch handeln wir nicht ganz recht. Nicht jeder, der unsere Lächerlichkeiten und Mängel uns bewitzeln hört, hat die Kraft oder den Willen, was an uns trotzdem wahr und gediegen ist, zu erkennen. Die am Schein sich haltende Menge meint, wenn wir selbst alles das einräumen, so müsse es doch jämmerlich mit uns stehen. Daher haben die jüngsten Angriffe aus Süddeutschland gegen Berlin Eingang und Wirkung bei der Masse, wie unaussprechlich albern sie uns auch vorkommen, und nur das [ist] zu bewundern, daß sie nicht müde werden, wie der am Pfahl trottierende Gaul, immer um ein und dasselbe sich zu drehen. Dahin ist man in Berlin gediehen, daß man sich über die Impudenz nicht ärgert, sich aber über die Ignoranz und den Skandal amüsiert, wie denn hier nichts begieriger gelesen wird als die noch lächerlichern Lügen der französischen Blätter. Aber unsere Doktrinärs, staatliche und andere, die sich darüber in gutem Bewußtsein erhaben glauben und selbst über die Verunglimpfung ihrer eigenen Persönlichkeit lachen, bedenken nicht die große Masse Deutscher um den Winkel zwischen Donau und Rhein, die in keine so gute Schule gegangen als sie, um gleich das Wort von der Tat zu unterscheiden, die in treuherzigem Glauben, was ihnen ihre Blätter lügen, für evangelische Wahrheit nehmen und nicht würdigen mögen, daß unser Lebensgebäude auf einem sittlichen Grunde ruht, der ziemlich so fest noch ist, um die Stürme der Tagesbonmots zu ertragen. Wie das Echte allüberall einst siegen muß, so werden auch diese ephemeren Beschuldigungen in sich selbst zusammenfallen, ein natürlicher Prozeß, den Preußen schon mehrmals überstanden; aber um deshalb ist unser apathisches Lächeln noch nicht gerechtfertigt, denn wir leben nicht allein für die Zukunft, sondern auch in der Zeit.*

In Östreich denkt darin Volk und Regierung übereinstimmend. Sie mögen es nicht, daß man auf sie stichelt und schmäht. Die Regierung aber, einsehend, daß, wenn das eine vergönnt ist, das andere sich von selbst macht, will nicht einmal gelobt sein; sie verwehrt daher mit dem Sticheln auch das Räsonnement. Das Volk, minder umsichtig, verlangt, daß man es loben soll, und gibt sich dadurch Blößen gegen den Fremden, der Lächerlichkeiten aufsucht. Doch die gutmütige Art,

*Die Anfeindungen gegen Berlin zerfallen ihren Motiven nach in zwei Arten. Als Hauptstadt norddeutscher Bildung, die sich in protestantischem Charakter starr, prüde, reflektierend und in sich abgeschlossen ausspricht, ist sie dem warmblütigern, das Leben leichter nehmenden Süddeutschen von selbst fremd, er findet sich selten behaglich, und mit aus dieser Spaltung ist der feindliche Wille gegen alles Preußische hervorgewachsen und stark geworden, der sich seit den letzten politischen Irrungen auf so mannigfaltig unerfreuliche Art kundgibt. – Aber die jüngste frivole Richtung des gesellschaftlichen Lebens, die seit 1815 in rapiden Progressen zunahm und erst in der Sängerinnen-, dann in der Tänzerinnenepoche ihre Kulminationspunkte erreichte, mußte auch die norddeutschem Ernst Zugetanen zu Unwillen und Spott aufreizen. Aus Berlin selbst sind die stärksten Stimmen gegen diese überhandgenommene Verflüchtigung der Lebenskraft laut geworden. Die aus diesem Motiv Berlin anfechten, haben indes nie vergessen, daß das nur die schimmernde Oberfläche eines Lebens ist, und was Gediegenes und Dauerndes in vielen Fächern der Kunst, Wissenschaft und des öffentlichen Lebens gerade da hervorging, als freilich, wer nur nach dem Theatergeschwätz urteilte, es verdammen müßte. Allein es braucht nur erinnert zu werden, daß zur selben Zeit, wo die entwürdigte Bühne aus einem Organ für Volksbildung, Erhe-

wie der Wiener sein Lob als Fremdenzoll einkassiert (er bittet gewissermaßen darum), ist weit zu seinem Vorteil von der Art verschieden, wie der Franzos Ähnliches fodert. Der Wiener will ja nur ein bißchen anerkannt haben, daß es bei ihm sich gut leben läßt, und der

bung und Frohsinn zum moralischen Bordell versank, von Berlin aus die sogenannte Düsseldorfer Malerschule hervorging, die deutscher Kunst eine noch nicht erreichte Stufe des Ruhmes verspricht. Ich blättere in dem Werke eines früh verstorbenen Sängers. Der edle Tote, *Wilhelm von Normann*, ließ auch in dem besten Gesange, den er hinterlassen, »Mosaik«, seinem Unwillen gegen Preußens Hauptstadt freien Lauf; aber wie anders klingt seine Klage als die heutzutage hergebrachten. Wohl spricht er ein bittres Wort aus:

Du stehst in einem toten, sand'gen Meere,
Und so wie außerhalb ist innen Leere,

er zählt alle Klagen gewichtiger, tiefer, poetischer auf als die kleinen Schreier von heut, und doch nennt er:

Berlin den Marktplatz alles Schönen,
Wo wahre Kunst und hohe Weisheit lebt,
Wo *Schleiermachers*, *Hegels* Worte tönen,
Wo *Ritters* Geist von Pol zu Pole strebt,
Hufland und *Graef* des Todes Macht verhöhnen,
Gestärkt durch *Savigny* das Recht sich hebt,
Wo *Rauch* gemeißelt für die fernsten Zeiten,
Und *Devrient* und *Wolff* mit Garrick streiten.

Und wie viele Namen in allen Fächern des Wissens ließen sich seit 1826 diesen zufügen, welche in jeder andern Stadt patriotische Ruhmredigkeit dem Fremden präsentieren würde; das ist aber nicht berlinisch. Wie die Satire, selbst die weit über den trivialen Regionen schwebende, veralten kann, beweist mir auch dies schöne Gedicht, indem ich es wieder durchlese. Die Hälfte von den Torheiten, worüber der erzürnte Jüngling vor sieben Jahren seinen Unmut in Versen ausließ, sind seitdem ganz andren gewichen.

Fremde soll es mit ihm sich gut schmecken lassen. Er ist selbst so selig dabei, und dasselbe gönnt er dem Fremden und begreift es nicht, wenn er nicht so selig ist. Der Franzose fühlt das nicht, sein Patriotismus ist keine innere schwellende Seligkeit. Die Göttin Gloire steht außer ihm da. Es ist nur eine pflichtschuldige Devotion vor ihr, die sein Vaterland hochgestellt hat, wenn er schultert, den Hut zieht, den Degen schwenkt und allenfalls auch für sie stirbt. Mit herrischem Tone fodert der galante Mann vom Fremden dieselbe Veneration, und ob der Fremde sich dabei wohl fühlt, ist ihm gleichgültig.

Ob ich alles wirklich in Östreich so ganz anders gefunden, als das Gerücht es macht? Wenn ich nun antworte: Ich habe dem Gerüchte längst nicht geglaubt? Oder wenn ich sagte: Ich habe es mir noch viel besser vorgestellt, als ich es gefunden? Es ist eine so umfassende Frage, daß ich sie hier nicht in einem Satze, sondern mit dem ganzen Büchlein zu beantworten suche.

Etwas hatte ich nicht erwartet. Eine Stimme in der Wüste ist jederzeit was Unerwartetes, aber auch auf dem Eilwagen kann sie es werden, wenn sie – nämlich in den östreichischen Staaten – wie jener Kondukteur politisiert, neben dem ich saß auf dem Wege von – doch halt! Man könnte von Polizei und Oberpostamts wegen dem freimütigen Weltbürger nachforschen, ihn auf Grund meiner Denunziation zur Untersuchung ziehen und gar vielleicht seines Schirrmeisterpostens entsetzen. Deshalb verschweige ich den Namen der Tour. Es war irgendwo im ganzen weiten Bereich des östreichischen Kaiserstaates, der, obgleich jetzt nicht mehr so groß, daß die Sonne darin nicht untergeht, doch noch groß genug ist, daß sich darin ein liberaler Schirrmeister verstecken kann. Nicht weit davon, irgendwo, war eine große Schlacht geschlagen worden zwischen Franzosen und Deutschen, eine entscheidende, und der kaiserliche Schirrmeister, selbst einst Soldat, urteilte darüber wie folgt. Fast Wort für Wort ist es auf der nächsten Station niedergeschrieben.

»Wozu haben sie einen Löwen hingesetzt? Der General, der da geblieben ist, hat sein Lebtag nichts mit 'nem Löwen zu tun gehabt. War nie kein Löw. Er ging in die Schlacht wie die andern, oder auch nicht, denn sie mußten ihn auf dem Sattel halten, weil er zuviel getrunken hatte. Und da kam eine Kugel, eh er sich's versah, er fiel, wie andre auch, und das war alles, und verloren war nichts dran. – Der Krieg ist und bleibt eine Dummheit, die allerschrecklichste Dummheit, die in der Menschheit jemals erfunden ist. Auf wessen Kosten geht's? Der Bauern ihre. Vom Pfluge werden sie genommen, daß sie sich sollen einander totschießen und totstechen. Und wofür? Das weiß keiner. Ich weiß es aber. Daß der Bauer, wenn er leben bleibt, 's nachher noch schlechter hat als vordem. Was haben wir von dem großen Krieg? Unglück und Ruin, wo man hinsieht. Unsre Bauersleute müssen noch mehr roboten als sonst, daß die Abgaben rauskommen. Und haben sie's in Preußen etwa besser? Die haben auch nix gewonnen durch den Krieg, ich weiß es. – Freilich«, es sollte wohl ein Kompliment sein, »machten's die Preußen damals aus. Aber wenn sie nicht zugekommen wären, wär's anders geworden, und ich weiß nicht, ob schlimmer.

Aus wär's gewesen mit dem Kaiser von Östreich und dem König von Preußen. Was geworden wäre, weiß ich nicht, aber für den Bürger und Bauer schlimmer gewiß nicht. – Sie meinen: neuer Krieg mit der übrigen Welt! Mit wem denn? – Die Engländer hätten einpacken gemußt. Sie meinen, er hätte uns rübergeführt nach Asien! – Dazu hätte er wahrhaftig auch nicht alle Bauerssöhne aus Europa vom Pflug zu nehmen gebraucht. Asien, das ist eine alte Fabel. Das kost' nicht viel. Man hat gesehn, mit wie wenig der Paskewitsch viel gemacht. Jetzt aber ist's alles verworren, verworren und kraus in der Welt, und lange kann's so nicht währen.«

So sprach der kaiserliche Schirrmeister im Frühjahr 1832. Ob es im Lande viele solcher praktischen Friedenspolitiker gibt, weiß ich nicht. Ähnliche Logik hört man auch wohl anderwärts in Deutschland, aber im Östreichischen tönte sie mir doch seltsam. Die Furcht, daß der Deutsche auch wie der Franzose für das hohle Phantom der Gloire alles Reelle und Ideelle opfern könne, möchte danach noch zu früh kommen.

Mähren

Die mährischen Gebirge, welche Böhmen im Süden begrenzen sollen, sind eine alte Fabel. Man sieht nichts davon. Und doch, wenn man jetzt allgemach hinuntergleitet, fühlt man in der veränderten Atmosphäre und Kultur, daß man aus einem Berglande kommt, von dem man nichts gewahr wurde, solange man drin war. Dort Schnee, rauhe Lüfte, graubraune Fluren, hier grünt es schon weithin auf den Feldern, in den Gehegen, den Gärten und Wäldern, und die Singvögel lassen sich hören.

Noch eine Veränderung: hier wird schon Wein *geschenkt.* Man ist in einer Nacht aus dem Bierlande in ein Weinland versetzt. Welche ganz andere Physiognomie hat doch jedes Land, wo Bauer und Bürger seinen Schoppen oder Seidel trinkt, als wo er hinter der Bierkanne oder am Branntweinglase politisiert. Böhmen zählt man deshalb noch zu Norddeutschland, indes Mähren, wenn auch der Weinstock hier noch wenig heimisch ist, schon ganz zu Süddeutschland zu gehören scheint. Alles wird lustiger, heller, geräumiger, wohlhäbiger.

Schon in Böhmen fällt uns diese behagliche Geräumigkeit und sorgenloserer Wohlstand auf, ein Charakter, der mit der mährischen Grenze immer mehr heraustritt. Die norddeutsch-wendischen Dörfer aus Lehmhütten mit vom Wind und Wetter eingedrückten Strohdächern sind verschwunden, wenigstens sieht man an der Straße nichts davon. Das Erdgeschoß jedes Bauerhauses ist gewölbt, ungeheure Torwege, helle geräumige Tennen deuten an, daß man den Reichtum hier kennt und für ihn Platz hat. In den Städten nichts von der dürftig unmassiven Bauart unserer Provinzialstädte. Halb, mit ihren Stechbahnen, geräumigen Märkten und Giebeltürmchen, tragen sie den deutsch-reichsstädtischen Charakter, halb aber schon, mit ihren hohen, breiten Steinfronten, den flachen Dächern und der Abwesenheit der gotischen Ecken, mahnen sie an italienische Bauart, welche, je mehr man nach Süden kommt, mehr vortritt. Welche Üppigkeit, nach unsern Begriffen, in jeder Dorfschenke, von den städtischen Wirtshäusern nicht zu reden. Statt des sauren Biers, des schwarzen Brotes und der Fliegen, zu denen du dir zuweilen saure Milch, Kartoffeln und, wenn es glücklich kommt, Eier bestellen magst, das feinste Weißgebäck, Wein, der immer Wein bleibt, wie er auch sei, Würstel, Hähnel, Schinken oder sonst eine Auswahl von Fleischspeisen. Reinliche Zimmer, gedeckte Tafeln und lange Speisekarten, je mehr du dich Östreich näherst. Es mag freilich, wer tiefer seitwärts ins Land blickt, es daselbst anders finden; das fruchtbare Land trägt aber doch überall den Stempel des Gesegneten auf der Stirn.

Die slawonischen Sprachen wechseln, und du merkst es nicht; vokalreich melodiös klingt das Böhmische wie das Mährische, was um dich schwirrt und singt. Triffst du an einem heitern Sonntage die Kirchengänger, gruppiert sitzend auf dem heiteren Markte oder unter den breitschattigen Linden vor der Kapelle, so kannst du dich der alten, malerischen Trachten freuen, die schon sehr von unsern deutschen abweichen, aber noch wenig von dem halb phantastischen Prunk der Oberöstreicher haben. Die Heiligen wechseln mit den Ländern, die unter ihren Schutz gestellt sind, viele höchst geputzt mit Sternenkronen, die große Mehrzahl freilich nur Holzschnitzarbeit, mit Farben bunt bemalt, manche indes nicht schlecht gedrechselt. Wenn es in solchen Dingen recht ist, nach dem Äußern zu urteilen, so wäre es der heilige Wenzeslaus, zu dem ich das meiste Vertrauen faßte.

Aber wer kann aus der vorüberfliegenden Eilpost diese Heiligen, die auf alle hundert Schritt vom Himmel den Segen über das schöne Land erflehen, so genau betrachten, als sie es gewiß verdienen? Staub und Regen, Hagelstürme und Gewitter kümmern sie nicht und haben ihnen nichts an. Sie blicken auf den Sünder und auf den Frommen mit demselben Blicke. Frommer Eifer gibt ihnen hier ein neues Kleid, wenn Wind und Regen das alte ausgewaschen, und dort läßt man sie gleichgültig in dem verwitterten stehen; ihre Miene ist hier und dort dieselbe, und man kann sagen: das Kleid macht hier nicht den Mann. Hier hängt man ihnen Girlanden um, Kränze um ihre Scheitel, streut Blumen zu ihren Füßen oder zündet gar Lichter an, sie zu ehren. Besonders für die Marien hat der fromme Sinn liebliche Plätze ausfindig gemacht. Unter alten Bäumen stehen sie gehegt, und die Krone wölbt eine Laube über ihre Häupter. Ein Reisender erfährt nicht, welche von den zahlreichen Bildern mehrer Verehrung als die andern sich erfreuen oder gar den wundertätigen ähnlich kommen. Einige mögen sehr alt sein, die Mehrzahl neu; wenige möchten in Böhmen und Mähren, mindestens von denen am Wege, bis zum Hussitenkriege oder auch nur bis zum Dreißigjährigen zurückdatieren. Wenn ich aber diese Bilder mit den zahlreichern im innern Östreich nach dem Gebirge zu vergleiche, so sehe ich, daß Kultur und Mode auch unter den Heiligen zu Hause ist; denn unverkennbar sind diese an der Landstraße viel moderner und eleganter als jene, welche nicht für den Reisenden, sondern nur für den Bauer und Hirten am Wege stehen. Trotz der Eleganz merkte ich indes nie, daß unsere Postillons, die wechselnd bald fünfzehnjährige Burschen, bald abgelebte Greise waren, auch nur einige Ehrfurcht vor ihnen zeigten. Sie knallten vielmehr vor den hölzernen Heiligen so lustig mit der Peitsche, als wäre ringsum nichts als dürre Wüste, und bliesen Melodien, die gar nichts Heiliges hatten.

Außerordentlich schnell fahren die östreichischen Eilwagen; die Schnelligkeit ersetzt die mindere Bequemlichkeit im Innern wie auch die nicht ganz so normale Akkuratesse wie bei den preußischen. Der bona fides und einem andern Verständigungsmittel wird vieles zu arrangieren überlassen. Es ist jedoch dabei das Gute, daß man im Östreichischen überall mit wenigem zufrieden ist.

Visitationen

Man ist in dunkler Nacht über klassische Gegenden geflogen, wenn man morgens in Wien erwacht. Historisches Blut hat für die Weltgeschichte vielmals den Boden gedüngt, Hunnenblut, deutsches, von Türken, Polen und Franzosen. Der große Baum der neuern Geschichte hat unter dem weiten Marchfelde eine tiefe Wurzel; aber es ist niemand angewiesen, es dir zu erzählen. Nicht mal weckt man dich und sagt dir: Wo das Licht flimmert jenseits der Donau am Bergwalde, ist die Burg, in der Richard Löwenherz gefangen saß. Vielleicht hat ihn auch nur die Sage dort in Greifenstein eingekerkert.

Man weckt dich erst, nachdem du über ein paar versandete Arme der Donau gefahren, um deinen Paß an der Linie von Wien zu fodern. Man visitiert auch zuweilen deine Effekten und dich, es bedeutet aber nicht viel.

Eine große Stadt, die wir zum ersten Male beim Bleigrau des Morgens betreten, hat für mich etwas grauenhaft Wüstes. Je volkreicher sie ist, je mehr Menschen du weißt, daß in den aufgetürmten Steinhaufen jetzt bewußtlos liegen, um so unheimlicher wird die momentane Öde, die düstere Stille, während noch am

Pflaster, am Steine die Reste des Lebens von gestern kleben. An diese Klinke faßte eine trunkene Hand, an dieser Schelle riß der Übermut, die Frühstrahlen der Sonne treffen noch die letzten Atemzüge der Lust, die leichten Wolkenstreifen dort sind der Dampf vom gestrigen Leben; zu weiter nichts wußte es sich zu gestalten und schwebt nun leiblos und seelenlos über den Häuptern und Leibern derer, von denen es ausging und schied. Sie selbst hält der physische Tod mit bleiernen Armen umschlungen, eine unbußfertige Welt. Einige Glockenschläge noch, und das Leben erwacht wieder aus ängstlichen Träumen zum erneuten wirren, bunten Treiben, zur Fortsetzung der Lust, und es ist ein Tag wie der andere. Oder ein anderer Glockenschlag tönt, der Stoß in eine Trompete, so menschliche Ohren nie vernommen, und diese ganze Welt, die sich schlafen gelegt, um zu erwachen, erwacht nie wieder oder da, wo man sich nicht mehr zum Schlafen niederlegt. Wer bürgt dir dafür, daß sie wieder aufstehen, daß es nicht ihr letzter Tag war, daß nicht der Mund eines gewaltigen Zauberers eben jetzt das »Sei gewesen« aussprach? Und zu wem redeten dann diese tausend Mauerplakate und wovon? Von einem Schauspiel, das heute nicht mehr ist. Und wären die Steinhäuser und Türme dauerndere Symbole von dem, was gewesen, als die von Knabenlust gestern halb herabgerissenen Zettel, mit denen heut der Morgenwind spielt? Von Karthago ist nichts zu sehen als roter Sand. Was bliebe nach tausend Jahren von Paris, Wien …

Auch schon die Vorstellung, daß man nicht weiß, was erwacht, wenn die gewöhnliche Turmuhr die

Schläfer weckt, hat für den Fremden, der am Frühmorgen eine große Stadt zum ersten Mal betritt, etwas eigentümlich Spannendes. Wer wird drüben die sorgsam verschlossenen Fensterläden öffnen; wird ein graues Mütterchen verschlafen und verdrießlich sich umschauen, wie der Tag von heut so langweilig ist wie gestern, oder wird ein schönes Gesicht dem Morgenstrahl die blassen Wangen hinhalten, daß sein erster Kuß sie wieder röte, und die kleine Hand die seidnen Wimpern streichen, damit das Schelmenauge lustig ausschauen kann wie gestern?

Daß der Fremde nicht allzuviel darüber meditiere, sorgt die Polizei. Jeder, arm oder reich, ist in Person bei ihr eingeladen, er wird freundlich empfangen, zum Sitze und einer Konversation genötigt, die nicht mit dem Wetter, sondern mit der Sache anfängt. Es ist Verleumdung, daß man unhöflich dabei zu Werke geht. Man will nur Notizen über deinen Lebenslauf, wahrhaftige, belegte, damit, wenn einmal ein östreichisches Konversationslexikon herauskommt, die Redaktion desselben, statt nach Gerüchten und Zeitungen zu schreiben, hier authentische Nachrichten schöpfen kann. Auf kleine Duodezblättchen oder vielleicht gar nur Sedez wurde es notiert, wie ich heiße in Prosa und in Poesie, wo ich geboren, erzogen, was ich gedacht und geschrieben, was ich gewesen und was ich sei und was ich noch denken, schreiben und treiben und sein wolle.

Dieses Zettelchen wurde in meinen Paß gelegt, und von dem großen Buche, worin schon meine Lebensgeschichte stehen sollte, habe ich nichts wahrgenommen. Damit sei indessen noch nicht behauptet, daß dies

Buch nicht existiert. Denn nicht alles, was man nicht sieht, ist darum nicht in Östreich, ein Gedanke, der mir einfiel, als ich in das Wiener Polizeigebäude trat, und mir nachher noch manchmal beikam. Indessen gibt es ebensowenig Freimaurer als eine unsichtbare Küche in Wien.

Sehr viel weiß man auf der Polizei in Wien, zum Beispiel, daß ein preußischer Hofrat kein östreichischer Hofrat ist und ein Referendarius bei uns nicht ganz dieselben Funktionen hat wie der am Hofe Kaiser Karls des Großen. Aber alles weiß man doch nicht. Man wußte zum Beispiel nicht, wer meine literarischen Freunde in Wien wären, und als ich einige nannte, rümpfte man die Nase, und als ich andere nannte, war man wieder so zuvorkommend, daß man meinte, es sei nun gar nichts mehr nötig, als daß ich einen oder zwei Gulden schweres Silber, in Papier, für meine Aufenthaltskarte erlege. Außerdem soll man einen Kreditbrief und eine Empfehlung an ein sicheres Handlungshaus vorzeigen. Als ich nichts dergleichen in meiner Brieftasche fand, war man wieder so höflich zu äußern, ich hätte wohl Kredit bei mir selbst, und ließ es hingehen.

In diesem großen Buche, worin alle stehen, denen es einmal beikommen könnte, nach Östreich zu reisen, soll auch eine vollständige Kritik dessen stehen, was sie sonst sind als Schriftsteller, Politiker, Reisende und Menschen. Von jenem abyssinischen Demagogen, dessen Folium ein Kollege nachschlagen ließ, hieß es bekanntlich, er sei ein unschädlicher Schreiber. So gibt es über Dichter, Gelehrte, Künstler, Ärzte kurzgefaßte Urteile, die den Personen, welche noch nicht mit sich im reinen sind, von größter Wichtigkeit wären. Wie die Polizei im Besitz von etwas gekommen, was die Fremden selbst noch nicht besessen, nämlich Einsicht ihrer Fehler, ist noch im dunkeln, sehr unwahrscheinlich aber die Erklärung, daß zur Demagogenzeit manche aus entsetzlicher Angst unwissentlich gegen sich selbst bei der östreichischen Polizei denunziert haben, gleich wie mancher Schwindelnde, aus Furcht zu fallen, sich selbst hinunterstürzt.

Es ist sowohl die magnetische als auch die rein menschliche Existenz dieses großen Buches noch so mit Fabeln umhüllt, daß wir lieber an der letztern zweifeln als jene annehmen.

Über alle Dinge im menschlichen Leben läßt sich sehr viel nachdenken, warum nicht auch über die Einrichtung der östreichischen Polizei. Denkfreiheit herrscht in Östreich, darum kann auch jeder denken über die östreichische Polizei, was er will. Auch kann jeder sich die Frage stellen, wie die Idee eines alt-aristokratischen Staates mit der Idee eines vollkommenen Polizeistaates sich verträgt? Jene Idee entsprang den altgermanischen Begriffen vom getrennten Rechte der Stände, diese den neu-französischen vom gleichen Rechte aller Bürger. Jene bedurfte keines Schutzes, als der in der Sache selbst lag, das patriarchalische Element sträubte sich gegen jede kontrollierende Beaufsichtigung, diese erfand die Polizei, um von Staats wegen zu beaufsichtigen, daß sich niemand mehr Rechte anmaße als der andere. Die Aristokratie ist noch mächtig in Östreich und die Polizei allmächtig, und Örindurs Vater sagt:

Erklärt mir, Örindur,
Diesen Zwiespalt der Natur.

Die Pole begegnen sich oft, um sich zu verschmelzen, ein solcher Bund hält aber nirgend lange aus, was sich von Natur widerstrebt, trennt sich wieder, insofern das Amalgam nicht mächtiger war als die Elemente. Wenn zwei Pole sich streiten, nehme ich nie Partei für einen.

Vor der römischen Kirche, sagt man, hegen die Habsburger nicht mehr dieselbe Furcht wie ihre Erblasser, die Hohenstaufen; wiewohl der Papst mehre Male in Wien war, habe man ihm doch nur gegeben, was des Papstes, und nie, was des Kaisers ist. Außer der Kirche soll aber in Östreich eine Macht existieren, der man keine Ehrenpforten baut und nicht den Steigbügel hält, die aber so mächtig sei, daß auch der Mächtigste es nicht gern mit ihr verdirbt, weil er nicht weiß, wo ihr unsichtbarer, tausendfach verzweigter Arm ihn einmal faßt.

Napoleon Bonaparte drang mehrere Male mit Leichtigkeit bis in das Herz von Östreich. Einige meinen, er habe das nur dem Glücke und seinem Degen zu verdanken, andere sagen, sein Gold habe ihm immer den nächsten Weg gezeigt, und jene unsichtbare Macht, die alles kennt und sieht, nur sich selbst nicht, habe ihm, ohne es zu wissen, die verschlossenen Torwege aufgemacht.

»Pourquoi faire des exemptions!« sagte ein junger Polizeibeamte, als der andere der Meinung schien, ein angekommner Fremder, der nebenbei ein deutscher mediatisierter Fürst war, könne sich wohl in der Person seines Kammerdieners examinieren und repräsentieren lassen, statt selbst auf die Polizeistube zu kommen. In dem jungen Manne, der das ausrief, schienen mir demagogische Gesinnungen zu schlummern, und wie nun, wenn die ganze Polizei, die nämlich, die man nicht sieht, demagogisch wird! Wer stützt dann einen Staat, der sich auf sie stützt?

Die Kaiserstadt

Wien, die Stadt, ist wie ein Spinnegewebe krummer, hoher, nicht schöner, aber auch nicht häßlicher Straßen, die im Mittelpunkt zusammenlaufen auf den Sankt Stephan und auslaufend die Basteien berühren. Wenn man in der Kaiserstadt ist, könnte man allerdings in Versuchung geraten, die Kaiserstadt zu suchen; so hochumwallt, so aussichts- und effektlos sind alle Punkte. Die neuere Baulust und Kunst konnte nicht abhelfen, wenn sie nicht geradezu zerstören wollte. Schönen Gebäuden hier würde jede Aussicht abgehen; auch müßten sie in eigenem Maßstabe zu den himmelhohen Häusern aufgerichtet werden, ein Maßstab, der niemals im breitgeräumigen Stil des Altertums, vielmehr in dem des italienischen Mittelalters zu finden wäre, das in seinen aufschießenden Kristallbauten Luft, Licht und Ebenmaß in der Höhe suchte. Doch mitten inne in diesem Labyrinth erhebt sich über die Riesenhäupter ein Gigant, der Stephansturm, wie ein Wegweiser für das Auge, das ihn freilich auch nicht in jeder Gasse erblickt, aber nach wenigen Schritten immer wieder finden wird.

Dies eigentliche Wien ist so klein, daß man es

bequem in drei Viertelstunden im Spazierschritt umgeht; schwieriger ist, es diametrisch zu durchschneiden, da man schon genau mit den Quergassen und Durchgängen vertraut sein muß, um einen möglichst graden Weg zu finden. Passagen sind wie in Paris durch verschiedene Viertel durchgebrochen; nur fehlt ihnen die ostentative Eleganz, welche die Pariser Galerien und Passagen zu Wunderwerken macht. Sie sind weniger der Industrie als der Bequemlichkeit gewidmet. Der Wiener Wegweiser enthält eine so treffliche Spezialkarte der Innern Stadt, daß der Fremde ohne Leitung jeden Durchgang zu einem jeden Hause aufzufinden weiß, bevor er noch einen Schritt in die Stadt getan, um sich zu orientieren. Nur in der Entfernung dürfte er sich täuschen. Mit dem Maßstab einer sehr großen Stadt in der Vorstellung mag er leicht dreimal den Weg messen, den er zurückzulegen hat. Dies gilt indes lediglich von der eigentlichen Stadt.

Rings um diese alte Stadt, fast ein regelmäßiger Zirkel, erheben sich, bis über die Höhe des ersten Stockes, die alten gemauerten Wälle der Festung Wien. Sie, jetzt zu Spaziergängen eingerichtet, haben ohne Unterschied, wo wirkliche Bastionen gestanden, im allgemeinen den Namen der Basteien erhalten. Jäh, fast perpendikulär, senken sie sich auf der Außenseite in die ebenfalls noch erhaltenen, sehr breiten Festungsgräben. Nur die kaiserliche Burg, eigentlich ein Komplexus von alten Gebäuden mit neuem Anstrich, die ein großes Quartier der Stadt für sich bilden, nur diese, dicht auf der Bastei erbaut, oder eigentlich, wo sie die Umwallung berührt, mit ihr eins, führt gleich ins Freie, ohne Wall und Graben. Während die Tore der Stadt altertümlich mit krummer Wölbung in die Stadtmauer eingehauen sind, bildet die Burg ein großes Tor selbst, ähnlich wie das Dresdner Schloß, durch welches die Hauptkommunikation mit außen stattfindet.

Diese vielgerühmten Basteien können auf den ersten Blick befremden, wenn der Reisende die Art vergleicht, wie Leipzig, Frankfurt, Breslau und andere ihre alten Festungswerke zu parkartigen Lustpartien zu benutzen gesucht. Überall dort mußte, wenn man auch wie in Breslau und zum Teil in Leipzig den Graben beibehielt, der Wall herunter, um der Stadt freien Luftzug und den äußersten Häusern neue Fronten zu geben. Nur einzelne Basteien ließ man als Berge in dem neuen Parke stehen, um Terrassen darauf anzulegen und Aussichten zu verschaffen, zu welchem Behuf man sie hie und da noch erhöhte. Von diesen Parkanlagen gewahrt man auf den Wiener Basteien wenig oder nichts. Der rote Ziegel ist nirgend mit Rasen bekleidet, selbst die Wallbrüstungen sind eckige Steine ohne Grün und Blumen, die breite Fläche ist mit Kies, der keine Vegetation aufläßt, bestreut, und die neu angepflanzten Bäume geben noch nicht den wohltätigen Schatten, der den Spaziergänger unter den ehrwürdigen Kastanienalleen auf den Wällen alter Festungen erfreut. Es fehlen nur die Schießscharten, Kugelhaufen und Kanonen, um diesen Wällen das Ansehen mächtiger Schanzen zu leihen, die noch immer einem Besuche, sei es von Türken oder Franzosen, entgegensehen.

Man führt einen seltsam klingenden Grund für die Erhaltung dieser steinernen Bollwerke an. Nicht daß es bei einem dritten Einfall aus Westen oder Osten, den der Himmel verhüte, einem Wiener Gouverneur in den Sinn kommen könne, den zweiten Starhemberg zu spielen; denn Wien läßt sich nicht mehr als Festung gegen Feindesmacht verteidigen, aber böse Zeiten könnten böse Aufstände herbeiführen, und wäre es auch nur ein Markttumult. So würde einem tumultuarischen Haufen der erste Andrang in die Kaiserstadt oder Kaiserburg durch diese Mauer erschwert, was gewiß logisch richtig ist. Aber um Sperlinge vom Kirschbaum zu jagen, genügt ein Flintenschuß mit Schrot, und man pflegt die kostbaren Vierundzwanzigpfünder für kostbarere Gelegenheiten zu sparen. Ernstlicher klingt es, wenn man den Zollkontraventionen durch diese Mauer einen zweiten Wall entgegenstellen will. Die das Auge verletzende Kiesbekleidung rechtfertigt man durch die Volksmenge, welche an schönen Tagen diese Höhen bedeckt und die Erhaltung künstlich gepflegter Rasenplätze oder Blumenbeete unmöglich macht. Doch nur wer die ersten Male auf die Bastionen stieg, wem Staubwolken und ein belegter Himmel das Panorama verhüllten, klagt. Der Wiener selbst klagt nicht, und mit Recht. Wo dieser reiche Anblick ringsum bei jedem Schritte in wechselnder Anmut sich entwickelt, fordert nur die Ungenügsamkeit, daß auch der Punkt, von wo man es sieht, ihm an Schönheit gleichkomme. Wer, versenkt im Anblick eines reizenden Schauspiels, kritisiert die Logenwände, von wo er zusieht? Kritisieren ist überhaupt nicht die Art der Wiener. Die Basteien sind für ihn die hohen Gerüste, um nach einem Paradiese auszuschauen. Und wohnte er im tiefsten Mittelpunkte der Altstadt, in zehn Minuten ist er auf diesem Gerüste ohne Entreegeld und hat ein wandelndes Schauspiel, wie keine Kaiserstadt und keine Königsstadt es bietet.

Noch etwas versöhnt den Einheimischen mit diesen nackten Höhengängen. Wenn die schöne Welt in Wien spazierengeht, will sie nicht bloß sehen, sondern auch gesehen werden. Der Sonnenbrand ist nicht so gefährlich als ein schattiges Dunkel verdrießlich, wo man eben nicht nötig findet, sich beschatten zu lassen. Denke dir dichte Reihen hochragender Ulmen mit ihren königlichen Laubkronen rings sich erheben auf den schon hohen Wällen: sie würden einen Spaziergang bieten, wie nur der Poet ihn wünschen kann, sie würden der Innern Stadt ein romantisches Ansehen geben, aber eine dunkle Farbe, die zu allem eher als dem modernen Wien paßt.

Ich sagte, der Wiener findet auf seinen Basteien, was keine Kaiser- und Königsstadt ihm bietet. Punkte mit herrlichen Aussichten findest du in Paris und London, in die Stadt hinein und hinaus. Hier aber steigst du aus der dunklen Stadt hinauf zu einer räumigen Höhe, du fühlst dich frei, du siehst den weiten Horizont über dir, grüne Plane, Türme, Baumpartien unter dir, in weiterer Ferne reizende Landschaften, grüne Höhen, in der Ferne blaue Gebirge, sogar weiße Schneeberge, und doch bist du noch mitten in der großen, großen Stadt. Denn über dem Graben, in den du schwindelnd schaust, am andern Rande des weiten Glacis, fängt eine neue Stadt an, schöner, prangender, größer, als aus der du kommst. So hoch du stehst, du übersiehst nicht das Ende der Dächer. Und wohin du dich wendest, überall dasselbe Schauspiel. Die Mauer senkt sich schroff, ein tiefer Graben trennt dich von einer großen Wiese, und jenseits der Wiese hebt die neue Stadt an. Du läufst um Wien und siehst, daß du Wien nicht kennst, du warst nur in seinem kleinen Kern. Die große, weiche, neue Masse liegt rings um diesen Kern, weiter, als dein Auge reicht, sich erstreckend. Erst umlagert ein grüner Anger das alte Wien, und an den grünen Anger reihet sich das neue Wien. Jetzt weißt du, daß es eine Kaiserstadt ist.

Dort alles eng, knapp gemessen, winkelig, krumm, hier alles luftig, wohlhäbig, grade Linien, dort himmelanstrebend, hier weit auslaufend. Dort Nutzbauten des Betriebsfleißes, zwischen denen, was Schloß sein will, spärliche Fronten sucht, hier auch das Bürgerhaus palastartig. Und doch drängt sich nicht allein der Gewerbfleiß, auch Kunst und Wissenschaft, der Arzt und Advokat, der Beamte und der Adel in der alten Stadt zusammen. Denn hier ist die Burg, hier der Hof, die Kollegien und Ämter, die Hauptkirche und das Haupttheater. Nur der Saum der prächtigen Vorstädte, der an die Glacis streift, wird noch von denen bewohnt, die gelten, mitglänzen und mitsprechen wollen.

Hierin steht Wien in Gegensatz zu den meisten alten Residenzen, wie München, Berlin, London, wo der Glanz des Lebens sich in die neuen Städte zog.

Das Panorama

Um dich in der Kaiserstadt zurechtzufinden, wandle einmal in einem Strich um den ganzen Kreislauf der Basteien. Paris lernt man nicht mit so leichter Mühe kennen, wenn man um die Boulevards geht.

Es ist eine Promenade, die für jeden Geschmack Befriedigendes hat, so mannigfaltig ist das Schauspiel. Die schöne Welt findet *sich*, der Naturfreund Aussichten, der Volksfreund ein Getümmel, und selbst ein – Geist, ein bürgerlicher, fand sich einmal hier ein und war zufrieden.

In erreichbarer Ferne steigt gegen Südwest über den prachtvollen Palästen der Vorstädte ein grüner Gebirgszug in die Höhe, der sich an die nicht sichtbare Donau lehnt. Der Leopoldiberg, der Kahlenberg glänzen dir mit ihren Schloßbauten auf der westlichen Spitze entgegen. Du erblickst auf ihren Gipfeln glänzend weiße Gebäude, von altertümlichen Mauern, welche das alte Klosterschloß ahnen lassen, umwallt; sie blicken aus anmutigem Waldgrün vor, durch das einladende Pfade sich hinaufschlängeln; die Weinberge unterhalb, an die sich die Wälder lehnen, werden noch von den Dächern der Vorstädte bedeckt. Weiter nach

Süden, mehr im Vordergrunde, blickt, in tiefes Grün getaucht, der Kobenzl heraus. Alle drei Berge, Vergnügungsorte der Wiener, sind nicht so handgreiflich nahe, als sie scheinen, aber leicht erreichbar durch die stündlich zu den Dörfern an ihrem Fuß hinrollenden Stellwagen. Von diesen drei Höhen ist es, wo du Wien, die Kaiserstadt, wie einen schönen Punkt in einem segensreichen Lande mit Lust erblickst, und doch steht die Lust, mit der du nach den Bergen hinausschaust, jener um wenig nach.

An die drei genannten Kuppen, eigentlich Vorsprünge der ganzen Kette, schließen sich die Höhenzüge des Wienerwaldes an, der, in südwestlicher Richtung auslaufend, bis zum Fuß der Gräzer Alpen reicht. Noch siehst du bei klarem Himmel über seinem saftgrünen Kamm in weiter Ferne einen weißen Bergrücken schimmern. Die Sonne blitzt auf den Schneelagern und zeigt dir dazwischen die schroffen Felsfurchen. Es ist der *Schneeberg*, das äußerste Ziel der Wiener Fußwanderungen; und freilich, wer einen solchen Riesen in der Nähe hat, fühlt sich nicht zu leicht versucht, funfzig Meilen nach Hügeln zu reisen. Der Schnee überdauert, und nur in den heißen Sommermonaten ist es ratsam, ihn zu ersteigen. Beim Frührot oder in der Abendsonne glänzt er wie ein Feenschloß hervor über die grünen näheren Waldkuppen.

Weiter gen Süden steigen am Horizont die höheren Berge der Gräzer Gebirge malerisch in die Luft. Zwischen ihren blauen Kuppen schlängelt sich die Straße, die nach Italien führt, jetzt durch die Verbindung der Lombardei mit Östreich eine vielbedeutende. Das Terrain erhebt sich dahin; üppige Saatfelder, mit Wäldern untermischt, überstreut mit glänzenden Villen, die reizendste Fernsicht, wenn man die Passage der Glacis und der Vorstädte mit ihren Schlössern und Parks mitbegreift. Hier erblickst du die gotische Säule, *Spinnerin zum Kreuz* genannt, von der man die reizendste Aussicht auf die Kaiserstadt Wien als Ganzes gewinnt. Das Auge schwankt, ob es rechts nach den nahen Bergen oder dieser Fernaussicht links den Vorzug gibt.

Mehr als sonst bei schönen Punkten kommt [es] hier auf die Beleuchtung an, woran aber nicht die Wiener Gegenden, sondern die Wiener Baumeister schuld sind. Es gibt Momente, gerade bei klarem Himmel, wo der Sonnenschein den anmutigsten Punkten den Reiz nimmt, auf den sie vermöge ihrer Lage und architektonischen Formen vollen Anspruch hätten, und nur der Farben der Häuser wegen. Die Alten haben immer, wie sie nach den Bedürfnissen bauten, auch nach dem Klima den Mauerpinsel gebraucht. Die Burgen unsrer Vorväter auf kühnen Felskuppen wurden nicht überkalkt; man ließ ihnen das Felsgrau des rohen Materials oder das Rot des Ziegelsteins, damit es scharf gegen die helle Luft abschneide. Im Norden, wo das Ätherblau zu lichtlosem Weiß sich verflüchtigt, streicht man die Häuser mit brennendem Zinnober an. Es gilt hier, bewußt oder unbewußt, überall Gegensätze herauszukehren. Das Weiß gehört nach dem Süden. Hier mag der Marmor gegen den duftig dunkeln italienischen Himmel vorglänzen, und die weißen Häuserfronten haben ihre schöne Bedeutung. Der Horizont um Wien hat noch nicht diesen italienischen Hauch, die Prachtbauten der Vorstädte, in allzu lichten Farben,

Fernsicht von Wien

treten noch nicht dagegen heraus. Wenn die Sonne schattenlos herabscheint auf die Glacis, verliert die Aussicht auf die Vorstädte ihre Wirkung, da Weiß auf Weiß nicht glänzt. Sie wird stärker gegen Abend, effektreich aber erst, wenn ein dunkler Gewitterhimmel über dem Wienerwalde lagert.

Südöstlich gegen Ungarn verliert sich der reiche Hintergrund; das Auge muß sich mit den Türmen, Schloßbauten und Gärten der Vorstadt begnügen, unter denen wie eine dunkle Waldung der Schwarzenbergsche Garten herausblickt.

Gegen Nordost streift die Bastei, ihr dürftigster Teil, an die Donau. Auf dem jenseitigen Ufer, wo kein Glacis ist, fängt sogleich die Leopoldstadt an, eine volkreiche, glänzende und gewerbtreibende Stadt für sich. Das Auge dringt durch die bewegte Jägerzeil, eine breite Straße, deren Krümmungen trotz der modernen Paläste von einer ältern Anlage sprechen, und das Grün des Praters winkt dir entgegen. Dort war es die Natur, hier ist es das Volksschauspiel, das dich fesselt.

Ein Kranz von Zuschauern bedeckt an Sonn- und Feiertagen, ja an jedem schönen Abende, die Wallbrüstung. Wenn du von der Leopoldstadt über die Brücke kommst, wähnst du in eine belagerte und wohlverteidigte Festung zu ziehen, wenn die tausend und abertausend Köpfe dir von der hohen Mauer entgegenblicken. Sie schleudern aber keine Steine und Feuerkugeln, nur Blicke, doch freilich darunter feurige genug, herab. Die Brücke ist Wiens Hauptpassage. Sie führt die betriebsame Bevölkerung der Vorstadt in die Stadt und alle Müßigen und Lustigen aus dieser nach dem Leopoldstädtischen Theater, in den Augarten, den Prater, zu den Wettrennen und Feuerwerken, Lockungen, denen kein echtes Wienerherz lange widersteht. Kopf an Kopf unter dir – und wie schöne Köpfe! –, welcher Schmuck von Atlashüten, Federn, Schals, Equipage an Equipage – und welche Equipagen! –, welche Rosse, welche Pferdelenker und welche Pracht dienender Geister, die in den Trachten aller orientalischen Stämme hinten aufschweben. Du kannst drei Stunden stehen und warten und wartest nicht das Ende der Wagenreihen, der wogenden frohen Spaziergänger ab. Unter die Eleganten und Behaglichen mischen sich langbärtige Griechen, Juden, Türken, Armenier, ganz heimisch hier mit ihren Mützen, Kaftans, Talaren. Drüben vorm Kaffeehaus rauchen und trinken sie, die Asiaten und Europäer in gleicher Ruhe und Behaglichkeit. Wenn der Wiener Bürger, der nichts ausgeben will, seine drei Stunden hier gestanden, hat er ein Schauspiel gesehen, was ihn keinen Kreuzer kostet und auf eine Woche Lebenslust gibt. Er kritisiert, er räsoniert nicht, er freut sich; ich glaube, er beneidet auch nicht, die da fahren, reiten und zehren können, derweil er steht; er zehrt am Anblick, und wenn er denkt, denkt er: Wenn du die Pferde hättest, die Karossen, die Jäger und Heiducken und das Geld, so würdest du auch so reiten, fahren, zehren und dich begaffen lassen.

Die Gräben um die Basteien sind nicht so reichhaltig und zum Nutzen verwandt wie in den meisten alten Städten. Nur hie und da entdeckt man auf einem niedern Wallvorsprung einen kleinen Blumen- und Küchengarten. In der Tiefe der Gräben, vielleicht zu tief zur Zucht von Fruchtbäumen, geht eine auch mit

Bäumen umpflanzte Fahrstraße, deren eigentlicher Zweck mir unbekannt blieb. Denn den man angibt: um bei stürmischem Wetter eine geschützte Promenade zu haben, möchte doch nicht der nächstliegende sein. Eine traurige Einsamkeit herrscht in der Tiefe, wenn das bunteste, regste Leben oben waltet. Kinder spielen wohl auf dem Rasen, es schläft ein müder Arbeitsmann am Rande, oder eine Gestalt in tiefer Trauer sitzt auf einem Baumstamme und denkt vielleicht hier näher zu sein dem Teuren, den die Erde in ihrem Schoße aufgenommen. Auch diese Einsamkeit, eine, die von allen Augen beschaut ist und es doch bleibt, hat ihr Eigentümliches. Die Gräben sind so tief, daß die Gesichtszüge verschwinden.

Noch leuchten keine Gasflammen durch das nächtliche Wien, es fehlt aber nicht an Licht. Wenn du durch die gastlich geöffneten Hallen der Burg gehst, durch die gigantischen Räume ihrer Höfe und aus den tausend Fenstern Lichter auf dich niederblicken, ahnst du wieder, du bist in einer Kaiserstadt.

Steige von den Terrassen der Bastei eines der prachtvollen Häuser hinauf, deren neue Fronten sich daran lehnen, und schaue nun über das Glacis auf den weiten Halbkreis, den Millionen Lichter in der Vorstadt um dich beschreiben, dann sagt dir die Nacht deutlicher als der Tag: Das ist die Kaiserstadt, von der ihre frohen Sänger singen, es gäbe nur eine in der Welt.

Strassenleben

Farblos sind nur die Mauersteine. Was indes der Architekt gesündigt – und ich möchte nichts auf ihn kommen lassen, denn war sein Schönheitsgefühl nicht lebendig genug für eine Kaiserstadt, so hat er durch die komfortable Einrichtung der Wohnhäuser das Versehen auf andere Art ausgeglichen –, was der Architekt gesündigt, als er den Mauerpinsel schwang, macht Wiens Bevölkerung wieder gut. Farblos sind nur die toten Häuser, Wien selbst hat – Farbe.

Zwar keine grell lebendige, nicht das chinesische Feuerwerk, wie die Volksszenen in London und Paris, wo an jeder Ecke ein andres Schauspiel ist und dies Schauspiel jede zehn Minuten wechselt. Aber es lebt sich und ist bunt auch auf den Wiener Straßen. Ehedem mag es noch bunter gewesen sein, wo aber war dies nicht? Jene gesegneten Zeiten, als alle Zöpfe vor Schreck beim Anblick des ersten Schwedenkopfs sich sträubten und die letzte Frisur à la Maintenon mit der verspäteten Allongenperücke à la Louis quatorze vor Sympathie schauderten, daß nun die nackte Natur in die Mode käme, als Muffe und Roquelaure, die Carmoisinröcke und Schnallenschuhe in Gesellschaft der ersten Stulpstiefeln sich kompromittiert hielten, jene

Zeiten bunter Mischung und schroffer Sonderung sind überall hin, um nie wiederzukehren. Die Freiheit hat auch in Wien egalisiert. Selbst der Orientale, den du sorglos ernsten Schrittes wandeln siehst in seinem Kaftan wie vor viertausend Jahren, trägt darunter eine elegante Weste, Ginghamhosen à la Navarin und Schuhe, an denen die beste englische Glanzwichse sich probiert. Hängt doch vielleicht auch eine Lorgnette um den Hals. Der Geistliche trägt feine Wäsche oder einen ernsten Geschäftsschritt unter der Kutte; seinen Hut trägt er wie jeder Wiener und die geistliche Toga behende unter dem Arm.

Wo sind die Wiener Köchinnen und Stubenmädchen und Schokoladenmädchen, wie sie in den Galerien mit den Hackenschuhen, Hüftenröcken und goldnen Flügelhauben uns so appetitlich anblicken? Paris hat gesiegt, die Hauben sind in die Gebirge, ins Linzer Oberland bis Salzburg zurückgedrängt, und wahrhaftig zum Schaden für die hübschen Wienerinnen und noch mehr für die, welche an ihrem Anblick sich freuen. Kein Kopfzeug der Rue Saint-Honoré und der Boulevards ersetzt nur entfernt einem niedlichen Köpfchen die steife Goldhaube. Ein paar Exemplare hängen noch aus, lockend wie Raritäten unter den Glasfenstern der Läden, den Wienerinnen zu zeigen, wie reizend sie sein könnten, wenn sie wollten.

Alle Wiener sind auf der Straße gleich gekleidet. – Du erkennst den Fremden auf den ersten Blick, allein zur gastlichen Ehre der Stadt sei es gesagt, auch darin lebt man, um dich leben zu lassen. Die schwarze Binde mit dem ungeheuren Knoten ist ein gleiches Symbolum des großen Ordens der Fashionablen. Der Gehrock hat *eine* Farbe, *einen* Schnitt, die Beinkleider hängen gleich tief, die Stiefel oder Schuhe bedeckend. Anders ist es freilich bei den Damen, die Mode variiert, man will, muß sich hervortun, man gedieh schon so weit, sich durch Einfachheit auszeichnen zu wollen, man trägt einfach gescheiteltes Haar – ohne Locken! –, aber für den Totalanblick kann der französische Putz auf der Straße keine bunte Mannigfaltigkeit gewähren. Nur die Federhüte und bunte Schals tragen etwas zur Farbe bei.

Auch vermissest du, wenn du an Paris denkst, die Dekorationen der Häuser, die gebauschten Tücher und Zeuche, welche die ganze Fronte einnehmen, Girlanden selbst über die Straßen schlingend, ein dem Auge wohlgefälliger Scharlatanismus, der in Deutschland noch nicht Platz greifen will. Auch sind die Mauern noch mit keinen ellenhohen Inschriften versehen. Die gemalten Schilder reichen noch nicht über den zweiten Stock hinaus. Die Läden, elegant und schön, kommen den prachtvollen der Boulevards und der Galerie Orleans, wo ein Chemiker die Farbenkomposition geordnet zu haben scheint – so wunderbar glänzt es –, noch lange nicht gleich, aber brillanter, lockender sind sie doch als die Berliner. Ebenso irrst du, wenn du denkst, daß an jeder Ecke die Bratwürste oder gar schon die Makkaroni dir entgegendampfen, daß der Braten sich ewig am Spieße wendet. Das sind schöne Bilder der Phantasie oder einer Vorzeit, die zur Atlantis geworden. Selbst in den Restaurationen dreht sich nicht immer der Braten am Spieß, und du mußt mit »Naturschnitzeln« zufrieden sein, was du übrigens ganz gut kannst, wenn du treffliche Kälberkarbonade zu schätzen weißt. Nur die Eisbuden auf dem Graben, die geöffneten Türen der Kaffeehäuser, welche ihre Stühle und Bänke hie und da bei schönem Wetter auf die offene Straße herausschieben oder Zelte darüber spannen, mahnen an ein städtisches Straßenleben, dessen Anfang man umsonst in Berlin versucht hat.

Aber es ist doch bunt auf den Wiener Straßen. Du mußt nur nicht verlangen, alles auf einen Blick zu haben, du mußt mit einem geistigen Storchschnabel die Eindrücke konzentrieren. Die Militärs in allen Farben, des Ungarn enganschließendes blaues Beinkleid mit den kurzen Schnürstiefeln darüber, sein Schnurrbart und die Bärenmütze des Grenadiers, der polnische Jude, der Türke, der Armenier, sie sind schon ein lustiger Kontrast zu der adretten Wienerin, zum feinen Elegant. Noch mehr der zerlumpte Slowake im braunen Mantel, ein Prototyp der Bettlerblöße und des Bettlerschmutzes, mit gelben Zigeunerzügen und Kohlenaugen (nur eines Murillo Pinsel kann diesen braungelben Schmutz wiedergeben!), denen das Auge nicht gern begegnet. Man glaubt, man muß verhext werden. Sie sprechen in einer Sprache oder in unartikulierten Lauten, die kein Sprachkundiger in Wien versteht, und doch versteht jeder, was sie wollen, und kauft sich gern mit ein paar Kreuzern von ihrer näheren Bekanntschaft frei.

Höchst eigentümlich dazu der magyarische Bauer in seinem weißen Mantel, der seit tausend Jahren seinen Schnitt nicht verändert hat und, wenn er wirklich weiß wäre, an den Templer erinnerte, dem auch die ungeschlachten übergeklappten Wasserstiefel ritterlich gut ständen. Aber das dumm-gutmütige und doch verschmitzte Gesicht mit den ungekämmt nach hinten herabfallenden Haaren, gewaschen vielleicht nur einmal, seit er geboren, mahnt zu deutlich an die hunnisch-mongolische Abkunft, die sich nur in den edeln Geschlechtern durch Einimpfung germanischen Blutes zu jenen kräftig ausdrucksvollen Zügen herausgebildet hat, die heut den vornehmen Magyaren zieren. Mir kommen diese ungarischen Bauern, wenn sie, immer zu mehren, durch die volkreiche Straße zogen, wie Revenants vor, die sich der Zeiten erinnerten, wo alles dies, worauf sie jetzt nur lüstern staunende Blicke werfen, kraft des Rechts physischer Stärke ihnen gehörte.

Noch hat Wien andere Straßeneinwohner – nicht Straßen*gänger* –, die keck herabschauen auf das Gewühl und nicht wenig zur Lebendigkeit beitragen. Hier lächelt mich *Mademoiselle Sontag* von einem Galanterieladen an (die Handlung heißt: »Zur Demoiselle Sontag«), dort ein stolzer Ungar in voller Pracht seines Magyarenstaates, drüben eine Schweizer-Mimili, hier eine dezente Hofdame, König Salomo, auch lebende Potentaten, der jüngst gekrönte König von Ungarn und mitten auf dem Stephansplatze der König von Preußen in blauer ungarischer Husarenuniform. Ich rede von den Ladenschildern, die in Wien wenigstens der Idee nach an ein Altertum erinnern, was nicht bloße Namen und tote Nummern, sondern lebendige Wahrzeichen wollte. Hat auch nicht jedes Haus, so hat doch fast jeder Kaufmann solches Schild, und alle sind sauber, mit muntern Farben, nicht selten mit kunstgeübter Hand gemalt. Unsere Gurkenschilder müßten sich wenigstens dagegen verkriechen.

Das Erdgeschoß fast jeden Hauses ist ein Laden;

man weiß mit Geschick und Geschmack die reizenden Gegenstände theatralisch aufeinanderzubauen. Liebliche Porträts mit lockenden Wiener Augen sind zu Waren jeder Art gestellt. Spiegelscheiben zeigen dich dir selbst.

Auch die übrigen Mauern sind nicht tot und stumm. Wo ein Stein frei geblieben, locken dich in Grün, Rot, Gelb 300 000 Gulden Silber und 43 000 Dukaten, die dir morgenden Tags ausgezahlt werden sollen, wenn du zuvor eine kleine Einbuße von wenigen Gulden gezahlt hast. Es ist dann weiter nichts deinerseits nötig, als daß du dafür sorgst, daß die Nummer auf dem Zettel, den du dafür eingelöset, bei nächster Ziehung herauskommt, und du bist ein reicher Mann. Vor einigen Lotterieläden liesest du die bestimmte Versicherung – auf Ehre – und ein Kalkulator bestätigt es –, daß du, wenn du hier das Los nimmst, jedenfalls gewinnst!

Daneben beruhigt dich ein anderes Plakat, daß du nicht nötig hast, dich vor dem großen Kometen zu fürchten. Wenn du das kleine Büchlein, das eine allerhöchste Zensur passiert, also approbiert ist, für wenige Gulden »Schein« kaufst, so kann dir weder der große Schweifstern selbst noch sein Schwanz etwas anhaben, und du kannst noch lange Jahre gebratne Hähnel und Würstl essen und, wenn du über die Donau willst, ins Leopoldstädter oder über die Wien ins Theater des Direktor Carl gehen.

Vom großen Volksvirtuosen *Strauß*, *Lanner* und ... – ich habe die Namen vergessen – werden dir einige dreißig Variationen angeboten auf das Thema »Man lebt ja nur einmal«, und der Gastwirt zu Döbling,

Hietzing, der Bierbrauer zu Hütteldorf und der Sperlwirt zeigen dir daneben an, daß du noch besser tätest, wenn du das Geld für den Text sparst und die Sache selbst lieber bei ihm in natura hörst für ein kleines Entreegeld.

Die Enge der Gassen drängt die Fußgänger aneinander; so scheinen die Hauptstraßen schon um deshalb bei mäßigem Zulauf belebter, als es vielleicht der Fall wäre, wenn alle Straßen Berliner Breite hätten. Haupt- und Modepassagen, wie der »Graben« und der Kohlmarkt, bieten fast jeden Augenblick ein so munteres Bild als nur die Rue Richelieu in Paris. An schönen Sommer- und Feiertagen ist buchstäblich Kopf an Kopf, und so ungern der Wiener frühen Morgen macht, schallt doch von der frühesten Frühe das Gesumme der Gehenden bis in die obersten Etagen, daß man nicht wohl weiß, wie hier Geschäftsleute ihre Büros nach vorn heraus einrichten konnten.

Die Fuhrwerke tragen indes das meiste zur bunten Belebtheit des innern Wiens bei. Wenn man, ohne an die französische Hauptstadt zu denken, die krummen, engen, winkligen Gassen im Auge hat, so begreift man nicht, wie ohne tägliche Unglücksfälle, und gar schnell, gefahren werden kann. Unsere Polizei müßte sich mit sich selbst multiplizieren, wollte sie, nach Berliner Art, nur in dem kleinen innern Wien ausreichen, hier zu warnen, dort zu hemmen. Die Auffahrten vor den Theatern, Konzerten sind von einer Enge, daß sie für Equipagen und Reiter bei uns ganz gesperrt würden. Hier rauscht und rollt es von Fiakern und herrschaftlichen Wagen, von Zweispännern bis zu Sechsspännern, und kaum ist ein Polizeibeamter zu sehen;

die Fiaker sind sich da selbst Polizei. Ihre Kunst, schnell und gut zu fahren, ist weltberühmt; die Geschicklichkeit der Wiener, auszuweichen, wird ebenso anerkannt, und verhältnismäßig selten hört man von traurigen Vorfällen.

Halb Wien scheint an heitern Tagen nicht auf den Beinen, sondern auf Equipagen. Die Stellwagen (stage coach) nach den benachbarten Lustorten kreuzen die Stadt, die Fiaker brauchen nicht ihr »Foahrn mer, Ihro Gnoadn?« den Vorübergehenden zuzurufen, sie sind alle beschäftigt und wetteifern mit den prachtvollen herrschaftlichen Kutschen. Was bei diesen aber einen eigentümlichen Anblick gewährt, den die Gleichheitskultur in den westlichen Hauptstädten nicht zuläßt, sind die Diener der östreichischen Aristokratie. Hier entwickelt sich aller Luxus, aller Geschmack, alle Ostentation, um die reichsten Livreen ausfindig zu machen, die in Vergangenheit und Gegenwart des magyarischen und aller slawonischen Völker zum Vorschein kamen. Die gold- und silberstrotzenden Jäger sind nichts dagegen, und die Pracht der Oper wird dürftig gegen diese Wirklichkeit, die hintenauf steht und schwebt, hinter einer Kutsche, in der ein einfach angezogener Mann ohne Stern und Band sitzt.

Nicht in dem Maße, wie es bunt ist, ist es auch laut in den Wiener Straßen. Mir kann es nämlich sehr still in einer Gegend vorkommen, wo zehn Mühlen in der Ferne klappern. So ist zwar auch hier immer Geräusch, aber das Geräusch bleibt monoton, ich vermißte das Inidividuelle, den Jubel, die Ausbrüche der Freude, die ich mir als Wahrzeichen des Wiener Volkslebens dachte. Nichts von Ausrufern, Guckkasten, improvisierendem Marktwitz, der, in Berlin sogar zu Hause, hier an der Schwelle Italiens, wie ich meinte, glänzender heraustreten müsse. Diese Lustigkeit scheint indes für Wien in den Würstlprater gewiesen.

Grün in Wien

Sie haben in *Paris* die alten Bäume niedergeschlagen in den heißen Julitagen; der Baum der Freiheit werde künftig Schatten geben, sagten sie. Der Baum ist noch nicht gewachsen, und der Schatten fehlte vergangenes Jahr schon im frühen Juni.

In *Berlin* haben sie auch einmal die alten Bäume umgeschlagen, Unter den Linden, auf dem Dönhoffplatz und wo in Winkeln und an Ecken ein ehrwürdiger Kastanien- oder Nußbaum sich verspätet hatte. Sie sagten, es würde dadurch heller werden in Berlin. – Seit die Bäume niedergeschlagen wurden, ist es nicht heller geworden.

Die *Spanier* haben auf ihren Feldern und an ihren Straßen alle Bäume gefällt. Sie sagten: »In den Bäumen nisten die Vögel, und die Vögel fressen die Körner unseres Feldes, darum weg mit den Bäumen, so den Vögeln Nahrung geben, die unsere Nahrung zehren.« Nun singen keine Vögel in Spanien mehr, und keine Bäume geben dem Wandrer Schatten, und Spanien ist – Spanien. Es ist da kein Schatten, worunter ein neuer Baum wachsen könnte – für lange Jahrhunderte nicht –, nicht der Baum der Freiheit, nicht der Baum der

Gerechtigkeit, nicht der Baum der Kunst, nicht der Baum der Wissenschaft.

Die *Holländer* sind klüger. Wohl wissen sie, was Freiheit heißt, und das Licht kann so viel in ihr grünes Wiesenland scheinen, als es will, es ist immer willkommen, aber ihre alten Bäume schlagen sie darum nicht weg. In jedem Dorf, in jeder Stadt stehen sie Haus vor Haus, und sie reißen lieber ihre alten Häuser nieder, als daß sie den alten Rüstern, unter deren Schatten schon ihre Großväter als Kinder gespielt, unter denen der Brautzug ihrer Väter gegangen und die ihnen Schatten und Kühlung zuwehen morgens und abends beim Kaffee, als daß sie denen ein Leid zufügten. Ihre Freiheit besteht auch, ohne daß sie einen entblätterten Stamm ins lockere Erdreich stecken und darauf eine rote Mütze, und selbst wenn der Feind ins Land kommt, schlagen sie die Bäume nicht nieder zu Verhauen, denn der Feind geht wohl so aus dem Lande, wenn sie ihre Schleusen loslassen, aber sie mögen noch soviel gießen, die Bäume wachsen nicht wieder.

Mich dünkt, jedes Kind schon müßte Ehrfurcht vor einem grünen Baume fühlen; aber freilich die Polizei und die Liberalen fühlen nicht wie Kinder.

Einige meinen, man schlüge die grünen Bäume immer in den Städten nieder, wo das Papiergeld aufkommt; eine Verleumdung, denn sie stehen nirgends schöner als in Rotterdam und Amsterdam.

In Wien hat man sich nicht in der Art versündigt. In der engen Stadt haben sie keinen Platz; aber sobald du aus den Toren bist, umgrünt dich auf weitem Wiesenplan ein Garten von Kastanien, Pappeln, Linden, Kirschen, Äpfel- und Birnbäumen. Es sind noch Kinder gegen das alte Wien, aber schon große Kinder. Man hätte können auf dem ungeheuren Kreise der Glacis die Bäume abhauen, den Rasen ausroden und Häuser darauf bauen, so viele und so hohe, und sie hätten so viel Früchte – wie der Jurist Zins und Miete nennt – getragen wie alle Äpfelbäume in ganz Östreich nicht. Aber man hat es nicht getan, und das ist ebensoviel wert und noch mehr wert, als wo man die alten Bäume schont. – In einer liberalen Stadt wäre es vielleicht geschehen.

Hecken schlängeln sich um die grünen Plätze, aber an den Hecken steht nicht geschrieben: »Hier ist es verboten, bei zwei Taler Geld- oder verhältnismäßiger Gefängnisstrafe, den Rasen zu betreten.«

Es ist ein lustiger Anblick, am heitern Nachmittag die Familien hinauswandern zu sehen, groß und klein, hier ihr Lager aufzuschlagen, ihre Küche. In Behaglichkeit sonnen sie sich, suchen den Schatten, kochen, speisen, trinken, lachen, singen, und die Kinder tanzen und haschen sich und spielen Plumpsack, und kein Polizeisergeant freut sich, sie vom grünen Rasen zu jagen.

Von früh auf bis spät sind Kinderwärterinnen hier, und das kleine Volk tummelt sich nach Lust im grünen Grase, und der Rasen bleibt immer grün.

Alles das ist mitten in der großen Stadt Wien, und du kannst noch eine halbe Stunde gehen, bevor du dahin kommst, was anderwärts »vors Tor« heißt.

Der Schmelz des Sommerabends fächelt dich in den Blütenmonden wunderbar an, wenn du über die Basteien auf das dunkelnde Grün hinabschauest, aus dem die Lichter wie Glühwürmer schimmern und der Wohlgeruch der blühenden Bäume und Blütenstauden dir entgegenduftet. Die fernen Berge schwimmen im Abendrot, größer, dunkler gefärbt. Die Natur ist so schön, reich, üppig; der Gedanke an den Norden weicht fern zurück, du mußt dich wohl fühlen, oder es ist kein Wohlgefühl in dir.

Nirgends nährt der Abend mehr den italienischen Charakter, als wo in der Nähe der Burg der *Volksgarten* zu deinen Füßen liegt; ein erhabenes Geschenk der kaiserlichen Huld. Zwischen den Terrassen der alten Wälle, die man hier mit dem sanftesten Grün bekleidete, wogt dir das lichte Saftlaub abendlich entgegen. Lichter, Musik, Jasmindüfte, erleuchtete Hallen, griechische Tempel unter dir. Dort das vergnügliche Volk im hellstrahlenden Kreise um die Tribüne eines beliebten Virtuosen, Massen von Eis konsumierend, hier ein dunkler Laubengang, darinnen selige Wandler, die, jenes vermeidend, ein Licht suchen, das auch im Dunkeln glüht.

Alles das wirkt feenhaft. Jetzt noch im hellstrahlenden Salon, dessen Festons Laubwipfel sind, mitten in glänzender Gesellschaft, steigst du in einem Atem hinauf in die stille einsame Nacht. Über den Häuptern der Frohen und Sorglosen, mit der Fußspitze die Wipfel berührend, die über ihren Häuptern rauschen – und sie hören sie nicht –, stehst du auf dem umhegten Wall, wo du, den Young in der Hand, Nachtgedanken träumen magst und Gespenster sehen. Es verirrt sich selten der Fuß eines Wieners hier, solange unten der Walzer schwirrt.

Der Mond über dir, das Sternenheer, draußen die nächtigen Massen des Kahlenbergs, die flimmernden Vorstädte, der jählings tiefe Graben, und drinnen über dem Wipfelmeer des Gartens die prächtigen Fronten der Basteipaläste mit ihren erleuchteten Fenstern, das Summen der Musik, der Stimmen – und dazu die Stimmen der Einsamkeit!

Ein Geist muß dir hier erscheinen, oder du sahest nie einen.

Ländliches

Der Begriff des »vorm Tore« – »ins Freie gehen« verliert jetzt, wie ein veraltetes Sprichwort bei veränderten Sitten, in größern Städten ganz seine Bedeutung. Wo an die Ringmauern weite Vorstädte und an die Vorstädte Dörfer sich reihen, die auch allmählich städtisch werden, wo man nur hie und da einen Park, ein Hölzchen, höchstens eine Wiese schonend dazwischen läßt, geht die alte deutsche Bürgerlust verloren, die sonntäglich nach saurem Tagewerk das freie Feld suchte. Sie forderte keine reizenden Gegenden, nicht nach anmutigen Fernsichten; das grüne Saatfeld, der weite blaue Horizont, der frische Lufthauch genügten. Unter der breitastigen Linde der eingerammte Tisch und die feste Bank, ein Bierkrug, die Aussicht auf das Abendrot und ein traulich Gespräch waren genug, um dem Bürgersmann und dem Gelehrten neuen Mut auf die saure Arbeit neuer sechs Tage zu leihen.

Wo ist dies »Freie« um Berlin? Mit dem Wilde hat sich die Natur aus dem Tiergarten verloren. Schon eingeschlossen von zwei Seiten durch Reihen von Villen, rückt dem eleganten Park von der andern eine ganze Stadt mit Kaffeehäusern und Pavillons entgegen; und dringt die Lust des Berliners bis durch Charlottenburg die Fahrstraße hinauf, so trifft sein erster freier Blick statt des Freien wieder auf eine dritte Stadt zu seinen Füßen. Ein Tivoli verdrängte vor dem Halleschen Tore das Freie, und in dem Wäldchen vor dem Kottbusser hat man den einzigen Höhenpunkt an seinem Rande, der eine anmutige Fernsicht gewährte, mit einer Mauer barrikadiert, um die Lust der Besucher ja nicht von der neuen Rutschbahn der Hasenheide abzuziehen. Auch von den andern Seiten rücken die Lustörter der Residenz so elegant entgegen, daß sich der Dunghaufen bald schämen wird, blank und bar in der Bannmeile zu liegen.

Um *Paris* ist längst der Begriff des Dorfes verlorengegangen. Es gilt Reisen anstellen, um das Land zu suchen, und aus den sieben Tagen wird ein Monat, ehe der gute Bürger aus dem Marais nach Saint-Germain-en-Laye kömmt, wo der Pariser versichert, daß das Land sei.

Alle näheren Dörfer und Lustorte sind nur Vorstädte, Fortsetzungen der Hauptstadt, kaum durch ein Boulogner Hölzchen oder die Äcker von Saint-Denis davon getrennt. Ist es doch schon eine kleine Reise vom Palais Royal bis zu einer der Barrieren, und nur hinter der von Neuilly erblickte ich etwas von dem, was wir »vorm Tore« nennen würden. Seltsam, daß gerade hier das Tor nicht fertig ist! Es ist der berühmte Triumphbogen, der, unter dem Wechsel der Regimenter in seiner Bestimmung wechselnd, zuletzt die hatte, der Promenade en Espagne zu Ehren, den Trocadéro-Namen zu führen! Jenseits drüben, über das Feld, hatten sich die Jesuiten auf dem Kalvarienberge angesiedelt, ein sicheres Zeichen, daß der Pariser hier nicht hinausgeht.

Paris ist darin nur ein Bild im Kleinen gegen *London.* Aus einem unermeßlichen Häuserlabyrinth gelangt der irrende Fuß in ein neues, aus den Städten in Vorstädte, aus den Vorstädten in Dörfer, komfortabler als die City, an die Dörfer reihen sich bebaute Landstraßen, selbst herrliche Straßen, die jeder Stadt Ehre brächten, durch hintern Anbau zu neuen Städten sich formierend, und so weit ist es jetzt gekommen, daß du vom Meeresufer bis zur Paulskirche in einer fortgesetzten Stadt zu fahren meinst. Ebendesgleichen winden sich die Verzweigungen der Themsestadt bis tief ins Innere, und wenn Englands industrielle Kultur so progressiv fortschreiten könnte wie in den letzten zwei Dezennien, würde das südliche Britannien, ehe denn ein Jahrhundert vergeht, eine Stadt sein, in der man das Land und die grüne Wiese mit Gittern umschließen und mit Schlüsseln öffnen würde wie jetzt in London seine Squares und Parks! Doch allem Menschlichen ist seine Grenze gesetzt! Dunkele Gewitterwolken schweben über der Kohlenatmosphäre. Ob man nach des Amerikaners Prophezeiung in einem Jahrhundert die Stätte suchen wird, wo London stand, bezweifle ich billig; denn noch ist nicht die Zeit, wo die Kultur so albern wurde, daß sie der Barbarei das Feld räumen muß; aber wo sie, nur der Materie dienstbar, dem lebendigen Geiste sein Recht weigerte, rächt sich dieser, und entladen muß sich das Gewitter über England, wenn auch nur, um mit seinen elektrischen Strömen seine verknöcherten Venen und sein erstarrtes Blut wieder in Fluß zu bringen.

Auch Wien verzweigt sich durch die angebauten Vorstädte, durch die wohlhäbigen Dörfer weit ins grüne Land. Aber der Unterschied ist: das Land ist da. Nur auf dem Stephan, nur auf eine der Höhen braucht man zu steigen, um sich davon zu überzeugen, wie die Kaiserstadt wie ein kostbares Kleinod auf einem – noch kostbarern – unermeßlich weiten, grünen Sammetteppich ruht.

Fern ist das *Land*, aber nicht unerreichbar. Nimm deinen Weg über das Glacis zur Josephsstadt, steige durch ihre langen Hauptgassen bis zur Linie – die Linie ist die äußere Umwallung der Vorstädte, mit einem trockenen Graben, damit der Schmuggler es doch nicht allzuleicht hat, wenn er die Maut betrügen will –, und tritt jenseits der Linie in eine neue Stadt. Sie heißt: *das Lerchenfeld*, der Sammelplatz aller derer, die *von* einer großen Stadt und nur *durch* eine große Stadt leben, aber keine Berechtigung haben und Lust spüren, *in* ihr zu leben. Der Berliner vergleicht es mit seinem Vogtlande. Aber wo reicht das bunteste Sonntagsleben vorm Schönhauser Tore nur im entferntesten zu einem Vergleiche mit dem Treiben und dem Jubel in dem neuen Lerchenfelde aus.

Denke dir wieder eine kleine Stadt mit ziemlich breiten Gassen, aber kein Haus über ein Stockwerk hoch, und vor jedem Hause hängt ein Tangerzweig, das Zeichen der Weinwirtschaft, und jedes Haus um das andere ist ein Bäcker, der die schönsten Küpfel backt, oder ein Schlächter, wo Würstl von aller Fasson dir entgegendampfen. Und all der Wein und all das Weißbrot und all die Würstl, denke dir, sie reichen nicht aus, um die Hungrigen zu sättigen, die Durstigen zu tränken, sobald sonntags Wiens Volksmassen sich in das Lerchenfeld ergießen. Da ist kein Platz in den Schenkstuben, in Hof, Garten, Flur, es tut not, daß man die Kellnerin über die Köpfe forthebt, um die Gäste zu bedienen. Auf den Straßen ist Haube an Haube, Hut an Hut, Pfeife an Pfeife, und der Rauch hat kaum Platz vor den Köpfen. Ich möchte dir nicht raten, deinen besten Rock anzuziehen, denn du weißt nicht, ob du die Zipfel behältst, und im Wagen wirst du nur in seltenen Fällen durchdringen, denn auch ein Wiener Fiaker findet da keinen Platz, wo keiner ist. Aber Menschen findest du von jeder Gattung, mit verschollenen Röcken, antiquierten Hüten, hier sogar auch Mützen, eine Seltenheit in Wien! – Gesichter und Leibesstaturen, Gliedmaßen von jeder Fasson, doch gebe ich dir zu bedenken, wenn du Lust hättest, Streit zu beginnen, daß die massiven vorherrschen. Vögel in Bauern und freie kannst du sehen, singen hören und kaufen, Vögel aller Art, auch Katzen, die du als Katzen oder als Hasen kaufen magst, wenn du willst; ja, eine Frau mit einem Gesicht, das von Weltkenntnis und Erfahrungen allerlei Art spricht, bietet dir eine Tonne voll junger Hunde an. Sie greift hinein, und zappelnd hängt an ihrer braunen Hand bald ein weißer, bald ein schwarzer, bald ein gelber Spitz, wie du ihn verlangst, jeder ist echt. Daneben freilich auch gemalte Bilder aller Art, Regenschirme und ein Theater für Hunde, Puppen und Menschen. Es summt und brummt um dich, alles ist Lebendiges, und ich stehe nicht dafür, daß du nicht auch etwas davon mitbringst. Kümmere dich nicht um die Ellenbogen, brauche vielmehr deine auch, mit Moderation, und sieh nicht zu ängstlich auf deine blanken Schuhe, wenn ein kotiger Kärrnerstiefel drauftritt, denn um zu glänzen, bist du nicht im Lerchenfeld, sondern um dich durchzudrängen und, wenn du durch bist, die freie Natur zu kosten.

Die tut sich mit einem Male vor dir auf. Dicht hinter der letzten Hütte frisches, grünes Saatfeld, feste Wege, sich durchschlängelnd, bergauf, bergab, und jenseits eine Kette hoher, grüner Berge und ringsum freie, freie Luft. Wär's auch nicht so frei, grün und bergig, die freie Luft fühltest du doch, wenn du durch das Lerchenfeld bist, und wußtest du auch nie bisher, was es sei, hier wirst du mit einem Male inne, was freie Luft ist.

Wie dir die Menschen törig vorkommen, die sich schwitzend, unbehaglich drängen und drehen in schmutzig elenden Gassen um das, was sie jeden Orts ebenso hätten, und dicht daneben ist die grüne freie Natur, auf deren verschlungenen Wegen nur hier und da ein Liebespaar oder ein Empfindsamer sich abschleicht. Was suchen die Leute in dem Gewühl? Sich selbst. Suchen sie in dem eleganten Wien drüben etwas anderes? Das Lerchenfeld ist nur Wien auf eine andere Art. Lauter Soziales, dem du alles, auch das Ewige, zum Opfer bringen sollst, und dicht daneben eine grüne Natur, die dich an die Ewigkeit des Paradieses mahnet.

Dörfer mit Strohdächern und Lehmwänden, an denen der Flieder sich aufrankt und der Storch auf dem Schornstein sein Nest baut, gibt es nicht mehr, sie verkriechen sich wenigstens und bleiben Ausnahme. Aber Ländliches ist überall.

Es will niemand vornehmer sein, als er ist, wenn er genießen will, und der Vornehme prätendiert nicht einmal, das zu sein, was er ist, wo es genießen gilt. Das ist die große Maxime, die das Leben in Wien anmutig macht. Sie läßt auch zu, daß man sich noch ländlich fühlt. Wo ein schöner Punkt ist, siedelt sich nicht gleich ein vornehmer Restaurateur an, der durch Glanz die Geringeren verscheucht, um die Höheren separat anzulocken. So etwas gibt es im Süden nicht. In der Genußbildung sind sich alle gleich. Im ersten Hotel ist neben der Table d'hôte eine Bierstube, wo der Kärrner und der Lakai trinken, und das vornehme Auge und die vornehme Nase finden sich ebensowenig beleidigt durch die blauen Strümpfe und den schlechten Tabak, als die in der andern Stube mokant demagogische Blicke auf die Mehrgenüsse derer werfen, die mehr sind und mehr haben.

Noch natürlicher und entfernter von aller Prüderie geht es auf dem Lande zu. Es setzt sich an denselben Tisch, wo der Handwerker seinen Platz genommen, der Kavalier und der Magnatensohn, er trinkt dasselbe Bier, denselben Wein und ißt von demselben Speisezettel. Er spricht auch mit ihm und lacht mit ihm, und indem er mit ihm spricht, nimmt er keinen andern Ton an. Er denkt dabei: Ich habe daran Vergnügen, und durch den Tisch, das Bierglas und die Konversation höre ich doch nicht auf, das zu sein, was ich bin; ich bleibe Kavalier und Magnat, und der drüben bleibt Handwerksbursch. Das soll in andern Städten nicht so der Fall sein. Denn wo der Nobleman durch ein Air, was er sich gibt, sich jeden Augenblick erst seinen Stand vor den andern machen muß, kann dieser Stand auch jeden Augenblick wieder verlorengehen. *Darin* ist das Leben allerdings leichter in Wien. Auch der Gastwirt macht keinen Unterschied, er bedient den Baron und den Lakaien mit demselben Eifer, wenn sie dasselbe Geld zahlen. Er freut sich, wenn er seinen Garten in Aufnahme kommen sieht, aber er schlägt darum die Preise nicht auf und setzt nicht statt der Holztische Marmortische, denn er denkt, wenn die Gäste plötzlich fortbleiben, bleibt ihm nur ein Stein, der leicht einer des Anstoßes und des Ärgers werden könnte. Nur Musik ruft er herbei, und solange die Walzer schwirren, bleiben die Gäste.

Der Kahlenberg

Aus der dumpfen Siechenstube
nach den frischen grünen Hainen
Läßt der Kranke gern sich leiten
von den liebevollen Seinen,
Daß er dort ins Gras sich lagre,
Kraft und neuen Glanz sein Auge,
Seine Seele Mut und Hoffnung
aus dem Grün der Wiesen sauge,

singt der Wiener Spaziergänger, und wie natürlich es klingt, versteht man es doch erst recht in Wien, wie überhaupt den ganzen Dichter und wie er dazu kam, so etwas zu dichten. Das sind Gegensätze: der Staub der Straßen, das Gewühl, die Interessen, der Markt einer Weltstadt, man sollte denken, die Natur läge hundert Meilen davon, und wenige Schritte hinaus, und du bist recht mitten inne in ihrer Lieblichkeit, in duftigen Waldschluchten, auf umbuschten Bergkuppen, auf Gebirgszügen; steinige Schlüfte unter dir, weit unten erst Weinberge, Dörfer, Gärten, Vorstädte, dann eine Stadt; weithin magst du dich ergehen auf den Höhen, ohne zu fürchten, nun ist's aus, und über dir sind doch noch höhere Berge, und es ist keine Täuschung, keine

Der Kobenzl

gemachten Parkfelsen und Berge. Der Kahlenberg läßt sich nicht forttragen und nicht einstecken.

Ich weiß nicht, ob es meinem Leser in den geschilderten Steinhaufen so eng wie mir geworden. Das Grün drinnen »tut es noch nicht«, nachdem ich so viel gemauerte Mauern ihm aufbauen mußte. Was er innerhalb derselben findet, spare ich ihm und mir noch auf und lade ihn als Intermezzo zu mir in einen Stellwagen, der uns nach Grinzing fährt, dem Orte, wo der berühmte Wein wächst und von wo man zu Fuß auf die Berge steigt; ich verspreche ihm eine so erfrischende Ausflucht, daß die ungeheure Steinlast, und wäre sie noch drückender, ihm in wenigen Minuten von der Brust gewälzt ist.

Wir sitzen im Wagen, der Schlag ein Uhr abfährt, ob er sich nun bis da gefüllt hat oder leer ist. Die Tour muß gehalten werden, als wenn es eine preußische Post wäre, denn die Einrichtung steht unter der Kontrolle des öffentlichen Vergnügens, und für Wien gibt es keine höhere. Die innere Vorstadt, die Nußdorfer Linie, die äußere Vorstadt liegen hinter uns, und schon fühlst du dich im Gebirge: ausgefahrene, steinige, tiefe Wege, Defileen, bald durch Gründe, bald über Höhen, es duftet dich balsamisch an; jetzt nicken dich von oben Weinstöcke an, jetzt, selbst auf der Höhe, gewinnst du schon anmutige Fernsichten über das gewellte Land, das sich hier nach der Donau, dort längs den Bergen in die Ebene senkt.

Hinter dem Dorfe, wo dich der Wagen unter Häusern absetzt, welche trotz einer nicht größeren Entfernung als drei Viertelstunden von Östreichs Residenz und Hauptstadt doch schon den Hütten eines Gebirgsdorfes ähnlich sehen, beginnen wirkliche Gebirgspfade. Du kletterst auf steinigem Gerüll, windest dich durch blühende Gesträuche, kreuzest abschüssige Wiesen, längst hinaus über die Weinregion. Begegnet dir auch keine echte Gebirgstracht, kein Saumroß, so könnten sie dir doch begegnen; ganz andere, reinere Lüfte umfächeln dich, als die den Wiener Staub aufwehen. Vor einer Stunde aus der eleganten Eisbude des Grabens getreten, knöpfest du den Rock zu, um dich vor der Bergluft zu schützen, und hältst still, um Atem zu schöpfen. Ein Blick rückwärts, und eine paradiesische Aussicht will dich fesseln; aber du bekämpfst die Lust, um die höheren Punkte zu gewinnen.

Schon magst du vom Wege abkommen und dich verirren, bevor du noch den niedrigsten Punkt der drei Höhen gewannst, denn du trittst in eine blühende Laubwaldregion. Es war ein reizender Frühlingstag, als ich die Spitze des *Kobenzl* bestieg. Ich war allein und doch nicht allein. Wiener Freunde hielten es für unmöglich, daß jemand da so mutterseelenallein umherstreifen könnte, sie bedauerten mich, daß ich es ihnen nicht gesagt; aber begleitete mich nicht so mancher – und einen davon kann ich nennen, der zu mir unter den schattigen Wipfel der hohen Buche trat und viel mit mir plauderte! Was er mir vertraut, davon an anderer Stelle; es war der Wiener Spaziergänger, den ich bis da nie gesehen und auch bis heute nicht von Auge zu Auge sah; aber unterm grünen Baum auf dem Vorbug des Kobenzl haben wir uns lange unterhalten, und wenn ich ihn längst schon liebgehabt, gewann ich ihn jetzt noch mehr lieb, denn hier erst verstand ich ganz seine Frühlingsgedanken. Dieses Plätzchen mußte es sein, wo er sang:

Fern der Stadt, auf einem Hügel,
saß ich unterm grünen Baum,
Der mir säuselnd um die Schläfe
spielte wie ein Frühlingstraum,
Frei die Blicke ließ ich schweifen
über Felder, Höhn und Wald,
Bis die fernen blauen Berge
ihnen höhnend riefen: Halt!

Sieh, da nahmen die Gedanken
ihren leichten Wanderstab,
Schritten über jene Berge jenseits in das Tal hinab,
Schritten fort unaufgehalten,
über neue Bergeswand,
Und sie sahn, so weit sie wallten,
ringsum schönes, reiches Land!,

wo er wünschte, daß der Herrscher dieses schönen Landes statt seiner säße und ihm die Zweige wie Frühlingsträume um das Haupt säuselten, wo er nennt dies sein:

Vaterland, von Gott gesegnet
also reich mit jeder Lust,
Daß für dich der Überreiche
andre fast enterben mußt,

und Fragen an dasselbe richtet, auf die eine Träne im Auge ihm antwortet. Eine treffendere, lebendigere Schilderung dessen, was das Auge umfaßt, kann nicht entworfen werden als seine:

Ebnes Land liegt mir zu Füßen,
wie ein stilles, grünes Meer,
Weit hinaus, wie Möwen, kreisen
meine Blicke drüber her;
Gleichwie schmale, lichte Furchen,
die durchs Meer die Schiffe ziehn,
Schlängeln Donaustrom und Straßen
sich als Silberstreifen hin!

Rings empor als inselreicher, stolzer Archipelagus
Ragen Dörfer, Schlösser, Städte,
blinkend wie aus Silberguß;
Doch vor allen groß und mächtig
ragt ein Eiland aus dem Meer,
Dem als Tannenwald die Stirne
krönt gewalt'ger Türme Heer.

Du bist's, Wien, Stadt der Cäsaren! –
Doch wie dünkst du jetzt mir klein!
Selbst ein Meer sonst meinem Auge,
schrumpfst du nun zur Insel ein!
Riesenwerk, dran müd sich bauend
rastlos ein Jahrtausend stand.
Sieh nun deine ganze Größe
leicht bedeckt von meiner Hand!

Dreimal hunderttausend Brüder
träumen dort des Lebens Traum!
Dreimal hunderttausend Herzen
schlagen in dem engen Raum!
Draus Entwürfe, weltbewegend,
erderschütternd, sind gewallt!

Draus gewandelt manche Botschaft,
deren Klang die Welt durchhallt!

Das geistige Auge ist so scharf als das leibliche beim Spaziergänger. Zum Glück stand er nur im Frühling auf dem Kobenzl. Ich weiß nicht, wie es hier im Winter und Herbst aussehen mag.

Durch parkartige Anlagen, bergauf, bergab, nicht ohne Beschwerde und Gefahr, dich zu verirren, ersteigst du den viel höhern *Kahlenberg*. Nicht zu vergessen ist das elegante Schloß auf dem Kobenzl mit seiner Vue nach der Stadt, welches, wenn auch sonst nicht merkwürdig, durch den Namen seines Besitzers an die Intrigenzüge der letzten Weltereignisse erinnert. Es gehört dem *Grafen von Pfaffenhofen*. Er hat diesen reizenden Sitz Karl X. nicht angeboten.

Der Kahlenberg führt mit Unrecht den Namen. Aus einem dichten Walde, zum teil als Tiergarten eingehegt, erhebt sich gegen Wien hin eine vorragende Spitze, auf der die ehemaligen Klostergebäude stehen, welche im Lauf der Zeiten zu einem Wirtshause sich akkomodieren mußten. Auf einem schönen Altanplateau vor demselben ist der Punkt mit der reizenden Aussicht, um deretwillen der Wiener die Mühe nicht scheut, den Berg zu ersteigen, weit reicher, umfassender als die vom Kobenzl. Dort beschäftigte sich das Auge noch mit den Gärten und Villen um Wien, hier ist man von einem Hügel auf einen Berg gestiegen und hat das Großartige einer Fernsicht, verbunden mit aller Anmut nächster landschaftlicher Umgebung. Wien zu deinen Füßen, weithin das reiche, grüne, ebene Land bis zu den Gräzer Bergen zur Rechten, und links verfolgst du die Krümmungen der Donau, bis sie auf einen neuen Gebirgszug in weiter Ferne stößt. Aber man zeigt dir zwei getrennte Bergspitzen; hier durchbricht sie, ein neues Felsbett findend, die ungarische Grenze, und die weißen Punkte, die du bei heiterm Himmel erkennst, sind Preßburg. Und von Wien bis Preßburg, wenn du dem schlängelnden Donaulaufe folgst und die großen Inseln entdeckst, wieviel verhängnisvolle Namen knüpfen sich daran! Jener sandige Werder heißt *Lobau.* Aspern, Wagram, das Marchfeld, vielbedeutende Klänge! Auf dem Kahlenberg stand auch *Sobieski* und musterte das Türkenlager, bis er bei Klosterneuenburg über den Fluß zog. Und bis auf die Franzosen wieviel berittene Kriegervölker, Polen, Türken, Ungarn, Hunnen, tummelten auf jener weiten Ebene ihre Rosse! Diese poetischen Gedanken und historischen Erinnerungen werden dich aber nicht abhalten, wenn du dich an der Aussicht gesättigt, beim Restaurateur einzusprechen, der dir eine ellenlange Speise- und eine ebenso lange Weinkarte vorlegt. In guten Zeiten wirst du vielleicht alles erhalten, was darauf geschrieben steht, in kritischen, wozu ich den Frühling rechne, der noch nicht genug Besuche heraufführt, wenigstens die Antwort: Ist nicht mehr da. Von den Weinsorten, die ich forderte, natürlich zu Ehren Ungarns, das vor mir lag, war erst die siebente vorrätig. Dafür waren die Flaschen aber versiegelt, denn ein Advokat aus der Stadt hält und versorgt dieses Bergwirtshaus, das sich gewiß mit jedem andern in ähnlicher Lage messen kann.

Der *Leopoldiberg* liegt eine starke Viertelstunde vom Kahlenberg auf der äußersten spitzen Kuppe des Bergzuges, wo dieser sich schroff in die Donau senkt. Minder hoch als letzterer, ist er doch malerischer wegen der Isoliertheit seiner Lage und der Schloßgebäude, die ihn krönen. Ehedem war es ein erzherzogliches, festes Schloß, dann ein Kloster, jetzt hat es gleich dem Kahlenberge sich zum Teil zu einem Wirtshaus hergeben müssen; aber seine kühne, vorspringende Lage und der verwitterten, hohen Feldsteinmauern lassen ihm noch immer den Aspekt eines alten Donaukastells. Ich zog die Aussicht hier, weil sie eine doppelte und unbeschränkter ist, der auf dem Kahlenberge vor. Wenngleich diese rechts nach Wien hin reicher und lieblicher ist, so ist die links herunter auf die Donau, welche eben um den Wienerwald biegt und mit ihren grünen Wellen um viele Werder und Sandbänke, die noch keine Inseln wurden, lenkt, desto romantischer. Eine wechselnde Beleuchtung, denn der West trieb dunkle Regenwolken über den lichtblauen Horizont, hier die einsame Donaupartie im grauen, düstern Abendschatten, dort die belebte Flur mit der Hauptstadt noch im glänzenden Abendschein, hoben den höchst romantischen Eindruck grade dieses Punktes.

Einst in der Vorzeit stand hier ein Erzherzog mit seiner Gemahlin, in erbaulichen Gesprächen des reichen, gesegneten Landes unten sich freuend. Gedrängt, ich weiß nicht, durch was, fühlte sich ihr Sinn, ein Kloster zu gründen, Gott und der Heiligen Jungfrau zu Ehren, die sie zu Herrschern über dies gesegnete Land eingesetzt. Aber sie waren nur in Verlegenheit, wo; da riß ein Wind der Erzherzogin den Schleier vom Haupte und trug ihn durch die Lüfte über die Wipfel des Bergwaldes hinab zur Donau, und ihr Gemahl gelobte, den Wink des Himmels erkennend, wo man den Schleier finde, das Kloster zu gründen. Der Wienerwald war dazumal noch etwas Fürchterliches, man hatte lange suchen müssen, bis man ihn sauber ausgespreizt über einem blühenden Strauche mitten im Dickicht fand. An der Stelle lichtete Leopold den Wald und gründete das reiche *Klosterneuenburg*, dessen graue Kuppeln und Türme dir jetzt noch unten an der Donau aus dem grünen Walde entgegenschimmern. Wenn ich die Sage nicht ganz richtig erzählt – ein Gedächtnisfehler ist verzeihlich, wo so viele Sagen an Schleier und aufgefundene Heiligenbilder im Walde sich knüpfen –, so schlage man irgendeine der vielen poetischen Erzählungen nach, welche sie zum Gegenstande haben.

Grau, einsam, altklösterlich schauen die Dächer und Zinnen zu dir auf, die Donau rinnt träg und düster an dem öden Mönchssitze vorbei, den melancholischen Klagen aus seinen Mauern antwortend, und die Hirsche, die auf den einsamen Sandinseln spielten, vollendeten das schöne, düstre Bild. Alles aber Täuschung, vermutlich von den Schatten der grauen Regenwolken. Um Wien ist nichts traurig und einsam. In den Mauern von Klosterneuenburg ist's prächtig und geräumig und reich, die Mönche sind keine Kartäuser, es ist ihnen nichts genommen, und ob auch die Reformbill durchgegangen und die Sinekuren in England beschnitten werden, für ihre sind sie noch auf Lebenszeit, für Kind und Kindeskind, wenn man so von Mönchen reden darf, nicht bange. Hat doch Napoleon und seine Soldaten ihnen nichts angehabt. Nur daß diese über die Donau schifften und in den Kellern, die noch geräumiger sind als die Refektorien und Zellen, so viel zapften, daß der Prälat mit seinen Mönchen im nächsten Jahr einigen Durst litt. Doch seit 1809 ist wieder viel Klosterneuenburger gekeltert und gefüllt – dieser Wein gilt als Delikatesse –, und die frommen Wiener sind auf funfzig Jahre hinaus der Sorge enthoben, daß einmal die gastlichen Mönche von Klosterneuenburg mit ihrem Abte verdursten. Das Kloster ist eine Lieblingslandpartie der Wiener.

Vom Leopoldiberg kann man den Rückweg bis dicht an die Linie fast durch lauter Windungen sich abdachender Weingärten wählen.

Neapel allein ausgenommen, grenzt wohl an keine große christliche Stadt so unmittelbar eine reiche, grüne Natur in ihrem *anmutigsten* Kleide.

Die Wiener Küche

Zu *Friedrich Schlegel*, als er noch lebte, und zwar in Wien, kam jemand und fand den Dichter, Kritiker und Philosophen in Hemdsärmeln am Küchentisch, eine weiße Schürze um den Leib, ein Messer in der Hand, mit dem er ungemein geschickt die in der andern befindliche Bohne schnitt, wie man Bohnen schneidet. Der Freund aus dem Norden wollte betroffen zurück, aber Schlegel bat ihn zu bleiben und entschuldigte sich mit der pressanten Zeit.

»Sie haben doch aber eine Köchin«, konnte sich der Freund nicht enthalten zu sagen, »und zwar eine sehr gute, wie wir neulich erfuhren.«

»Allerdings, Teuerster«, erwiderte Schlegel, indem er eine neue Bohne mit dem Finger kappte, »aber Sie wissen nicht, wie wenig man ihnen hier in der Stadt trauen kann. Ich mag es ihr tausendmal sagen und einschärfen, aber glauben Sie, daß die Person die Fäden ordentlich abzieht, ehe sie schneidet? Da ich nun aus langer Erfahrung mich überzeugt, daß man von keiner Person, die um Lohn dient, das erlangen kann, was bleibt übrig, wenn ich keine Bohnen mit Fasern essen mag, als mich selbst an die Arbeit zu machen?«

Friedrich Schlegels Handlungsweise war hierin vermutlich so für sich allein wie vieles, was er in seinem Leben getan. Ich habe nicht in Erfahrung gebracht, daß die Wiener Gutesser, ob sie katholisch von Geburt oder erst geworden, sich selbst ihre Bohnen schneiden. Man überläßt das und jedes andere Schneiden, das dahin gehört, den Köchinnen, in die der Wiener das Vertrauen setzt, sie werden nicht mehr und nicht weniger schneiden, als rechtschaffenen Köchinnen die Observanz erlaubt. Aus Meisls »Fee aus Frankreich« weiß man ja, wie gewissenhaft die Haushälterin des Hagestolzen ihre Schwänzelpfennige berechnet, daß sie sich nicht einmal entschließen kann, gegen ein fixes Abstandsquantum ihnen zu entsagen!

Die ganze Wiener Küche, wie sie ist, wie sie war, und ihre Aussichten in die Zukunft zu schildern, wie reicht ein Kapitel aus, wie faßte man alle diese Bilder in *ein* Bild! Sie zu ergründen, nur sie zu kennen, dazu gehörte ein halbes Leben, sie zu beschreiben, wenigstens ein ganzes Buch. Wohl wichtig, ehe es geschrieben würde, wäre die Frage, ob der Einheimische, ob der Fremde mehr berufen scheint: der Einheimische, der sie *kennt*, dem sie aber – er kann nicht vergleichen – zur andern Natur wurde; der Fremde, dem in der Menge des Überraschenden und Neuen der sichere Standpunkt abgeht; jenem ist gar nichts merkwürdig, diesem alles; jenem fehlt die Würze, welche jeder Wechsel mit sich führt, er ist abgestumpft; diesem könnte alles pikant scheinen, eben weil er nicht einsieht, daß es natürliche Kombinationen nach gewissen, bestimmten Gesetzen sind, daß nach diesen schmacklichen Prämissen der zur Erscheinung kommende Geschmack nichts als ein organisches Resultat ist.

Möge diese Aufgabe der Zukunft überlassen bleiben, vielleicht einem Fremden, den langjähriger Aufenthalt zu einem Freunde der Wiener Sitte, aber noch nicht zu einem Wiener gemacht. Ihm liegt es ob, erst zu ergründen und dann deutlich zu machen, ob die Wiener Küche etwas so in sich selbst Dastehendes, aus sich heraus Gebornes, organisch Vollendetes ist, als ältere Annahmen andeuten wollen, oder ob, wie man in Wien selbst hört, französische Art und französische Prinzipien auch hier, unmerklich freilich, aber um desto gefährlicher eingewirkt und die eigentümlich vaterländische Herausbildung gehemmt, gestört haben. Angenommen, daß dieser Einfluß da ist, dessen Schuld der Diplomatie mehr beizumessen wäre als den kriegerischen Kombinationen, welche zweimal französische Heere nach Wien führten, so wäre ans Licht zu stellen, wie weit er eingriff, wo er half, förderte, Geburten weckte, die bis da embryonisch in bewußtloser Ahnung schlummerten, und wo er eigne Anstrengung vernichtete, zurückschlug. Nur dieser historische Weg würde aufs Richtige führen, während der andere empirische nach dem Geschmack ins Meer voriger Unsicherheit zurückleitete. Wenn der Berliner sagt: »Mit der Wiener Küche ist auch nicht so viel los, als man davon macht«, was ist damit gesagt? Paralysiert es sich nicht mit der andern Redensart: »Man ißt in Berlin ebenso gut oder besser jetzt als in Wien.« Was heißt *besser* und was *Berliner Küche?* Ist das ein Urbegriff, auf den das Seiende sich zurückführen läßt, oder nicht vielmehr auch ein Gemisch von Fremdartigem, von Russisch, Französisch, Englischem?

Und wie weit sind wir gerade darin noch zurück,

nämlich in der historischen Verfolgung. *Rumohr* hat Lichtblicke in die Küchen der verschiedenen Nationen geworfen; aber dies Licht kam nur aus seinem subjektiven Genius, nicht aus einer vollkommenen geschichtlichen Klarheit; denn wenn er gleich weiß, wie die Römer geschmort und die Spanier gebacken, hat er um deshalb ergründet die ungeheuere Veraderung der heutigen europäischen Küche? Gar nicht. Hier ließen sich Ahnentafeln der Gerichte aufstellen. Aber hat man auch nur die scheinbar so einfache des Beefsteaks bis jetzt?

Ich sage, und das ist mein einziges Resultat von allgemeinerer Bedeutung, daß in der Wiener Küche neben dem unbewußt oder mit Bewußtsein eingeschlichenen Fremden sich noch viel Eigentümliches, ja mehr als in irgendeiner Nation, erhalten hat. Manches ist aus Italien gekommen – wer wollte den Wert der Makkaroni verkennen, wer nicht einräumen, daß die Mehlspeiskultur, wenn wir sie überall den Welschen verdanken, etwas Dankenswertes ist –, es kommt aber nur darauf an, wie wir das Überkommene benutzt haben, und darauf kommen wir später zurück. Einiges kam auch aus der *Türkei;* die Behandlung des Zuckergebäcks, die Anwendung des Honigs; warum wollte, warum sollte der Wiener es leugnen, daß er hier viel die Ansichten der *ottomanischen*, der *magyarischen* und *slawonischen* Stämme benutzt hat.

Freilich ist es noch in tiefes Dunkel gehüllt, woher eigentlich die *Klöße* stammen; indessen wäre es mehr als deutsche Bescheidenheit, ableugnen zu wollen, daß sie den Germanen ursprünglich angehören. *Tacitus* erwähnt nichts ausdrücklich davon, auch *Plinius* in seinen Notizen aus älteren Reisebeschreibern, welche Deutschland kennengelernt, beläßt dies in voriger Ungewißheit; wer indessen den großen, ernsten Römer mit feinem Sinne liest, wird vielleicht deutlicher, als wir es niederzuschreiben wagen, aus der Schilderung der germanischen Wachtfeuer an der Weser, wenn er den Dampf sieht, der aus den Kesseln emporbrodet, fühlen, daß unsere Vorväter Klöße kochten. Was für Klöße und ob die feinen Römer daran Geschmack fanden, das steht freilich nicht im Tacitus; allein es stände schlimm mit unsrer Philologie, wenn sie aus den Alten nicht mehr herausläse, als drinsteht. Gewiß waren es nur Haferklöße. Noch schwieriger, dunkler wird unser Gebiet, wenn wir uns nach demjenigen Stamm umsehen, wo sie vorzugsweise, wo sie zuerst bereitet wurden, und wir bekennen, daß wir rein im Lüftemeer der Ahnungen uns schaukeln, wenn wir sie den semnonischen Stämmen der Longobarden zuweisen. Etwas Aufgegangenes geht nicht ganz wieder unter, auch die Klöße blieben, nachdem die Longobarden längst nach Südwesten sich gewendet und die semnonischen Germanen den Slawen Platz gemacht, im Lande zwischen Oder und Weichsel, und die Pommern diesseit und jenseit der Oder vervollkommnen ihre Bildung. Wie sie von ihren semnonischen Erfindern im Gewühl jener ersten deutschen Freiheitsaufregung zu den Markomannen übergegangen – wir finden sie bestimmt und schon in einiger Ausbildung im Lager des *Marbod* –, ist erklärlich; wie sie nun auf diesem Wege Eigentum der spätern Östreicher geworden, hier zu Knödeln (oberschlesisch: Kließla), Strudeln, Hefenklößen, Kolatschen sich kondensiert, läßt sich deutlicher nachweisen, als wie sie durch den Umweg der longobardischen Wanderungen, nicht gestört durch den Konflikt mit den Gepiden, nach Italien gekommen und hier – vielleicht zu Makkaroni sich aufgelöst haben, was, wir bekennen es, aus dem historischen Gebiete in das der vagen Vermutung hinüberstreift. Aber zu erfreulich war der Gedanke, daß die Wiener Küche auch etwas von der germanisch-märkischen ursprünglich bekommen und so doch in einer Verwandtschaft mit ihr steht, die wir freilich mehr ahnen als beweisen können.

Rätselhaft möchte es scheinen, wenn man die so oft ins Leben getretene politische Wechselwirkung *Englands* und Östreichs betrachtet, wie eigentlich, man darf es aussprechen, soviel als nichts aus der englischen Küche in die Wiener überging. Hier haben keine Allianzen, keine Gesandtschaften eine Verschmelzung zustande gebracht, die Natur ist mächtiger als die Politik. Man weiß, wie die Gattin des britischen Gesandten zu Anfang vorigen Jahrhunderts, die berühmte *Lady Montagu*, in Wien sich bemüht, Englisches und Wienerisches zu amalgamieren; aber auch wenn es ihr, was sie so eifrig beabsichtigte, gelungen wäre, die Wiener Öfen in London einzubürgern, schwerlich hätte sie Wiener Strudel in England gebacken, wie denn umgekehrt auch nicht die leiseste Spur ihres Wirkens für die Wiener Küche hier zurückgeblieben. Fast mit historischer Gewißheit läßt sich annehmen, daß bis 1732 noch kein Beefsteak in Wien geröstet worden; Abraham a Sancta Clara würde wenigstens einmal es auf die Kanzel gebracht haben. Nicht übersehen darf dabei jedoch werden, daß die *blutig* annoch gärenden Kämpfe zwischen Whigs und Tories die englische Küche um jene Zeit noch nicht die Einheit gewinnen ließen, welche sie zu einer siegenden gemacht hätte, gleichwie Frankreich erst Frankreich und seine Küche erst die französische wurde, nachdem *Richelieu* die Parteien unterdrückt und die aristokratischen Faktionen unter seinen großen Kardinalshut gebracht hatte. Mit dem Siebenjährigen Kriege hörten alle Relationen zwischen England und Östreich auf, obschon, merkwürdig genug, die englische Küche um deshalb nicht den mindesten Einfluß auf die preußische ausübte. Langsam erholte sich erst wieder die Verbindung. Aber noch *Sir Robert Keith*, Gesandter bei Kaiser Joseph II., klagt bitter, daß man ihn ganz außer acht lasse und kaum vierteljährig Novitäten aus London zusende. Für die englische Küche war damals nichts in Wien zu tun. Wie *Castlereagh* während des Wiener Kongresses seine Nationalität vernachlässigte, darüber ist in ganz England, unter Tories und Whigs, nur eine Stimme. Er hat seine Beugung vor fremden Sitten und fremden Küchen durch einen blutigen Tod gebüßt! Mehr ließ sich erwarten von des Fürsten *Esterházy* glanzvoller Gesandtschaft in London; aber die englische und die Wiener Küche können auf gleiche Weise klagen. Der Fürst hält sich französische Köche!

Mit *Holland* stand die Wiener Küche nie in Relationen. Wie auch momentane Kombinationen dem Dinge einen andern Anstrich geben, Holland hängt durch seine kräftige Hornviehzucht unzertrennlich mit England zusammen. Strudel und Makkaroni werden hier zu derbem Plumpudding; aber der Nerv beider Küchen ist das Hornvieh, ihre Aufgabe: seinem Fleische Würze, Frische, Kraft zu erhalten oder zu geben. Es sind

Länder mit von Wasserdünsten, Kohlendampf und Nebel geschwängerter Luft, hier gilt es, Würze zu suchen, wo sie nicht ist. Östreich ist ein sonnenhelles Land, alles bildet sich von selbst, und der Genuß ist leicht; man braucht keiner Potenzierung des Nahrungsstoffes.

Ungerecht wäre es und ein Vorurteil gegen die *französische* Küche, das Gute ihr abzusprechen, was sie vorzugsweise auf die Wiener geübt hat. Nicht die Delikatessen, welche der Wiener Koch dem Pariser nachmacht, sind zu rühmen, sie bleiben französisch, wer sie auch zurichtet; aber die Elementargerichte, die, zu Haus überall, doch in jedem Hause verschieden behandelt, verschieden gedeihen, diese sind es, welche den soliden Ruhm eines Kochs, den Ruf einer Küche begründen. Unverkennbar ist nun der französische Einfluß auf die Wiener Brühsuppen. Mit geringen Mitteln weiß jede Köchin die verhältnismäßig beste Fleischbrühe zu erzielen. »Diese Bouillon«, sagte Napoleon in Schönbrunn zum Grafen Auersperg, »ist von keinem französischen Koch und doch ganz französisch, aber auch wieder nicht französisch, denn ich wollte in ihr alle Eigentümlichkeiten dieses Landes kosten.« Ähnlich hatte sich schon früher *Zacharias Werner* geäußert.

Inwiefern die geschmackvollen Saucen Kinder oder Enkel der in Pariser Küchen erfundenen sind, wage ich nicht zu behaupten, wohingegen, was andere aufgestellt, ich dreist bestreite, daß die Art, wie das Geflügel bereitet wird, von den Franzosen erlernt sei. Dies ist falsch. Nicht allein die *gebackenen Hähnel* sind ursprüngliche Erfindung Unteröstreichs, sondern auch die ursprüngliche Behandlungsart allen Geflügels trägt unverkennbare Spuren eignen Nachdenkens, eigner Erfahrung. Schmackhaft und zart sind hier die Losungsworte, obschon der nordländische Geschmack sich wenig mit der Art verträgt, blutjunge Gänse mehr zu kochen und zu schmoren als zu braten; es streitet mit unserm Begriff von einer echten Gans.

Mit *Spanien* und *Ägypten* wüßte ich keine küchliche Verwandtschaft. Die Vorstellung einer Olla potrida ist der Wiener Küche fremd; ob die valencianische spröde Reiszukochung hier gebilligt wird, fand ich keine Gelegenheit zu beobachten.* Der ris à la Malte steht nicht mehr als etwas Fremdes da. Mit Rußland, wie gesagt, keine andere Annäherung als in der Doktrin vom Honig. Kaviar ist unverhältnismäßig weniger in Wien Bedürfnis als in Berlin.

Fassen wir die Erfahrungen, die sich uns in den ersten Wochen dartun, die Wiener Küche, *wie sie ist*, charakterisierend, in wenige Sätze zusammen:

1. Es wird wenig oder gar nicht gepfeffert. Das Land ist wohlhäbig und noch dem Naturzustande nahe. Die Sinne sind noch nicht verwöhnt, abgestumpft, es braucht nicht der Salze, des Pfeffers, der Gewürze, um einen pikanten Geschmack hervorzubringen, weil noch alles schmeckt in seinem natürlichen Zustande. Dies ist der erste, der Grundsatz, der Grundstein, auf dem sich

* Sie wird gebilligt; doch vergißt man den Ursprung, und wie so manches Calderonsche Stück in Deutschland erst durch eine italienische Umarbeitung bekannt wurde, dem Spanier die Ehre entziehend, die ihm als Erfinder gebührt, so meint man auch, man koche den Reis italienisch, indem man ihm die Körnerkraft und die Selbständigkeit erhält, und sorgt nicht, daß es der Valencianer war, von dem diese Theorie nach Italien überging.

das ganze Wiener Küchengebäude regelrecht erhebt. Alle folgenden Sätze sind nur Schlüsse.

2. Nicht durch fremdartige Zutaten, aus dem Safte heraus, aus dem innern Marke sucht die Wiener Küche dem Gerichte seine Würze zu schaffen. Nichts ohne Ausnahme. Aber Cayenne liegt fern von Wien.

3. Die Kultur des Geräucherten und Gepökelten ist hier noch in ihrer Kindheit oder eine verkannte Fremde. Nichts von Spickgänsen, kaum dringt eine Kunde durch von echtem geräuchertem Schinken. Die hiesigen taugen, ähnlich denen aller Südländer, nur zum Kochen. Westfalen und Pommern fehlen hier auf den Landkarten. Auch den Würsten mangelt die Schärfe, welche unserm Gaumen so unentbehrlich scheint wie das X dem Namen. Mochte doch um deshalb die böhmische Wirtin, die mit dem Deutschen nicht recht fertig wurde, den Würsten jenen Konsonanten entziehen, wo dann freilich die Würste wie Wiste säuselten.

4. Ausgesprochen muß es werden: die Wiener Küche versteht nicht mit dem Rindfleisch umzugehen. Stark ausgekocht zur Bouillon, kommt es in jeder echt bürgerlichen Haushaltung auch bei Mittagessen, die wir Gelage nennen würden, nach der Sauce auf den Tisch. Das wäre zu billigen; es ist sein ehrbares Hauskleid. Wo aber ist sein Ausgeh-, sein Bratenrock? *Beefsteak* gibt es nicht, weder jene erste, auch dem schlichten Sinn zusprechende Sorte auf dem Rost noch die in ihrer höchsten Vervollkommnung – wo es dem Laien roh scheint –, nur von der höchst gebildeten Zunge zu würdigende, durch Dampf und Schweiß bereitete. Das, was unter dem Namen bei einigen Restaurateuren vor-

kommt, ist nicht besser als das Pariser, welches häufig einer aufgerösteten Schuhsohle vergleichbar wäre. Schmorbraten, Rinderbraten, das würzige Rostbeef, hie und da in den Küchen der Reichen und Gereisten magst du nach Anklängen suchen, an öffentlichen Tafeln vergebens. Unschmackhaft in Fett geröstete, zuvor gehackte Scheiben unter dem Namen *Rostbrätl* sollen dir alles das ersetzen.

5. Weit besser die Kultur des Kalbfleisches. Seltener der würzige Braten als allerhand Röstungen, von denen die berühmten *Naturschnitzel* unter geschickten Händen zu einer Delikatesse werden. Vom Kalbfleisch ist der Übergang zum Geflügel nicht weit. Von Fröschen hörte ich nichts. Es liegt in dem oben angeführten Prinzip, daß der Wiener die junge, gedämpfte Gans der alten, gebratenen vorzieht. Über Prinzipien sollst du nicht streiten.

6. Die Wiener »Speis« versöhnt dich wieder, wenn du ein Feind der Mehlspeise geworden, mit derselben; oder warst du nie ihr Freund, weil du meintest, sie belästige, erschlaffe den Magen, so wirst du es hier. Dies ist die Kraft der Wiener Köchinnen. Nicht französische Schaumgebäude liefern sie voll Süßigkeit, pikantem Reiz und doch im Grunde schal; es ist ein echter, kompakter und doch lockerer Bau, würzig, schmackhaft und nahrhaft. Nicht ängstlich braucht die Köchin den Moment abzuwarten, wo die vorige Schüssel abgetragen wird, daß ihr Kunstwerk nicht einfalle durch eine Minute Stehen. Die Wiener Mehlspeis ist darüber hinaus; in sich trägt sie ihre Stärke, ihr Wert hebt sie. Nicht aus Eiweißschaum und Zucker, in täuschenden Formen und Farben ward sie aufgetrieben; Mehl ist ihr

Element, aber nicht lässig geknetetes, sondern so locker und kräftig und fleißig durcharbeitetes wie der Stein an einer gotischen Turmspitze. Luft ist überall durchgedrungen, und doch ist der Bau fest, er steht ohne Randschüssel. Gespickt mit freudig aufgegangenen Rosinen, die gesunde, nicht aufgeschwemmte, vielmehr stark »knusprige« Rinde mit körnigem Zucker überstreut und von einer kräftigen Sauce getränkt, erblickst du vor dir wieder eine echt deutsche Mehlspeise und wünschest, ihre würzige, gesunde Nahrhaftigkeit verspürend, daß sie, zu uns herüberkommend, all die hohlen, schalen, nichts bedeutenden und nach nichts schmeckenden, aufgeschwemmten Zitronen- oder Schokolade-Eierspeisen auf ewig über den Rhein zurückjage, von wo sie hergekommen. Nicht aber sei damit gesagt, daß nicht auch die Wiener Speis noch besser werden kann, denn für rastloses Fortstreben ist kein Ziel.

Der Wein

Der selige Seume machte einmal auf seinem großen Spaziergange nach Syrakus auch einen kleinen auf den Bastionen von Wien. Er wollte meditieren, und da er keinen andern Gegenstand fand, meditierte er über den Namen der Stadt. Wien heißt lateinisch Vindobona. Es gibt Gründe, anzunehmen, daß der deutsche eben wie der lateinische Name von den *wendischen* Völkerstämmen herrührt, welche in grauer Vorzeit diese östlichen Marken der germanischen Lande einnahmen, und diese Gründe sind so stark, ja so augenfällig, daß auch Seume, wenn er nicht gerade in Verlegenheit gewesen wäre, woran er denken sollte, sich nicht die Mühe gegeben hätte, etwas zu überdenken, was schon längst vor ihm über-, durch- und ausgedacht war. Aber Seume wollte etwas Apartes denken und zugleich an Wien, und darum erdachte er, daß der Name Vindobona oder Vindobonum aus dem Lateinischen stamme; die Römer hätten Wien genannt ein oppidum, quod *vinum dat bonum* (eine Stadt, die guten Wein gibt), und die nach den Römern kamen, hatten das so (vielleicht weil sie sich geschämt) in Vindo-bonum zusammengezogen. Der Gedanke amüsierte den berühmten Spaziergänger dermaßen, daß er seine Schritte verdoppelte und ein paarmal die Stadt, welche guten Wein gibt, umkreiste. Als ihn die Motion durstig gemacht, sprach er in einer Schenkstube ein. Hier nun wurde ihm bei einem Seidel Wein die Kritik ad hominem in die Hand oder vielmehr auf die Zunge gegeben, daß seine ganze Hypothese grundfalsch sei oder die alten Römer schon, was man nicht von ihnen wußte, gewaltige Ironiker waren.

Es gibt Patrioten, welche den einheimischen allen fremden Weinen vorziehen, und es gibt Fremde, welche, lange in Wien, sich so daran gewöhnt haben, daß sie ihn mit derselben Lust trinken, wie jene stolzen Mecklenburger, nämlich Pferde, zum großen Verdruß ihrer behelmten Kürassierritter sich in der neuen Garnison an die zahlreichen Esel der Ackerbürger gewöhnten, dergestalt, daß der honor naturalis dieser edelsten Tiere vollkommen in der Länge der Zeit verschwand und Pferd und Esel sich freundlich anwieherten. Wenn man der Sache auf den Grund geht, haben die Pferde ebenso klug gehandelt als hier die Menschen. Ohne diese Überwindung wäre es dort auf den Gassen zu mancher unangenehmen Kollision gekommen, und hier, wo keine möglich, wäre man gezwungen zu dursten, wenn man nicht einheimischen Wein trinken wollte, denn außer dem ungarischen ist aller fremde durch den Impost so gut wie verboten. Ein Weinkenner möchte überdies, auch wenn er seine Börse nicht zu schonen hat, seine Zunge schonen wollen, da von jener Auswahl französischer und Rheinweine, welche bei uns die Lust so vieler Kellerfreunde, hier nicht die Rede ist. Durch den Vergleich zwischen Pferd und Esel sei übrigens kein unauslöschlicher Makel auf den östreichischen Landwein gedrückt, von dem manche Sorte mit Maria Stuart sagen kann:

Ich bin besser als mein Ruf.

Ruf im Lande selbst haben die Gebirgsweine, die auch etwas höher im Preise stehen; aber man kann nicht von ihnen sagen, daß sie weit her sind, denn schon die Gebirge, welche man von den Basteien Wiens aus erblickt, liegen weit über das gemeinte Gebirgsland hinaus und liefern, zum Beispiel die Gräzer, einen Landwein, welcher dem Östreicher noch nicht gleichkommt. Die gemeinten Weinberge sind die Höhen dicht um Wien, die Weingärten, Weinberge der Stadt – ein Argument dafür, daß Wien selbst eine Gebirgsstadt ist –, und die berühmtesten und ergiebigsten Striche sind die um *Grinzingen*, *Gumpoldskirchen*, *Nußdorf* und *Klosterneuenburg*, von denen die besten Weine den Namen führen. Aber man ist sehr freigebig mit diesen Namen, und noch liberaler tauft man einzelne Sorten, jedoch ohne alle fraudulose Absicht, zu Markebrunner, Liebfrauenmilch, Johannisberger. Es ist das alte östreichische System, dem sein liberalster Monarch huldigte: Östreich soll glücklich und vollkommen sein in sich und durch sich. Also wie es keine fremden Drucke und Zeuche einläßt, braucht es auch keine fremden Weine. Aber entbehren soll sie der Bürger nicht, und darum druckt man fremde Bücher und preßt ausländische Weine nach. Auch gibt es einen *Jesuiter*, der fast noch anmutiger über die Zunge fließt als die genannten Sorten.

Es wird nun von Kennern behauptet, daß, wenn mehr Pflege und Aufmerksamkeit dem Weinbau gewidmet würde, auch der östreichische Wein eine Güte erringen könnte, zu der Boden und Klima berechtigen. Er ist nicht ohne Feuer und Kraft, und die Säuere ließe schon bei sorgsamerer Bereitung sich überwinden, wie man es zum Beispiel bei dem sogenannten *gerebelten* Grinzinger, einem aus reifen Trauben ausgeflossenen Getränk, erreicht hat. Aber einesteils erschweren die Mautgesetze die Einfuhr fremder Reben, andererseits ist beim Östreicher noch nicht das Bedürfnis nach einem bessern Getränk erwacht. Unsere Väter tranken den Wein und unsere Großväter auch und waren dabei froh, und uns schmeckt er auch; weshalb sollen wir uns nun mehr Mühe geben, wenn wir nicht wissen, wozu, denn wir wissen, was wir haben, und wissen nicht, was wir bekommen. Der betriebsame Böhme würde vielleicht anders reflektieren, wie er denn seine Weine von Melnik und Černosek auf eine Art kultiviert, daß die bessern Sorten beider Weinarten mit deutschen und französischen Weinen den Vergleich aushalten.

Aber werden nicht die Wiener Weine ins ganze Unter- und Oberland versandt, gehen sie nicht bis Salzburg und Tirol, und stehen nicht die Gumpoldskirchner und Grinzinger dort auf den Weinkarten wie bei uns Burgunder und Champagner! Der Wiener muß glauben, daß sie ausgezeichnet sind, und wenn er den Fremden, der erst darüber spöttelte, zuletzt sieht, wie er dem ersten ein zweites Seidel folgen läßt und nicht mehr mit Wasser mischt, was doch der Östreicher selbst tut, so ist das kein Mittel, seinen patriotischen Glauben wankend zu machen.

Schlecht oder gut, es ist Wein und Östreich ein Weinland. Was das bedeuten will, weiß niemand, der den

Wein nur trinken sah in Weinhäusern und Kellern, der ihn nur kennt als einen Schatz der Reichen, nicht als ein Gemeingut, an dem der Bettler selbst für seine erbettelten Kreuzer teilhat. Es ist ein anderer Anblick als in unsern Schenken und Krügen die Branntweingläser auf den unreinen Tischen, der klare Wein in netten Kannen und zierlichen Flaschen und Gläsern auf rein gescheuerten Tischplatten. Der Wein sucht die Luft; wo es heiter ist, siehst du die Trinker vorm Tore unter der Linde sitzen, während du nie bemerkt haben wirst, daß der Schnapssäufer den freien Himmel sucht; er drängt sich zwischen Wand und Tisch in die unfreundliche Stube, der besudelte Boden, der triefende Tisch, der Fliegenschwarm sind ihm willkommen. Jede Weinlaune ist angenehmer als die Branntweinlust; aber du siehst in Weinländern unverhältnismäßig weniger Trunkene. Sind diese weinumrankten Torlauben mit zechenden Gesellen nicht der unerschöpfliche Stoff der Genremaler, wenn sie freundliche Auftritte schildern wollen? Ob der Wein feurig oder schwach, ob sauer, ob süß, hier ist es gleich, es hat jeder daran teil. Würde doch auch über das Gewächs am Rheine, das der Schiffsknecht trinkt und der Kärrner, der Rheinweinfreund an unsern Tafeln ein saueres Gesicht ziehen, so sauer als der Sechskreuzertrank selbst; aber es bleibt immer Wein. So wohlfeil ist der östreichische, daß von dem sogenannten Guldener (das heißt, das Maß kommt einen Gulden Schein), der Sorte, welche in Wien freilich die letzte in den Restaurationen, dafür auf dem Lande schon eine Rarität ist, das Seidel (ein kleiner Schoppen) etwa zwei Silbergroschen kostet! In dem Verhältnis zu den geringern Landsorten hinab-

Wien, von der Terrasse des Belvedere aufgenommen

steigend, darf man doch wirklich annehmen, daß keinem noch so Armen der Segen des Weins ganz verschlossen ist. Auch sauer wirkt er wohltätig auf das Blut; den dumpfstumpfen Ausdruck im Auge des nüchtern gewordenen Branntweintrinkers bemerkst du nirgend, wenn auch nicht überall die gemütvolle Freudigkeit, die man umgekehrt als Essentiale den Weinländern aufredet. Aber das ganze Land ist heiter, wo Wein gedeiht. Es versteht sich von selbst, denn die Sonne muß Zutritt haben, es gibt da Hügel und Täler, sanfte Abhänge, die düstern Wälder sind verschwunden, und saubere Wirtschaften sind die Beigaben der Winzerei.

So sieht Östreich aus; mit dem ersten Schritt aus Mähren hast du gesehen, daß du in ein Weinland trittst, und du siehst nicht gleich, daß die Frucht sauer ist, und wenn du lange gekostet hast, schmeckst du es sogar nicht mehr. Hat man doch in der Kaiserstadt selbst das altertümliche Landeszeichen beibehalten. Tannenreiser stecken über Fenster und Tür, wo der Saft der Rebe geschenkt wird.

Viel ließe sich noch über den Ungarwein in Wien sagen, aber nicht viel Gutes. Beim Einheimischen steht er nicht in dem Kredit wie in unsern nördlichen Ländern. Den gewöhnlichen Tischwein aus dem Nachbarlande, der wenig von der Würze des zu uns kommenden Ungars hat, flieht man als zu hitzig. Die edlern Sorten entbehren für unsere Zunge des würzigen Feuers und sind widerwärtig süß. Der kräftige herbe, der in Schlesien und Polen vorzugweise gefunden wird, ist selten. Die unterirdischen Schatzkammern der Paläste mögen zwar, gleich wie sie sich aus Bordeaux, Burgund, aus

Chios und dem Kap rekrutieren, auch die Raritäten Ungarns aufspeichern, aber hier wird nur von dem, was jedem zugänglich ist, gesprochen, und wiewohl der Name Tokaier so häufig gehört wird wie bei uns bayrisch Bier, möchte der echte doch in Wien verhältnismäßig so selten sein als in Berlin der echte Bock.

Bequemes

Man war, als die Cholera nahte, für Wien sehr besorgt wegen der großen Häuser, in denen eine Unzahl Familien wohnen. Wenn, solange sie für kontagiös galt, die Absperrung in angedrohter Art stattgefunden, so wären viele tausend Individuen um einen Krankheitsfall von der übrigen Bevölkerung isoliert worden. Dies streng durchzuführen grenzte an Unmöglichkeit, und auch ohne den Ausbruch von Volksunwillen hätte sich die Sache von selbst anders gestaltet als auf dem Papier, denn die eiserne Strenge des Verbots läßt in der östreichischen Administration die Möglichkeit bequem nebenbei durch. Leben und Lebenlassen ist im Wiener Privatleben wie im öffentlichen Prinzip, und man meint, durch diese Mäuselöcher atme nicht allein das Individuum, sondern auch der Staat. Es fragt sich nur, was besser: dies öffentlich eingestehen, und dadurch die Schwäche des Fundaments, oder: in süßer Täuschung zu schweben, sie alle verstopft zu haben, was doch unmöglich ist, solange wir aus Materie bauen.

Einige dieser Häuser sind so groß, daß die Bewohnerschaft über mehrere tausend Köpfe zählt. Die Höfe sind wieder Straßen geworden und die Stiegen darin numeriert. Von einer Gemeinschaft ist dabei indes sowenig die Rede als von einer Gemeine, die ihre Gesamtrechte, Regierung und Vertretung hätte. Es kümmert sich niemand um den andern. Einige dieser kolossalen Inselgebäude gehörten ursprünglich frommen Stiftungen, zum Beispiel einem Bürgerhospital, und die Wohnungen darin werden öffentlich versteigert und dem Meistbietenden zugeschlagen. Wenn die Einnahme daraus den armen und kranken Bürgern noch jetzt ganz zuflösse, was ich nicht weiß, so, meine ich, müßte es kein unbehaglicher Posten sein, ein armer, kranker Wiener Bürger zu sein. Die magistratliche Stadtadministration ist, soviel ich erfahren, noch die altgermanische, in der bekanntlich keine Bürgerwahl stattfand, sondern ein wohlweiser Rat sich selbst ergänzte aus wohlweisen Vettern und Gevattern.

Kleine Häuser sind überhaupt selten in Wien. Mit seinen vielen Stockwerken könnte jedes einzelne eine Communio bilden; in keiner Stadt herrscht aber vielleicht darin ein so großstädtischer Sinn. Es wohnt jemand Jahre und Jahrzehnte in einem Hause und bekümmert sich nicht, wem er auf den Kopf tritt und wer ihm. So wußten zwei junge Grafen, die jahraus, jahrein dieselbe Beletage im Winter bewohnt, nichts davon, daß *Beethoven* zwei Stock über ihren Köpfen für die Nachwelt schuf. Von *Castelli* wird zwar umgekehrt erzählt, daß er in eine Wohnung bloß darum zog, weil im Erdgeschoß schon ein Schuster Castelli gewohnt, und einem Flickschneider Castelli habe er einen jährigen Mietzins geschenkt, um unters Dach zu ziehen, damit die drei Castellis in einem Hause zu ergötzlichen Quidproquos Anlaß gäben.

Dafür, daß kein Mieter den andern kennt – und viele dieser Mieter sind wieder Zimmerherren, welche Aftermieter haben –, ist jemand im Hause, der sie alle kennen muß und manches von ihren Geheimnissen – der *Hausmeister.* Eine bescheidene höfliche Person, mit der es aber doch gut ist in friedlichem Verhältnis zu leben, er könnte dich sonst in der Nacht unter Sturm und Regen lange klingeln lassen, indem er der einzige im Hause ist, der einen Hausschlüssel hat. Die Wiener rühmen es als eine große Bequemlichkeit, daß man nie einen Schlüssel mitzunehmen braucht; das mag sein, ich finde aber die Unbequemlichkeit, einen Hausschlüssel einzustecken, nicht größer als die des armen Hausmeisters, der zu jeder Zeit vor und nach Mitternacht aus dem Bette muß, oft über den Hof, um jeden verspäteten Gast und Inwohner aus- und einzulassen. Kommt hinzu, daß Hausmeister und Gattin und Familie auch Menschen sind, also im süßen Schlaf selbst ein heftiges Klingeln überhören, und der Himmel in Wien schneit, hagelt und regnet wie bei uns, so will mir die Berliner Sitte, die jedermann für mündig erklärt, einen Hausschlüssel bei sich zu führen, und den Nachtwächter für alle, bequemer scheinen. Vielleicht wenn Östreich eine Konstitution, daß auch jeder Mieter einen Hausschlüssel [hat], erhält; bis jetzt wäre das nicht möglich und überdem eine Verletzung der Hausmeisterrechte, da für jedes Aufschließen ein leichter Groschen entrichtet wird, aus dem die Großmut einen schweren macht. Außerdem nimmt dieser wichtige Mann Briefe und Bestellungen in Empfang und steckt dir ein Licht an, wenn du in der Nacht kommst, denn die Hauslampe brennt in Östreich nur bis zehn Uhr.

Daraus schließe nicht auf sonstige Mängel. Alle Häuser, die ich betrat, geräumig, winkelrecht, in sicherm, würdigem Stil erbaut, luftig, wie es die Beschränkung erlaubt, welche den Hofraum fast ganz verbietet. Sie haben breite, wohlgefügte steinerne Treppen, so daß die Feuersgefahr nicht bedeutend ist; auch hört man selten von einem Brande. Die Steine zu den Treppen und Pflastersteinen kommen von den Brüchen an der Donau auf nächstem und bequemstem Wege, wie denn alles aufs bequemste gefügt ist. Zwar findet man in Wien nicht die berühmten cabinets d'aisances von Paris, dagegen sind die in den Häusern bequemer, und mit welchen Worten, ohne anzustoßen, gedenke ich der auch bequemen Einrichtungen, welche an jedem Winkel die Reinlichkeitspolizei für die Fußgänger in Stein ausgehauen hat? Statt des naturwidrigen: Il est défendu – sieht man hier symbolische Einladungskarten, in Stein ausgemeißelte Fußplatten, daß du dich darauf stellen sollst. Das große Paris hat doch nur einen einzigen japanischen Tempel, den es allein der Sorgfalt Ludwig Philipps verdankt, und zwar als er noch nicht König war!

In Wien war das erste Kaffeehaus – entweder von einem Griechen oder einem polnischen Edelmann errichtet, der für eine gute Tat das kaiserliche Privilegium dafür erhielt. Dies Privilegium haben zwar seitdem mehre erhalten, aber die Wiener Kaffeehäuser sind doch noch immer die ersten in der christlichen Welt. Wenn auch nicht so viel Glanz wie in den Parisern, so ist desto mehr Bequemlichkeit hier zu finden. Während sie in Norddeutschland im allgemeinen nur für Fremde und wohlhabende Müßiggänger bestimmt, auch in der Regel noch mit andern Gewerbszweigen, als Restaurationen, Konditoreien, verbunden sind, um sich zu halten, gehören sie hier zum täglichen Leben. Aus den Wirtshäusern geht man dahin, um zu frühstücken, aus dem Familienkreise, um die allgemeine Zeitung zu lesen. Sonst ist nichts damit verbunden als Billard und Eis, welches, in Wien Gefrornes genannt, fast zu jeder Zeit und in jedem Kaffeehause vortrefflich bereitet wird. Die Lust dafür unter den Wiener Schönen ist bekannt. Man schreibt der ungezügelten Begier für diese Leckerei das erste rasche Umsichgreifen der Cholera zu.

Alles ist bequem und angenehm in Wien, denn von oben und unten wird dafür gesorgt, es soll allen so wohl gefallen, daß sich niemand hinaussehne; nur etwas ist unbequem – die *langen Besuche*. Die praktische Geschäftigkeit, vieles zusammen abzutun, scheint auch im sozialen Leben hier fremd. Man will *ausgenießen*. Es mag ehrbar sein, aber wir nennen es unbequem.

Was nicht passt

Es paßt vieles in Wien nicht zusammen, zum Exempel die Vorstellung, die du mitbringst, mit der Wirklichkeit, die du findest. Du hast dich gefürchtet vor manchen Dingen, die dir im Ausland schlimm geschildert sind, und du siehst, daß es in der Nähe nicht so schlimm ist. Du hast manches dir umgekehrt sehr schön gedacht, zum Beispiel die schöne Wienerin beim Stock am Eisen, und wenn du herantrittst, siehst du, daß es nur eine geschminkte Wachsfigur ist. Du hast gedacht, nach alten, alten Erzählungen, eine Polizeiperson folge dir auf Tritt und Schritt, und sooft du dich auch umkehrst, du siehst sie nicht. Du hast gedacht, die gebratenen Tauben flögen dir in den Mund, aber du mußt in die Restauration gehen und sie erst bestellen und oft noch warten. Manche haben gedacht, es lebe sich umsonst in Wien, und sie sagen dir auf der Fremdenstube, die Dukaten, die du mitbringst, wären nicht einmal genug, du müßtest noch ein Kreditiv haben. Du hast gedacht, *alle* Wienerinnen wären reizend – nun, das mag wahr sein, ich will mich nicht gegen die schönen Wienerinnen versündigen. Du hast geglaubt, man dürfe kein freies Wort denken, und du hörst den Marquis Posa in der alten Burg sogar laut

Der Josephsplatz in Wien

rufen: »Sire, geben Sie Gedankenfreiheit!«, und das ganze Parterre jauchzt und klatscht, und dein Nachbar lächelt dich an: es sei gar nichts Besonderes dabei, da jeder hier denken könne, was er will. Du glaubtest, alle Bücher wären hier verboten, und grade die verbotenen kriegst du am besten zu lesen. Du hattest vielleicht geglaubt, hier sei alles dumpf katho –

Doch wozu aufzählen alles, was du denken konntest und anders ist. Der Mensch kann ungeheuer viel denken, aber nach Wien reist man nicht darum. In Wien soll man sich des Lebens freuen.

Es passiert nicht hier allein, auch in Berlin, London und Paris, daß du was anderes dir vorgestellt und was anderes findest. Es soll vorkommen bis ans Kap der guten Hoffnung; ja im ganzen Leben, wie die versichern, die mit Silberhaaren am Grabesrande stehen; warum nicht auch in Östreich?

Die große Aufgabe der Regierung ist, das, was von Natur nicht zusammenpaßt, doch zusammenzupassen. Dafür paßt man in Östreich auf so manches, was bei uns zum täglichen Brot gehört, zum Beispiel auf fremden Tabak, fremde Industrie, ausländischen Wein, ausländischen Spiritus.

Und ist das Passen so schwer, wenn damit erkauft wird, daß der Böhme, Mähre und Ungar, der Pole, Serbe, Walache und Illyrier, der Lombarde, Kärnter, Krainer und Tiroler, die noch weniger zueinander passen als der Salzburger zum Östreicher, doch zusammenpassen!

Wenn jeder in der Welt gradaus ginge, niemand ausböge, niemand sich schicken wollte, so würde alles so wenig zusammenpassen als Holland und Belgien, und es wäre in der Welt noch verdrießlicher, als es ist, nicht einmal passabel!

Darum schickt sich der Östreicher, wie es geht. Es ist überall die Zeit der Surrogate; das Echte ist ungeheuer selten. Er paßt auf Burgunder und Rheinwein und heißt seinen Gumpoldskirchner Liebfrauenmilch; er paßt auf Varinas – oder auch nicht; und was am Glanz seines inländischen Tuchrockes fehlt, das muß ihm der Schneider durch glänzenden Schnitt ersetzen. Er ist froh dabei, und der Rock paßt.

Nur das Aufpassen! Freilich muß aufgepaßt werden. Muß nicht schon der vernünftige Mensch auf sich selbst aufpassen; und der slowakische Bauer trinkt dir dein Faß Branntwein aus, wenn du nicht aufpassest. Aber zwischen dem slowakischen Leibeigenen und einem gebildeten Deutschen ist eine so ungeheure Stufenleiter. Wer ein Regulativ erfände, das auf jeden Menschen nach Herz, Geistesgaben und Bildung paßte, hätte mehr erfunden als die Kunst, Gold zu machen!

Schlimm, daß es ist, allein es ist –,

daß das Halsband, an dem man den Zigeuner festhält, auch um den edeln Nacken des freien Germanen passen soll, um ihn gelegentlich zu halten. Allein Halsbänder sind nicht die einzigen schlimmen Einrichtungen unserer Staatskultur. Wo es keine Halsbänder gibt, drücken die Schuhe. Ich kenne ein großes Land, wo man einmal alle Füße in einen Normalschuh zwängen sollte. Das schmerzt, wo der Fuß zu groß ist, mehr als ein enges Halsband, Bei einem Halsband kommt es doch darauf an, welche Hand es regiert. In der eines milden Deutschen, die es so locker läßt, als es geht – ich weiß nicht, ob ich nicht lieber in dem Halsbande gehe, als wenn ein – Tunguse meinen freien Fuß in einen Schuh von der chinesischen Grenze preßt und schnürt und, mit dem Kantschu ausholend, spricht: »Tanze doch, du bist ja frei.«

Doch ich wollte nicht von dem reden, was in der Welt nicht zusammenpaßt, sondern in Wien. Ein herrliches Kapitel, um alles zusammenzuwerfen, was den Fremden auffällt. Es ließe sich eine ganze Reisebeschreibung darunter rubrizieren.

Ein Leichenzug! Ein schwarzer, langer Leichenzug in – munterm Trab durch die Gassen! Paßt das? Es war keine Ausnahme, kein besonderer Anlaß. Alle Leichenzüge fahren nicht in gemessenem Schritt, sondern mit geschwungenen Peitschen. Und doch paßt es zu Wien. Die Entfernung aus dem Innern bis zu den Kirchhöfen ist allzugroß, um sie in dem feierlichen Takt zurückzulegen, der anderwärts dem letzten Gange des Toten geziemt. Der Zug würde Stunden dauern. Es ist aber noch ein Grund, warum es paßt. Der Tod paßt nicht nach Wien. Man will nicht daran erinnert sein; darum schnell hinweg mit einem Anblick, der die Lust stören kann. Ehre den Toten, Friede ihrer Asche, aber fort aus der Stadt; es sind so viele, die leben wollen.

Ich liebe die alten Wahrzeichen an den Häusern. Meine »Blaue Marie«, meine »Sieben Kurfürsten«, mein »Bär auf der Orgel«, mein »Zum polnischen Herrgott« paßten trefflich in meiner alten Vaterstadt Breslau zu ihren Giebelhäusern, düstern Hallen und Schwibbögen. Die Bilder prägten sich dem Knaben ein, und er wollte lange nachher Häuser mit bloßen Nummerschildern nur für halbe Häuser passieren lassen. Die Schilder hängen auch noch über den Häusern des innern Wien; allein was soll da der große Christoph zu einem so elegant antiken Hause, daß nur ein klassischer Herkules sich dahin schickt; und was wollen die sieben Kurfürsten heut in Wien, da selbst der eine, der noch existiert, vor einer Reihe Jahre das dort nicht fand, was er suchte.

Die Monumente der Bildhauerkunst aus den Zeiten ihres Verfalls, nämlich als die Peter Vischer, Adam Kraffts und Michelangelos längst moderten und noch nicht einmal die geringern Kräfte geboren waren, welche Ludwigs XIV. Prachtschöpfungen mit ihrer mäßigen Phantasie ausschmückten, jene Monumente der Verzerrung, die das Undarstellbare darstellen wollten, in einer geschmacklosen Zeit dem Geschmacke huldigend, sind mir, wo ich sie finde, mehr als widerwärtig. In allen den östreichisch süddeutschen Städten, wo die jesuitischen Tonnenbögen die gotischen Spitzbögen verdrängten, sieht man auf den Marktplätzen Spitzsäulen von so komplizierter Gestalt, daß das Auge irrt, will es den Schnörkelzügen folgen. Es sind in Stein gedrechselte Wolken, auf denen Engel, Mütter Gottes und Gottvater selbst thronend sich erheben oder den Heiligen die Hand reichen, die zu ihnen hinauf sollen. Ich liebe nicht die Trajanssäulen, wo der Heros übermenschlich auf dem glatten Pfeiler steht, der ihn von dem Geschlechte trennt, unter dem wirkend er groß wurde. Der echte Mittler stieg herab und *wurde* Mensch; *er*, auf einer solchen schlanken Säule gedacht, würde eine Blasphemie sein. Aber so Aug und Sinn beleidigen würde es doch nicht als diese ungeschickten Wolken aus Marmor, auf deren Ecken die Wesen mit

Hirtenstäben, goldnen Reifen und Sternen kleben, welche Gegenstände der Andacht sein sollen. Wer dagegen fühlt sich nicht von Ehrfurcht ergriffen vor jedem braunen Heiligenbilde, das der gotische Meißel unter das Strebedach hinstellte. Wie es dich ernst anschaut aus den verwitterten Steinzügen! Das ist etwas, was ewig gilt. Daß auch die Mode in der Andacht herrschen durfte! In einem Winkel von Kroatien hätte die Dreifaltigkeitssäule, die man nach einer Pest im »Graben« von Wien errichtete, vielleicht gepaßt; in die Hauptpassage des eleganten Wien paßt sie aber nie und nimmer.

In einem der Höfe der kaiserlichen Burg – er öffnet sich nach dem Theater zu – steht Kaiser Joseph, eine edle Reiterstatue. Die Pietät des edeln Neffen setzte sie dem hochherzigen Fürsten, dessen Blut nur zu heiß rann, dessen Herz nur zu warm schlug. Nun steht er einsam, ganz einsam auf dem einsamsten Platze des volkbewegten Wien. Der Dichter singt von ihm:

Ruhig auf granitnem Sockel
schwebt das Kaiserbild voll Glanz,
Um die Schläfe keine Krone,
nur den selbsterrungnen Kranz!
Hoch zu Roß, das Antlitz lächelnd,
und empor die rechte Hand
Sanft erhoben, wie zum Segen,
über sein geliebtes Land.

Ja, du bist es, weiser Joseph! –
Voll von Kraft und Mark und Klang,
So im Bilde von Metalle wie dein Leben all entlang!

Dem getreu und kühn beharrlich,
was als edel du erkannt,
Und an deinem großen Werke
bauend fest mit eh'rner Hand.

Ein Despot bist du gewesen!
Doch ein solcher wie der Tag,
Dessen Sonne Nacht und Nebel
neben sich nicht dulden mag,
Der zu dunkeln Diebesschlüften
die verhaßte Leuchte trägt
Und mit goldner Hand ans Fenster
langer Schläfer rastlos schlägt.

Ein Despot bist du gewesen!
Doch, fürwahr, ein solcher bloß
Wie der Lenz, der Schnee und Kälte
treibt zur Flucht erbarmungslos;
Der den ärgsten Griesgram lustig
mit dem hellsten Tau besprengt
Und mit seinen Festeskränzen
selbst den ärmsten Strauch behängt.

Drum mit Recht gab dir der Bildner
Brust und Stirn und Hand von Erz!
Aber küssen, brünstig küssen
möcht ich diese Hand von Erz!
Doch ich weiß nicht, ist es Laune,
ist es kind'scher Unverstand,
Aber eine Rose gerne säh ich in der eh'rnen Hand!

All dein Ringen nach dem Lichte,
all dein Tun in ernster Zeit,

Glich's nicht einer Hand von Eisen,
die uns eine Rose beut?
Ein beharrlich ernstes Kämpfen
um ein morgenrotes Land:
Drum, o legt ihm weich die Rose
in die harte, eh'rne Hand!

Was er seinem Volk geboten,
war's des Frühlings Bote nicht?
Drum im Kampf er ausgedauert,
stammt es nicht aus Morgenlicht?
Drauf einst unverrückt sein Auge,
war's nicht ros'ger Freiheit Pfand?
Drum die Rose allzugerne
säh ich in der eh'rnen Hand!

Wer kann mehr von ihm sagen? Aber auf den Platz paßt er nicht, sowenig wie Friedrich auf eine Trajanssäule, die ihn von seinem Volke isolierte. Da mag ein Alexander, ein Napoleon stehen, die sich selbst genug waren in ihrer einsamen Größe. Ein Friedrich, ein Joseph gehören in die Mitte ihres Volkes. Ich hätte diesen ehernen Joseph ins Gedränge des Grabens gesetzt, da, wo die Dreifaltigkeitssäule steht, die an diesem Platze auch einsam steht.

Der Wald in Wien

Wo Wien steht, stand ehedem der Wienerwald, ein finstres, ungeheures Dickicht, bewohnt von wilden Tieren, Kobolden, Hexen und Riesen aller Art. Die Kultur lichtete in Östreich damals wie anderwärts. Der Wienerwald zog sich zurück nach dem Kahlenberg hinauf, dem Leopoldsberg, dem Kobenzl und dem übrigen Bergstrich, welcher heute noch den alten Namen trägt, reich nicht mehr an düstern Waldesschrecken, aber desto reicher an reizenden Aussichten auf das grüne, gesegnete Flachland. Die Nixen sprangen in die Donau, die Teufel suchten in der Teufelsmühle bei Mödling ein letztes Asyl, die Riesen und wilden Tiere wurden totgeschlagen oder nach Ungarn gejagt, und was von Kobolden und Hexen übrigblieb, hat sich so untergebracht im lustigen Wien. Seit dem letzten Säkulum hat man wieder in der Leopoldstadt der verkümmerten Reste sich angenommen und einige Donauweibchen und Teufelsmüller zu Ehren gebracht.

Aber wer jetzt durch die lustige, prächtige Kaiserstadt wandelt, und suchte er vom Morgen- bis Abendrot, er findet nichts mehr von dem Walde. Blumen gibt es da, wie wir gesehen, sehr viele, sehr schöne, dichte

Baumgänge, Volks- und andere Gärten. Sie schauen auch beinahe wie ein Wald aus, drüben bei Liechtenstein, hüben bei Esterházy, Schwarzenberg; aber durch das dichte Laub blickt dir aus weiter Ferne doch immer die blinkende Schere des Gärtners entgegen, und wenn es auch daran geschrieben stände: »Hier ist ein Wald«, es klingt dir lauter in den Ohren: »Es ist ein Park von Menschenhand.«

Grün ist es in Wien, sehr schön grün, wenn kein Staub treibt und Regen genug fiel. Es läßt sich anmutig wandeln unter den Alleen des Glacis; und wenn man nicht so geputzt ist, wie man dort sein muß, so läßt es sich ebenso anmutig lagern auf den grünen Wiesenplanen und froh sein wie nur irgendwo unter der bunten beweglichen Menge, das heißt, wenn man Frohsinn mitbringt. Aber ein Wald ist es auch da nicht.

Ich habe viele alte Städte gesehen, wo es nicht so grün ist, wo kaum ein alter Baum an der Kirchmauer oder aus einem Hofwinkel vorblickte, und es war mir doch zumute, als wäre ich noch in dem alten Walde, der da stand, wo jetzt Köln steht, Hildesheim, Nürnberg. Die Städte selbst mit ihren engen, hohen, düstern Gassen, ihren Schwibbögen, Hallen, Stechbahnen, ihren Klosterhöfen, Türmen, Glocken und Mauern waren mir der Wald, und ich hörte es rauschen über meinem Haupte, wie es vor tausend Jahren da gerauscht, und das leichte, bewegliche, betriebsame Volk von heute strömte doch auch durch die Gassen.

Nicht so in Wien. Die Gassen der Stadt sind auch noch eng, hoch, winklig, krumm; die Häuser stehen noch auf denselben Fundamenten als in den Tagen des Heinrich von Ofterdingen und des wackern Reimchronikanten; es hat Schwibbögen, Türme und Glokken, auch Klosterhöfe, aber es rauscht nicht wie ein alter Wald über dem Haupte des Fremden und über des Wieners noch viel minder. Er würde dich auslachen, wenn du das fordertest.

Er zeigt dir, wie die Gassen, trotz daß sie eng, doch licht sind, daß du nicht in die Wolken schauen sollst, sondern hinunter, wo Fenster bei Fenster, Tür bei Tür aushängen die Schätze, die der Orient hersendet und der Betriebsfleiß des Abendlandes ans Licht trägt. Er weist dich hin auf das bunte, wogende Meer von Köpfen Müßiger und Fleißiger, die dir kaum erlauben, das gedielte Wiener Straßenpflaster zu bewundern. Er sagt dir, du sollest den netten, schwebenden Gang der schönen Frauen, ihre Toilette, ihre blühenden Wangen, ihre glühenden Augen betrachten und dich nicht darum kümmern, ob das Eckhaus Türmchen und der Erker gotische Strebepfeiler hat.

Wien ist wie Paris eine Stadt von heute. Die uralte, feudalistische Grundlage macht hier wie dort nichts aus. Dort gehört dem Reize, hier dem Vergnügen der Augenblick. Wie jeder moralische Zug sich im physischen Leben, selbst im toten Steine ausdrückt, so erkennst du auf den ersten Blick, wenn du dies Häusermeer überschaust, daß Wien nicht der Ort ist, den du dir vorgestellt. Du hattest gedacht, es sei hier, wo altgermanischer Sinn unter altgermanischem Zepter sich wohl befindet, wo ein patriarchalisches Feudalrecht waltet und die alte Kirche mächtig ist, wo alles zufrieden ist, weil alles wohl ist, und der Sohn heiter ist, weil der Großvater und Urgroßvater heiter waren. Es ist wohl etwas davon da, aber das Etwas zeigt sich nicht; es zeigt sich dir etwas anderes – und wo das glänzt, weicht überall das Altertum, das du suchst –, das Papier! Papierbogen hat der Kapitalist in der ehernen Truhe, Papierzettel steckt der Fiaker in seine schmutzige Tasche, und Papierbogen, ungeheuer groß, schweben an den Straßenmauern himmelwärts. Wo Papierblätter so zum Menschen reden, lauter fast als in Berlin, da hast du weder zu fürchten noch zu hoffen, daß du in einen alten Wald trittst, wo die Blätter der Vorwelt dir bei jedem Tritt ins Ohr rauschen.

Das *germanisch*-katholische Wesen mit seinen ernsten Formen wich in dem Leopoldinischen Östreich längst dem *italienisch*-katholischen. Jenes war hoch und düster, dieses ist breit und gefällig. Loyolas Schüler ließen ihre Kirchen und Kollegien nicht wie die düstern Münster und finstern Klöster des Mittelalters bauen. Sie kannten die neue Zeit, die neues Licht wollte, und das Altertum, von dessen untergegangenem der Laie schon einen Flimmer gesehen. Die Kathedralen mit den Riesengewölben, den himmelanstrebenden Pfeilern und Spitzbögen des altgermanischen Waldes paßten nicht mehr für das Jahrhundert, wo die Wälder ausgerottet wurden. Helle, breite Hallen mit breiten Fenstern und gefälligem Zierat traten an die Stelle der gotischen. Der Sinn sollte sich nicht mehr abmühen, den himmelstrebenden Gedanken der alten Baumeister zu folgen. Das Kruzifix und die Heiligen wurden bequemer herabgerückt, in bunten, leichten Farben statt der schweren der Meister von sonst, die nichts als Ewigkeit im Sinn hatten, als sie malten. Auch die bunten Scheiben paßten nicht in diese Kirchen, und sie wichen hellen ovalen, durch die das Morgen- und Abendrot bequem auf die Gläubigen scheint. So mächtig war die Zeit auch hier. Sie reformierte nicht den Glauben, aber den gläubigen Büßern wollte sie die Andacht nicht schwer machen, und sie nicht abzuschrecken von den Schauern der Ewigkeit, rückte sie ihre Symbole etwas näher und schmückte sie aus mit zeitlicher Lust und Anmut.

Und doch ist in dem modernen Wien ein Rest geblieben von dem alten Walde. Recht mitten in der Stadt, im Gewühl des Marktes, unter dem Glanz der prangenden Kaufschilde, dem Lärm der Karossen, dem Geschrei der Höker, dem Gewirr der Spaziergänger, dem Locken der Fiaker weht es dich an mit heiligen Schauern; du fühlst, kämest du auch vom rauschenden Ball, vom schwärmenden Gelage, aus einer Posse der Leopoldstadt oder aus einem Konversationsstück der Burg – du fühlst im Momente, und wärst du auch gar nicht zur Ehrfurcht gestimmt, daß etwas vor dir steht, das nicht aus dieser Welt ist, aus der du kommst, nicht einmal mit ihr in Beziehung steht; es sei aus einer andern, einer Urwelt, möchtest du glauben, so ernst, so groß, so heilig blickt es dich an, nicht Ruine einer untergegangenen Pracht, nicht ein mächtiger Torso aus einer rohen Vorzeit, nein, eine vollendete, herrliche Majestas, niederschauend auf dich in aller ihrer ruhigen Erhabenheit.

Ich sah den Sankt Stephan um jede Zeit, bei jeder Beleuchtung, und immer trat mir das Bild eines Waldes vors Auge; selbst wie ich, kaum von der Diligence gestiegen, verschlafen, beim Morgengrau durch Winkelgassen geführt, zuerst den Koloß erblickte und mein

Führer mir zurief: »Das ist er.« Er hätte es nicht nötig gehabt. Trat ich, ermüdet vom Umherirren, vom Sonnenbrand, vom ewigen Wiener Staube, von dem Einerlei eleganter Gestalten, hinaus auf den Platz, so war es, als winke ein uralter Eichenwald mir Kühlung zu. Ich trat hinein durch die immer geöffnete Pforte, und die ehrwürdigen Wipfel breiteten ihren Schatten über mich. Mir ward wohl, heimlich; ich war nicht mehr in der Stadt, die mich eben ermüdet hatte. Wenige Minuten an einen Pfeiler gelehnt oder leis umherschreitend durch seine weiten Hallen, und ich fühlte mich wieder erfrischt, gesammelt, gestärkt. Das antike Braungrau der Gewölbe hatte hier eine eigne Wirkung für mich. Zwar haben in Deutschland die meisten gotischen Kirchen dies alte Gewand behalten – in Frankreich, den Niederlanden, den nordischen Reichen hat man die Münster geweißt! –, aber in Nürnberg, Straßburg, Köln harmoniert es mit dem altertümlichen Ansehen der Stadt; hier ist dies eherne Grau etwas Eigentümliches, eine Augenweide nach dem eigentlich farblosen Glanze der Stadt. So stand ich in Paris stundenlang vor Leonardos »Vierge aux rochers«. Ich stärkte Aug und Sinn an den kräftig dunkeln Farben, wenn jenes matt, dieser übel geworden durch zu langes Verweilen bei den glänzenden Stücken aus Davids Schule. So ist der Stephan ein altes Stück in dunkelnder Ölfarbe gegen lauter anmutige Bilder in lachenden Wasserfarben. Nur eine Kathedrale noch, erinnere ich mich, hat ähnliche Wirkung auf mich hervorgebracht; die zu Metz ragt auch so einsam in ihrem würdigen Ernste aus einer Mitwelt hervor, welche die Sprache ihrer Hieroglyphen nicht mehr versteht.

Wer wollte den Stephan, seine Altertümer, seine reichen, kunstvollen Arbeiten, seine Schätze noch herzählen. Es gibt gute, ausführliche Beschreibungen, genaue Abbildungen. Der Reisende spricht nur von dem subjektiven Eindrucke. Aber er blieb derselbe in der Mittagssonne und beim Mondlichte, ja selbst im regnerischen Wetter. Ein hochstämmiger Bergwald, wenn die Nebelstreifen daran fortziehen, die Föhren dampfen und das Laubholz saftgrün dazwischen glänzt, hat auch Reiz, und nicht allein für den Maler, auch für den einsamen Wanderer. Er sucht nicht Obdach darin, aber die Phantasie ahnt ein Geheimnis, und der Dichter spricht es aus.

Er steht so einsam in dem volkreichen Wien, so tot in der Lebensfülle, und doch kam er mir oft so lebendig vor und alles umher so tot! Die nächsten Häuser verbergen ihn; aber wenn du fortgehst, steigt er über sie auf, höher und höher. Gehe noch weiter, und die Kaiserstadt sinkt unter, aber der Stephan erhebt seinen kühnen Turm in die Wolken.

Wer nicht mit mir einen Wald sehen will – ich möchte nicht sagen, einen versteinerten –, dem ist er vielleicht ein unauslöschlicher Stempel, den das scheidende Mittelalter aufgedrückt hat mitten auf die neue Kaiserstadt. Es war da, und nun ist es nicht mehr da, und niemand zwingt es zurück, wie kein Bauherr in der ganzen Welt, und wär es ein Napoleon, einen zweiten Stephan baut.

Der junge Dichter des an schönen Partien reichen »Habsburgsliedes«, welches auch außer Östreich mehr bekannt zu sein verdiente, als es ist, Herr *Frankl*, widmet der St.-Stephans-Kirche unter *Rudolph IV.*, dem Vollender des großen Baus, eine eigene Ballade, deren Eingang auch ein treffendes Bild abgibt:

Steht nachts die Riesenkirche
in Mondlicht eingehüllt,
So wie in Silberlinnen ein Königsmumienbild.
Und schlägt vom hohen Turme
die Mitternacht herab,
Hebt ein gewappneter Ritter
im Dom sich aus dem Grab.

Er schreitet lang und langsam
den weiten Dom entlang,
Es gibt die Eisenrüstung gar wundersamen Klang.
Es wirft die Silberlampe so seltsam hellen Schein,
Von draußen lugt das Mondlicht
durchs bunte Glas herein.

Er schaut zur dunklen Wölbung,
zur Kuppel hoch hinan
Und faßt die Riesenpfeiler mit mächt'gen Armen an
Und rüttelt dran gewaltig und schüttelt keinen doch:
Nach so viel hundert Jahren steht meine Kirche noch.

Geht dann die Marmortreppe
zum Turme hoch hinauf,
Es hallen seine Schritte, schon ist er unterm Knauf.
Er schaut nach allen Winden ins weite Land hinaus,
Ein silberheller Garten, dehnt sich's
im Mondlicht aus.

Es liegt so still und ruhig, in tiefen Träumen ganz,

Nur regt auf jedem Kirchhof sich wundersamer Tanz.
»Gegrüßt, mein teures Östreich,
in deinem hellen Glanz,
Daß nie auf deinen Fluren
verwelk des Segens Kranz.

Daß Friede in den Hütten und Friede im Palast,
Daß Unschuld, Kraft und Treue
nur deiner Herzen Gast!
Die Enkel seh ich herrschen
und seh ihr Haupt gekrönt,
Es wird genannt ihr Name, wo alles Große tönt.

Und du, du heilige Stätte, geweiht der Wissenschaft,
Gott leih in deinen Hallen den Lehrern treue Kraft,
Den Schülern aber gebe ein offenes Gemüt
Und echten Sinn und Glauben,
der für das Gute glüht.«

Da dröhnt vom Turme wieder
ein dumpfer Glockenschlag.
»So kurz ist nur das Anschaun,
des ich mich freuen mag.«
Er sieht nach allen Winden noch einmal in das Land,
Und alles liegt so ruhig,
der Kirchhoftanz verschwand.

Es dröhnet in dem Dome, als sänk ein Leichenstein.
Es stieg der tote *Gründer* ins kalte Grab hinein.

Es ist übrigens nichts davon bekannt, daß Rudolph IV. alljährig seine nächtliche Runde macht.

Etwas Schiefes

Die Turmspitze des Sankt Stephan ist, wenn du sie genau betrachtest, schief. Die Weltgeschichte weiß von mehren schiefen Türmen, mit denen es eigne Bewandtnis hat; die Chroniken sprechen nur dunkel davon, deutlicher die Sage. Weder ein geheimnisvoller Pakt noch ein so kunstfertiger Baumeister, der nur das Unglück gehabt, mit einem Huffuße auf die Welt zu kommen, sind indes hier daran schuld. Es ging alles schlicht und grad zu, als der Sankt Stephan zum Himmel wuchs; es gab dazumal noch keine Illuminaten, Jakobiner, Jesuiten, Ligorianer, nur schlichte rechtgläubige Christen, und man legte einen Stein auf den andern, und nicht daß er fallen, sondern daß er halten sollte. So wuchs der Turm auf unter dem Segen Sankt Stephans, der andern Heiligen und des Himmels, in den er seine Spitze, stolz und demütig zugleich, streckt. Er wuchs auf, eine Ehre für die, welche ihn gebaut, und ein Schmuck dem Lande, dessen Hauptstadt er ziert.

Soweit war alles gut; aber nachher kam eine Zeit, die nicht so gut war. Nämlich die Ungläubigen fielen ins Land und belagerten Wien und drohten, es in Grund und Boden zu schießen. Das geschah vor anderthalb

Jahrhunderten, und es wäre ihnen geglückt, und trotz Kaiser Leopolds Hülferuf an die deutschen Kreise, das deutsche Reich und die Fürsten der Christenheit wäre die Kaiserstadt Wien den Türken in die Hände gefallen und mit ihr das Bollwerk der deutschen Nation und der abendländischen Christenheit, wenn nicht eine Nation, die jetzt nicht mehr existiert, Wien und dem Kaiser und dem deutschen Reiche und der gesamten Christenheit zu Hülfe gezogen wäre und die Türken jenseits der Donau auf dem großen Marchfelde aufs Haupt geschlagen, das Heer zerschmettert und seine Trümmer gejagt hätte durch Ungarn in ihr eignes Land.

Die Zeit ist nun vergessen in der Christenheit, wie man sich nirgend gern erinnert der Zeit, wo man in Not war und sich nicht helfen konnte und ein Dritter kam und aus der Not zog. Aber den Wienern muß man es zur Ehre nachsagen, daß sie doch noch bisweilen der Zeit gedenken und, als jüngst eine andere Zeit gekommen, wo das Volk, was damals ihren Urgroßvätern beigesprungen gegen die asiatischen Horden, jetzt ebenso bedrängt in seiner alten Hauptstadt und letzten Burg eingeschlossen saß, daß da manches Wienerherz lebendig geschlagen und wärmer mitgefühlt die Bedrängnis und Leiden, denen niemand abhelfen wollte.

Wien steht und blüht und mehr als vordem, und mancher Enkel derer, die mit Sobieski vom Kahlenberg herab über die Brücke zum Türkenlager stürmten, fand jetzt, nachdem das Haus seiner Väter nicht mehr steht und er keine Hütte hat, wo er das müde Haupt hinlege, in Wiens großen gastlichen Häusern Aufnahme, Pflege, Trost und ein – Wanderbuch nach weiter.

Aber es war in jener Belagerung, daß eine Bombe, von ungläubigen Händen geschleudert – denn rechtgläubige Engländer dienten dazumal noch nicht, weder in den Heeren apostolischer Usurpatoren noch auf den Flotten mohammedanischer Türken –, die Spitze des Sankt Stephan traf. Sie brach nicht, aber sie knickte, bog, und seitdem ist sie schief.

Um zu verhüten nun, daß nicht eine zweite Bombe dem Sankt Stephan und Wien seine schönste Zierde ganz raube, hielt man Kriegsrat, und das Resultat war: man heftete einen *Halbmond* an die getroffene Spitze.

Dies Mittel »tat's halt«. Die türkische Artillerie, freilich minder gelehrt als die heutige europäische, hatte doch das vor dieser voraus, daß sie zu den recht- und altgläubigen Korps nicht grade der Christenheit, aber doch der mohammedanischen Welt gehörte. Von keinem türkischen Artillerieoffiziere sind Entdeckungen gemacht, die Atheismus atmen, keiner hat ein Buch mit irreligiösen Grundsätzen geschrieben, und kein türkischer Artillerielieutenant ist Kaiser von Frankreich geworden.

Die Bombardiere wollten nicht zielen, die Kanoniere nicht abfeuern, solange Mohammeds Zeichen auf der Spitze des Stephan sie ansah. Es traf, wie lang die Belagerung währte, wie heiß auch das Bombardement war, keine Kugel mehr weder Turm noch Kirche.

So ward der Sankt Stephan durch einen angebundenen Halbmond gerettet.

Nachdem die Türken in die Flucht geschlagen waren, band man den Halbmond wieder ab und warf ihn in irgendeine Remise oder Rumpelkammer. Da ist er verschollen, verkommen, und du fragst umsonst nach.

Wenn man etwas nicht mehr braucht, was uns Dienste geleistet hat, so will man auch nicht gern daran erinnert sein.

Aber *einmal* hatte doch der Halbmond auf der Spitze der Metropolitankirche gestanden, und das in einem Jahrhundert, wo das *Wort* Aufklärung noch nicht einmal erfunden war. Jeder hatte ihn da gesehen, einige gelächelt, viele in die Hände geklatscht, und man rühmte sich, die Türken zum Narren gehabt zu haben.

Nicht alle dachten so. Es gab fromme Seelen, die den Kopf sehr bedächtig schüttelten, und zu Rom, als es bekannt war, sprach man leise und bedenklich. Zwar stellte der Jesuitengeneral die Sache wie einen Sieg christlicher Klugheit vor, wie man den Feind mit eignen Waffen geschlagen und der Zweck, eine christliche Kirche zu retten, das unchristliche Mittel um so mehr heilige, als der Halbmond nur von Goldpapier gewesen. Aber man schüttelte zu Rom den Kopf und meinte, wieviel Ave-Marias der Kaiser Leopold täglich bete und wieviel Tausende von Ketzern er auch schon von Haus und Hof getrieben und noch davontreiben werde, des Glaubens und der heiligen Kirche wegen, alles das und noch viel mehr mache doch nicht ungeschehen, daß auf dem Sankt Stephan einmal ein Halbmond gesteckt. Zwar könne man mit Wasser und Exorzismen den entweihten Turm wieder reinigen und taufen; aber wer reinige und purifiziere die Herzen derjenigen, auf deren Rat dies geschehen, und wer bürge der römischen Kurie dafür, daß der Einfall und Gedanke, der ihnen einmal gekommen, nicht wiederkomme zum zweiten, dritten Male. Ja, wenn es so leicht sei, mit Papier den *Feind* zu täuschen, so könne ja auch mit Papier der

Freund getäuscht werden, und wie man heut einen Halbmond aufgesteckt, könne man morgen ein Kreuz auf den Turm stecken, indes drinnen der Halbmond oder, was schlimmer, die Ketzerei niste. Nie habe man in Spanien, ob die bedrängte Christenheit sich doch fast ein Jahrtausend mit dem Halbmond geschlagen, dessen Abzeichen auf eine christliche Kirche gesteckt, vielmehr umgekehrt, und um deshalb dürfe Rom so fest auf Spanien bauen –

Man argumentierte noch sehr viel in Rom, was nicht bekannt geworden; doch wenn man auch sehr viel in Rom kann, kann man doch nicht, was geschehen ist, ungeschehen machen und ebensowenig hindern, daß ein Schuß trifft; wie man denn darüber in der katholischen Christenheit einig ist, daß kein Papst befehlen kann, daß zwei mal zwei nicht vier sein soll. Die Kinder und Enkel derer, die den Rat gegeben, den Halbmond auf den Sankt Stephan zu stecken, leben noch immer und sind bei guter Gesundheit. Es ist seitdem einmal ein Papst in Wien gewesen und mit Ehrerbietung empfangen worden, und man hat ihm die Sandalen geküßt, aber er ist auch freundlich gegen die Erben jener Ratsmänner gewesen und hat sie nicht exkommuniziert. Wien ist sonst eine offiziell katholische Stadt.

Ob die große Metropolitankirche seitdem an Heiligkeit verloren hat, ist eine bedenkliche Frage, die sich dem Fremden indes aufdrängt, wenn er den düstern gotischen Dom so leer sieht und die zierlichen, weiß angestrichenen Jesuitenkirchen der Vorstädte, die von Mariahilf und wie sie heißen, so übervoll von Wallfahrern und Einheimischen. Oder flieht die muntere Schöne den ernsten Blick des braunen Mauerheiligen?

Wien, Dom Sankt Stephan

In der ungeheuer hohen Kirchenhalle wird nichts gewechselt als höchstens Blicke; aber draußen ringsum stehen die Wechselladen und Marktbuden, und um von einem Marktende nach dem andern zu kommen, geht man schräg durch das Schiff. Ehedem trug man Ballen und fuhr Karren durch. Warum nicht? Es war der nächste Weg. Jetzt ist das untersagt. Ein strengerer Geist der Zucht und Sitte ist längst – sie leugnen es, wenn man sagt, woher – in die katholische Kirche gedrungen.

Daß ihre Kapellen und Kirchen zu jeder Zeit und einem jeden offenstehen, daß mit dem Bettler auch der Krämer sich eindrängt, neben dem Blinden das bewaffnete Auge des Stutzers nach zwei hell ihm entgegenleuchtenden suchen darf, und so augenfällig, daß der Schild der Andacht nur zum leichten Fächer wird, gehört, wie befremdend auch für den Protestanten, doch eben zum Wesen einer katholischen Kirche. Mag die Türe auf- und zuschlagen, einen Menschenstrom ein- und den andern auslassend; mögen sie hier am Fenster Geschäfte notieren, dort hinter dem Pfeiler dir eine Gelegenheitskarte in die Hand stecken; mag hier die schöne Büßerin kniend vorm Pulte dem frommen Büßer, der daneben steht, auf seinen frommen fragenden Blick Mut und Trost zunicken: was stört das den Geist, der wie ein Gottesodem in dem weiten Dome weht, jedem entgegen, dessen Brust danach aufatmet. Ein Geist der Unruhe scheint dir in der Halle, die eigentlich aus Hallen an Hallen besteht, zu regieren. Hier steht eine Halbwahnsinnige mit krampfhaften Verrenkungen vor ihrer Heiligen, als wolle sie ihr oder den Umherstehenden das Maß ihres Unglücks deutlich machen, und gibt diesen ein Schauspiel, das nichts weniger als Andacht ist; da fällt eine elegante Dame, die vor dir hergeht, plötzlich mittem im Schiff auf die Knie, und du meinst – wenn du erst, erschrocken darüber, daß du über sie hättest fallen können, beiseite gesprungen –, ihr Niederfallen an der unpassenden Stelle gelte ebensowohl einem Gönner als dem lieben Gotte, die beide hier im großen Wege bessere Gelegenheit haben, ihre Frömmigkeit zu bewundern, als wenn sie sich still in einem der tiefen Betstühle niedergesenkt hätte. Auch der Bettler, welcher grade dort, wo sie ihn fast treten müssen, wenn sie hereinkommen, und die Zugluft, sooft die Tür aufgeht, seinen zerlumpten Leib durchfegt, kniet und stundenlang kniet und die Gebete halblaut vor sich murmelt, könnte ein weit behaglicheres, wärmeres Plätzchen gewählt haben, wenn es ihm nicht darum zu tun wäre, sein Elend den Mildherzigen auszustellen. Und wie viele knien zu gewissen Stunden vor jenem Separatheiligenbilde in der nur bisweilen geöffneten Kapelle dicht an der Tür, daß man fast über ihre Füße fortsteigen muß, wenn man in die Kirche will. Kleine Prozessionen dazu, die sich um die Säulen schlängeln, und umsonst suchst du auf manchen Gesichtern der Diensttuenden katholische Andacht; sie tun ein Geschäft ab, nicht mehr, nicht minder. Sie müssen sich durchdrängen und um Platz bitten; es wird mancher Protestant, der doch gar kein Recht hier hat, *gebeten.* Diesen letztern erkennst du übrigens auf den ersten Blick. Sie besprengen sich nicht mit Weihwasser und machen nicht den englischen Gruß, aber sie gehen auf den Zehen und halten den Hut vors Gesicht und betragen sich viel ehrerbietiger als die Katholischen, denn seit die Zeiten des Hasses und der Verketzerung vorüber, gehört Achtung vor fremdem Glauben zu den Glaubensartikeln der Aufklärung. Der echt Katholische aber tritt dreist auf; der Boden seiner Kirche ist ihm so fest, daß er etwas verträgt. Es stört ihn nicht, daß der Fremde und Fremdgläubige mit und ohne Brille um die Säulen spazierengeht, die gemalten Fenster mustert, den Verschlingungen der Spitzbögen folgt, das Steinschnitzwerk der Kanzel für das Meisterstück und die Hauptsache der Kirche erklärt und alles andere eher betrachtet als das Heiligtum, dessentwegen sie da ist. Um ein Geschäft zu machen, um sich zu treffen oder zu suchen und um den Regen abzuwarten, ist man in der Kirche, aber das stört nicht die Andacht. Der Sakristan in seinem verschossenen Rotrock klingelt durch die Kirche mit seinem blechernen, oben auf einem Stock befestigten Klingelbeutel und murmelt durch die Zähne: »Denkt an die Armen«, und niemand denkt dabei an sie als höchstens ein Fremder; dem Wiener ist es eine herkömmliche Musik, aber sie stört ihn nicht. Es promeniert, steht, kniet, knickst, unterhält sich, singt, bettelt, klimpert, klingelt, respondiert; sie lesen Messe, prozessionieren, schütteln den Regen vom Hut und spannen die Schirme ab, sie schlagen die Türe zu und stoßen sie auf, sie treten sich auf die Füße und sagen sich: »Gehorsamer Diener!« Geräusch, Gewimmel und Getümmel, und es ist doch Gottesdienst.

Und wenn du auch nicht Katholik bist, *hier* wird dir das klar, wenn du dich in einen Winkel stellst und hinausschaust in das dunkle Gewölbe, du möchtest es unermeßlich nennen, je länger du hinsiehst. Legionen von Geistern können dort oben noch wandeln und schweben und Hosianna singen dem Herrn der Heerscharen, wäre der Markt unten der bewegten Menge auch noch einmal so voll und noch einmal so laut. Des unsichtbar Feierlichen ist doch mehr darin als des sichtbar Faßlichen. Eine solche geräumige katholische Kirche ist eine Welt. Der da will, findet doch immer ein Plätzchen, wie bunt, tobend, staubig es auch um ihn ist, wo er allein sein kann mit sich und dem Unsichtbaren. Schwieriger wäre mir die Andacht in den hellglänzenden, bunten, lichterfüllten Kirchen späterer Zeit, die eben nur der spezielle Glaube oder Aberglaube mit Wärme und Andacht füllt.

Ein Gottesdienst ist freilich sowenig als *eine* Predigt in der Kirche. Von der großen Messe im Chor, wie feierlich auch die Gesänge, die Orgelklänge, die Fülle der Kerzen, merkt man kaum etwas am andern Ende. In eine katholische Kirche gehören viele Administranten; hier wird Messe gelesen, dort Beichte gehört, hier gepredigt, dort getauft, kopuliert, gefirmelt, wie ja auch der Heiligen viele sind, zu denen man betet, und es braucht nicht immer der eine Heilige zu hören, was dem andern Heiligen vertraut wird. Die ideelle Einheit eines protestantischen Gottesdienstes, wo alle Stimmen im Gesange eins und alle Seelen dem Worte des Betenden und Predigenden folgend gedacht werden, soll hier nicht gesucht werden. Die dunkle, winkelreiche Kirche ist ein Asyl; jeder Trostbedürftige soll hier seinen Winkel finden.

Wie unsere Vorstellung von der ergreifenden und erhebenden Feierlichkeit des katholischen Ritus zuweilen getäuscht wird, davon überzeugte mich eine *Firmelung*, der ich in der Stephanskirche beiwohnte.

Welch ein Fest der Rührung ist die Einsegnung in

protestantischen Ländern? Wenn auch bei den Ärmern der erste schwarze Rock und das erste seidene Kleid *vor* dem bestimmten Tage zur Hauptsache wird, so siegt doch der Ernst der Stimmung an diesem selbst über das Äußerliche. Wenig Konfirmationen, wo nicht der Tränen reiche Fülle diesem Tage der feierlichen Aufnahme in den Christenbund eine nicht so leicht verlöschbare Weihe gibt. Auch die öffentliche Prüfung, wenn auch mehr oder minder nur Form, steigert die feierliche Bewegtheit. In katholischen ist es nur ein Akt wie eine Heirat vor einem Notarius. Das Gemüt wird nicht ergriffen, am wenigsten das der Kinder. Sie kommen, geputzt, wie es geht, von ihren Angehörigen geführt, in die Kirche, jedes ein weißseiden Band um die Stirn. Die administrierenden Kaplane stellen sie in langer Doppelreihe auf. Ein kurzes unverständliches Gebet wird abgebetet, und der Weihbischof geht mit seinen Diensttuenden der Reihe entlang, er murmelt die Aufnahmeworte, ölt die Stirne des Konfirmanden, und die Binde wird ihm gelöst, und der Kaplan sammelt die Bänder über den Arm. Sie sollen nachher verbrannt werden, damit das mit heiligem Öl getränkte Band zu keinem profanen Zwecke gebraucht werde. Kein Orgelton, nichts von Musik, nichts von Gesang, kein feierliches Versprechen, keine feierliche Segnung; ist die eine Reihe zu groß und zu Ende, wird eine neue aufgestellt, ganz wie die vorige. Wohlhabende wissen auch wohl den Akt vorher kurz in der Sakristei abmachen zu lassen. Das einzige Feierliche für mich war das Gesicht des Weihbischofs, ein echt apostolisches, voll Milde, Resignation, Glauben, Güte, ohne den Stolz des alleinseligmachenden Bewußtseins.

Für die Konfirmierten soll es ein Tag der Freude sein. Sie werden festlich bewirtet, namentlich, so will es die Sitte seit uralters, mit einem Becher Met. Auch führt man sie ins Freie zum Spiel auf der Wiese. Paten, »Godeln« genannt, dürfen nicht fehlen und werden so gut wie bei der Taufe in die Kirchenbücher eingetragen, auch wenn es Protestanten sind.

Die Fiaker

Die Fiaker sind eine so bedeutende Kaste in Wien, daß der Wiener es dem Reisebeschreiber übelnähme, der eine Reihe Kapitel über Wien schreibt und ihnen kein besonderes anwiese. Deshalb, da ich überall gern in der Ordnung bleibe, sei ihnen dieses gewidmet.

Über die Geschichte der Fiaker ist mir wenig bekannt. Unter den Polizeiakten war mir nicht vergönnt nachzusuchen; doch soll da viel über sie liegen. Sie machen wie die Zigeuner eine völlig getrennte Kaste aus, sprechen ihre eigne Sprache, haben ihre eignen Zeichen, ihren eignen Glauben und ihre eigne Moral; ihr Ursprung ist aber so dunkel wie jener. Wenn der selige Niebuhr es übernommen, ihre dokumentierte Geschichte zu schreiben, so zweifle ich nicht, daß er sie nicht zu den etrurischen Patriziern, sondern den plebejischen Indigenis gezählt hätte.

Für den Einheimischen sind sie eine Art Parias und werden, wenn auch nicht tätlich, doch wörtlich so »traktiert«, wie sich in Norddeutschland niemand mehr traktieren läßt. Man nennt sie »du«, auch »Er«, und wenn man mit ihnen freundlich sein will, schimpft man sie, je ärger, um so besser. Ein Fremder, der das nicht kann und mag, wird daher auf den ersten Blick erkannt, was ihm weder zur Ehre noch zum Vorteil ist. Denn der Fiaker, ein schlauer Mann, weiß nun, was er bieten kann, oder vielmehr, er läßt den Fremden bieten, und oft das Doppelte, als was der Wiener zahlen würde. Sich aber bieten läßt er nun gar nichts mehr, sondern handelt, wie er Lust hat; denn der Fiaker wird stolz, wenn du ihn höflich anredest, wie das gestriegelte und gespornte Pferd sich fühlt, wenn statt des gestrengen Herrn ein Fremder es mit Streicheln regieren will. Der Wiener hat den Grundsatz: kurz und grob gegen sie, und wenn der Berliner in der Seele des Fiakers errötet, behauptet man, sei dieser dagegen selig; denn er hat einen Herrn gefunden, mit dem sich gut umgehen läßt.

Schlecht behandelt und wenig geachtet werden die Fiaker, aber das ist mehr etwas speziell Herkömmliches, als daß es in einer hochmütig tyrannischen Gesinnung der Wiener läge. Die Dienstboten hier werden gut gehalten und verstehen es, sich gut halten zu lassen. Wenn auch in Ausdrücken devot und untertänig und von der Versicherung »I kiß die Hand« bis zur Tatsache übergehend, fühlen sie doch in Wien ihre Menschenrechte so gut als irgendwo, und zu den Menschenrechten kommen noch gewisse Dienstbotenrechte, welche die Lustspieldichter der Leopoldstadt launig genug ans Tageslicht gezogen haben. Weil der Fiaker seine Menschenrechte nicht so fühlt, möchte ich noch nicht annehmen, daß es mit seiner Menschheit nicht recht bestellt sei. Gegen ihre Figuren ist gar nichts zu sagen; alle, die ich gesehen, könnten jederzeit ausgetauschte Marquis-Söhne sein und würden im neuen Kostüme sich ganz gut ausnehmen. Auch, was anzunehmen wäre, daß ihre hündische Gelassenheit oder ihr passives Ehrgefühl auf eine slawonische Abstammung hindeute, würde durch nichts gestützt. Denn sie sehen viel ähnlicher einem schlanken Oberöstreicher als dem bettelnden Walachen. So mag das, was in unserm Sinn im Verkehr mit dem Fiaker empörend ist, nur konventionelle Form sein, und man schimpft und stößt sie, weil man sie liebhat, wie ja auch Freundschaften nicht zu den unerhörten Dingen gehören, wo man sich mit Schimpfworten liebkost.

Es gehört unbedenklich zu den veralteten Traditionen, womit der Reisende den Reisenden unterhält, daß der Fiaker jedesmal unrecht erhielte, wenn ein Fremder ihn belangt. So hübsch das Märchen ausgemalt wird, wie der Fiaker auf jede Beschwerde sofort zitiert und ohne Verhör über eine Schütte Stroh gelegt wird, um vermöge einer sofortigen Demonstration ad posteriora zum Geständnis gebracht zu werden, ist es doch nur ein Märchen. Auch in Östreich ist der Zeitgeist eingedrungen, und ich weiß, daß selbst Polizeibeamte mit Gliedern dieser Pariaklasse Händel gehabt und über Unrecht klagen!

Ihre Wagen sind meist sehr elegant und doch ihr Eigentum, ihre Pferde wohlbeschaffen und trefflich einkutschiert, und in Wind und Wetter stehn sie in Überzahl auf den bestimmten Plätzen, offen und verschlossen. Auch die verschlossenen werden, wie man meinte, bei gewissen Gelegenheiten, trotz des schönsten Wetters, gesucht und dann teuer bezahlt, und diese Gelegenheiten sollen in Wien nicht selten sein. Sobald du dich einem Platze näherst und dein Blick fällt auf die

Kutschen, springt schon der nächststehende Fiaker zu und salutiert dich mit dem stereotypen: »Fahrn mer, Ihro Gnadn?«, und ehe du geantwortet, drängt der zweite, der dritte, der vierte, die ganze Reihe, und jeder versichert dich, den Hut in der Hand, seine Kutsche sei die beste, die schnellste, die billigste. Feste Preise gibt es nicht, also mußt du handeln. Ich habe aber nie bemerkt, daß die große Konkurrenz der Ware sie zum Vorteil der Fahrenden im Preise herabgesetzt hätte. Im Gegenteil, ob es doch den Anschein hat, als wolle man sich um dich zerreißen, scheinen die andern ganz zufrieden, wenn du dich für einen unter ihnen bestimmt hast und mit ihm fortkutschierst. Entweder rührt sie wirklich nichts als die Aussicht auf Gewinn, oder es herrscht eine gefährliche Übereinkunft. Der Wiener ist mit dieser Einrichtung zufrieden, der Fremde wünscht, daß die für alles sorgende Polizei feste Preise eingeführt hätte, da dieser notwendige Handel für niemand angenehm ist, dem es nicht wie dem Wiener Spaß macht, die Leute auszuschimpfen.

Jeder Fiaker hat eine Nummer und einen Namen. Jene gibt ihm die Polizei, diesen entweder der liebe Gott oder seine Kameraden oder alle beide. Wenn nämlich der Geburtsname eines Individuums dem Geschmack seiner Kameraden nicht entspricht, so tauft ihr Witz ihn um, und wie groß die Zahl der Fiaker ist, soll doch jeder einen solchen Spitznamen führen, unter dem er nicht allein unter den Seinen, sondern auch auf der Polizei bekannt ist. Der Wiener Volkswitz ist unerschöpflich, und diese Namenliste gewährt den Volkslustspieldichtern eine reiche Fundgrube.

Einer erregte meine Aufmerksamkeit. Ich traf ihn

immer lesend. Er war der letzte, der aufsprang, wenn seine Kameraden einen Angriff wagten, denn er hatte vorher sein Buch zuzuschlagen, und er tat es sichtbar ungern. Ein lesender junger Bursch gehört nicht zu den gewöhnlichen Erscheinungen auf den Wiener Straßen. Weder die Hökerinnen noch die Fischweiber lesen daselbst Romane, und die Garçons in den Cafés sind nicht immer in den Journalen bewandert, die sie hin- und herreichen. Aber ein Fiaker Tag für Tag lesend, und mit allem Eifer, auf dem Bock oder auf der Deichsel, wäre selbst für Berlin etwas Merkwürdiges, wo man noch wenige Droschkenmänner, soviel ich weiß, lesend betraf. Mein junger Fiaker gehörte nicht zu den gesprächigen Lesern, er verschloß in sich, was er aus dem Roman erbeutete, und ich stehe nicht dafür, daß es in ihm brütete, ob er ein geborner Fiaker sei oder ein ausgetauschtes Kind und vielleicht der rechtmäßige Erbe der Esterházy, Schwarzenberg und Liechtenstein auf dem Bock des Wagens Nummer 73 sitze. Was er las, war Walter Scott, wenn auch nur im Wiener Nachdruck, doch immer Walter Scott. Er hatte den ganzen Scott, wie man mir sagte, mehremal durchgelesen, und also hatte ich die Ehre, als er mich fuhr, von meinem Kutscher auch durchgelesen worden zu sein, denn der Nachdrucker, der Edle von Mausberger, hat die Güte gehabt, auch meinen Roman »Schloß Avalon« frischweg und ohne Randglosse als Walter-Scottschen in der Reihe der übrigen nachdrucken zu lassen. Der gebildete junge Fiaker heißt bei seinen Kameraden der *Walter-Scott-Sepperl.*

Solche erstaunliche Fortschritte in der Bildung zu finden, muß man im Frühjahr 1832 nach Wien reisen!

Das Leben der Fiaker unter sich soll lustig und originell sein. Wie dürfte der Fremde wagen, in alle Spelunken einzudringen, und wie hoffen, wenn der Zufall ihn über die Schwelle führt, grade den Silberblick der Volkslust zu haschen. Die Bälle namentlich, welche dies unverwundbare Völkchen ehemals alljährig im Winter gab, waren, wie man versichert, der Sammelplatz aller Volkslust. Jeder Teilnehmer, und es kamen damals alle, war für sich eine komische Maske. Da die Lust einigemal allzulaut geworden und, statt zu verrauchen, in bleibende Folgen sich ausgeprägt hatte, sind auf höhere Anordnungen diese Generalbälle unterblieben, und die gestiefelte Fröhlichkeit muß sich jetzt teilen.

Das Burgtheater

Das Wiener Burgtheater hat matte Dekorationen, keinen brillanten Kronleuchter, nicht ausgezeichnet schöne Kostüme, es liegt in einem Winkel der kaiserlichen Burg, und es wird darauf weder gesprungen noch gesungen. Außerdem herrscht noch manches Veraltete, zum Beispiel, daß die Schauspieler ihre Rollen lernen, die Stücke, ehe sie gegeben, einstudiert werden und das Publikum auch Konversationsstücken Aufmerksamkeit zollt.

Es ließe sich ein dickes Buch über diese Mißbräuche schreiben, die wohl mit der Zeit ihren Anforderungen weichen werden. Jetzt ist es aber noch buchstäblich so, und was diesen abnormen Zustand noch abnormer macht, ist, daß das Theater fast keiner Zuschüsse bedarf, vielmehr sich durch seine Einnahme, ohne Kunststücke, hält, und so hält, daß Wien nicht allein durch die bedeutendste Gage die bedeutendsten Schauspieler anzieht, sondern auch selbst die deutschen Dichter anständig honoriert.

Sage ich noch, daß die Generalintendanten und Direktoren dieses Theaters immer wenigstens etwas von ihrem Geschäft verstanden und es mit Eifer und Liebe betrieben haben und betreiben, so, fürchte ich, meint man, ich schreibe ein persisches Märchen.

Darum schweige ich von dem eigentlichen Theater, wiewohl auch um deshalb, weil ich mir vornahm, in diese Wiener Szenen nichts zu mischen, was nicht in Wien zu Hause gehört, und darunter befindet sich das nicht, was wir eine Theaterkritik nennen. Indirekt wird das Wiener Burgtheater von jedem Kritiker gelobt, der über den Verfall der Hof- und Nationaltheater anderwärts klagt; aber neben dem vielen Lobenswerten und sehr vielem Anerkennenswerten ist doch auch viel zu rügen. Dies führte mich aber grade zu dem, was ich vermeiden will, zur Kritik.

Ich lasse Schauspieler und Direktion hinter ihrem Vorhange und führe lieber den Leser ins Publikum. Dies allein ist ein Schauspiel für uns, merkwürdig wie ein überseeisches Naturwunder: ein Publikum, das fast immer zufrieden ist und sehr oft in der Wonne des Entzückens schwelgte. Du glaubtest, aus einem Berliner Parterre plötzlich in das Wiener getreten, in ein Land der Unschuld dich versetzt. So gibt hier alles Achtung, freut sich, nickt und blickt dem Schauspieler, dem Dichter, dem Drama zu. Ein zehnmal gesehenes bürgerliches Schauspiel, ohne die Blitzwirkungen der Überraschung, wird mit derselben Andacht verfolgt wie das erste Mal, und es brauchen nicht außerordentliche Darstellerkräfte darauf verwandt zu sein. Man freut sich, und nicht bloß am Sonntage, noch recht innig, wenn das Laster bestraft wird, man weint mit der Tugend, wenn sie sich auch noch nicht besser zu helfen weiß als durch sentimentale Redensarten. Das Gepfefferte und Geschraubte ist noch eine Rarität, die

Sprachweise der Ironie noch fremd. Ein lauter Applaus könnte dich täuschen, denn du hast nichts gehört, was ihn hervorrief, als irgendeinen rührenden Gemeinplatz; aber auch das ist nicht ironischer, es ist der aufrichtig gemeinte Beifall der Teilnahme. Nichts von Zusammenstecken der Köpfe, nichts von Kichern, von zugeflüsterten Bonmots, es sind alles Freunde, die leben und leben lassen, und darunter, was dir am befremdendsten vorkommt, solche jugendliche Stutzer, welche in andern großen Städten nur für den Blick einer Tänzerin die Hände rührten.

Dort sitzt Abend für Abend ein alter Mann, die Hände auf dem Stock und das Kinn auf den Händen, und die andächtigen Augen lassen keinen Zug, die halbgeöffneten Lippen keinen Ton, der von den Brettern kommt, außer acht. Sobald eine gewisse bejahrte Schauspielerin auftritt, belebt sich das Gesicht, das Kinn erhebt sich, und er stampft heftig mit dem Stocke auf – in Wien ein Zeichen des Beifalls –, und die um ihn folgen dem Beispiel des alten Mannes, stampfen auch mit den Stöcken und klatschen mit den Händen, und die Schauspielerin verneigt sich, stumm dankend für den Empfang. Ihr ist bekannt, von wem er ausgeht, denn es ist so seit dreißig oder vierzig Jahren jeden Abend, wo sie spielt. Der alte Mann ist ihr treuer Verehrer, alle wissen das und sind gerührt, daß er so treu und beständig liebt, und aus Rührung und aus Achtung stößt und klatscht man mit ihm. – Wo findest du heut zum zweiten Mal diese Idylle?

Aber es ist in diesem Publikum die Beifallsfreude nebenbei ein *Bedürfnis*. Äußern muß sich etwas. Unwille ist nicht erlaubt, höchstens Mißfallen durch

Die Wiener Hofburg

Schweigen, Gähnen, leises Zischen, also da sie nicht trommeln und pfeifen dürfen, auch wenn sie möchten, strömt der ganze physisch-psychische Drang in Applaus aus. Man klatscht, man stampft, man ruft Bravo, Dacapo bei jeder Gemüts- und Sinnenbewegung. Doch auch selbst der Freudenäußerung sind Grenzen gesetzt. Das Vorrufen ist nicht erlaubt – nur die Gastspieler sind ausgenommen –, dafür *empfängt* man die Lieblinge. Um sich für dies Verbot in den Theatern schadlos zu halten, ist des Klatschens, Bravorufens und Hervorrufens in den Konzerten kein Ende. Instrumental- und Vokalmusik der Sänger wird dort zur Nebensache gegen die Vokalmusik des Jubels.

Und immer ist das Theater gefüllt, bei Kotzebue und Iffland, bei Raupach und Schiller. Ist es auch nicht immer, was man in der technischen Sprache dafür Natur nennt, so ist die Kunst dabei doch ehrenwert und liberaler Art. Nicht den devoten Schleichern, den Vettern und Gevattern von Portiers und Theaterschneidern, sondern den Kunstfreunden trägt man den freien Eintritt an und betrachtet es als eine Ehrensache; wie denn die ganze Theateradministration, bei manchen Mängeln, das Gepräge des Nobeln sehr zu ihrem Vorteil gegen andere Hofbühnen an sich trägt. Auch ist das humanere Gubernialprinzip an der Kontrolle zu sehen. Es stehen nicht hundert Argusaugen da, um zu bewachen, daß nicht von den zehn Zuschauern, die zuweilen auf andern Hoftheatern das Publikum ausmachen, einer ohne seinen Gulden eindringt. Du suchst bisweilen vergebens nach dem, der dir die Contremarke abnimmt, denn er kennt dich ja, und wenn auch nicht, wäre es ja kein so großes Elend, wenn einmal einer, ohne zu bezahlen, zusieht. Man rechnet nämlich in Östreich, daß die Besoldung von hundert Beamten, welche dies verhindern sollen, in summa mehr kostet, als wenn zehn Personen sich an der Kasse durchschleichen. Auch hat man den seltsamen Grundsatz, daß zehn tüchtige Schauspieler dem Theater von mehr Vorteil sind als fünf Theaterhofräte und Geheimsekretärs.

Ein ganz anderes Schauspiel hebt für dich an, wenn du die Blicke aufrichtest und längs der höhern Reihen des ovalen Raums schweifen läßt. Zwei, drei Ränge Logen mit Augen, Wangen, Stirnen, Lippen, mit einem Flor vollblühender Blumen besetzt, wie du ihnen in der Fülle auf keinem Theater der Welt begegnest. Zu den Kohlenaugen, dem Rosenhauch der sommerlichen Wangen ein reicher Putz, Ungezwungenheit, Leben. Verfängliches darfst du nicht suchen, sollten auch hier ein paar Augen den deinen lebhafter begegnen, als du in einer nordischen Stadt erwarten darfst. Bis in den zweiten Rang gehört jedes schöne Gesicht der hohen eingeborenen Aristokratie oder Diplomatie an, erst im dritten gelingt es den reichen Bankiers, eigne Logen zu gewinnen. Sie sind hier unter sich, das Theater ist ihr Salon, die Gêne fällt weg, wenn auch noch nicht die Freiheit eintritt wie in den Opernlogen einer italienischen Stadt. Die Sitte heiligt diese zweite Wohnung, man muß Achtung wenigstens vor dem Publikum, wenn auch nicht vor dem Stücke zeigen. Von grillierten Logen, wie in Paris, sah ich nichts. Jede Loge ist auf Jahresfrist an eine oder zwei Familien für eine bedeutende Summe verpachtet; sie ist nun deren Eigentum, ein erlauchter Name bürgt für den Anstand. Aber sonst ist die Sitte so mild in Wien. Nur keine Sentimentalität und keine Mesalliancen, und man lebt und läßt leben und kümmert sich da nicht um das heraldische Wappenschild.

Noch ein anderes Schauspiel im Schauspiele: rechts vom Zuschauer im Theater sind die kaiserlichen Logen, nicht höher und nicht architektonisch von den andern, nur durch dunkle Draperien von schwerem Sammet und Goldstickereien ausgezeichnet. Und an jedem Abende, wo die Bühne ein würdiges Stück bringt, sieht der Wiener hier die Häupter der geliebten Familie seines Kaisers und ihn selbst in ihrer Mitte, ein Anblick, der jedes östreichische Herz erhebt und rührt. Aber auch ein malerischer Anblick. Diese ehrbar ernsten Gesichter mit dem blauen Habsburgauge inmitten des prachtvollen Rahmens der Loge und mit dem dunkeln Hintergrunde zur blonden Gestalt – es ist von selbst ein Gemälde, das jener Franzose mit einem *Rembrandt* treffend verglich. Ein Gemälde von altem Wert.

Auch eines *Barthélemy* Auge wurde bei diesem Schauspiel gerührt! Das ist der stärkste Pinselzug. Das Gemälde ist fertig.

Er sah noch – und ich auch – in diesem dunkeln Rahmen ein andres blasses Bild, für das er damals zu schwärmen vorgab. Barthélemy war bekanntlich nach Wien gekommen, um vom Sohne des Mannes für sein Lied von dessen Taten unter den Pyramiden ein Geschenk zu erringen. Es gelang ihm nicht; seine Nachrichten aber von dem blassen Jünglinge, den er nur in der Loge gesehen und der den Kopf wund reiben sollte und sagen: »Mein Gott, sie denken, er sei meines Vaters«, klangen interessant genug, bis jüngst *Prokeschs*

Brief ihre Lügenhaftigkeit ans Tageslicht brachte. Indem er das wahre Verhältnis aufdeckte, zeigte er uns Wunderbares, das die Erfindungskraft der Faktionslüge noch der Lahmheit bezüchtigt. Es war, als ich den jungen Napoleon im Burgtheater sah – in der Vorstellung der »Lanassa« –, das letzte Mal, daß er zu diesem Rembrandtbilde saß. Er betrat nicht wieder das Theater; von dem größern trat er ab vor seinem ersten Debüt. Ungefähr um dieselbe Zeit trat auch Barthélemy zurück von dem seiner publizistischen Ehre, mit Geschenken zwar, aber keinem von dem Sohne des Mannes.

Der altmodisch langrunde Bau des Burgtheaters und seine Verzierungen stimmen zum Charakter dieser Bühne. Der moderne Glanz fehlt dem Äußern wie dem Innern. Auffahrt und Eingang sind zugleich Hauptdurchfahrt von der Stadt zur Burg. Aber man tritt hinaus in die ungeheuern Höfe dieses Kaiserschlosses, das in seinen behaglichen Dimensionen auch den Charakter des patriarchalischen Regiments abspiegelt, Größe und Behaglichkeit, wenig Schönheit und Eleganz. Aber schon das Massenhafte imponiert. Wenn du durch diese Höfe mit ihren bis in die Wolken durch helle Fenster erleuchteten Mauern gehst, überkommt dich das Gefühl der Sicherheit und Erhabenheit, du weißt, obgleich das Theater in der Burg ist, ist es doch nicht die Hauptsache, es ist nur der kleine Teil von einem großen Ganzen, Hof so an Hof und alle verbunden durch weithinlaufende Korridore, welche an stürmischen Tagen vielen Theatergängern einen Teil ihres Weges geschützt im Trocknen zu machen erlauben. Den Winter geheizt, sind sie der Armut geöffnet.

Bei der Erwähnung im »Wallenstein«, daß der Kaiser zu Wien in seiner Hofburg gezittert, durchrieselte die Versammlung des Burgtheaters ein wohlgefälliges Lächeln, daß ihre reale Schaubühne auf so klassischem Boden steht.

Sommerpartien

Noch auf einen Spaziergang soll mich der Leser begleiten. Und doch, indem ich die Orte überschlage, sind ihrer so viel, daß wir eine volle Woche brauchten, um nur das Merkwürdigste zu sehen.

Jeder Ort um die Stadt, sobald wir die Linie verlassen, ist ein Charlottenburg, ein Saint-Cloud, jeder das Ziel besonderer Lustpartien. Wirtshaus an Wirtshaus, Garten an Garten, Villa an Villa. Stellwagen, Zeiselwagen, Fiaker, Reiter, Fußgänger, Staub, Lust, Musik, Schauende, Geschaute.

Und der Höhenzug des Wienerwaldes zieht sich in obligater Freundlichkeit für die Wiener in einem weiten Halbmond um die Kaiserstadt. Seine Abdachungen terrassieren das Land hier zu Aussichten, dort zu Einsichten ins Gebirge. Man konnte nicht schönere Plätze wählen zu den Villen, Lustschlössern, Kirchdörfern; auch hie und da Schlösser mit Feudaltürmen und Zinnen und wenige Schritte weiter Ritterburgen aus der Blütezeit des Faustrechts. Alles dies vorblickend aus dem frischen Grün der jungen Saatfelder, aus den üppigen Wiesen, den grünen Berghängen, den dunkel umwaldeten Bergkuppen. Der Kalkstaub der Chausseen dient nur zur Folie für diese Frühlingswelt.

Döbling, mehr Stadt als Dorf, schließt sich mit seinen eleganten Sommerhäusern fast an die Linie von Wien. Ebenso *Penzing* auf dem Wege nach *Hietzing*, welches wieder mit dem berühmten Lustschloß *Schönbrunn* zusammenstößt. Über Europas Schicksal sollten zweimal in diesem schönen Palast, von Maria Theresia erbaut, die Würfel fallen. In denselben Hallen, wo Marie Luise Napoleon die Hand reichte, sollte sie dem einzigen Sohne desselben die Augen zudrücken. Jenes entschied nichts; dieser Tod hat mehr entschieden, vielleicht Europas Frieden. Kaiser Joseph II. baute auf der Höhe über Schönbrunn, noch innerhalb des Parks, die berühmte *Gloriette*, eine offene Arkade, um zu zeigen, wo man hätte Schönbrunn anlegen sollen. Von hier hat man die reizendste Aussicht auf die Stadt und die Gebirge. Die künstlichen Teiche, beschützt von steinernen Meergöttern und Najaden, wimmeln von niedlichen Goldfischen, mit denen die Knabenlust dasselbe Spiel treibt wie mit den ehrwürdigen Karpfen zu Charlottenburg. Bedeutend und trefflich in ihrer Anordnung ist die Schönbrunner Menagerie. Ein wildes Tier kann kein bequemeres, anmutigeres Leben führen, es sind alles Sinekuristen, denen niemand ihren Posten beneidet, ob doch mancher Bürger in Wien nicht so anmutig wohnt wie hier zum Beispiel die Bären unterm Grün des Hofes, an einer plätschernden Fontäne, mit Erlaubnis, zu spielen, zu essen, zu trinken und zu baden, soviel ihnen beliebt. Wie anders ihre Lage als die ihrer Cousins in Paris, welche in einem trocknen, ausgemauerten, von der Sonne ausgebrannten Graben tagaus, tagein dem Übermut der Knaben und der Grausamkeit der Pariser zum Spiel dienen. Und wie luftig wohnen die Adler, wie reinlich die tibetanischen Ziegen, alle Geschlechter der Merinos! Wie vertraulich leckt das scheueste Getier der Himalajaschluchten nach deinen Fingern, und der majestätische Vogel Strauß selbst (ein ausgezeichnet schönes Paar findet sich hier) ist dir in Schönbrunn befreundet. Nur der Elefant scheint nicht recht zu wissen, weshalb er da ist, und die Giraffe wollte das Wiener Klima nicht ertragen. Beide Riesentiere haben es ausnahmsweise besser im Jardin des plantes, sie genießen des Umgangs mit dem ganzen Volke.

Dicht an Schönbrunn, auf demselben Höhenzuge, liegt oder lag das Wiener *Tivoli*. Die Aussicht von hier auf Wien ist um etwas reizender als die vom Kreuzberge auf Berlin. Man rutschte hier wie da, und zwar von der Höhe in die Tiefe und nicht von der Tiefe in die Höhe, und es wollte hier wie da nicht aufwärts gehen, sondern ging noch schneller bergab. Was Berlins Tivoli untergrub, die Julirevolution, kann es in Wien nicht gewesen sein; aber einige sagen, es sei dem Wiener zu weit, zu kostspielig – daß er nämlich Entree zahlen soll für den Zutritt zum Vergnügen und für das Vergnügen noch außerdem – und immer dasselbe; denn ein berühmter Vergnügungsort bleibe es nur für eine Saison; dann habe er wenn auch nicht das Wesen, doch den Namen zu ändern, wenn er in Wien durchkommen will. Ich wage nicht über Grund oder Ungrund dieser Anschuldigung gegen den Wiener Charakter zu urteilen. Tivoli hier wie dort, ja selbst in Paris, ist etwas Fremdes, eine erzwungene Anhäufung von Lustbarkeiten, die sich um deshalb nicht hielt, weil sie nicht aus dem Bedürfnis, sondern aus der Spekulation hervorging.

Entfernter schon von der Linie ist *Hütteldorf*, besonders beliebt wegen seiner anmutigen Lage an grünen Bergrücken, Haus für Haus zu Sommerwohnungen für die Städter eingerichtet und doch selbst schon Stadt. Das berühmte Bier lockt an schönen Tagen Scharen von Wienern in die Brauerei und das Wirtshaus, deren Garten auf die Berge hinausgeht.

In allen diesen muntern Orten stellt sich zur Sommerzeit noch eine besondere Lustbarkeit ein, die wenig mit der Erholung im Freien zu tun zu haben scheint – ein sogenanntes *Sommertheater*. Nicht, daß im Freien unter grünen Kulissen etwa ein »Sommernachtstraum« improvisiert wird, nein, in massiv aufgebauten Häusern mit Sperrsitzen und Logen wird von Truppen, die aus allen Enden des Kaiserreichs herbeiströmen, agiert, komödiert, tragiert. Gedruckte Komödienzettel an Wiens Ecken laden dazu ein, und man sieht Hamlet und Staberl, »Die Räuber« und »Sappho«, »Die Ahnfrau« und den »Wirrwarr«. Über das Wie ließe sich viel Lustiges sagen. Überhaupt wäre alles lustig, ob Tragödie oder Posse, wenn nicht der hungrige Jammer zu deutlich aus den Kulissen vorblickte. Nur zu oft wird durch Brandbriefe an die hochzuverehrenden Sommergäste nicht allein das Publikum, sondern auch die Garderobe herbeigeschafft, und die Mildtätigkeit findet sich aufgefordert, ganze verhungernde Familien zu ernähren. Ich weiß nicht, ob durch solche Darstellungen mehr die Kunst beleidigt wird oder der bürgerliche Stolz durch die Windungen und Krümmungen der Direktoren und Benefizianten gegen die erlauchten Fautoren, wie denn auf allen östreichischen Provinzialtheatern die kriechende Sprache der Annoncen vor dem hohen Adel und insonders hochzuverehrenden Publikum für uns mehr Empörendes als Lächerliches hat. Ich sah eine Truppe aus Ungarn, man konnte alle Nationen in ihren Mischdialekten herausfinden. In irgendeinem Winkel der Walachei mochten sie auch große Künstler sein, und drollig an ihnen war vieles. Aber einem affrösen, großen Weibe war auch diese Seite nicht abzugewinnen; nur das bare Elend stritt mit der Gemeinheit, und die heulende Sprache und die Furchen des Gesichtes sprachen von langen und grausamen Lebenserfahrungen. Allein aus all diesem Widerwärtigen winkte doch etwas Bekanntes. Das Weib war nicht hier geboren, und trotz der mannigfachen Stufen, durch die sie gesunken, war die Kunde ihrer Abkunft, ihrer einstigen Schönheit, ihrer Schicksale mitgedrungen. Sie was aus Berlin und führte einen historischen Namen aus der Mark! – So wie in diesen kleinen Bühnen die heruntergekommenen Schauspieler von größern ihr letztes trauriges Asyl finden, prüft aber auch auf ihnen manches künftige Talent seine ersten Kräfte. Ich sah in einem krausen Quodlibet, dem Hauptnahrungsstoff dieser Art Theater, einen jungen Mann, der hier mit einem puderweißen Geist seinen Anfang machte, aber schwerlich auf Sommertheatern seine Laufbahn schließen wird.

Der lang auslaufende Bergstrich des Wienerwaldes strotzt von Lustörtern und Dörfern, zum Beispiel *Radaun*, das tiefer ab vom Wege ungeachtet seines Bades noch eine Spur von Dorfcharakter an sich trägt. Aber das schönste Ziel ist *Mödling* mit seinen paradiesischen Umgebungen, eine kleine Bergstadt, in der Poesie berühmt durch den *Teufelsstein* bei Mödling, zu dem man übrigens durch die Teufelsmühle passiert. Diese hat jedoch jetzt wenig Spukhaftes mehr, wie sich von selbst versteht, da sie dicht am Schlagbaum der allerbefahrensten Chaussee steht und die Geister, wenn auch vor sonst nichts, es doch vor dem feinen Kalkstaub nicht aushalten. Mödling selbst hat noch zum Teil ein feudalistisches Ansehen; man *steigt* über den Markt dieser alten Herrenstadt nach den graubraunen Ruinen des uralten Teufelssteins und bei ihm vorbei auf die Höhe des Gebirges, wo uns schon braunes Heidekraut begrüßt. Von hier ist die entzückende Aussicht auf das weite, flache grüne Land wohl vergleichbar der Aussicht auf ein ruhiges Meer, es ist aber das Meer des Segens. Hier dächte ich mir gern, daß der Spaziergänger seine Hymne an Östreich gedichtet, wo es heißt:

Festlich prangt dein Leib, der wonn'ge,
in dem grünen Samtgewande,
Dran als Silbergurt die Donau
und die Rebe als Girlande.

Der Anblick ist noch großartiger, poesiereicher als der vom Kahlenberge. Der Gedanke des Unendlichen mag indessen den Wiener minder ergreifen, als ihn die Aussichten auf bestimmtere Objekte nach der andern Bergseite hinab entzücken. Die Kunst hat sich der Natur angenommen und die weiten Bergzüge in einen englischen Park verwandelt. Auf allen Höfen gibt es Eremitagen, Burgen, kleinlich freilich gegen Natur und Wirklichkeit, aber doch nicht störend, und mehr darf man im Durchschnitt nicht vom Geschmack der Großen verlangen. Von einer solchen künstlichen Burgruine sieht man in eine graue Felsschluft, den *Briel*, bei dessen Erwähnung dem Naturverehrer in Wien die Augen übergehen. Die Partie ist romantisch, indessen noch nicht der Roßtrappe und dem Bodetal im Harz zu vergleichen. Nur das Absonderliche hier im Gegensatz zu der grünen schwellenden Lieblichkeit rings um Wien mag ihren Ruf gemacht haben. Wer Felspartien kennt, findet nur den wohlbekannten Charakter wieder. Aber dem Freunde des Altertums tritt in der Burg *Liechtenstein*, wohin die englischen Partien ihn vom Briel aus führen, ein kühnes und zierliches Bergkastell in einer reizenden Waldöffnung entgegen. Wohl das Kühne, aber nicht das roh Massenhafte des Mittelalters drückt sich in dieser durch neue Kunst zum Teil erhaltenen Ruine aus; gotische Künstlichkeit prägt ihr den Charakter des Wohnlichen auf. Man mag denken, aus der Pforte werde ein Zug muntrer Falkeniere reiten, ein schönes Fräulein uns freundlich zunicken und ein behaglicher Burgherr uns einladen in sein gastliches Haus, das nach dem rohen Faustrecht wenig aussieht.

Der Briel bildet den Anfang zum berühmten *Helenental*, einer Bergschlucht, welche im Umlauf von ungefähr zwei Meilen bis nach Baden führt. Wer vom Helenental nicht entzückt ist, wird in Wien ausgestrichen aus der Reihe für Naturschönheiten empfänglicher Gemüter. Ich will nicht vergleichen und nicht schildern. Das Tal ist schön und anmutig. Einige prächtige Ruinen nicken von den Felskolossen herab den Wanderer an, das oft breite Bette des Waldstroms murmelt hier in kleinen Fällen, dort stauen sich gewaltige Holzmassen, die es schwemmen soll. Es könnte schön *und* wild sein, wenn nicht die befahrenste Chaussee durchführte, deren Staub Wiens Umgebung so viel Natur raubt. In jedem Dorf, in jedem Weiler vollkommene Wirtshäuser, mit allen Bequemlichkeiten und einer Wiener Speisekarte. Lieblich war der Weg im frühen Morgenschein des jungen Maitages, erquickend am Abend; am romantischsten aber vielleicht nach Einbruch der Nacht. Der Mond glänzte über die Berge, sein Strahl dämpfte den Staub, und aus den Schmiedehütten beleuchtete der rote Feuerschein das enge Tal wunderbar. Die dumpfen Klänge des Amboß' mischten sich mit der Tanzmusik aus den Schenken, und Natur und Menschen feierten einen Sonntag.

Über Köpfe und Beine vieler hundert schlafen gegangener slowakischer Pilger, die sich hinwerfen, wo sie Platz finden, zu nicht großer Freude der Gastwirte, waren wir in Baden in unsere zierliche Schlafstube gestiegen; am Stifte *Heiligenkreuz* holten sie uns am Morgen wieder ein. Das Stift ist zu heilig, um von ihnen ohne spezielle Devotion übergangen zu werden. Eines der ältesten und reichsten in Östreich, trägt es in seinen gewaltigen Hofbauten und ungeheuern Kreuzgängen den grandiosen und düstern Charakter des Mittelalters an sich. In dem weiten Reiche seiner Grüfte schlummern Fürsten- und Kaiserfamilien; Tafeln nennen dir ihre Namen, von denen ein großer Teil der deutschen Geschichte angehört. Ein seltsamer Ruhepunkt, die düstere Fürstengruft zwischen dem lustigen Wien und dem noch lustigern Baden!

Vanitas

Die Basteien sind, wie ich sagte, noch hoch, mit schroffen, fast senkrechten Mauerwänden. Man schwindelt nicht, wenn man hinauf-, aber man kann schwindeln, wenn man hinabschaut. Sie sind nicht mehr bestimmt, daß der Türke sich den Schädel daran zerbrechen soll, auch der Franzose fand es bequemer, durchs offene Tor zu ziehen, als auf Leitern hinaufzuklettern; allein wenn man hinabspringt, kann man noch heut, wie zu Sobieskis Tagen, nicht allein Schädel und Bein, sondern auch den ganzen Leib zerschmettern.

Menschen standen zusammen auf den beiden Laufbrücken zu den beiden Kärntnertoren. *Menschen zusammen* ist eigentlich in der Wiener Sprache eine Tautologie. Die Menschen sind von selbst dort immer zusammen; ein Mensch einzeln, sei's in der Stube, in der Straße oder wo es sei, ist eigentlich nichts, wenigstens nichts Menschliches, sondern etwas Apartes. Der Wiener ist ein geselliges Wesen, er ist und will einzeln nichts sein, er ist alles zusammen, er ißt, trinkt, lacht, geht, fährt, reitet, sitzt, liegt – immer zusammen, nur *steht* er nicht zusammen.

Wenn in Berlin ein Kanarienvogel fortfliegt oder

auch nicht oder ein Schornstein stärker raucht oder auch nicht stärker, und drei Menschen stellen sich zusammen und sehen hin, so stellen sich zu den dreien neun, und zu den neun kommen einundachtzig, und alle wollen sehen, was die andern sehen oder nicht sehen, und das ist, was man in Berlin nennt: Menschen stehen zusammen.

Diese atheniensisch-berlinische Eigenschaft gab ihm die Natur, die dem Wiener so viel gab, ausnahmsweise nicht. Der Wiener, kollektiv verstanden, bleibt nicht stehen um einen fortgeflogenen Kanarienvogel, um einen Rauchwirbel oder um ein Stück Papier, das der Wind forttreibt. Er fragt sich: was hab ich davon, und er hat recht, denn unterdes kann der Stellwagen nach Hütteldorf abgehen und ein anderer meine Portion Gefrornes essen. Außerdem gibt es noch andere Gründe, weshalb dieses ständische Wesen, und mit Recht, nicht geliebt wird.

Wenn sie also in Wien zusammen stehen, so weiß man, daß es mehr ist als nichts, wenigstens als ein ausgeflogener Kanarienvogel. Sie standen nicht allein auf den Brücken, auch oben auf der Wallbrüstung, auch unten in den Gräben sammelte es sich, Wache, Polizei darunter, und die ernsten Blicke waren traurig auf ein schwarzes Pünktchen unten an der Mauer gerichtet. Es war kein Vogel, der wieder die Flügel hob, kein Rauch, der wieder aufstieg, kein Blättchen, das der nächste Luftzug forttrug. Es war ein leblos Wesen. »Ein Verunglückter!« hieß es. »Ein Unglücklicher!« sagten andere. Man schüttelte die Köpfe und sah nach der Wallbrüstung. Die Polizei hat dafür gesorgt, daß niemand verunglückt, der nicht verunglücken will. Man zischelte sich nachher zu, es sei ein Unterbeamter beim Zoll gewesen. Man verunglückt auf die Art auch, wo es keine so steile Basteien gibt als in der alten Kaiserstadt Wien.

Wie viele seit der Türkenzeit stürzte von diesen Wänden eigner Wille in das Reich der Nacht, und du siehst nirgend eine Blutspur. So glatt sind die roten Backsteine, so grün ist der Rasen unten, so bunt blühen die Blumen ringsum, die Bäume schütteln ihre Wipfel, die Aussicht lacht, und der geputzte Spaziergänger lacht auch. Warum mögen sie gestorben sein? Aus Lebensüberdruß und aus Lebensdurst; weil sie alles genossen hatten oder weil mitten in dem reichen Genuß die launische Göttin grade gegen sie karg war, als sie ihr Füllhorn über Wien ausgoß. Keiner ihrer Seufzer dringt dir ins Ohr. Hier soll nicht geseufzt, geklagt, gedacht werden, daß es einst anders war oder anders werden kann. Nach einer halben Stunde kam ich wieder zurück durchs Kärntnertor, und niemand stand mehr da mit ernsten Blicken; man ging, man lief, man lachte, und unten, wo der Tote gelegen, spielten Kinder Haschen. Oft kam es mir in den Sinn, es müsse über den Toren von Wien stehen mit goldenen Buchstaben: »Hier ist es verboten, an die Vergänglichkeit zu denken!«

Ich stieg auf die Bastei. Just über dem Tor hält der Führer und zeigt dir, wenn du aus Berlin bist, ein Eckhaus in der Kärntnerstraße, in dessen erste Stockwerke auch dein unbewaffnetes Auge dringt; so hoch ist die Bastei! Du kannst hier, ohne einen Kreuzer Entree, um eine gewisse Stunde ein anmutiges lebendes Bild sehen, um das eine große Königsstadt Tausende hingab und doch meinte, sie hätte noch zu wohlfeil das Vergnügen bezahlt. In einem netten Fenster über dem Erdgeschoß saß das anmutige Bild in einem rötlichen Ginghamkleide und stickte an einem Rahmen. Die neidischen Fenstervorsätze waren freundlich fortgeschoben, damit sie Luft bekäme oder damit Fremde und Einheimische Licht fänden. Terpsichores Schülerinnen sind selten grausam. Doch trifft man hier gewöhnlich nur Berliner, der Wiener geht lächelnd vorüber, der Fremde fragt, was denn das soll?

Das anmutige Bild heißt *Fanny;* das Theater am Tor daneben ist die Wiege ihrer Kunst und ihres Rufes; Berlin war die Arena ihrer Siege. Zweimal hatte sie monatelang die halbe Jugend und mehr als die Hälfte vom silberhaarigen Alter in Entzücken versetzt. Es war Cholera und Kriegsnot vergessen, der Enthusiasmus war aufgelodert zu jener lichtlosen Höhe, wo man uns gern hätte, nämlich wo die Vernunft ausgeht und der unschädliche Wahnwitz anfängt. Ihr war es gelungen, durch ein paar Sprünge, durch ein Paar reizender Augen dieselbe Königsstadt, wo so viel Witz ist, daß die Geistreichen ihn wie schimmlige Ware fortwerfen, so zu verzaubern, daß sie abermals von außen wie ein Abdera aussah. Von alledem gewahrte man nichts in der anspruchlosen Haltung der Stickerin, nichts in dem einfach gescheitelten Köpfchen, als sie ihr blasses Gesicht nach den Zuschauern aufkehrte. Sagte die betrübte Miene: »Ach, in Berlin war's anders!«, oder sprach darin ein anderer Schmerz? Auch Tänzerinnen haben Schmerzen! Ist das wohl gerecht von der Natur, daß sie diesen armen Eintagswesen für die kurze Zeit ihres Schmetterlingslebens auch eine Portion der bleiernen Sorge, einige Stiche zuteilte von den tausend Dolchen, die unserm Phlegma Gefühl abzwängen?

Mir schwindelte, wie ich hinabsah. Mir fiel der tote Steuerrevisor ein, der draußen lag. Mochten doch auch nicht, wie die arge Welt meinte, ein paar unrichtige Zahlen in seiner Tabelle, sondern ein Blick hierhin ihn verwirrt haben, daß er schwindelte und den Rand nicht sah. Man kann sich auch *in* die Stadt von den Basteien stürzen, so gut wie hinaus. Wenn ich zerschmettert zu deinen Füßen niedergesunken wäre, du hättest mir wohl auch einen Blick, eine Träne des Mitleids geschenkt, und es wäre ein Stich mehr gewesen zu deinen Wunden.

Arme Fanny! Verdrießliche Gedanken, die eigentlich aus Wien verbannt sind, gaukelten um mich. Ich fragte mich, woher es käme, daß etwas, was eine nordische Königsstadt in tollen Hexenrausch versetzt, die lustigen Leute einer Kaiserstadt, wo das Blut viel wärmer rinnt, so gleichgültig läßt? Dort eine Feenkönigin, umschwärmt von tausend Geistern, hier – allein in deinem Eckzimmerchen. Dort auf allen Lippen, hier nur, wenn ein Berliner kommt, mit einem gewissen Lächeln: »Das ist Ihre Fanny.« – Die bösen Gedanken führten mich über zehn Jahr weg in die Zukunft. Ich stand auf derselben Stelle und sah auf dasselbe Eckhaus, durch dasselbe Fenster, und es war noch viel einsamer, und sie stickte wieder, über einen Rahmen gebückt, und nun richtete sie sich auf und sah mich an – und ich erschrak und eilte weg und dachte, wie heilsam es ist, wenn man sich die Gegenwart nicht durch Denken verbittert. Zu *mir* aber sprach ich:

Frisch auf! Am Tage rüstig sei der Mann;
Es kommt die Nacht, wo niemand wirken kann.

Fanny war fort, und die Gespenster waren fort; ich irrte durch die Gassen.

War das abermals ein Spektrum! Es war langsam vorübergefahren. Alle standen schweigend, die Köpfe noch bar. Ein gutmütiges Gesicht neben mir wischte die Träne aus dem Auge, ich konnte auch mit einer kämpfen: »So blaß, so leidend sah er aus, der junge, schöne Mann. Er macht es keinen Monat mehr.« – »Keine Woche«, entgegnete der andere. – »Ist es wirklich so?« – »Die Ärzte haben ihn längst aufgegeben. Man versucht nur noch, ihn so Tag um Tag zu erhalten. Man wartet auf die Mutter.« Auf einen Vater konnte man nicht mehr warten.

Der junge Mann, den sie bedauerten wie ihr eignes Kind, war der Sohn eines Mannes, dessen Arm zweimal schwer auf Östreich gelastet. Der Seufzer mancher Wittib, die hohlen Blicke mancher alternden Braut, die wankenden Schritte des kinderlosen Greises, des hülflosen Mütterchens klagen mitten hervor aus der Fülle Lust gegen den Mächtigen noch immer laut, der in seinem stillen Inselgrabe sowenig auf Klagen hört, als da er noch, ein Kriegsgott, mit eherner Miene hinschritt über Leichenfelder oder thronte, vom jungen Purpur umwallt, mit der Jovisstirne im goldnen Saale der Tuilerien. Man trägt es dem Sohne nicht nach. Ein Volk hat ihn angenommen an Kindes Statt. Es ist ein gutmütiges Volk, das deutsche: heute glühender Zorn, morgen vergebende aufopfernde Liebe. Alle Revolutionen in Deutschland werden scheitern, wenn sie, allein thronend auf Begriffen, das Gefühl verletzen, gleichwie jede, auch die gerechteste Regierung sich selbst untergräbt, wenn sie dem trotzen will.

Der Sohn des Mannes, dessen jungen Scheitel die Morgensonne von Marengo golden umspielte, dessen Ruhm zum Himmel wuchs unter den Pyramiden, um unter Moskaus Brande zu erstarren, siech, hinwelkend, eine gebrochene Blüte, ohne Ruhm – welches Transitgloria-Gemälde! Seine Stirn, sein Kinn, sein Auge, ein unverkennbares Zeichen seiner Abkunft. Eben freigegeben aus klösterlicher Zucht, will er das Leben kosten. Der junge Adler fühlt sich, er will auffliegen, aber ihm fehlt des Vaters Kraft, er trinkt mit zu vollen Zügen, und er trinkt sich selbst den Tod. Vielleicht für den Jüngling der beste Trank. *Seine* Hoffnungen lagen im Strudel einer dunkeln Zukunft. *Ohne* Hoffnungen, wäre das nicht ein doppelter Tod, Napoleons Sohn – als ein Sohn der Gewöhnlichkeit.*

Die einen sagen, die Liebe habe ihn getötet, die andern werden sagen, der Haß. Wer hätte den Jüngling gehaßt! Es ist die Anschuldigung der Gemeinheit, die nicht begreift, daß unsere Zeit über Giftmischerei hinaus ist. Man ist auf die Anschuldigung vorbereitet und wird sie zu tragen wissen. Die Liebe, die er im Volke genoß, war bei seinen mütterlichen Verwandten noch größer. Wer nicht fühlt, daß ein solches Verbre-

* Niedergeschrieben und auch zuerst gedruckt vor der Nachricht vom Tode des jungen Napoleon, also auch lange vor dem Erscheinen des hochinteressanten Briefes über denselben, für dessen Verfasser Obristlieutenant *von Prokesch* gilt. Aber ich fand keinen Grund, das hier Ausgesprochene danach abzuändern.

chen unverträglich ist mit dem Namen *Habsburg*, dürfte doch begreifen, daß des Jünglings Leben ein bedeutendes Pfand war, das niemand freiwillig fortwirft. Der kleinliche Romanenargwohn muß weiter suchen, wenn er Kolophoniumblitze wittern will, wo tausend Gewitterstürme über der Welt zusammenziehen.

Ich ging weiter; da drängte es mich zurück. Ein *Leichenzug* kam um die Ecke. Sie eilten mit einem Manne zur ewigen Ruhe, der viel im Leben gewirkt und viel genossen hat. Sein Name steht nicht in den Sternen, aber hinter vielen Blättern der Geschichte, die mit dem großen Helden, dessen Sprößling verwelkt, zu Grabe hätte sollen getragen sein. Sie wollten nicht den ehernen Heros als Schlußstein einer Zeit ansehen, die abgelebt, sie wollten keine Scheiterhaufen bauen, draus als Phönix eine neue aufstieg; sie riefen die alte wieder ins Leben, möglichst, wie sie gewesen. Die Völker waren müde, man glaubte, man hoffte. Der Mann, den sie jetzt kalt und steif vorübertrugen, führte das Wort, und ein glänzendes Wort, er sprach von den Sünden unserer Väter und daß wir sie gutzumachen hätten. Aber wie? Nicht, indem wir die Gebete, die sie vergessen, ausbeten, tilgen wir ihre Sünden. Nicht, indem wir fehlen, wie sie gefehlt, machen wir ihre Schande vergessen. Die schönen Worte und eine gewaltige Kraft eines Mächtigern haben drei Lustra glauben gemacht, daß es möglich, Totes wieder lebendig zu machen. Man glaubte, hoffte lange, aber es fehlte drüben die Liebe, nämlich die, welche freiwillig Opfer bringt. Nun der furchtbare Riß gezeigt, daß man etwas Unmögliches gewollt, war der schöne Redner stumm geworden. Der mächtigere Mann, dem er sein Wort geliehen, sah klarer als der schöne Redner, was an der Zeit sei, und nicht mit Worten, mit der Tat lenkte er ein. Um der neuen Tat das Wort zu reden, war der Redner zu alt geworden. Auch ist es schlimm, den Glauben zu predigen, wenn man selbst nicht glaubt.

Den sie zu Grabe trugen, war *Friedrich von Gentz*, ein geborner Preuße. Er predigte gegen die Revolution, aber er selbst war doch nur ein Kind derselben; denn wer *dem* System, für das er gedungen wird, die volle Kraft seines Geistes leiht, gehört nimmermehr in die von ihm gepriesene alte Zeit, wo der Mann, nicht dem Banner des Interesse folgend, stehenblieb, da, wo die Geburt ihn hingestellt.

Gentz war ein ausgezeichneter Kopf, ein Geist, der in der Jugend sich in alle Formen fand. Was wird von Gentz übrigbleiben?

Der Wind wehte Staubwirbel durch die Straße.

Der Prater

Im Prater ist's lustig, hatte ich gehört. Meine Amme war die erste, die mir's sagte, und nachher haben noch so viele mir es wiederholt, daß ich es glaubte, bis ich am Sonntagnachmittag zum ersten Male selbst in den Prater fuhr.

Im Würstlprater ist's lustig, aber der Würstlprater ist nicht der Prater, den der Wiener meint, wenn er dem Fiaker zuruft: »In den Prater!«

Der Prater ist eine Veranstaltung, vermöge deren, wer in Wien Equipage hat oder einen Fiaker bezahlen kann, an schönen, besonders Sonntagsnachmittagen Gelegenheit findet, die Beaumonde der Kaiserstadt zu sehen und sich derselben zu präsentieren. Der Mensch selbst hat nichts dazuzutun, als, wie gesagt, einen Fiaker zu mieten, möglichst einen eleganten, und sich so anzuziehen, wie er wünscht, daß ihn die Wiener sehen mögen; der Staat hat dazu eine Chaussee gebaut und gibt Gendarmen und der liebe Gott grüne Bäume an der Seite, etwas Wiesewachs und Buschwerk und oben den freien Himmel.

Wenn man aus der langen und schönen Jägerzeil in der Leopoldstadt hinaus ist, fängt der Prater an. Er hat kein Tor, keinen Schlagbaum, auch zahlt man kein

Entreegeld, aber es sieht grün vor uns aus, und in das Grün fährt man hinein, und das ist der Prater. Aber nicht in das eigentliche Grün, wo wohl zuweilen ein Reh, ein Hirsch lustwandelt und grast; sondern man bleibt auf der Chaussee. Die Chaussee ist eine kleine Stunde lang, und wenn man ans Ende der Chaussee gekommen – denn sie hat ein Ende, ohne ein Ziel zu haben –, so macht man kehrt und fährt auf dem andern Rande zurück, und das ist der eigentliche Prater.

Ordentlicher Prater ist aber doch nur, wenn man nicht schnell fahren kann, sondern Schritt vor Schritt, so langsam, daß man zu Fuß schneller ginge. Es ist dies, da man sonst äußerst schnell fährt, gewiß eine Anomalie im Wiener Leben, aber nichts geschieht in der Welt ohne Grund, also auch nicht im Prater. Dieser Grund ist nun, daß man im Prater nicht allein ist, sondern mit halb Wien zu Roß und Wagen, und daß an einem ordentlichen Pratertage Equipage an Equipage, Fiaker an Fiaker fährt, alle, mit sehr wenigen Ausnahmen, so in der Reihe, wie sie aus der Jägerzeil eingerückt sind, und der Pferdekopf muß an das Hinterrad der Vorkutsche stoßen, sonst ist es nicht ordentlicher Prater.

Womit man sich beschäftigt auf der langen Fahrt, die oft mehre Stunden dauert, fragte mich jemand naiverweise? Kann man sich besser beschäftigen, als indem man sich ansieht? Die Wiener finden sich und ihre guten Bekannten, und wahrhaftig, das ist viel fürs Auge.

Jeder sieht links; denn rechts, ob man hin- oder ob man zurückfährt, ist Busch, Baum und Wiese, und es würde auffallen, wenn du im Prater nach der grünen Natur sähest. Dazu liegt der Prater nicht bei Wien.

Der Eingang in den Wiener Prater

Wenn du ein Fremder bist, kannst du auch auf die prachtvollen Geschirre, auf die mutigen Pferde, die eleganten Wagen, die stolzen Wappen mit Grafen-, Fürsten- und Herzogskronen und vor allem auf die von Gold, Scharlach, Pelzwerk, von Troddeln, Borten, Säbeln, Hirschfängern, Dolmans, Kalpaks, Knebelbärten und Zöpfen strotzenden Bedienten, Lakaien, Jäger, Heiducken, hinten auf dem Wagen schwebend, verwundrungsvoll schauen. Die Einheimischen kennen das alles schon.

Echte Praterfahrer, die keinen schönen Nachmittag versäumen, kennen auch schon die stolzen Karossen und Fiaker einzeln und wer in ihnen sitzt. Sie haben nicht mehr das Vergnügen, aus der endlosen Reihe gleichgültiger, unbekannter Gesichter plötzlich eine wohlbekannte Physiognomie auftauchen zu sehen, ihr zuzunicken, begrüßt, bewillkommnet, überrascht zu werden. Sie halten nur Musterung, wer da ist, wer fehlt. Und etwas ist doch auch ihnen neu: der Anzug. Das ist das ewig wechselnde, sich fortbildend entwickelnde, nach vorwärts treibende Element. Auch in Wien darf das Leben nicht stagnieren, und wenn auch nur bei der marchande de mode, das Prinzip der Bewegung ist doch da!

Wenn man sich nun auch mit Recht vorstellen mag, wie die Musterung der Hauben und Hüte, der Zephyre und Gigots, des aufgelegten Schmucks oder der prätendierten Einfachheit ein unendliches Vergnügen gewährt und wie Stunden verstreichen mögen in der Mannigfaltigkeit der Betrachtungen, so würde ein norddeutscher Kleinstädter doch unrecht schließen, wenn er meinte, dies Vergnügen würde gewürzt durch jene neidischen Bemerkungen, welche so oft der einzige Trost, Stoff und Zubiß langer Kaffeenachmittage und Teeabende sind. Denken könnte sich mancher, wie manche mancher nachrechne, wieviel der Schal und die Feder koste und wieviel der Ehegatte nur einzunehmen habe. So sind die Wiener nicht, wie uns glaubhafte Geschichtsschreiber versichern. Sie leben und lassen leben, kann nicht oft genug wiederholt werden. Je mehr jeder glänzen läßt, und wenn auch weit über Kräfte, um so verdienstlicher von ihm, denn er trägt mit eignen Opfern zur allgemeinen Freude bei.

Ich bekenne, wenn du mich aufrichtig fragst, ich begreife nicht, wie man sich auf der mehrstundenlangen Paradefahrt amüsieren kann; aber für den Wiener muß das Problem gelöst sein, denn selten begnügt er sich mit *einer* Umfahrt, und zur Jägerzeil zurückgekommen, schließt er sich mutig von neuem den einfahrenden Equipagen an. Es gibt viele Arten von Mut in der Welt. So dünkte mich der nicht einer der geringsten, den die jungen Franzosen beweisen, nicht wenn sie eine Barrikade verteidigen oder eine Schanze stürmen, sondern wenn sie vor einem neuen Theaterstück zwei, drei, ja vier Stunden vorm Hause wartend stehen und sich ruhig Schritt vor Schritt in der endlosen Queue bis zum kleinen Kassenfenster drängen lassen, wo nur einer um den andern das Billett lösen kann.

Und doch hat diese Praterfahrt etwas Poetisches. Wie die zwei Reihen sich begegnen, ohne sich je zu berühren! Wenige Schritte bist du jetzt von dem Geliebten drüben entfernt, du könntest ihm die Hand reichen, und der nächste Augenblick trennt dich schon, du gehst vor, er zurück, jeder Moment, jeder Schritt weiter entfernt dich mehr, bis ihr auf immer euch aus dem Gesichte entschwunden. Du siehst ihn in dieser Kreisbahn nicht wieder. Das Glück war nur ein Moment. Warum haschtest du es nicht? Warum sprangst du nicht aus dem Wagen, warum er nicht? – Diesmal, weil die Gendarmen es verbieten.

Die Häuserreihe links von der Chaussee sind die eleganten Praterhütten. Hier ist es erlaubt für die Beaumonde, auszuruhen und sich zu erfrischen unter dem Schatten der Bäume.

Dicht hinter dieser Reihe fängt der *Würstlprater* an, und hier darf sich niemand zeigen, der elegant bleiben will, eine für Damen verschlossene Region. Die Damen sind zu beklagen.

Wer schildert den Würstlprater? Wer malt eine Maskerade, wer ein chinesisches Feuerwerk?

Denke dir einen großen, weiten Eichwald und zwischen den alten, hochwipfligen Bäumen grüne Anger und nun dazwischen ein endloses Lager von Bretterhütten, Buden, von Wirtschaften, Theatern und was ein Volksleben lustig macht und zu seiner Notdurft gehört. Etablissement an Etablissement, eingerammte Tische, Bänke bis ins Unendliche und nun davor, darauf, dazwischen Volksmassen, Bürger, Soldaten, Handwerksbursche, Marketenderinnen, hochgeputzte Köchinnen, ehrbare Bürgersfrauen, Bäuerinnen, lustige und traurige Schönen. Es kostet Mühe, daß du dir Bahn brichst. Die Leute sind nicht anders als bei uns, nur hie und da lustiger, aber du fühlst: hier lebt sich's. Sie jubilieren bei Wein und Bier, die Tische brechen nicht, denn es ist starkes Holz, aber sie sind nie leer von Kannen, Gläsern, die Würstl dampfen oder dampfen nicht, denn man ißt sie nicht in Sauce, sondern in geschabtem Meerrettich, und, was wohl zu merken, nicht mit Gabel und Messer, sondern mit den Fingern. Auch in vornehmen Restaurationen würde man dich für einen Hyperboreer halten, wenn du jene fordertest. Aber sie dampfen ohne Aufhören in der verschlossenen Kasserolle, von wo sie die Hand des Kellners auf deine Forderung geschickt mit einem Griff herausfischt und appetitlich auf den Teller wirft. Es werden an jedem Tage mehr verzehrt, als der ganze Staat Gulden schuldet. Das Feuer in der Küche geht nicht aus für die Hähnel, Naturschnitzel und Rostbrätl, und der Rauch wirbelt lustig durch die Baumwipfel. Die Musik lärmt aus jeder Hütte, aus jedem Etablissement, und es könnte ein Prozeß entstehen, wem die Töne zugehören und wer davon profitieren darf. Hier springt eine wunderlich mit einer Flachsperücke ausstaffierte Person in altmodischem Rocke auf den Tisch, zu ihr tritt eine andere mit einem dito Flachsbart. Sie streiten sich, es kommt bis zum Handgemenge, da springt eine dritte, eine weibliche, hinauf und stiftet Frieden. Er wird geschlossen unter unsäglichem Gelächter der ringsum gedrängten Zuschauer. Aber dafür, daß sie sich gestritten und versöhnt haben, wollen sie bezahlt sein, und der zinnerne Teller geht nach Kupferkreuzern um. Es waren Schauspieler, improvisierende, von jenen ersten Mimen, die sich mit Hefen beschmierten und auf dem Karren spielten. Man ist lustig geworden, mehr wollte man nicht. Man will es ausdrücken. Man tanzt, an einem Ballsaal und schmucken Tänzerinnen fehlt es nicht. Dort lärmt der Policinell, Hanswurst, Staberl aus seinem offenen Marionettentheater hervor. Ach, der

Arme kann nichts tun als lärmen, klappern, prügeln, boxen, höchstens unterdrückt schreien; eine hohe Polizei hat ihm die Zunge ausgeschnitten, er soll nicht mehr sprechen, nicht mehr improvisieren. Trauriges Vergnügen, und doch noch immer Vergnügen; denn Hunderte sammeln sich um den Kasten, wenn die Pauke zum Anfang schlägt. Aus jenem dunkel verschlossenen Holztempel schallt es betäubend von Pauken, Trompeten und allen ohrzerreißenden Instrumenten. Wir treten in die Tür, und das ganze Haus dreht sich zu unsern Füßen mit vielen, vielen Köpfen. Die Musik zu dem schwindligen Anblick, und man könnte denken, ein Erdbeben fängt hier an. Es ist ein bedecktes Karussell. Der Umschwung ist die Hauptsache, sich zu bewegen, indes man stille sitzt; man kann sich sehr angenehme Plätzchen aussuchen, und die Entrepreneurs beeilen sich nicht, wenn es dunkel wird, Licht hereinzubringen. Wer schildert alle Vergnügungsplätze hier, wer zählt sie nur auf? Es sei hiermit gegen die Anmaßung protestiert, den Würstlprater beschrieben zu haben; aber etwas davon habe ich angedeutet, wenn ich sage, daß all das Lustige und noch mehr, was ich gesagt, in einem alten, grünen Eichenwalde vorgeht. Ein großes phantastisches Lustspiel im Ardenner Walde. Wenn ihr auch alle Personen wiederfändet, nur den Jacques findet ihr nicht, sonst überall: »Wie es euch gefällt!«

Sittliches

»Wie schön Ihre Töchter sind«, sagte der Fremde zur hochbejahrten Matrone, die am Eingang der Laube nachdenklich den blühenden Mädchen zusah, wie sie Reifen schlugen.

»Ich war auch einmal sehr schön«, entgegnete sie.

Es konnte Wahrheit sein, aber was bedeutete der unwillige Ernst im Blicke? Hatte sie unglücklich geliebt? Er glaubte nichts davon zu wissen. Es war eine Frau aus dem begüterten Mittelstand; sie hatte, was man nennt, glücklich und in Freuden mit ihrem Gatten gelebt. Nie hatte sie sich nach dem Kloster und nach der Waldeinsamkeit gesehnt; Stimmungen der Art wären Schnee im August für Wien. Sie fühlte auch nicht die Annäherung, die Möglichkeit, daß eine solche Stimmung je kommen könnte. Wäre die Gicht nicht und die Gelenke nicht steif, so würde auch die Sechzigerin noch mit Lust bei den Spielen der Töchter sein. Oder trübten sie ernstere Sorgen? Das junge Blut schaute mehr als munter in die Welt, es drehte sich beim Tanz mit nimmersatter Lust auf dem Rasen. Fürchtete sie, daß der Durst unversiegbar sei, daß er einst alles hingeben würde, um befriedigt zu werden? Der Fremde mochte so etwas angedeutet haben in seiner Antwort.

Die Matrone lächelte: »Viel werden sie einmal nicht bekommen.«

»Aber sie sind jung, schön, wohlerzogen. Das Glück, wenn sie es nicht von sich stoßen, kann ihnen nicht entgehen.«

Die Matrone seufzte: »Ich war viel schöner als meine Töchter und auch einmal ebenso jung. Ich war das schönste Mädchen in der Stadt.«

»Und was haben Sie zu bereuen?«

»Daß ich mein Glück mit Füßen fortstieß.«

»Sie waren doch –«

»So *dumm*, daß ich keinen der vielen vorteilhaften Anträge annahm, die mir gemacht wurden. Grafen und Fürsten lagen mir zu Füßen, und ich hätte in Gold und Brillanten gehen können, Landgüter hätte ich geschenkt bekommen, und meine Töchter wären reiche, reiche Mädchen.«

So dumm war das junge Mädchen gewesen, und diese Dummheit bereute jetzt die sechzigjährige Matrone, jetzt, wo es freilich zu spät war, die – Dummheit wiedergutzumachen!

Die Frau hatte es gesagt, ohne zu erröten, ohne den Blick niederzuschlagen, und sie hatte es gesagt, indem sie dabei auf ihre blühenden, noch unschuldigen Töchter sah. Sie hatte es zu mehren gesagt, und niemand hat darin etwas Anstößiges gefunden. Es war gewiß eine Art Unschuld, wie sie das Geständnis aussprach. – Was heißt Sittlichkeit?

Wäre nicht bei uns die Frau, die Matrone, die Mutter, welche so vor Fremden dem heimlichen Gedanken Luft gemacht, auf immer dadurch ausgeschieden aus dem Kreise der Ehrbaren? Würden sich nicht alle

Frauen zurückziehen und ihre Töchter von ihr fernhalten? Auch die minder strengen und prüden, die wohl einem Fehl des Blutes nachsehen und ihm das Wort reden, würde es sie nicht beleidigen, wenn leidenschaftsloses Alter so dürr reflektierte und bereuen könnte, daß es in der Jugend nicht dem Laster gefrönt, weil das Laster Geld einbringt?

Es fand aber niemand etwas Besonderes dabei, daß die alte Frau so mit sich abrechnete.

Ich erinnere mich eines jungen feurigen Polen, mit dem ich studierte. Er lebte eine Zeitlang, wie junge reiche Polen auf deutschen Universitäten zu leben pflegten, bis, ich weiß nicht, durch welches Ereignis, ihn eine neue Überzeugung durchdrang, nämlich die, daß man doch eigentlich auf Universitäten sei, um zu studieren, und daß Fechten, Trinken, Schwärmen nur Nebensache wäre. Durchglüht von dieser neuen Entdeckung, teilte er sie in einer feierlichen Rede seinen Landsleuten als den Fund seines Nachdenkens mit und foderte sie auf, ihre Echtheit mit ihm zu probieren. Daß es dazu gekommen ist, will ich nicht behaupten.

An diese Geschichte vom Polen wurde ich jüngst in Paris durch die vielen jungen Leute erinnert, welche neben anderm, was aus Deutschland herübergekommen, sich auch pikierten, einen moralischen Lebenswandel zu führen. Sittlichkeit, wie wir sie kennen, wie sie die Basis unseres Familienlebens bildet, wenigstens der Idee nach, war in der Tat den Franzosen etwas Fremdes, sowohl in den höhern und niedrigen Kreisen, wo es sich von selbst zu verstehen scheint, als auch in denen des Bürgers. Es konnte als etwas Neues, eine Erfindung, ein Fortschritt der Kultur, ein Schritt weiter zur menschlichen Vervollkommung gelten, daß man häuslich, keusch, treu in der Ehe leben sollte, seinen Kindern ein Beispiel geben und seine Frau zur Vertrauten haben. Von diesem Gesichtspunkte aus wirkte es, und in dem verschrienen Paris ist grade jetzt neben der offen einherstolzierenden Sünde mehr häusliche Tugend und Familiensitte, als man glauben möchte. Dieser merkwürdige Übergang war aber freilich nur möglich, nachdem die Sündhaftigkeit ihr Extrem erreicht und keine Reize mehr bot. Es mußte erst eine völlige Blasiertheit, eine Gleichgültigkeit gegen das Laster vorhergehen, ehe die Tugend durch den Reiz der Neuheit siegen konnte.

Was ist Sittlichkeit, etwas Ursprüngliches, ein Naturzustand oder ein Produkt der Kultur? Ist sie verschwistert mit dem Glauben oder mit der Aufklärung? Fühlt der Mensch ihre Gesetze in der Brust, oder muß er sie studieren? Wo studieren? Bei den rohen Völkern, wo der Wirt dem Gastfreunde seine Gattin zuführt und es gegen die Sitte wäre, wenn dieser sie ausschlägt, oder bei den Quäkern, wo ein Kuß beim Pfänderspiel zur Todsünde wird? Die Religion hilft nicht aus, denn es kommt auf ihre klimatische Auslegung an, und anders versteht der brasilianische Mönch Christus' Sittengesetze als der schottische Presbyterianer.

Wie vielen unter unsern Nächsten scheint sie etwas, das sich so von selbst versteht, als daß man auf Universitäten ist, um zu studieren! Aber warum entdeckte das der polnische Student erst im Jahr 1820, und weshalb wurde er wegen der Entdeckung von seinen Landsleuten wie ein Meerwunder oder Ketzer angestaunt? Und weshalb nahmen die Franzosen unsere Sittlichkeitsgrundsätze an wie etwas Fremdes, Herübergekommenes, das sie für gut anerkennen müssen, gleichwie wir ihre gesellschaftlichen Sitten, die uns auch gut erscheinen; und darum fügen wir uns ihnen gern, aber es ist uns vorher nie in den Sinn gekommen, daß alle Menschen in der Gesellschaft gleich sind!

Wer den norddeutsch protestantischen Sittenbegriff für die Norm aller Sittlichkeit achtet, möchte gar keine in Wien finden. Nicht die Matrone allein, die bedauert, daß sie ihre Jugend nicht benutzt, er dürfte überall auf Anstoß und Ärgernis stoßen, bei Matronen und jungen Frauen, ja selbst bei jungen Mädchen, welche, ohne zu erröten – und ohne schuldig zu sein –, von Dingen in der Natur reden, bei denen unsere wohlgezogenen Töchter sich entfernen. Die Sitte verbietet ihnen zuzuhören! Sie sollen nicht einmal davon wissen. Aber doch so viel will unsere Sitte, daß sie wissen, wann sie hinausgehn müssen. Er hat eine Freundin und sie einen Freund, ist der zarte Ausdruck für einen zarten Bund, welcher von dem mehr materiellen der Ehe nicht ausgeschlossen wird. Man zeigt auf die Straße: sie geht da mit ihrem Freunde, und das ist nichts Arges. Der Freund holt sie ab, und das ist auch nichts Arges. Man lobt die Tugend, wenn ein so zarter Bund die Stürme der Zeiten überdauert hat, man wird gerührt und stellt die Personen als Muster auf, wenn die Anhänglichkeit bis ins Greisenalter fortwährt.

In Paris ist man über den Genuß hinaus, hier ist man noch mittendrin. Dort ist's ein ausgebrannter Vulkan, hier glüht er noch. Dort ist alles grau in grau, hier noch ein bunter, warmer Farbenschmelz. Dort war alle Lust raffiniert, hier ist sie noch bewußtlos, sie reflektiert nicht, sie hascht noch nach dem Genuß des Augenblicks und denkt nicht, daß sie erschöpft werden kann. Während in Paris Gespräche darüber schon unter die obsoleten Dinge gehören – sie liegen weit hinter Lust und Bildung, und man begreift nicht, wie die Phantasie daran noch Nahrung finden kann –, schwelgt hier die Zunge fast mehr als die Sinne, und norddeutsche Prüderie möchte nach den Gesprächen unter jungen Männern, die nicht zu den verworfenen gehören, schließen, die Kaiserstadt habe die nächste Anwartschaft, in ein Schwefelmeer zu versinken.

So arg ist es nicht. Schon der polizeiliche Anstand ist beachtenswert. Gibt es gleich der Thais und Lais bis hoch oben hinauf, so wird das Auge des verspäteten Straßengängers doch weniger als in andern großen Städten von den wandelnden Sirenen beleidigt. Aber Augen, Augen gibt es in Wien, an denen der Londoner Kohlenträger wie an denen der schönen Herzogin von Kingston seine Pfeife anzünden kann; und diese Augen begegnen dir überall.

Im Prater fuhr das Geschlecht, was jetzt blüht, und zwei bis drei Generationen, die einst geblüht haben. Als ich da die Augen musterte, die aus den gefärbten Wangen, aus tiefen Höhlen, aus Furchen aller Art vorstarrten, wurde es mir mit einem Male klar, weshalb es katholische Pietisten, weshalb es Ligorianer in Wien geben kann. Jedes Extrem erzeugt das andere, und jeder Pol muß einen Gegenpol finden.

Kaiser Joseph II., aufgefodert, gewisse Häuser zuzulassen, welche anderwärts privilegiert sind, in Wien aber nicht, antwortete auf den Vorschlag: »Wir brauchen ja nur über ganz Wien ein Zelt zu spannen.«

Eine Donaufahrt

Wer schriebe über Wien und nichts von der Donau! Und doch spielt sie in der Kaiserstadt eine so sehr dürftige Rolle. Wenn sie nicht mit ihren Eismassen an die Brücke der Leopoldstadt donnert oder ihre stauenden Wasser zuweilen verderbenbringend die Kellergeschosse der schönen Vorstadt überfluten, wüßte ich nicht, wozu man sie braucht, als um die Pudel zu baden. Von ihren Wundern und ihrer Romantik weiß mancher Wiener Bürger nicht mehr, als was er bei einer Landpartie nach Klosterneuenburg davon sah. Verhältnismäßig wie wenige mögen durch den Zaubergarten bis Linz gefahren sein, um von dort die Wasserfahrt nach Wien zu wagen!

Mein Leser soll vor Schluß des Buches die Tour mit mir machen. Ich verbinde ihm die Augen bis Linz, denn auch die Fahrt dahin ist der Eintritt in ein Paradies (Linz selbst ist auch eines), und ich weiß nicht, ob der Raum dieses bescheidenen Büchleins es mir noch gestatten wird, ihn in die Feengärten des Salzkammergutes und Salzburgs zu führen. Was vierzig Meilen von Wien entfernt liegt, gehört nicht füglich in ein Bilderbuch von Wien.

Wahrhaftig, es kostet Überwindung, wenn du dahinrollst auf der hohen Straße, rechts in die tief sich senkenden Obstgärten der Donau blickend, links über weites, reiches Land und grüne Berge nach den kühlen, frischen Schneespitzen und Schneerücken der steiermärkischen Alpen, das Auge zu schließen, und wenn du in dem heitern Linz bist und die Frauen siehst mit ihren schönen Gestalten und blendenden Gesichtern, kostet es dich vielleicht noch mehr Überwindung, ihnen den Rücken zu kehren und in das gebrechliche Donauboot zu steigen, das dich durch Strudel und Wirbel über Klippen und Sandbänke zur Kaiserstadt zurückbringt.

Genug, ich stieg in einen Kahn, drehte Linz und den Linzerinnen, der hellen, gastlichen Stadt, den grünen Bergen, den neuen Kastellen, der schönen Bergschenke, der Jägermeier genannt, von wo man die reizendste Übersicht hat, den Rücken und überließ mich den Wellen, den Winden, meinem guten Glück und dem Regensburger Schiffer, dem ich mich verdungen, nicht um mitzuarbeiten am Ruder, wie es bei Handwerksburschen Sitte, sondern um ein Plätzchen in seiner Kajüte und auf dem Vorderdeck.

Die erste Strecke von Linz abwärts ist mehre Stunden lang so wenig interessant, daß die Reize der Gegend mir erlaubten, mich allein mit dem Fahrzeug, auf dem ich schwamm, und dem Herrn, dem es gehörte, zu beschäftigen. Ich verlor dort wenig und gewann hier viel. Mein Schiffer – Zacharias hieß er mit Vornamen, aber seinen Vatersnamen hab ich vergessen – war ein trefflicher Mann, ein echter Schiffer, das heißt keine fluchende Karikatur, sondern eines jener auf dem Wasser, wenn auch nur dem der Donau, groß gewordenen Wesen, die des Wassers Fährlichkeiten und Tücken aus dem Grunde kennen, jeder Zoll Erfahrung, jede Bewegung Takt, Entschlossenheit und Sicherheit. Er kennt jeden Strauch am Ufer und jeden Wellenzug, ich möchte sagen, jedes Windspiel auf dem Wasserspiegel. Kurz, ein ganzer Schiffer, ein Held in seiner Art; und doch, was ist ein Donauschiffer gegen einen Seeschiffer! Was sind die Strudel und Wirbel, gegen die er jahraus, jahrein mit demselben Ruder, derselben Faust, derselben Schulter kämpft und sie jedesmal auf dieselbe Art überwindet, gegen die Stürme, Strudel und Wirbel des Ozeans!

Man könnte denken, ein Schiffer, der alle Jahre nichts anders vorhat, als von Regensburg nach Wien zu steuern, müsse ein äußerst stabiler Philister werden; mein Schiffsherr Zacharias war aber grade das Gegenteil. Wenn er in allem, was er tat, den ehrenfesten Gewerksmann verriet, dem sein stämmiges Äußere, die gelbbraune Manchesterjacke, die schwarz dito kurzen Beinkleider und Wasserstiefeln nicht widersprachen, wenn er mit seinen Leuten bayrisch sich unterhielt, fluchte und lachte, so wurde er plötzlich, wenn er sich zu mir wendete, der gebildete Mann, das heißt kein Gelehrter und kein Faiseur der Gesellschaft, sondern er blieb der tüchtige Bürgersmann, dem aber Schule, Umgang und Erfahrung eine Bildung gegeben, welche sich äußerst wohl stand mit seinem anspruchslosen und doch entschiedenen Wesen. Es war kein Anstrich, sondern etwas Durchgelebtes; was nicht für ihn paßte, hatte er abgeworfen. In dieser praktischen Bürgerbildung ist uns Süddeutschland voraus. Mein Schiffsherr Zacharias kannte die Geschichte seiner Donau so genau als ihre Untiefen. Er wußte die Namen der Raubschlösser und Klöster, wo es spukte und nicht spukte und wo man den Spuk gebraucht zu Ritterromanen oder Komödien, er wußte nicht allein das Terrain, wo Franzosen und Östreicher sich geschlagen und manövriert, sondern er wußte auch über ihre Taktik, ihre strategischen und moralischen Fehler zu urteilen. Die Politik war überhaupt das Feld, auf dem er am meisten beschlagen schien, ohne daß man ihn im entferntesten zu den politischen Kannengießern zählen durfte. Was er sagte, hatte Hand und Fuß, und er traf den Nagel auf den Kopf, wenn er von den Irrungen zwischen den süddeutschen Ständen und der Volkspartei mit ihren Regierungen sprach. Wer hätte von einem Donauschiffer, das Steuer in der Hand, eine gründliche Ermahnung erwartet, daß ich doch ja nicht den politischen Zeitungen glauben möchte über das, was sie von der unruhigen Stimmung in Bayern sagten; was nicht geradezu erlogen, sei übertrieben, denn die Herren müßten ja von der Erfindung leben. Es sei weder so schlimm, wie es von der einen, noch so vollkommen, als es von der andern Seite gemacht werde. Damit ich ihn jedoch nicht für einen Servilen ansehn konnte, setzte er hinzu: »Wie wenig es den Königen kostet, sich beliebt zu machen, das sahen wir ja neulich, als der König von Bayern nach Regensburg kam. Er brauchte nur sich zu zeigen, zu grüßen und ein paar freundliche Worte hinzuwerfen, und wie war alles *ein* Herz und *eine* Seele für ihn, und wer vorhin ein saueres Gesicht zog, schwor jetzt für ihn. Wenn die Fürsten nur wollen und es ernstlich meinen, so ist es ihnen noch ein Spaß, mit soviel als nichts alle die Schreier zunichte zu machen.« Das sprach mein

Schiffsherr Zacharias in den ersten Junitagen des Jahres 1832. Übrigens kannte er außer den Streitigkeiten der Fürsten und Völker auch die der alten Heidengötter und suchte durch mich eine Vervollständigung seiner Kenntnis von den Saint-Simonisten, über deren Doktrin er lächelte. Der verständige Mann erinnerte mich im Kleinen an den trefflichen Charakter des de Ruyter in Trelawnys Memoiren, freilich nur wie die Fährlichkeiten der Donau an die des großen Weltmeers.

Die Donau ist trotz ihres Alters noch ein recht kindischer Strom. Sie nimmt keine Erziehung an. Wild, nach Laune strömt sie dem Schwarzen Meere zu, weder beschämt noch belehrt durch die treffliche Kultur ihrer Ufer. Dies Jahr setzt ihre Strömung hier eine Sandbank an, im nächsten erhöht sie sie zur Insel, im folgenden türmt sie Anhöhen hinauf, ihr Wasser tränkt das Wiesengrün, die üppigen Gesträuche, und selbst Büsche, Wälder läßt sie groß werden; aber nach den sieben fetten Jahren kommt ihr die Laune im achten, die wohlgebildete Insel wieder zu vernichten. Gegen das Zerstören haben die Schiffer nichts, wohl aber gegen das Ansetzen. Da in stürmischen Zeiten oft im Laufe eines Jahres die Strömung sich völlig ändert, hier eine gefährliche Sandbank lauert, wo bei ihrer letzten Tour noch tiefes Fahrwasser war, und umgekehrt, so lernt ein Donauschiffer auch mit Methusalems Alter seine Kunst nicht aus, und bei jedem Schritte muß sein scharfes Auge ihm Kompaß sein. Noch ist daher der Gebrauch des Segels auf diesem breiten europäischen Strome fast oder ganz unbekannt, und das nicht wegen seiner vielen Krümmungen und Klippen, sondern lediglich seines veränderlichen Fahrwassers halb. Alle

Versuche mit Dampfbooten sind gescheitert, es gibt so gut als keine Fahrt stromaufwärts, die Donauschiffe samt und sonders sind elende, roh zusammengenagelte, kaum verpichte Flöße mit Rändern und Kajüten, deren Hauptwert im rohen Brettermaterial besteht und deren jedes selbst ein transportierter Handelsartikel ist so gut als die aufgeladenen Waren.

Für einen Seemann müßte es eine lächerliche Qual sein, auf einem Donauschiffe zu fahren. Was seine Lust ist, ist hier ein Gegenstand des Schrecks – der Wind. Bei jedem leisen Streichen eines Zephyrs, beim gelinden Wehen des Abendwindes spitzen sich die Ohren und Lippen, man schaut sich ängstlich um, und beim schönsten Wetter wird beigelegt. Die Gefahr, auf Sandbänke zu stoßen, ist indes allzugroß, und wenn ich in diesem Augenblick geneigt war, die Ängstlichkeit meines Meisters Zacharias zu belächeln, wurde ich durch ein argumentum ad hominem im nächsten bekehrt. Wir trafen auf mehre gescheiterte und gestrandete Fahrzeuge, meistens freilich überladene Holzkähne. Noch rechtfertigt ein Umstand ihre Ängstlichkeit. Es findet nämlich – Meister Zacharias ist mein Gewährsmann – für die Schiffer keine Assekuranz statt. Die Regensburger Schifferinnung will sich dadurch sicherstellen vor Leichtsinn, Unerfahrenheit und Betrug, indem jeder Schiffer selbst den Schaden zu tragen hat, den er durch äußerste Vorsicht und Anstrengung abwenden kann. Es mag auch noch ein anderer Grund im Hintergrunde schlummern.

Man will behaupten, daß dem Übel nicht abgeholfen werden könne und daß die Donau und die Schiffahrt auf ihr in alle Ewigkeit hin in derselben Kindheit bleiben müßten. Der Fluß werde in derselben Unbeständigkeit als heute in tausend Jahren fließen, hier Ufer ansetzen, Sandbänke, Inseln, dort sie wegspülen und, wo des Vaters Kühe weideten, der Sohn Fische fangen. Wenn auch einmal die Regierungen aller Uferstaaten zusammenträten, die Regulierung der Donau beschlössen und durch enorme Kosten sie möglich machten, so würde die Donau zwar weiter fließen und vielleicht ruhig, allein diese Kosten würden bei weitem größer sein als der errungene Vorteil. Hic haeret aqua. Unter denen, die dies mit ernster und ehrlicher Miene behaupten, ist auch mein Meister Zacharias. Man ist gewöhnlich geneigt, diesen Mangel an Erziehung der Donau der östreichischen Erziehung in den Schuh zu schieben, welcher, wie sie alles gern in statu quo erhält, auch um eine Förderung dieser Schiffahrt weniger zu tun sei als zum Beispiel den Regierungen, welche die Rhein- und Elbufer besitzen. Viel ist dem östreichischen Gubernium freilich nicht daran gelegen, und ich glaube auch insoweit verbürgen zu können, daß es keine neue Anleihe im Betrage seiner bisherigen Schulden kontrahiert, um die Donaufahrt bequemer zu machen; aber auch nach Meister Zacharias' ernstem Räsonnement scheint mir die östreichische Regierung einen geringern Teil der Schuld zu tragen als die Zunft, zu der er selbst gehört.

Man muß nämlich wissen, daß eine Innung von vierundzwanzig Regensburger Schiffern, eingeteilt unter vier Viertelsmeister, allein berechtigt ist, die Frachtfahrt zwischen Regensburg und Wien zu besorgen. Diese fahren nach der Reihe die wöchentlich, glaube ich, zweimal abgehende Ordinari oder Staatsfrachtpost und sonst mit ihren eignen Kähnen, Kellhammer genannt, sooft sie eine Ladung voll bekommen, die sie in Wien absetzen, und die Jahreszeit es erlaubt. Bei der Postfahrt erhalten sie Prozente, bei der auf eigne Kosten unternommenen Fahrt sind sie nicht allein Eigentümer der Fahrzeuge, sondern auch größtenteils der Ladungen und treten in Wien als Kaufleute auf. Meiner zum Beispiel hatte in seinem Kellhammer vorzugsweise Regensburger Bier und Selterwasser geladen. Diese verhandelt er in Wien, außerdem aber sein Fahrzeug selbst, und wenn diese Geschäfte glücklich beendet, kehrt er zu Lande mit seiner Schiffsgesellschaft in einer eigens für die Regensburger Schiffer eingerichteten Landkutschenverbindung dahin zurück. Dies sind nämlich die sogenannten Zeiselwagen, leichtgebaute Korbwagen mit einem sehr breiten, schalenartigen Korbe, worin man besser liegt als sitzt, und darüber breitet sich, von Stäben getragen, ein ebenso flaches, breites, schalenartiges Dach. Gewöhnlich sind sie sehr vollgepackt, und die Gesellschaft ist so gemischt als lustig; viel Gepäck wird natürlich nicht mitgenommen. Man ersieht daraus, daß hier eine strenge Korporationseinrichtung stattfindet, es hilft einer dem andern, kein Schiffer dürfte abfahren, bevor die Fracht des andern voll ist, und die Zunftehre hat außer den ziemlich fixen Preisen auch gewisse Satzungen eingeführt, denen sich jeder unterwerfen muß. Es ist daher kein Wunder, wenn diese berechtigte Schiffergilde ebensowenig als die östreichische Regierung nach Neuerungen begierig ist, die ihren sichern Status verrücken und der freien Konkurrenz Tor und Tür öffnen könnte. Für sie mag daher die Donau immerhin das unzuverlässigste Wasser bleiben, was keine Schiffahrt im gewöhnlichen Sinne, namentlich keine Dampfboote, zuläßt, für sie sind die alten schrecklichen Fabeln von den Gefahren in Strudel und Wirbel willkommen, denn sie scheuchen unwillkommene Konkurrenten zurück, und ich mag aus dem Grunde auch dem allerehrlichsten Schiffergesichte nicht ganz trauen, wenn es mir die Unmöglichkeit beweist, daß die Donau reguliert wird.

An Wassergelegenheiten nach Wien hinab fehlt es niemals. Verpaßt man die Regensburger Ordinari, so kann man die Ulmer abwarten; außerdem kommen täglich Schiffer aus beiden Städten, und von Linz geht zu jedem Markttag eine sehr schnelle Fischergelegenheit nach Wien. Dennoch werden sie nicht gesucht, denn ihnen geht alle Eleganz und Bequemlichkeit ab; die Donau wird daher, trotz aller ihrer Uferreize, nie die Modeberühmtheit des Rheins erlangen und ist für elegante Wiener Damen, auch wenn in ihnen eine englische Reiselust erwachen sollte, so gut wie die Schelde verschlossen. Nur die Armut und der Naturfreund, der keine Unbequemlichkeiten scheut, entschließt sich zur Wasserfahrt von Linz aus, indem die Landtour unverhältnismäßig schneller und, besonders was die Einkehr betrifft, bequemer ist. Die große Wasserpost oder Ordinari ist kaum mehr als ein Floß; der Schwarm von Züglern aller Art, die um den äußerst billigen Satz von ein paar Kreuzern und gelegentlichen Diensten als Ruderer aufgenommen werden, macht eleganten Reisenden den dauernden Aufenthalt peinlich, während er freilich für den, der das Volksleben kennenlernen will, sehr interessant ist. Dazu kommt der Aufhalt an der bayrischen Grenze, die Visitation, hier strenger als an der böhmisch-sächsischen, und die Ungewißheit der Ankunft und des nächtlichen Anlegens. Auf welche Kämpfe und Entbehrungen Reisende, welche sich nicht gehörig vorsehen, bereit sein müssen, wird der geneigte Leser aus dem Verfolg unsrer eignen Erfahrung, den wir ihm noch in diesem Kapitel mitzuteilen gedenken, entnehmen. Auf dem Frachtschiff eines Privatschiffers ist es nicht viel anders. Weist er dir zwar freundlich in seiner Kajüte Raum an, so ist der Raum selbst darum doch noch nicht freundlich; du hast die Freiheit, dich zwischen Tonnen, Kisten und Talksteinen einzuschichten, auf dem angenagelten Tische, wo er seinen Käse und Tabak schneidet, zu lesen und zu schreiben und vermittelst einer Leiter in den Augenblicken aufs Verdeck zu klettern, wo grade das Ruder, das über der Luke arbeitet, ausweicht, um deinem Körper Platz zu machen; alles ganz anmutig für einen romantischen Reisenden, aber für Damen ist die Gelegenheit doch mehr als unpraktisch. Man empfahl mir die Fischerpost; sie fährt um vier Uhr morgens von Linz aus und *muß* in der Nacht in Wien sein, oder sie verpaßt den Frühmarkt daselbst, und ihr ganzer Verdienst ist hin. Nun ist die Lust aber nicht eben groß, ohne anzulegen, ohne alle Erfrischungen, als die man mitnimmt, oft der dörrenden Sonnenhitze ausgesetzt, auf einem beengten Plätzchen des Fischernachens die weite Strecke zu schwimmen. Übrigens wird diese Gelegenheit auch von Fremden, die weiter herkommen als aus Linz, benutzt, denn die Prager Karpfen, welche per Post nach Linz gelangen, wählen von hier den Donauweg zu den Wiener Magen, unbekümmert um den engen Platz, den ihnen die Linzer Fischer anweisen.

Man kann sich zwar ein Separatfahrzeug nehmen, was aber außer andern Unbequemlichkeiten die hat, daß man es sich zugleich kaufen muß und nicht daran denken darf, eine zierliche Gondel zu erhalten. Ein gut zusammengekeiltes Floß mit einem Bretterhüttchen drauf ist die beste und insofern für den Reisenden zugleich die bequemste Gelegenheit, als er in letzterm auch sein Nachtlager aufschlagen kann. Man wird mir aber zugeben, daß eine Reisegelegenheit, wo ich mir ein Schiff kaufen und ein Haus bauen muß, nicht zu den bequemsten im Jahre 1833 gehört!

Die Sonne brannte aus klarem, blauem Himmel herab auf den breiten Wasserspiegel, und es war doch eine Lust, auf der Spitze des Kahns zu liegen und Wasserluft zu atmen. Der Geist schwebt über den Wassern. Ein Eingekerkerter auf einem Inselturm, der noch eine Wasserfläche vor sich sieht, ist noch nicht ganz unglücklich. Die flachen Ufer, die Sand- und Kiesbänke wichen einer belebtern Hügelgegend. Hier blickte schon Burg Steyeregg auf, dort der Spielberg, hier eine Burgruine auf einem Werder, etwa wie die Pfalz bei Kaub, nur daß Wind und Wetter durch ihre Türme und Mauern verderblicher gefahren sind. Noch flatterte Stroh und Ziegeln an den zerbrochenen Holzsparren eines zerfetzten Turmdaches. Man kann die Bergschlösser der Donau zählen, auch ist die Lage der meisten minder kühn und gefährlich als die der Rheinburgen. Auf sanften Rasenhöhen, ein anmutig friedliches Bild, erhob sich rechts Schloß *Waldsee*, mehr ein behagliches Grafenschloß aus guter alter Zeit fahrender Sänger als eine trotzige Feudalburg; es ist in der Romantik klassisch, denn hier weilt die Donaunixe.

Plötzlich werden die Ufer enger, höher, mit üppigerm Grün bekleidet. Die Donau schließt sich, und unerwartet öffnet sich ein enger, hoher Felsenkanal in einer Wendung nach links. Am andern Ende dieses Felsendurchbruchs winkt uns einladend ein altes, turmreiches Schloß mit seinen neuen roten Dächern aus dem Ufergrün. Es ist das Schloß *Grein*. Aber der gescheiterte Holzkahn, der an der Felsmauer liegt, sieht nicht so einladend aus, und eine rote Flagge auf einer Klippe am Schloß macht die Schiffer plötzlich bedenklich. Sie steigen murmelnd, sprechend auf dem Verdeck umher, die Köpfe schüttelnd, und ich verstehe kein Wort von allem, was mein Meister Zacharias spricht, und wenn ich ihn frage, gibt er mir nicht Antwort. Er ist erst Schiffer, und ganz und durchaus, und dann der gebildete Weltbürger. Aber noch fahren wir lustig weiter, bis vor Schloß Grein, wo der Strom sich wieder rechts biegt, angelegt wird. Die rote Kriegsfahne bedeutet nicht, daß wir einen Zoll dem Grafenschlosse entrichten sollen, sondern daß Schiffe vor uns den Strudel passieren und wir so lange liegen müssen, bis sie glücklich durch sind, denn mehre Schiffe zugleich können und dürfen nicht die gefährliche Passage versuchen!

Vor uns lagen schon einige Kähne, und der Steuermann äußerte mit seinem Phlegma, das könnte niemand voraussagen, wie lange es dauern würde; vielleicht ein paar Stunden, es könnte auch Nacht darüber werden, und doch wäre es wieder möglich, daß wir schon in einer halben Stunde abführen, also dürfte sich niemand zu weit vom Schiff entfernen. Dies gehört zu den gewöhnlichen Fatalitäten einer Donaufahrt.

Was derweil aus den Passagieren wird, ob sie vor Langerweile vergehen oder vor Hunger und Durst umkommen, kümmert den Schiffer, wenn er sonst kein menschliches Herz hat, wenig; denn erst kommt sein Schiff, zweitens die Ware, oder auch umgekehrt, und drittens die Passagiere, um die er sich nicht bemüht, die er nur aufnimmt, hier und dort, wo sie angelaufen oder angerudert kommen; es ist ein Trinkgeld, eine Zubuße. Es wird ihnen gesagt: Versorgt euch selbst mit Lebensmitteln, denn euretwegen wird nirgend angelegt, höchstens daß ihnen bayrisch Bier geschenkt wird, wie auf unserm Kellhammer. Auch stand es etwas bedenklich mit der Erlaubnis, das Schiff zu verlassen; es lag zwar am Ufer, aber so weit entfernt, daß man nur vermittelst einer langen Ruderstange aufs Land sich schwingen konnte. Die Galanterie zweier blonder Handwerksburschen schaffte endlich ein Brett herbei, dem sich anvertrauend *und* den festen Armen beider Ritter auch *unsere* Damen es wagen konnten, ihren Fuß aufs Trockene zu setzen. Aber ich zweifle, ob andere Damen es ihnen nachgewagt hätten.

Im übrigen muß man es der Galanterie unserer Schiffer oder besser der Flußpolizei oder noch besser der Mutter Natur nachrühmen, daß sie kein anmutigeres Fleckchen zum Stilliegen auswählen konnte. Ringsum steile Felsberge mit grünem Wald und grünen Wiesenhängen, Fußpfade und Wege, ein turmreiches altes Schloß, Wasser unten und Luft oben und alles, was dazwischen, in der scharfen Abgeschlossenheit, in dem frischen Farbenglanz altdeutscher Gemälde. Hier hätte Hemlings Christophoros das Christkind ganz gut durch den Strom tragen können. Lag etwas hinter uns das

Grein

freundliche Schloß aus dem Mittelalter, so dämmerte vor uns eine mehr graue, viel schroffere Felspartie mit scharfen Ecken, verwitterten Türmen, vorspringenden Kapellen und brausenden Fluten – es war der Strudel.

Es war ein recht anmutiges Stilliegen – noch anmutiger durch den heitern Abend nach einem sehr heißen Tage – und das Schauspiel umher so schön, daß ich mich von meinem Schreibetisch alle Tage auf ein paar Stunden dahin zurückversetzt wünschte; und doch seufzte ich damals mit den andern und benutzte die erste Gelegenheit, über Bord zu springen, um auf dem Leinenpfad spazierenzugehen und ins grüne Walddickicht zu klettern. Jedoch nicht, bevor eine nähere Bekanntschaft zwischen den Passagieren auf dem Verdeck gemacht war. Das gemeinsame Unglück hatte alle aus dem Vorder- und Hinterdeck hieher zusammengeführt, die vielen Köpfe aus der Communio am Steuer, wo größere Geselligkeit um den Küchenherd herrschte, und mich, der ich mich für den einzigen Honoratioren hielt, weil mich der Schiffsherr allein zu sich in die Kajüte genommen. Und siehe, oben auf dem Verdeck trat mir eine Gestalt entgegen, die ich und die sich auch dafür hielt, ein deutscher Bursch im löwengelben Flaus und einer roten Mütze. Ein paar Begrüßungsformeln sagten mir indes zur Genüge, daß er weder entfernt zu einer Burschenschaft noch ganz und gar zu einer deutschen gehörte. Es war ein junges Blut aus dem italienischen Tirol, dem das Kopieren in der Triester Schreibestube nicht mehr behagte; er wollte hinaus in die Welt, sein Glück machen, und hoffte es ganz bestimmt in Wien finden, wohin irgendein Bekannter des Vaters ihm an irgendein Handelshaus einen Empfehlungsbrief mitgegeben. Die gedankenlose Hoffnung blühte auf den vollen Wangen des neunzehnjährigen Burschen, er trat in die Welt und meinte, die Welt läge nun offen vor ihm! Wäre es mit Essen und Schwatzen abgetan, so könnte er es weit bringen, und auch insofern mußte ich ihm recht geben, daß er nicht zum Schreibtisch taugte, wie überhaupt kein Tiroler; aber ich zweifle sehr, daß sein Empfehlungsbrief, und wenn er auch an Eskeles und Arnstein war, dem armen Jungen geholfen hat, denn er schwatzte so kurios, daß ihn selbst die Handwerksbursche, obgleich sie seine Honoratioreneigenschaft anerkannten, als ihren Buffo behandelten. Er wußte den Mund so voll zu nehmen, als wäre er einige Grade nördlicher geboren, er kritisierte sogar, nur nicht die Gegend, aus der er sich gar nichts machte; er hatte die Wasserpartie nur darum gewählt, weil ihm das Geld ausgegangen, denn er hatte sich einen eignen Wagen nehmen müssen über die Tiroler Berge, weil Gehen ihm unausstehlich war. Ich prophezeie dem guten Burschen noch viele Wanderungen zu Fuß.

An Handwerksburschen, aus allen Winden, fehlte es nicht. Es ist lange her, daß ich auf Fußreisen Gelegenheit fand, mit diesen wandernden Burschen Bekanntschaft zu machen. Entweder traf ich es hier besonders glücklich, oder der Stand hat seit zwölf Jahren Fortschritte in der Bildung gemacht. Mit Vergnügen erinnere ich mich dieser gesunden, frischen, blühenden Gesichter mit den hellen Augen, in denen nichts von Gemeinheit und rohem Sinn, kein Duft von Branntwein, selbst nicht vom Tabak, und eine gewisse Wohlhabenheit umspielte ihre wohlgebauten Gliedmaßen.

Nichts von Zoten und Flüchen, nichts von den Gaunerspäßen und Schelmenstreichen, von den kreischenden Liedern, welche die ausgehende Lust forcieren sollen. Sooft ich sie zu beobachten Gelegenheit fand, waren sie heiter, und mir kam es vor, als ob die Lebenslust, die aus unserer von Politik, Romantik oder Philosophie zerrissenen oder blasierten oder verkümmerten Jugend entwich, in diese lebensfrohen Gestalten übergegangen war.

Sie paßten mir so ganz zu der altdeutschen, sonnigen Landschaft, Zugvögel, die vom Sonnenschein leben, unbekümmert um das Morgen, weil Zweifel und Schuld nicht mit ihnen ziehen. Auch ihre Bescheidenheit, ihre Rücksichten gegen Frauen oder Vornehmere muß ich loben. Nur ein paar arme Schwaben saßen schweigsam und traurig und harmonierten wenig mit den andern, die ihnen Mut einsprachen oder sich auf gutmütige Weise über sie lustig machten. Den schmerzte sein wunder Fuß, den die Sorge vor ihm. Es suchen viele Schwaben in Östreich ihr Glück, in Ungarn heißen alle Glücksritter Schwaben.

Auch eines Paares fröhlicher Schifferknechte erinnere ich mich. Sie sprangen just da, wo die Donaunixe unter dem Wasser lauert, auf unser Schiff, nicht aus den Wellen unmittelbar, aber aus einem Kahn, der unversehens an den Kellhammer stieß. Man hielt ihnen die Hand hin, sie sprangen herauf, und das war die Stipulation und der Kontrakt zwischen Leuten, die sich bis da nie gesehen. Es bedurfte keines Wortes weiter; der Kahn, der sie gebracht, war längst zurückgerudert. Auch sie trugen viel zur allgemeinen Heiterkeit bei; beide arbeiteten, daß es eine Lust war, und der eine blies auf einer Hirtenflöte die vorüberschwimmenden Schiffe, die Dörfer, Schlösser und Berge an. Zuweilen gab es anmutige Responsorien, wenn ungarische Hirten, mit ihrem Zugvieh über die Berge treibend, ihnen von oben antworteten. Die Leute waren das Bild der wilden Gesundheit, nichts von Phlegma und Nachdenken, jedes Glied Rührigkeit, Gestalten mit einem aufgeprägten Charakter, wie man sie selten in Norddeutschland wahrnimmt.

Auch einiger Frauenzimmer erwähnte ich schon. Es kann mir nun zwar nicht in den Sinn kommen, sie etwa einer Freundin als anständige Begleiterinnen auf einer Reise zu empfehlen, denn ihre Studien und Lebenserfahrungen möchten dem Begriffe derselben von Moral wenig entsprechen, aber anständig waren sie doch in ihrer Art. Die Scherze waren frei, man redete, wie überall im deutschen Süden, von der Leber weg; aber auch dies hatte seine Grenzen, man schwelgte nicht in der Lüsternheit und in Zweideutigkeiten. Mädchen, die auf Jahre in die Fremde ziehen, ihr Glück zu suchen, pflegen, wenn sie in die Heimat zurückkehren, nicht die Gefühle erster Unschuld mitzubringen; eine glückliche Natur kann aber auch da sich wieder zu einer gewissen Unschuld durcharbeiten, eine Erscheinung, die im Süden häufiger ist. Ein gesunder Körper und eine kräftige Seele schütteln das Laster von sich ab wie einen bösen Fiebertraum und fangen ein neues Leben an wie der Katholik nach Beichte und Ablaß. So kannte ich manche, die so rein blickte wie ein Engel und auch so unschuldig wieder geworden war, und der Stempel der Verworfenheit, der stiere, ungewisse Blick waren verschwunden. Warum ist unser prüdes Sittengesetz im Norden so grausam, daß es keine restitutio in integrum gestattet? Stürzt nicht der Gedanke des auf immer Verworfenseins viele um *einen* Fehltritt in immer neue? – Man denke nicht, daß unsre Frauenzimmer über ihr vergangenes Leben reflektierten und Reue zeigten. Im Gegenteil, sie waren zufrieden damit; nur überlegten sie, da die Zahl Dreißig hinter ihnen lag, daß es nun Zeit sei, einen andern Lebensweg einzuschlagen, und die Ältere erklärte sehr naiv den Courmachern, die Liebe wäre etwas sehr Hübsches, sie möchten sich aber nicht in Ungelegenheit setzen, denn jetzt wollte sie heiraten. Sie ging, vielleicht mit denselben Aussichten wie der Bozener Schreiber auf einen Dienst, nach Wien, um einen Mann zu finden. Ich bin überzeugt, ihr Künftiger bekommt eine tüchtige Frau in die Wirtschaft.

Auch eine italienische Familie dekorierte unsere Gesellschaft: ein eisgraues Mütterchen, mit einem erwachsenen Sohne, dem Stab und Regenten der Familie, einer mannbaren Tochter und einem trotzigen Buben; fremdartige Wesen selbst hier, wo schon ein Drittel der Gesellschaft von südländischem Anflug war. Welcher Schmutz, welche Trägheit und doch dabei welche Lebhaftigkeit, welches Feuer in den kohlschwarzen Augen. Die Tochter besonders war ganz Italienerin: das Rabenhaar flatterte um ausgeprägte Züge, die schön zu nennen waren, zumal bei den glänzenden Augen, wären sie nicht so sehr schmutzig gewesen und die mulier formosa superne unten trotz ihrer bunten, bunten Röcke in einen Klumpen Ungeschick ausgegangen. Wenn sie so im Schiffsraum lag, die Beine mit den dicken wollenen Strümpfen und rindsledernen Schnallenschuhen weit von sich gestreckt, den Kopf im Schoß des hingekauerten Mütterchens, war sie unbedingt der Gegensatz von dem, was man Grazie nennt; wenn sie aber plötzlich den Kopf aufrichtete, die Locken schüttelte, die funkelnden Augen fliegen ließ und der Mund lächelte, hätte ein Maler sie gern zur Räuberbraut gemacht oder ein Sultan in seinen Harem gewinkt, unter der Bedingung, versteht sich, daß sie vorher dreimal gebadet wird. Der Bube glich mir einem Lazzaronikinde, das nie unter Dach und Fach gekommen und keine Furcht gelernt hat; so trotzig und keck kletterte und sprang er umher, frech jedem aus seinem vergelbten Gesichte und schwarzen Brauen ins Auge schauend. Die Familie war aus Tessino und wollte sich durcharbeiten nach Lemberg zu einer reichen Verwandten. Ihre Stütze war, wie gesagt, der erwachsene Sohn, schon Mann, in dessen klugem Gesichte unter der grünen Brille hundert bittere Lebenserfahrungen ausgedrückt lagen, aber die bleierne Sorge hatte die Züge, welche die Schlauheit charakterisieren, fast allzusehr verwischt, und neben den Leiden, mit denen er gekämpft haben mochte, hatte allgemeine europäische Bildung das italienische Feuer im Auge und im Ton der Sprache längst ausgelöscht. Es war ein Glücksritter, den seine Flügel nur vermutlich nicht so hoch getragen als seine Jünglingshoffnungen. Er sprach alle Sprachen, man konnte mit ihm über Politik und Literatur reden, er schien in allen Fächern moderner Bildung bewandert, und der Anblick des Mannes in der grauen Nanquinjacke und grünen Brille, wie er mit der alten Bäuerin, seiner Mutter, der faulen, schönen Schwester und dem unnützen Naseweis von Bruder, in einem

Bündelchen ihr ganzes Vermögen, von Italien bis Polen sich durchschlagen mußte, meistens zu Fuß, hatte etwas Mitleiderregendes. Dieses sprach er doch selbst keineswegs an; ein Schamgefühl strebte vielmehr beim Handeln mit den Wirten über das Nachtlager, Gründe herauszukehren, warum grade in dieser Nacht für sie ein Strohlager den Betten vorzuziehen sei. Die Familie verließ später vor uns das Schiff, weil die alte Mutter ihre entsetzliche Angst vor dem Wasser nicht mehr überwinden konnte, und ein Streit zwischen dem Schiffer und dem Maestro, der gern etwas von der bedungenen Fracht abziehen wollte, was Meister Zacharias aber nicht einging, endete auf unangenehme Weise unser Zusammensein mit dieser seltsamen Wanderfamilie.

Wie Gestrandete auf einer Sandbank lernte sich diese gemischte Gesellschaft beim Anlegen hinter Schloß Grein kennen. Man erlustigte sich miteinander am schönen Ufer; die grüne wunderbare Natur und die gemeinsame Not glichen Bildungs- und Standesunterschied aus, und man war froh, bis der Ruf des Schiffers, dem ein Signal an ihn vorausging, uns wieder ins Schiff rief. Es stieß ab vom Lande, nicht ohne einige Wasservergnügung, die der und jener der Gesellschaft gab, indem er ausgleitete oder zu kurz sprang; es ging aber alles so ohne Unglück ab als wir durch Strudel und Wirbel.

Doch war es hohe Zeit. Die Sonne war schon tief gesunken hinter den Donaufelsen, die dunkeln Schattenwände türmten sich in schauerlicher Größe über dem zischenden Kessel zusammen, in den jetzt unser Fahrzeug trieb. Es war totenstill, nur die schäumenden

Wellen des Strudels sprachen, die Schiffer redeten mit Blicken, nachdem sie die Passagiere nicht eben ganz sanft in den Raum oder da aufs Verdeck getrieben hatten, wo sie nicht hindern konnten. Die alte Italienerin, zähneklappernd zu Boden gesunken, rang die Hände und betete einen Rosenkranz nach dem andern ab, ihre schöne schmutzige Tochter stierte ängstlich auf das Wasser, auf den Bruder, auf die Ruderer, auf den Rosenkranz. Jetzt flutete der Kahn auf dem Strudel, durch Kiel, Bretter und Verdeck fühlte ich die zitternde, schwankende Bewegung, und es war einer jener Momente, der wie mit elektrischer Zuckung die Lebensgeister steigert und den Wert des Lebens erhöht.

Wir waren im Strudel. Auf einer Klippeninsel mit morschen, verwitterten Türmen neigt sich ein betender Heiliger von einer höchst romantischen Klippe über die Schiffenden herab; aber es ist kein ganzer, voller Heiliger, sondern nur eine Scheibe, ein Schatten von einem Heiligen, indem er nur ein gemaltes Vorderteil hat, hinten ist graue Leinwand, Pappe oder ein unbemaltes Brett. Aber man kann nicht anders sagen, als daß der Heilige sich vortrefflich präsentiert, und wenn man an die Gefahr denkt und die Natur bewundert, hat man gewöhnlich nicht Zeit, ihn so genau zu betrachten. Dies mag auch wohl der Grund sein, weshalb der heilige Nikolaus sich hier so im Kulissennegligé hingestellt hat; denn er war es, durch dessen Fürbitten wir im nächsten Momente glücklich aus dem Strudel kamen.

Mein Schiffsherr zwar, der selbst im kritischen Augenblick an der Spitze gestanden und sein Ruder mit kräftiger Faust in die Klippenbrandung gestoßen, daß wir nicht herantrieben und zerschellten, sagte mir mit freundlichem Triumph, indem er die Stirn trocknete: »Sie sehen, ein wenig Akkuratesse, ein scharfes Auge und im Moment, wo es not tut, Mark in den Knochen, so hat es mit dem Strudel nicht viel auf sich.« Dies sagte mein Schiffer; aber Meister Zacharias war ein Rationalist, den gleich darauf der dienende Bruder mit dem Klingbeutel Lügen strafte. Er kam auf einem Kahn herangeschwommen, versicherte uns, der heilige Nikolaus, den er in seinem Schrein trug, sei es, dessen Gebet uns gerettet, und erbat sich dafür eine milde Gabe in seinen Klingbeutel. Ich habe durchaus keinen Grund zu zweifeln, daß es der heilige Nikolaus war, wiewohl auch die Schiffsmannschaft durch den Steuermann eine Holzkelle umgehen ließ mit der Bitte, ihr etwas für die Beihülfe zu opfern, welche sie dem heiligen Nikolaus bei dessen saurer Arbeit geleistet. Ich bemerke, daß ich hier ein Silberstück opferte, während ich den Heiligen mit Kupfer abfand; denn Sankt Nikolaus bekommt seinen Teil von jedem Schiffe, das vorübersegelt, und könnte davon wohl besser leben, daß er nicht nötig hätte, als Schattenbild auf der Klippe zu stehen; die Schiffsmannschaft dagegen erhielt auf der ganzen Fahrt kein Douceur mehr. Übrigens dauern die Betteleien der Uferheiligen von hier aus, den Lauf der Donau über, bis Wien fort. Sie schwimmen in ihren Kästchen selbeigen an das Schiff heran, präsentieren sich dem Protestanten wie dem Katholiken und nehmen von beiden gleich gern ein Trinkgeld in die Büchse. Man könnte ungeduldig werden über die Unverschämtheit, aber die Donauheiligen sind von uralters privilegierte Bettler, und die Schiffer würden es ungern sehen, wenn man ihnen die Kreuzer abschlüge.

Soll ich den Strudel beschreiben, was er ist, was an ihm ist und nicht! Es steht in hundert Reisebeschreibungen. Er ist weder so gefährlich, als ihn die alte Sage schildert, noch so ein Garnichts, wozu ihn neuere Reisebeschreiber machen wollen. Wild schäumend über ein Klippenbett, wälzt sich der Strom dicht an der Turminsel in einem Winkel vorüber. Läßt man den Kahn treiben, selbst richtig gesteuert, so ist er verloren, gegen die Klippen getrieben, zerschellt er. Aber im entscheidenden Augenblicke das Ruder gegen die Klippen gestoßen, und er kommt um sie bequem herum. Wie aber, wenn das Ruder bricht oder ein Schlagfluß den Arm des Ruderers lähmt?

Kyselack steht auch über dem Strudel eingeschrieben.

Strudel und Wirbel

Wenn man das Kollegium des Strudels durchgemacht, ist der Wirbel nur noch ein Repetitorium; es wird nicht viel Wesens von gemacht, wiewohl der Anblick des breiten, aufgeregten Wasserspiegels mit der Szene ringsumher allein schon eine Reise lohnt.

Es war spät geworden, Ybbs nicht mehr zu erreichen, und wir mußten an einem kleinen, hart von Felsen eingeklemmten Dorfe zum Übernachten anlegen. Es mag bei den Schiffern wie bei den Hauderern auch Praktik sein, größere Ortschaften zu vermeiden und in obskuren Orten einzukehren. Der Passagier ist hier um vieles mehr in die Hand des Schiffers als des Fuhrmanns gegeben.

Von einem romantischen Reisenden wäre es indes unbillig gewesen, mit dem Orte unzufrieden zu sein. Es ließ sich kein stillerer, reizend gelegenerer Fleck denken, wahrhaft gemacht zum behaglichen Ausruhen; diese netten Häuser unter den hohen, von Saftgrün umwucherten Felswänden, dort das Wirtshaus mit seinem gewaltigen goldnen Löwenbanner, das am Eisendraht über der Haustür sich drehte, mit der Außentreppe gewunden wie zu einem Burgtor, mit dem runden Ecktürmchen, darauf ein Spitzdach mit der Wetterfahne. Der stille Abend senkte sich in die enge Donauschlucht, hier auszuruhen und sich Märchen erzählen zu lassen aus alter Zeit von den rieselnden Wellen.

Es war alles wohlbehaglich, märchenhaft, und doch regte sich in mir sogleich die Spekulation. Ich zählte die Häupter meiner Lieben im Schiff und berechnete die Größe des Hauses und wieviel Zimmer, aus den Fenstern zu schließen, drinnen sein konnten und wieviel Fenster auf einen Mann kämen oder vielmehr wieviel Mann auf ein Fenster; und wie lieb mir die Lieben waren, waren sie mir doch nicht so lieb, daß ich mit ihnen ein und dasselbe Schlafzimmer gern geteilt hätte. Sobald die Zugbrücke aufgeschlagen, machte ich mich daher auf den Weg, die nötigsten Toilettenutensilien im Tuche – das übrige blieb im Schiff –, stieg ans Ufer, die Treppe hinauf, über den Flur in die Schenkstube und wendete mich mit der Miene, die in Norddeutschland für einen Fußreisenden nötig ist, welcher nicht im glänzendsten Apparat abends in ein Hotel tritt, an den Wirt um ein Zimmer.

Stelle man sich einen Mann vor, drei Köpfe größer als ich und noch einmal so beleibt als ich, einen oberöstreichischen Landwirt in der Fülle seiner Behaglichkeit, als Gastgeber und Herr seiner Gäste, als die erste Respektsperson, dazu in Hemdsärmeln und eine wollene Nachtmütze auf dem Kopf; denke man sich dazu, um die Szenerie zu vervollständigen, eine dichtbesetzte Wirtsstube mit Weintrinkern und Tabakrauchern, die alle die Köpfe drehten und auf mich sahen, wie ich das foderte, und auf den Wirt, wie er mich drauf ansah, und wisse man, daß die Wirte in Tirol – nur an den berühmten Sandwirt zu erinnern – hochangesehene Leute weit und breit sind, die nur aus Gefälligkeit schenken, und endlich, daß Östreich nahe an Tirol stößt. Um das Gemälde ganz vollständig zu geben, will ich auch einen kleinen Abriß über mich selbst, wie ich äußerlich anzuschauen war, beifügen, obgleich das hier wenig zur Sache tut. In der Hitze nämlich hatte ich es mir auf dem Schiffe bequem gemacht, Rock und Stiefeln ausgezogen; und wie ich auf dem Verdeck in meinen grünen Pantoffelschuhen und den rotgestreiften Ärmeln des Reisehemdes von glänzender englischer Leinwand so manchen neidischen Blick und die Bewunderung aller auf mich gezogen, meinte ich auch in dieser Donauwinkelherberge nicht nötig zu haben, mich wieder in Staat zu werfen.

Es war auch keineswegs diese Kleidung, sondern meine Forderung, welche den großen Wirt dermaßen in Erstaunen setzte, daß er anfänglich nicht Sprache fand, sondern mit weit aufgerissenen Augen erst mich, dann die Gesellschaft anglotzte. »Ein Zimmer, ein Zimmer! Für wen denn, für wieviel?«

»Für mich allein.«

»Für einen Menschen ein Zimmer!« Das war zuviel. Nun entlud sich seine Wut über meine unbegreifliche Unverschämtheit. *Ein* Mensch *ein* Zimmer! Hatte das jemand schon gehört im Ort, hatte das schon ein Reisender gefodert: ein Zimmer für sich allein! »Ein Zimmer ist für vier Personen, für sechs, für acht; will der ein Zimmer für sich allein haben!« Wenn's noch ein Bett wäre für eine Person, das ließe er sich gefallen, allein ein Zimmer, das war etwas, was nicht vorgekommen, seit die Donau bei Ybbs vorbeifließt.

Ich fühle, daß ich hier nur den schwachen Abdruck von dem gegeben, was wirklich vorfiel. Worte malen es nicht, kaum der Pinsel. Hätte ich länger auf ein Zimmer bestanden und es noch einmal wiederholt, daß ich ja das Zimmer bezahlen wolle, ich glaube, der Mann hätte mich umgebracht. Aber ich wandte ihm nun auch trotzig den Rücken, da ich erfahren, daß im Orte noch zwei Wirtshäuser wären. »Ein Zimmer, ein Zimmer will er haben«, brummte es mir noch nach, als ich schon auf der untersten Stufe der Treppe war.

Vor einem schönen, neu aufgemauerten Hause mit gewölbtem Portal und steinernen Treppen blieb ich stehen; es war mir als das zweite Wirtshaus angegeben. Weder im Souterrain noch in den Kellern noch im Stockwerk war eine menschliche Seele zu finden, dafür aber desto reinere Wände und Tische, sogar Glastüren, alles trug den Charakter des Wohlhabenden. Endlich traf ich eine Bauerdirne beim Scheuerfaß, die, als ich mein Begehren vorgetragen, patzig erwiderte: »Nein, nein« und nichts als nein. Ich wollte den Grund wissen, und hier klang er etwas hörbar: »Das kann der Herr ja selbst wohl schauen, daß hier kein Zimmer für ihn ist.« Es war eine neu eingerichtete Wirtschaft, die Wände kaum bekalkt.

In der dritten, die wieder mehr bäuerlich war, beteten sie um das Abendessen, alle laut mit kräftigen Stimmen, und ich wartete, die Mütze in der Hand, bis sie ausgebetet. Aber nun mußten die meisten essen und zwei Mägde buttern, und es kostete mich viel Mühe, ehe ich auf meine Frage: »Kann ich für die Nacht ein Zimmer haben?« ein deutliches und vernehmliches »Nein« zur Antwort erhielt. Auf Gründe ließ man sich hier gar nicht ein; man mußte essen und buttern, und als ich mich noch nicht beruhigen wollte, hielten sie es für bequemer zu lachen, als Gründe anzugeben. Der Wirt »Zum goldnen Löwen« hatte sich boshaft geärgert, daß ich ein Zimmer wollte, hier lachten sie sich drüber aus, was ihnen zur Verdauung beim Abendessen gewiß besser bekommen ist.

Was war zu tun! Es sollte in der Nacht um zwei Uhr aufgebrochen werden. Vorauszugehen allein in ein ander Dorf, dort mein Glück zu versuchen auf die Gefahr, zurückzubleiben, wenn man mich nicht früh genug weckte, war nicht rätlich. Ich entschloß mich, den Schiffer zu bitten, mir im Schiffe selbst ein Lager anzuweisen, wie es auch sei, denn zum ersten Wirt zurückzukehren, nachdem ich so Abschied genommen, sei doch unmöglich!

»Und weshalb nicht!« entgegnete mir lächelnd Meister Zacharias. »Sie werden es doch müssen, denn hier ist kaum Platz für mich und meine Leute, wenn sich's auch für Sie schickte, hier zu liegen. Gehen Sie ruhig zum Wirt, er ist ein rechtschaffener Mann, und Sie haben es nur unrichtig angefangen. Man muß sich in die Sitten des Landes schicken, und wer hereinplatzt mit der Foderung um ein Zimmer, was schon ganz ungewöhnlich ist, wird hier überall die Antwort bekommen. Essen und Trinken sind hier die Sach, warum ein Wirtshaus existiert, Nachtquartier ist Nebensach; hätten Sie damit angefangen und beim Seidel Wein beiläufig gefragt, ob Sie für sich logieren können, so hätte es sich wohl gefunden, da von den andern schwerlich jemand die Prätension macht. Jetzt sein Sie zufrieden, wenn Sie noch ein Bett bekommen.«

Diese praktische Wanderregel war mir nicht neu; aber ich hatte gemeint, durch ein Seidel Wein, das, auch wenn ich vom allerbesten foderte, hier nicht mehr als zwei Silbergroschen kostet, ließe sich noch nicht die Gunst eines wohlhabenden östreichischen Wirtes erkaufen. Der saure Apfel lag vor mir, hinter mir nur die Nacht auf offener Straße; es führte kein andrer Weg in ein Nachtquartier als die Treppe zum »Goldnen Löwen«. Das Gesicht des aus der Fassung gebrachten Löwenwirtes war etwas gutmütiger geworden, als ich meine Frage anbrachte: ein Bette könne ich doch wenigstens bekommen? Ja, ein Bette könne ich bekommen, lautete die Antwort, der ein langer Schweif von Redensarten folgte, daß es wohl anständig sei, ein Bett zu fodern, aber nicht ein Zimmer. Der Ton indes war, wie gesagt, weit gelinder, er brummte es auch mehr in den Bart, um sich selbst zu rechtfertigen, als daß es für die andern war. Als ich nun aber ein Seidel Wein foderte, und vom besten, und auf die Frage, ob ich Guldener wolle, dies bejahte, rückte er mir selbst einen Schemel an den Tisch, machte Platz und wischte mit seiner Schürze den Tisch rein. Von nun an wuchs mein Glück in reißender Progression. Ich sah, daß unser Steuermann einige Worte mit ihm gewechselt, vermutlich als Emissär unsers Schiffsherrn, und nun kam er heran mit gezogener Mütze und erklärte: wenn dem Herrn noch ein Zimmer anständig sei, so hätte sich eins gefunden, und ich wurde mit einer höflichen Verbeugung eingeladen, mich doch gleich dahin auf den Weg zu machen, als könne ich mir selbst etwas vergeben, wenn ich noch länger unter den andern blieb.

Es sprachen indes jetzt andere Bedenken mit. Meine Unterhandlungen hatten die Aufmerksamkeit der ganzen Wirtsstube erregt, jedes Gespräch war verstummt, und alle Blicke ruhten auf mir, denn man sieht bei Ybbs nicht jede Woche jemanden, der ein apartes Zimmer verlangt. Wiewohl nun nichts von jenem rohen Hohn, jener Mißgunst zu bemerken war, mit der anderwärts wohl die Prätensionen von Reisenden, die eine Auszeichnung verlangen, von der Menge aufgenommen werden, hätte mein plötzliches Aufbrechen aus ihrer Gemeinschaft doch einen allzu aristokratischen Anstrich gehabt. Hatte ich nicht bis da mit ihnen geplaudert, getrunken, geschnupft, und das konnte ich noch immer fort, und sie hatten mir den besten Platz eingeräumt und waren so aufmerksam auf alles, was von meinen Lippen kam; und wie konnte es mir in einem Zimmer, wo ich ganz allein war, besser gefallen, wenn es nicht der pure Hochmut war, mit dem ich mich amüsieren wollte. Und mit der Schiffsgesellschaft, die ich dadurch vor den Kopf stieß, hatte ich wenigstens noch den ganzen folgenden Tag zu fahren, und sich Schiffsgenossen zu Feinden machen ist so wenig rätlich als für einen Soldaten, unter seinen Kameraden den Sonderling zu spielen. Es mußte deshalb die Wendung gebraucht werden, daß ich mich unter ihnen vortrefflich befinde, aber, weil ich jeden Abend mein Tagebuch schreibe, auch meine Stube für mich notwendig sei. – Mein Goliathwirt, zum Lamm umgewandelt, brachte mir selbst das ungeheuere Schreibzeug, das gewiß nicht über zweihundert Jahr alt war, selbst mir die Feder, selbst das Licht, und jede Viertelstunde sah er selbst zu, wie ich schrieb, und hinterbrachte es auch wohl den andern drüben und ließ sich nun gar nicht beruhigen, daß ich nicht hier, sondern drüben mit den andern essen wollte.

Wo einhundert Gäste plötzlich ein kleines Dorfwirtshaus überfallen, wird Schmalhans gewöhnlich Küchenmeister. Die Wintervorräte, welche in unsern Dörfern die unerwartete Einquartierung befriedigen müssen, Kartoffeln, Butter, Schinken, Speck, allenfalls Eier, finden sich in diesen gesegnetern Strichen nicht so bereit. Man lebt mehr und besser für den Tag. Es gab keine Butter, keinen Schinken, keinen Speck, keine Kartoffeln, auch die Eier waren ausgegangen, und in mächtigen Kufen war das wenige vorrätige Kalbfleisch schwimmend in ein Meer von Sauce für die verschiedenen Tische eingeteilt. Jeder fischte soviel Frikassee heraus, als er bekommen konnte, und erhielt dazu trocknes Weißbrot und sauren Wein, soviel ihm beliebte. Mir war das für den Wirt gekochte Hühnchen bestimmt gewesen, da ich mich aber von dem Symposion und Konvivium nicht ausschließen wollte, so ging ich dieser Auszeichnung verlustig und mußte mich mit auf die Fischerei legen, ohne es zu bedauern, daß mein Fang nicht ergiebig war.

Sowenig man aus den barschen Antworten vorhin auf einen ungastlichen Charakter der östreichischen Bauern schließen darf, folgere man aus der Sparsamkeit unserer Tafelfreuden auf eine sparsame Lebensweise. Die Vorräte mögen zufällig schon erschöpft gewesen sein, und wenn statt der hundert eingebrochenen einige wenige Gäste eingetreten wären, hätten sie einen so zierlichen Abendtisch gefunden als vielleicht irgendwo in einem deutschen Landwirtshause.

Behaglichkeit, uraltererbte, sprach sich in jedem Dinge aus, in der blanken Schüssel überm Küchenherd und im sichern Tritte des Wirtes. Sie haben es gut und bequem, warum sollten sie es anders wünschen? So aßen, tranken, schliefen, heirateten und starben ihre Väter und Großväter, ohne zu klagen, was sollten sie klagen! Soweit ich durchreist bin die echt östreichischen Provinzen, hier ist kein Boden zu Revolutionen, denn niemand ist nach Neuerungen begierig. Da standen vier mächtige Betten in meinem Turmeckzimmerchen, jedes selbst ein Turm, noch mit schweren, dicken Deckbetten, während doch sonst umher die südliche Steppdecke den Sieg davontrug über das germanische Federbett. Krüge, Kannen, Schemel dementsprechend, alle mit dem Gepräge der Wohlhabenheit. Was könnte nordischer Betriebfleiß – den man aber freilich nicht bei unsern märkischen Bauern suchen muß – aus diesem Wohlstande machen! Es ist mir befremdend, eben in *Hans Normanns* »Östreich« zu lesen, daß der östreichische Bauer ein ausgesuchter Landwirt sei. Was ich davon sah und hörte, so säet er und erntet, drischt und bäckt und ißt, *weil* sein Vater gesäet, geerntet, gedroschen, gebacken und gegessen und *wie* seine Väter säten, ernteten, droschen, buken und aßen.

Ich hätte gewiß vortrefflich geschlafen, hätte mich nicht erstens die Ehre, daß ich ein Zimmer allein bekommen, und zweitens, daß ich es doch nicht allein hatte – denn der Bozener hatte gewußt, sich mit einzuschmuggeln –, und drittens das erdrückende Federbett und viertens wieder der Bozener, diesmal aber sein Schnarchen und die Atmosphäre seiner Füße – darin gestört. Aber für alle verlorne Nachtruhe belohnten überreichlich die Augenblicke, wenn ich, von Hitze überwältigt, aufsprang und das gewölbte Fenster aufriß. Die Donau zu meinen Füßen war ein See, eingeschlossen von mächtigen Felswänden, der Mond tauchte drüben auf, und seine Strahlen gleiteten von meinem Kopf zu meinen Füßen, hin über das schräge Ufer, bis sie des Sees Wellen küßten. Sie hatten sich gefunden, die sich suchten. Es war alles Märchen, und war es nicht klassischer Boden dafür? Hinter mir schnarchte die Wirklichkeit, unempfänglich für dies Schauspiel, wie das volle Silberlicht auf die runden Scheiben plötzlich blendend schoß und nun alles lebte, Luft und Erde, Licht und Wasser in der balsamischen Juninacht; die Käfer summten anders, die Grillen, die Heimchen zirpten anders, es leuchtete, atmete, bebte, seufzte, wie es sonst nicht leuchtet, atmet, bebt und seufzt. Nur *ein* irdisches Licht strahlte in diese Geisterszene, aber es störte nicht die Reigen der Nixen, es war das trauliche Herdfeuer auf den Schiffen. Es war der glückliche oder unglückliche Sterbliche, dem die Binde sinkt, und er sieht, zitternd und doch von Wonneschauern durchglüht, den Glanz, den kein Auge sieht, die Musik, die kein Ohr hört, aber er bleibt doch Materie, und sein Feuer lodert in dunkeln Flammen.

Noch hatte der Mond von seiner Wasserbraut nicht Abschied genommen, und erst ein ungewisses fahles Licht dämmerte über die Felsspitzen, als es schon lebendig wurde, die Handwerksburschen in den Betten des Nebenzimmers schüttelten die Träume ab, das Stroh auf dem weiten Hausflur raschelte, wo die große Mehrzahl der Reisegefährten ihr billigstes Unterkommen gesucht und gefunden, und die Athletengestalt des

Wirtes in Hemd und Nachtmütze brachte mir Licht. Ich foderte meine Rechnung – die übrigen hatten schon, wie es hier überall gebräuchlich, ihre Zeche am Abend entrichtet –, und ich erwartete keine geringe Rechnung, nicht mehr als billig. Wer solche Vorzüge verlangt und erhalten hat, muß als Seigneur zahlen. Und man schließe auf das übrige, wenn ich für das Separatbette 15 Kreuzer Schein, das sind 2 preußische Silbergroschen, erlegen mußte! Für das Zimmer, für das Licht etwas zu fodern lag außer des Mannes Horizont. Wenn ich darauf bestanden, so hätte er vielleicht von neuem über meine Unverschämtheit geeifert. Das Zimmer enthielt, wie gesagt, vier Betten; wenn ich nun anfänglich statt des Zimmers vier Betten gefodert, so hätte ich durch Aufopferung eines Gulden Schein (acht Silbergroschen) das doch gehabt, was ich wollte, ohne es zu nennen. Ländlich, sittlich!

Der Morgen war bitterkalt auf dem Schiffe – ein warmes Frühstück im Wirtshaus zu fodern, hatte der Schiffer im voraus untersagt –, und die Müdigkeit wollte ihr Recht. Kaum daß mir die in unbeschreiblicher Klarheit aufgehende Sonne zu Hülfe kam, den Schlaf zu verscheuchen. Besser taten das die Heiligen, die noch immer bettelten.

Die Donau erweiterte sich; wir waren aus dem hohen, engen Felskanal in ein majestätisches Strombette gekommen mit nicht so imposanten, dafür aber desto reichern und mannigfaltigern Ufern. Wieder mehr Sandbänke, Inseln, Dörfer, Schlösser, Städte, eine wachsende Kultur. Hinter Ybbs, um Pöchlarn, Mölk beginnt der reichste Weinbau.

Um von *Mölk* zu sprechen, reichten nicht Kapitel,

und so sei denn hier nichts über dies reiche Stift gesagt, als daß ich nichts von sah, als wie es auf seinem Berge prangend thront, und darunter fortschiffte, ohne die gerühmte Gastlichkeit seiner Mönche anzusprechen. Was könnte hier nicht ein Liberaler, ein Ligorianer, was ein strenger Protestant und ein neu poetischer Katholik reflektieren! Ich seufze nicht drüber, daß es noch ein Mölk gibt, noch freue ich mich, daß die Aufklärung es noch nicht vermocht hat, dieses drittletzte Asyl mönchstümlicher Herrlichkeit anzutasten. Drei Freistätten sind nämlich in unverkürztem Reichtum den geistlichen Orden im Östreichischen verblieben, dies fürstliche *Mölk*, das kaum weniger reiche *Klosterneuenburg* und das *Schottenkloster* in Wien selbst. Viel Hungernde werden von den Brosamen der Klostertische gespeist, aber eine noch weit größere Anzahl Hungernder blickt gierig auf die vollen Tafeln selbst und frägt, weshalb sie für die Mönche noch immer und in aller Opulenz gedeckt sind? Die Mönche sollen darauf antworten, daß sie diesen fetten Tischen allein ihre Existenz verdanken, denn alle andern Klöster, die nicht so fette Tafeln hatten, wurden unter Joseph und zur Franzosenzeit säkularisiert oder beschnitten. Man lacht dir ins Gesicht, wenn du meinst, es könne auch an Mölk die Reihe kommen. Fast senkrecht, auf Felsengrund stehen diese ungeheuern Mauern, und die Sorge fand noch keinen Weg durchs Schlüsselloch in die Kreuzgänge, Zellen und Refektorien. Es sind keine sinnenden und spekulierenden Jesuiten hier, keine betenden Ligorianer, es sind wohlgenährte, freundliche, behagliche Mönche der guten alten Zeit, die leben und leben lassen, ungemahnt bei ihren Gelagen, zu denen an gewissen Festtagen jeder Gast ist, der Gast sein will, hundert und viele hundert, ungemahnt bei ihren Schmausereien in den hallenden Refektorien, daß in den Grüften unter ihren Füßen viele Geschlechter vor ihnen den ewigen Schlaf schlummern.

Einen ganz andern Anblick bietet das linke Ufer der wieder zum Felskanal gewordenen Donau. Ein schroff zackiges, grau dürres Gebirge erhebt sich steil am Uferrande aus den Rebenhügeln, höchst malerisch in seinen Formen, auch wenn seine Spitzen nicht mit der zerbröckelnden Burgruine gekrönt wären. Es ist der *Dürrenstein*, Richard Löwenherz' Gefängnis. Sage, Natur und Kunst vereinigt, den Anblick zu einem der romantischsten auf der Donaufahrt zu machen. Meister Zacharias war froh, daß er keinen Engländer an Bord hatte, er müßte sonst anlegen und ein paar Stunden warten, bis der Herr jeden Stein begafft und wenigstens einen in die Tasche gesteckt. Die Burg wäre schon jetzt viel kleiner; wenn das aber so fortginge, werde sie in Zeit eines Jahrhunderts in Portefeuilles nach England getragen sein.

Lachende Städte mit feudalistischem Hintergrunde auf den niedrigen Höhen über ihnen sind die Fronte gegen den Strom machenden Örter Krems, Mautern und Stein, dicht aneinanderstoßend. Hier erinnert die Donau lebhaft an einzelne Partien des Rheins. Der Wohlstand ist unverkennbar; man ahmt schon die Mode der Hauptstadt nach. Das beeinträchtigt aber nicht die patriarchalischen Sitten. In derselben Wirtsstube zu Krems – das Haus konnte allenfalls ein Hotel heißen – versammelte sich die gesamte Schiffsmannschaft, ob doch gleich einige Honoratioren, ich glaube gar, der

Bürgermeister selbst, dort ihr Frühstück zu sich nahmen. Es ist ein altsittlicher Vorzug der Wirtshäuser in Östreich, Salzburg usw., daß der Stand keinen Unterschied macht; jeder ist willkommen und gleich gut bedient, wenn er bezahlt, der Kellner fliegt zum Kärrner wie zum Baron, und nur wo Wirtstafeln sind, hat man Abschläge oder getrennte Zimmer für die gewöhnlichen Biergäste. Das hübsche Wirtstöchterlein, nach dem Modejournal schmuck angezogen, seufzte, als der galante Reisediener von Wien sprach, was das für eine Stadt sei, und auch Linz schon, was freilich noch nicht Wien ist, und die Träne trat ihr ins Auge, daß die Mutter es doch schwerlich erlauben würde, daß er sie nächsten Sonntag nach Linz kutschiere. Da es doch nur ein Versprechen war, konnte er ihr nicht gleich Wien anbieten; Wien hätte schon die Träne gelohnt, die mir um die *Stadt* Linz doch gar zu frivol schien im Auge der hübschen Kremserin. Das Gesicht war nicht zum Weinen gemacht.

Der schöne Strom wurde bald fast häßlich. Die Ufer verflachten sich; kahle Kies- und Sandbänke oder dürftig bewachsene Inseln bedeckten seine unendliche Breite. Es dünkte mich, die Wiener reichen Leute, deren Landhäuser schon hie und da zu entdecken waren, hätten sich in der weiten Umgegend der Kaiserstadt bessere Plätze aussuchen können. Am Nachmittag zwang uns der Wind, der Sandbänke wegen anzulegen, und wir wurden vertröstet, wenn er so fortdauere, die ganze Nacht hier liegen zu müssen. Wieder ein gestrandeter Kahn gab dem Argumente des Schiffers guten Grund. Aber der unwillkommene Vorfall ließ mich die gesegneten Donauufer doch auch einmal

Dürrenstein

in ihrer dürftigen Gestalt erblicken. Wohl hundert Schritt einwärts mußte Bein und Fuß wie durch Lavaschutt sich fortarbeiten, durch angeschwemmten Sand, der nicht fest werden wollte, ob doch schon mit Dornengestrüpp überzogen und selbst Bäume tragend. Auch die Vorstellung, daß alle Dörfer in Reichtum und Fülle wären, sollte hier zur Täuschung werden, denn das nächste, in das man uns wies, war nicht eben sehr verschieden von einem norddeutsch-wendischen; Strohdächer, enge Räume, ähnlich ängstlich mißtrauische Gesichter. Es gab Schwarzbrot, saures Bier, Armut, aber doch noch immer Wein, wenngleich der Schoppen vom allerbesten nur etwa einen sächsischen Groschen kostete! Aber für das Vergnügen war doch gesorgt, im Hofe war eine große, neu gedielte Laube zum Tanzen.

Der Wind werde wieder günstig, ließ der an Bord zurückgebliebene Steuermann sagen, und man eilte aus der neuen häuslichen Niederlassung aufs Schiff zurück. Doch hatten uns hier schon mehre Ungeduldige verlassen, wie die italienischen Auswanderer und die munteren Schiffer. Während Meister Zacharias mit jenen über das Mehr und Weniger der Fracht haderte, erließ er den letztern großmütig jede Bezahlung, weil sie rechtschaffen mitgerudert hätten. Wiewohl diesmal alles mit zugriff, was Hände hatte, um das Versäumte nachzuholen, war die Verspätung doch zu groß, und wir mußten noch eine Nacht hinter Tulln, am Fuß des Wienerwaldes, anlegen.

Ich wüßte nichts Auffälliges von diesem einsamen Wirtshause zu melden, als daß man mir, ohne daß ich es foderte, besonders deckte und ich doch nur denselben Taxwert mit den andern zahlte. Geschriebene

Rechnungen kommen überhaupt in den östreichischen Wirtshäusern selten vor. Jeder Artikel hat seine feste Taxe; du gibst an, was zu verzehrt und genossen, und der Kellner addiert es auf dem Tisch oder der Tafel. Auch hier wurde diese Rechnung vorm Zubettgehn berichtigt; ich sollte aber noch einen seltsamen Besuch in dem Zimmer erhalten, in welchem ich, fern über dem Hofe, eins der sieben aneinandergereihten Betten nach Wahl bestiegen hatte. Es war dunkle Nacht, denn die alte Sibylle, die mir geleuchtet, hielt es nicht für anständig, daß ich ein Licht bei mir behielt, und ich hatte seit Ybbs so viel Respekt vor den ländlichen Begriffen von Anstand, daß ich meine augenblicklich den ihrigen unterwarf und mich in ihrer Gegenwart auszog, damit sie das Lichtstümpfchen mitnehmen konnte. Nun war sie längst fort, es war dunkel, die Decke drückte wie ein Alp, als es an der Türe klinkte, atmete, hustete und sie aufdrückte. Was hereintrat in das öde, weite Zimmer, sehen konnte ich's nicht, aber es war kein Mann und kein Tier, also entweder ein Geist oder ein Frauenzimmer. Am Schenktisch stand am Abende die bildschöne Tochter der Wirtin; aber es war ein Gesicht von Stein, wenigstens gegen die Gäste, und rechnete viel zu genau und gut, als daß es eine Nachtwandlerin, eine kaltblütige oder warmblütige, sein konnte. Indessen, möglich ist alles, und diese Möglichkeit war nicht die erschreckendste aller Möglichkeiten. Jetzt drückte es mir leise auf die Schulter, und es war – nicht die bildschöne Wirtstochter, sondern die alte grundhäßliche Sibylle, welche mich schüchtern zu fragen kam, ob ich morgen vorm Aufbruch eine Schale Kaffee trinken wollte, und als ich ärgerlich ja gesagt, mich doch himmelhoch beschwor, es keinem weiterzusagen, denn sie käme sonst aus dem Dienst. Und nachher kam sie noch einmal, ob ich auch Zucker wollte, und ich glaube, noch einmal, ob ich Obers (Sahne) dazu wünsche, und morgens, beim ersten Tagesschimmer, stand sie mit der Schale an meinem Bette und bat mich fußfällig, es doch ja vor niemand nicht merken zu lassen. Um das Privatverdienstchen von ein paar armseligen Kreuzern für eine Tasse Kaffee hatte die alte Person vielleicht die Nacht mit Sorgen und Listen gerungen und lange, ehe der Tag graute, sich aus dem kummervollen Schlaf gerissen!

Noch fragte mich hier ein kurioser Schiffer, was ich denn eigentlich sei, wenn ich kein Engländer wäre, da ich nichts äße und nichts tränke, nicht Tabak rauchte und den Wein stehenließe, Schnaps auch nicht tränke und Bier nie gefodert hätte? Und nichts täte ich als nach der Karte sehen, mit dem Schiffsherrn sprechen und schreiben. Das paßte sich wohl für einen Engländer, aber nicht für einen Menschen.

Hinter Tulln fangen mit dem Wienerwalde zur Rechten wieder die reizenden Ufer an; indes gehören sie von hier an mehr zu den Wiener Lustpartien als zu einer Donaufahrt – Schloß Greifenstein, Klosterneuenburg, der Leopoldiberg – und sind schon besonders berührt. Vor der Nußdorfer Barriere ist die Schiffahrt zu Ende, und wenn sie lustig bis hier war, endet sie verdrießlich und langweilig mit den Visitationen.

Chronologischer als in den andern Bildern habe ich die Fata dieser Donaufahrt aufgezählt, eine Episode zu dem Bisherigen, weniger damit der Leser von den Reizen als von den Unannehmlichkeiten eine Vorstellung

Greifenstein

erhalte und von der zurückkomme, daß es eine so leichte, anmutige Spazierfahrt sei als auf dem Rheine.

Erinnert wurde ich oft an die Mühseligkeiten und Mißverständnisse, welche dem Engländer Planché (dem Ehrn-Textdreher zu Webers »Oberon«) auf dieser Wasserfahrt begegneten und die er, nur etwas trocken, zu anderer Erbauung beschrieben. Er glaubte zuweilen des Abends in Barbarenhütten zu treten, und des Morgens beim Abschiede konnte er sich von dem lieben Familienkreise kaum vor Rührung trennen.

Magnatenpaläste

In der Rossau, der Vorstadt gegen das Gebirge zu, liegt der *Liechtensteinsche* Palast. Er wird weniger von den Wienern als von den Fremden besucht, wiewohl sein Park schon an und für sich und die malerische Aussicht aus den Fenstern desselben auf die Gebirge, die zu dem großen Park wie zu gehören scheinen, unter den reizendsten Partien und Vuen der Kaiserstadt zählt.

Schon wenn du eintrittst durch den grünen Vorhof in die mächtigen Hallen des Palastes, überkommt dich das Gefühl einer Größe. Auf den ersten Blick siehst du, man hat hier nicht zum Nutzen gebaut, diese Pfeiler und Gewölbe werden nie die Interessen ihres Kapitals einbringen, sie sind ebensowenig notwendig, um die obern Stockwerke zu tragen, auch um damit zu glänzen, wurden sie nicht aufgerichtet, denn von einer modernen Pracht hat die Fronte des Palastes wenig, auch läge sie zu diesem Zweck zu ungünstig versteckt. Ein anderes Gefühl der Notwendigkeit schuf hier groß und würdig, dasjenige, welches einen Dichter zwingt zu dichten, auch wenn er weiß, daß es niemand versteht, mitfühlt, liest, denkt; ein Gefühl, das heute bei Dichtern und Bauherren selten ist; es gehört einer andern Zeit an, wo man an ein Werk ging, um *sich* zu genügen.

Denselben ehrenwert großartigen Charakter, der dich mit der Macht des Adels, weil sie sich berufen fühlte, groß zu wirken, versöhnen kann, triffst du im ganzen Gebäude, dessen Stil übrigens weder der Vorzeit noch unserer angehört. Nichts Wohnliches, aber alles fest und würdig, und statt der Familie ist nun das Würdigste eingewandert, was sie besitzt: ihre Kunstschätze.

Es ist nicht meine Absicht, indem ich Bilder aus Wien, wie es sich mir dargestellt, entwerfe, die Bilderschätze, welche die Mauern seiner Paläste umschließen, aufzuzählen und zu schildern. Bedeutende Mittel, ernster Sinn und – Glück ließen in einer Zeit, wo es leichter war als jetzt, Wiens Große aus der Lombardei, Rom, Frankreich, den Niederlanden und Holland Schätze ansammeln, welche heut auch der reichste Engländer nicht mehr zusammenbrächte. Wien ist so reich daran, daß es wieder zum Stapel- und Handelsplatz für Kauflustige wird. Sammlungen zerfallen, und der Liebhaber kann hier in vieler Hinsicht Besseres billiger finden als in dem geplünderten Italien, das sein Gerettetes mit eisernen Armen umklammert und nur das Verdächtige und Anrüchige englischen Nabobs herausgibt. Vernünftige Reiche sollten zur Überzeugung kommen, daß die Zeit vorüber, um von alten Meistern zu sammeln, und ihr Gold darauf verwenden, statt aus Rumpelkammern verblichene, zweifelhafte Originale zu erstehen, mit mäßigern Kosten, welche den lebendig Schaffenden und Strebenden, nicht den Handelsleuten, zugute kommen, Sammlungen anzulegen, die einst ähnlichen Wert gewinnen, jetzt aber den unstreitig größern haben, die junge Kunst zu fördern. Galerien der alten Kunst anzulegen war die Aufgabe der Fürsten und hohen Aristokratie einer vergangenen Epoche. Das ist abgetan, sie mögen bestehenbleiben als Dokumente großartigen Sinnes; unsere industriöse Zeit hat nicht die Aufgabe, Ruinen zu bauen, sondern Wohnhäuser. Unsere Reichen, die gewordenen oder geborenen, sollen die Kunst pflegen, welche lebt und Leben schafft.

Wunderbar reichhaltig sind diese Privatgalerien, welche fast zu jeder Zeit dem Publikum offenstehen, obschon zu wünschen wäre, daß in der Einrichtung zum Besten der Beschauenden und derer, die das Führeramt übernehmen, noch manches gebessert und fester eingerichtet wurde. Besser wäre es, wenn an bestimmten Tagen und Stunden die Galerien, und zwar sämtliche Zimmer, offenständen, damit der Kunstfreund, sich selbst mehr überlassen, nicht genötigt wäre, dem treibenden Cicerone zu folgen, der seine oft große Herde zusammenhalten muß und den bloß Neugierigen, den Kenner und den Enthusiasten nach demselben Zeitleisten abfertigt. Es ist nicht wie in den Galerien so mancher reicher Sammler, wo man nach ermüdendem Umherstreifen unter Unbekannten endlich eine halbe Größe findet, die der Sinn gierig auffaßt; hier drängt sich Frisches, Schönes und Bedeutendes, und der Sinn ist trunken von der Fülle, ohne alles genossen zu haben.

Aus allen Kunstschulen finden sich kostbare Stücke im Liechtensteinschen Palais aufgestapelt. Wie billig überließen wir die Franzosen, auch die besten aus ihrer

Sommerpalais des Fürsten Schwarzenberg in Wien

bessern Zeit, den geräumigen Vorsälen und schwelgten an den Schätzen aus Italiens Kraft. Grade an ausgeführten Meisterstücken der namhaftesten Maler ist diese Galerie so reich wie zum Beispiel die große Dresdner an mittelmäßigen. Nur einige erste Matadore ragen da strahlend hervor unter der großen Masse, die uns gleichgültig läßt, während hier zwar nichts so Eminentes ist wie Dresdens Madonnen, dagegen fast *alle* Bilder tüchtig sind und durch die Frische und Wärme ihres Kolorits bestechen. *Guido Renis* aus seiner besten Zeit (ein Christuskind, das auf dem Kreuze schläft, ungemein lieblich der große Gedanke ausgeführt), treffliche *Andrea del Sartos*, ein *Perino del Vaga*, eine liebliche Venus von *Correggio*, eine Lautenspielerin von *Caravaggio*. Ein ungemeiner Schatz von trefflichen *van Dycks*, *Rubens*, ein seltener *van der Helst*, *Ryckaert*, *Rembrandt* und unter den Landschaftern, Genremalern, Altdeutschen und Niederländern im obern Stockwerk Stücke, die in der Masse dessen, was man durchfliegen muß, verschwimmen, aber auf weit mehr Würdigung Anspruch hätten.

Ein Bild hier wird mir nie aus dem Auge verschwinden. Es schien, wie jener von Rubens sagt, daß er mit Blut male, mit Feuer gemalt; so brannten die Farben, ohne daß sie grell gewesen wären. Eine schöne Frau von *Giorgione*, ein Bruststück. Wer es ist, weiß ich nicht; soll es eine Lucretia sein oder eine symbolische Anspielung auf die Römerin, indem auf dem Papier, das sie in Händen hält, geschrieben steht: nec ulla impudica Lucretiae exemplo vivet? Aber dieser Mund, diese Stirn, dieser Blick, dies Gesicht lebt nur einmal, wenn es je gelebt hat. Die Unschuld ist fort; aber man fragt nicht mehr nach der Unschuld in den Regionen, zu denen uns diese schöne Gorgone erhebt, eine Frau, vor deren Willen eine Welt erzittern könnte. Drei Mauern trennten uns schon von ihr, und sie blickte noch immer uns nach.

Weit hinaus in der entgegengesetzten Vorstadt Mariahilf liegt das *Esterházysche* Palais, unförmlicher noch versteckt wie das Liechtensteinsche, als Gebäude von keiner Bedeutung, doch verhältnismäßig mit keiner minder reichen Galerie versehen. Die Anordnung nach Schulen ist hier exakter; es ist mehr an die kunstliebenden Fremden gedacht als an den Schmuck des Hauses, die Gemälde sind im günstigen Lichte aufgestellt, kostbare *Rembrandts*, ein *Raffael*, kräftige *Domenichinos;* aber was der Esterházyschen Sammlung für Deutschland einen eignen Wert gibt, sind die beiden Zimmer mit *Spaniern*.

Welch eine neue Welt geht uns hier auf! Mit Schmutz haben sie gemalt, die *Murillos*, die *Velasquez*, einen Borstwisch, so scheint es, gebraucht statt des Pinsels und welche Gesichter damit ins Leben gerufen. Da ist ein Ernst, wie ihn kein Italiener, selbst ein Raffael nicht, gekannt, eine Glut über die Sinnlichkeit hinaus. Aus den hohen Stirnen, den dunkeln Augen, dem verschlossenen Munde leuchtet jene tiefe Inbrunst, die zum Märtyrtume und zum Fanatismus treiben kann, durchaus katholische Andacht im erhabensten Sinne des Wortes, und dabei der helle, durchdringende Verstand, der den Spanier auszeichnet, und jene stolze Züchtigkeit, die die Brunst begleitet und die Glut mildert. Wer, der die italienischen, die altdeutschen Madonnen gesehen, hätte geglaubt, daß es noch eine dritte

Art gäbe, die Jungfräulichkeit einer Mutter darzustellen? Die Spanier haben sie gefunden. Aus dem Innern ihres tiefen Sinnes heraus haben sie diese Marien geboren, die ganz Andacht sind, Hingebung, und doch Verstand dabei. Es weiß diese Jungfrau Maria, was es bedeutet, den Heiland der Welt zu gebären; aber ganz bewundernde Hingebung in den unergründlichen Willen, ist darum nichts in ihr von Überhebung und Hochmut. Sie ist lange nicht so schön als Raffaels Jungfrauen, nicht so kindlich unschuldig wie die Hemling-, van-Eyckschen, aber ihre Unschuld steht um viele Grade höher, denn sie ist über alle Versuchung hinaus, und der Adel ihres Gesichtes ersetzt vollkommen die irdische Schönheit, die uns selbst in Raffaels Madonnen – nur die Sixtinische nicht – an die sterblichen Originale des Malers erinnert.

Wie konnten die Spanier bei dieser technischen Unschönheit, bei dieser Art, mit den Farben zu schmieren und zu klecksen, es möglich machen, fragt man sich, diese Urbilder tiefer geistiger Empfängnis so ergreifend hinzustellen? Ihre Manier von einem Nichtspanier wäre unerträglich. Und doch, mit jedem Blicke länger schwindet etwas von dem Fremdartigen; wir gewinnen es lieb, es fesselt, hebt uns, reißt uns hin. Es ist nicht die irdische Schönheit, es ist der Adel des gotterfüllten Menschen. Durch alle diese spanischen Gemälde waltet ein schlagender Gegensatz gegen die Italiener, deren höchste Andacht immer den irdischen Funken nicht verleugnet und deren Schönheit sich so selten von der Üppigkeit trennt. Willst du mit einem Bilde wissen, wie der Spanier ist, so vergegenwärtige dir *Tizian*, und wenn du dir das Gegenteil von ihm klargemacht, so hast du den spanischen Charakter. Aber um deshalb verwechsele nicht *seine* Züchtigkeit mit der alt- oder modern-deutschen. Die des Spaniers ist weit entfernt von der Prüderie oder der herben sittlichen Strenge, die im Charakter des Nordens liegt. Er ist durch und durch Südländer. Achtet doch auch der Araber die Sitte. Im übrigen findest du viele Anklänge, wie sich dir hier der Charakter des Spaniers entfaltet, mit dem deutschen. Der Spanier und der Germane reichen sich über Kreuz die Arme, während Franzos und Italiener als Welsche Hand in Hand gehen.

Der reiche Besitzer dieser reichen Schätze ist jetzt nicht mehr reich. Derselbe Fürst, der durch den ganzen Kaiserstaat fahren kann und keine Nacht außer seinen Besitzungen zubringt, ist in diesem Augenblick nicht freier Herr über eines seiner Güter. Sie werden für die Gläubiger sequestriert, welche auf seinen ungarischen Herrschaften dreihundert, auf seinen Schlössern in Wien allein siebenzig Beamte entlassen haben! Es gibt eigne Esterházysche zinstragende Papiere, die an der Wiener Börse mit den Metalliques rivalisieren. Was man von dem Aufwande des Familienhauptes und dem seines Sohnes, des Gesandten in London, erzählt, würde auch in einem persischen Märchen gut klingen. Es ist jetzt sogar die Rede davon gewesen, diese kostbare Galerie zu veräußern!

Die Zahl der Privatgalerien ist noch sehr bedeutend, zum Beispiel die gräflich *Czerninsche*, die fürstlich *Collaltosche* – letztere besonders reich an ausgezeichnetem Elfenbeinschnitzwerk, darunter kostbare Arbeiten Dürers –, auch bürgerliche Häuser in Wien haben sehr beachtenswerte Gemäldesammlungen. Um sie alle zu studieren und zu genießen, reicht keine Besuchszeit.

Durch keine Galerie, aber durch seinen stets offenen großen Garten ist auch das fürstlich *Schwarzenbergsche Schloß* eine Erholung für das Publikum. Mehr französischer Garten als Park, liegt er in drei Terrassen über der Stadt in einer ihrer Vorstädte und bietet die angenehmsten Spaziergänge für das Publikum, das denn auch von der Freiheit vollen Gebrauch macht.

Aufklärung

Die Gasbeleuchtung ist in Wien noch nicht eingeführt, doch fehlt es nicht an Helligkeit auf den Straßen und in den Häusern – in Kapellen brennen sogar Ewige Lampen –, und dicht am Kärntnertor befindet sich ein Büro, wo für die schnellste Aufklärung gesorgt ist. Die hiesigen Zündhölzer, Zündfidibus, technischen Feuerzeuge sind berühmt, und was man Gutes in Deutschland darin hat, ist größtenteils aus Wien gekommen, wie denn Wien nicht Wien wäre ohne seine weltberühmten Feuerwerker.

Man sieht auf den Straßen rauchen. Wenn es auch nicht erlaubt ist, so ist es doch auch nicht verboten; ein Fortschritt in der polizeilichen Aufklärung, zu dem *wir* trotz eines doppelten Besuches der Franzosen noch nicht gelangt sind, welche bekanntlich sogar in den Ställen und auf den Kornböden rauchten, und es brannte nie, wodurch das alte Vorurteil, einer düstern Feudalzeit angehörend, daß durch Tabakspfeifen Feuer auskommt, für alle Freunde der Aufklärung längst widerlegt ist.

Auch steht ein heidnischer Tempel mitten im besuchtesten Volksgarten, und er ist von morgens acht Uhr bis abends um sechs offen, und jedermann kann eintreten und den Theseus verehren oder den Zentaur oder Canova, den Schöpfer beider, und niemand verwehrt es, und niemand notiert die Namen der Anbeter vor diesen heidnischen Gottheiten, die von Fremden und Einheimischen bewundert werden.

Ein anderes Ungeheuer ähnlichen Namens als der Zentaur, die *Zensur*, ist doch davon sehr verschieden, unter anderm darin, daß Theseus den Zentaur totschlug, die Zensur ihren Theseus in Wien aber noch nicht gefunden hat.

Von der Zensur ließe sich sehr viel erzählen. Aber nicht alle Erzählungen klingen gut. Nicht zwar wie jener in Br... streicht hier die Zensur die Worte des Geistlichen, welcher, den tugendhaften Entschluß der Braut, einem russischen Offizier zu folgen, belobend, in der Traurede sagte: »Selbst in den rauhen Norden folgt die Zarte dem Erwählten«, weil dies der russische Kaiser übelnehmen könnte; aber dafür würde hier gestrichen werden, wenn es in der Rede hieße: »Selbst in den heißen Süden scheut sich die Zarte nicht, dem Erwählten zu folgen«, wenn sie einen Offizier heiratete, der in Bologna steht.

Der Theaterzensor, um nur etwas herauszugreifen, muß ein Freund von idealen Charakteren sein, denn er verwirft zum Beispiel alle Titel mit Realität für Östreich. Die Ifflandschen *Hofräte* werden hier *Justizräte*, die es ob und unter der Enns nicht gibt. Der *Referendarius* muß hier wieder *Auskultator* werden oder zum *Assessor* avancieren. Am schlimmsten geht es den *Kanzlern* und *Präsidenten;* sie werden ohne Erbarmen zu *Vizedoms* gemacht, die seit Agnes Bernauerin in so übeln Ruf gekommen. Auch Hofmarschälle sind nicht geduldet; in »Kabale und Liebe« heißt es daher: »Luise, kannst du den Geheimen-Obergarderobemeister lieben?«; denn Kalb als Hofmarschall zu lieben, verbietet der armen Pfeiferstochter schon die Zensur; an einem Obergarderobemeister, denkt man, ist nichts zu verderben. Nebenbei ist bekannt, wie die Theaterzensur für die allgemeine Sittlichkeit Sorge trägt und außer Blutschande, Kindermord und Vatermord auch alle Geistliche, Pfarrer und gar zu böse Väter von der Bühne verweist. Für die Pfarrer nimmt man Rektoren, für böse Väter böse Oheime, und gar zu anstößige Söhne werden zu Neffen degradiert. *Kurländer* hat die kleine frivole Pièce »Ma femme et ma place« für Wien bearbeitet. Da nimmt es sich denn höchst drollig aus, den Posten vergebenden Minister in den Prinzipal eines großen Handlungshauses verwandelt zu sehn, bei dem seine Kommis zu Dutzenden schriftlich um bessere Stellen einkommen!

Nach diesen Grundsätzen ist es begreiflich, daß jedes ausländische Stück eine Umschmelzung erleidet, die ihm oft ein kurioses Ansehen gibt und fremde Gastspieler nicht wenig in Verlegenheit setzt. Doch ist man nachsichtiger und erlaubt einem protestantischen Schauspieler schon, die Jungfrau im Munde zu führen, während sich der Einheimische mit einer Heiligen begnügen muß. Übrigens interpretieren sich die Schauspieler diese strengen Edikte auch auf leichte Art. Zum Beispiel lassen sie den im ersten Akt zum Onkel gemachten Vater im nächstfolgenden wieder Vater werden, den Neffen Sohn, und Blutschande kann immer getrieben werden, wenn es nur nachher herauskommt, daß es bloße Täuschung war, und ein »Neunundzwanzigster Februar« passiert als »Wahn« ohne Hindernisse. In ältern Stücken ist man viel milder; so kann es in der »Lanassa« heißen:

Zur Freiheit ist der Mensch geboren,

und Marquis Posa dem König Philipp die stärksten Dinge sagen; man drückt ein Auge zu und läßt es die im Grabe ruhenden Zensoren aus Kaiser Josephs Schule verantworten. Wien ist von Posas Reden noch nicht in den Abgrund versunken, Napoleon *davon* nicht bis Wien geführt, und ebensowenig war es der großwortige Malteser, welcher dem Hauptmann Reindl eingeflüstert, auf den König von Ungarn zu schießen.

In Drucksachen ist die Ängstlichkeit nicht minder groß. Man lächelt in den höhern Regionen, wenn der Zufall den Waltenden dort Schnitzel, abgefallen von der Schere eines subalternen Zensors, zuträgt; und auf dies liberale Lächeln wird Gewicht gelegt, aber es bessert nur nichts. Wie sollen in dem großen Kaiserstaate alle Zensoren so erleuchtet sein, um mit den Forderungen des Gesetzes die momentanen Interpretationen des regierenden Willens in jedem einzelnen Falle zu ermessen! Schon in Staaten, wo alle administrative Tätigkeit auf ernste Schulstudien basiert sein muß, hält es schwer, umsichtige und zugleich kenntnisreiche, selbständige und zugleich willfährige Zensoren zu gewinnen; um wieviel schwieriger in Östreich? Es ist eine so ernste Materie, daß man unwillkürlich aus dem Scherz, der uns am leichtesten über das verdrießliche Thema zu bringen versprach, in den Ernst zurückfällt; aber es ist ein Ernst, der ans Leben greift und darum sein Recht will.

Konsequent hält man fest am Prinzip: Keine geistige Erkenntnis soll *verbreitet* werden als die altüberkommene, als unschädlich geprüfte; konsequenter als in einem liberalern Staate, wo man urplötzlich nach hundertjähriger Gedanken-, Sprach- und fast vollkommener Preßfreiheit das Intelligenzwesen nach den Edikten von 1730 regulieren wollte und damit – nichts bewirkte als Spott und Ungunst innen und außen. Aber diese über hundertjährige Konsequenz in Östreich hat sich's bequem gemacht. De jure ist alles verboten und de facto alles erlaubt. Dieser De-facto-Zustand hat sogar schon einen gewissermaßen gesetzlichen Anstrich. Man rühmt es dir, daß die allergefährlichsten und verbotensten Schriften in aller Händen sind, wie denn wirklich, wer in Wien etwas lesen *will*, es auch lesen *kann*. Denn weit davon ist das Gubernium entfernt, um eine Erkenntnis zu unterdrücken, ein Ketzergericht anzustellen und Bücher zu verbrennen. Es weiß sehr wohl, daß man im neunzehnten Jahrhundert eine Idee nicht mehr vernichtet, und lacht im stillen über die Länder, die im Glauben, das ginge noch, es ihm im Buchstaben nachtun wollen. Darum läßt es zu, was nicht zu ändern geht, und sorgt nur dafür, daß sie nicht weiter *verbreitet* wird, als unumgänglich ist. Während die Reichen und Unterrichteten in Wien königsmörderische Broschüren und republikanische Zeitschriften nach Lust und Vergnügen lesen, hält es in Prag schon schwer, verbotene wissenschaftliche Bücher zu erhalten, und in Linz und Graz müßte die Wißbegier Witz und Geld aufwenden, um sich eins zu verschaffen. So wird, während in andern Staaten die Privilegien dem allgemeinen Willen weichen, hier eines im Reich der geistigen Angelegenheiten eingeführt.

Ließe auch das aus höhern Rücksichten sich entschuldigen, daß Millionen verdammt sind, um halbe Jahrhunderte zurückzubleiben hinter den Fortschritten ihrer Nachbarvölker, daß sie auf den großen Markt geistigen Austausches das Ihrige nicht bringen dürfen, nicht mitstreben, nicht miterwerben, selbst ausgestoßen von der Konkurrenz bei jener höhern geistigen Industrie und nur vertreten von einigen wenigen, die sie nicht erwählt haben – wer schützt sie vor dem ewigen Fluch bei jedem geistigen Prohibitivsystem, vor dem verführerischen Lustre, der dem Verbotenen anhaftet? Schon jetzt macht die geheime Zauberkraft der verbotenen Lektüre sich geltend; vieles, worüber wir im Norden lächeln, erregt in Wien Aufmerksamkeit und kann im innern Lande, wo noch weniger Schulkenntnisse der falschen Darstellung entgegenwirken, zünden, sobald es materielle Interessen berührt. Liebe und Vertrauen sind im Volke und werden auch noch lange bleiben, aber mit der Schulbildung fehlt auch jener sittliche Glaube – Frucht des mit unserer Reformation reformierten Schulwesens –, welcher in protestantischen Ländern *kräftiger* als die Mahnungen royalistischer Schriftsteller den revolutionären Lockungen widerstanden hat. Glaubte das Volk in Östreich erst den Verstandesbeweisen, daß ein republikanischer Zustand für jeden einzelnen der vorteilhafteste sei, dann wäre dem Strom kein Damm mehr entgegenzusetzen; denn durch Erkenntnis die verirrte Erkenntnis auf den rechten Weg zu bringen, gab die Regierung selbst die Mittel aus der Hand.

Es heißt ein Grundsatz im Östreichischen: Décorer le pays! Man stellt zwar nicht wie Potemkin für die reisende Katharina schöne Kulissen an der Landstraße auf, denn dazu ist man zu ehrlich und gescheut. Aber man firnißt, wo man kann, was an sich nichts Schlimmes ist, wenn das Gemälde sonst Wert hat und Firnis verträgt. Daher die kostbaren Titel der jüngst geadelten Geldedeln mit den Resonanznamen Klaun Edler von Klaunfels, Thor Edler von Thorstein, Buba von Bubabach und Blitz von Blitzstrahl. Daher die so äußerst bequeme Adelung jedes Partikuliers für die Konversation, die gnädigen Herren, deren soviel sind wie Pflastersteine. Daher die Heiducken, Mohren, Jäger, Läufer, daher Bibliotheken, wissenschaftliche Institute und der *Glanz* der Bildung in der Hauptstadt, der man sogar jetzt einen liberalen Anstrich gern läßt. Daher, was so ganz von uns verschieden, sieht man es nicht ungern, wenn der Geschäftsmann sich literarisch-künstlerisch nebenbei einen Namen macht, der bis ins Ausland dringt, und während unsere Präsidenten über den bloßen Gedanken, ein sogenanntes »Genie« in ihrem Kollegium zu haben, stöhnen, zeigt man ihnen in Wien Aufmunterung und berücksichtigt sie vorzugsweise, denn sie dienen pour décorer le pays. Daher die neu angeordnete Zensur für alle Mitteilungen von Wien ins Ausland. Denn aus eigentlich politischen Rücksichten kann das nicht sein, indem schlimmer, als schon geschehen, Östreich von der liberalen Presse in Frankreich und England nicht gezaust werden dürfte. Daher auch – ob ganz daher, behaupte ich nicht – das Prosperieren der mancherlei beredten Glücksritter, deren Gabe, den Firnis der Beredsamkeit über die Dinge, wie sie sind, zu streichen, bei uns nicht anerkannt wurde und dafür glänzende Würdigung in Östreich fand. Dieser Firnis überglänzt keine innere Hohlheit, es ist nicht der Aushängeschild eines wurmfräßigen Gebäudes; aber er ist etwas Fremdes zu dem organischen Lebensbau des östreichischen Volkes und Staates. Oft hörte ich Freunde desselben seine Prohibitivgesetze verteidigen: Man wolle ja nicht den geistigen Aufschwung unterdrücken, der von innen heraus naturgemäß sich entwickele, nur hüten wolle man die zarten Keime vor fremder Ansteckung und so kräftigen Wuchs, statt zu hemmen, befördern. Aber wozu denn doch fremden Schein borgen? Wenn dies selbständige Leben stark genug ist, warum denn nicht unter eignem Schilde falschen Anfoderungen entgegentreten? – *Aller Ehren ist Östreich voll*, interpretiert ein junger östreichischer Dichter die Vokale, und er singt in dem Gedichte die ehrenvollen Taten der Habsburger, Taten, die mehr sind in sich, als pour décorer le pays, und wären sie nicht genug, Schildhalter zu sein gegen die, welche nur ausgehn auf die Schwächen des Staates?

Einige Besserung im Zensurwesen wird in letzter Zeit bemerkt. Nicht, daß man milder geworden im Prinzip, aber die unverständige Anwendung und Auslegung desselben von früher ist jetzt, wo die Ausübung in die Hände unterrichteter Männer gediehen, nicht mehr zu besorgen. Namentlich rühmt die allgemeine Stimme hierin die umsichtigen Bemühungen *Deinhardsteins*, seit er Zensor geworden.

Liberalismus

Die liberale Stimmung hat merkwürdige Fortschritte in Wien gemacht. Eine, soviel ich Gelegenheit hatte, sie kennenzulernen, indes sehr verschiedene von jenen Bestrebungen, die durch Stoßseufzer, Worte oder Taten den alteuropäischen Boden von Grund aus umackern wollen, um überall zehntenfreie Neubauten anzulegen. Während man anderwärts meint, die Wurzel des Übels sei der Aristokratismus, und wenn die historischen Namen ausgerottet und der Begriff regiere statt der großen Erinnerungen, sei die vollkommene Welt an der Schwelle, läßt der Wiener Liberalismus die Aristokratie beiseite. Seiner ist nur aus dem Bedürfnis nach Luft entstanden. Die Aristokratie ist gewaltig, *sie* aber dünkt ihm weder Geist noch Leib, wenigstens scheint sie's nicht. Er will nur für sich Freiheit, diese Freiheit verlangt er von der Regierung und ließe gern, was daneben leben mag, am Leben. Wann er einst in den Adelsrechten einen mit ihm um das Dasein ringenden Rivalen fände, ist eine Frage, welche die Gegenwart noch nichts angeht. Feudaldruck ist im eigentlichen Östreich unbekannt, große Männer sind aus dem Adel hervorgegangen, leuchtende Namen, die Familien haben ihre Ehre durch würdige Stiftungen populär erhalten, der Adel hat also noch *mitgelebt mit der Zeit;* solange dies der Fall, ist er nirgend der Gegenstand des Hasses. Das tritt erst ein, wo er stagniert, verknöchert, versteinert, wo er diese Absonderung von dem allgemeinen Lebensflusse inne wird und, statt alles daranzusetzen, sein Blut auch wieder flüssig zu machen, zusammenhält und mit der Gier eines Geizhalses das Überkommene festhält und verschließt. Ob dieser Wendepunkt hier gekommen, mag ich nicht entscheiden; gewiß ist, daß dem östreichischen Adel das große Lebenselement abgeht, welches den englischen und schwedischen so lange mit dem Volke in Verbindung hielt, die untadelige Vermischung mit dem Bürgerstande. Denn auch hier regiert in aller Herbigkeit das gespenstige Phantom von der Reinheit des Blutes.

Der Wiener Liberale sucht sein und der Welt Heil nicht darin, wenn die Liechtensteine und Esterházys nicht mehr sind als er; er seufzt nur nach Aufhebung der Sperre um sein schönes Land, daß hinaus- und hereinkönne, was da will, daß der Gedanke freigegeben werde, sich zu gestalten in Wort, Schrift, Tat, wie er will, und daß sein Östreich zu der Höhe sich schwinge unter den gebildeten Staaten Europas, wozu seine örtliche Lage, seine Macht, seine reiche Natur es zu berechtigen scheinen. Er will nicht andere um einen Kopf kleiner machen, um selbst größer zu sein, er will nur die Freiheit haben zu *wachsen*, und was daneben auch noch wachsen kann und mag, dem verbietet er's nicht. So spricht sich in den *»Spaziergängen des Wiener Poeten«* der Liberalismus aus. Indem ich immer wieder auf diesen zurückkomme, verrate ich unwillkürlich meine

Vorliebe für ihn. Sie ist indes keine parteiische; die Person des Autors, der entfernt von Wien lebt, ist mir völlig unbekannt. Aber indem ich sie mir aus seinen Gedichten herausgebildet, wurde er mir ein Freund, mit dem ich gern verkehre. Ganz mitgefühlt und verstanden habe ich ihn indes erst, als ich den Grund und Boden kennenlernte, auf dem er gedichtet, und seine Schritte verfolgte.

Welche Blasphemie, ihn zusammenwerfen mit den im Begriff Verknöcherten, den lebensfrisch Hoffenden mit den mißgünstig Zerstörenden, die auch mit dem Feldgeschrei »Vorwärts!« stürmen, aber nicht aus reichem Schoße Saatkörner streuend und Reben pflanzend, sondern mit der Hippe zur Ernte alles dessen, was vorragt; erst mähen sie die summa papavera und dann weiter in Glauben, Erinnerung, Kunst, Wissenschaft, um einen Gott zu konstruieren, der selbst in den glühendsten Phantasiebildern der Schwärmer unter ihnen ein sehr nüchterner bleibt, eine Herrschaft zu proklamieren, deren höchstes Prinzip der Nutzen, deren Triebfeder die Selbstsucht. In dem Munde eines Börne das Lob meines Spaziergängers zu finden hat mich gekränkt. Was haben beide gemein? Doch ich lasse jenen dämonisch für gar nichts als die blanke, bare Zerstörung Entflammten aus dem Spiel; die ihm zunächst, die begeistert sind für eine Gleichheit, die sie möglich denken, die sie sich vorlügen in Amerika, die noch den trostlosen Schemen ihrer vergötterten Anbetung, die Industrie, unter schön tönenden Namen von Menschenliebe, Weltvervollkommnung verhüllen, was haben diese Liberalen mit ihm gemein? Einen Namen freilich; sie sprachen auch von einem Völkerfrühling. Wie viele glaubten daran, und wer mag die blasierte Frucht der Reflexion, die Spätgeburt der Überbildung, die Fata Morgana, nach deren Ufern das Mißvergnügen Anker auswirft, den letzten Hafen für die, welche alle andern Häfen verschlossen finden, mit dem Frühling vergleichen? Anastasius Grün, ein glücklich gewählter Name von dem Jünglinge, ist ein von Frühlingswehen und Frühlingslust durchschauerter Patriot. Er glaubt und hofft und liebt. Er liebt sein Vaterland, sein Deutschland, sein Östreich, den Schauplatz der Ehren seiner Väter, den Fleck, wo seine Wiege geschaukelt, er liebt die glorwürdige Erinnerung, er hält sie nicht unverträglich mit der Hoffnung einer bessern Zeit. An diese glaubt er fest, und sein Zorn, daß man sie noch fernhält, wird nicht Grimm, nur als Wehmut spricht er sich aus. Sein Liberalismus ist nicht totgebornes Kind des Verstandes, sondern ein jugendlich frisches des Herzens. Was er uns gibt, ist etwas Empfundenes, wenn auch nicht alles Empfundene wahr ist. Fesseln will er zersprengt, das Gängelband fort, den Hemmschuh los, die Nebelkappe fortgerissen, in die Lust soll das Licht. Freilich mag es uns bedünken, daß er, vor Wonne geblendet, in einem thyrsusschwingenden Zuge, bedingt Notwendiges überspringt; aber ich spreche hier nur von der Gesinnung, und indem ich mich seiner freue, würde ich ihn noch nicht zum Premierminister machen, wenn ich Kaiser wäre. Aber als Kaiser würde ich mich freuen, wenn viele Jünglinge in meinem Lande so empfänden. Denn ein Jüngling soll anders empfinden als der Mann. In seinem Bacchuszuge sind keine Mänaden.

Er gestaltet doch aus dem *Vorhandenen;* er will nicht

erst wie die andern vernichten, um von vorn anzufangen. Die Grüfte unter dem St. Stephan, die Gewölbe vom Heiligenkreuz sind ihm Fundamente; es ist ihm nichts gleichgültig von dem, was gewesen, alles Ehrwürdige, Große, alles Liebliche und Heilige ist eine Stufe zu dem, was kommen soll. Und dies ist der durchgängige östreichische Charakterzug, der, selten heute, uns wohl tut: beim Liberalen und dem blindstarren Anhänger des temporis acti ein und dieselbe innige Anhänglichkeit an das Menschliche, ein Gedanke: Fürst und Vaterland. Sie lieben ihren Kaiser, des Kaisers Frau, des Kaisers Kinder, Schwester, Schwesterkinder; grade so weit geht diese Liebe, als der liberale Spott diese menschlich-persönliche Lebensader, die sich durch den metallenen Gedanken von Staat und Gesetz versöhnend durchschlängelt, lächerlich macht. Derselbe Bürger, der sein Vermögen im großen Staatsbankrott verlor, weint Freudentränen, wenn er seinen Kaiser sieht, und der Dichter kann sich die Freiheit, die er seinem Vaterlande erfleht, nicht anders denken als *mit* dem Vater Franz, dessen Stirn ein dreifaches Kronenband umzieht:

Jene alte goldne Krone, deren Glanz, bevor sie sein,
Durchgewallt vom Haupt zu Haupte
seiner Ahnen weite Reihn;
Jene schöne Silberkrone,
deren schützend Zauberband
Um des Greises Haupt das Alter
weiß und rein und heilig wand;
Und die dritte, schönste Krone,
die ihm milde Güte flicht,

Segensreich wie Frühlingshimmel,
hehr wie leuchtend Mondenlicht.

Wie paßt das zu dem Liberalismus, der vom starren Begriff alles Persönliche entfernt wissen will, der den alten, einst so hellen Glockenklang *deutsche Treue* als Unkenruf verdächtigt. Unsere Väter meinten, er vertrage sich mit des Mannes Selbstgefühl, mit Stolz, auch mit Freiheit; allein, von der Freiheit verstanden freilich unsere Väter nichts, welche sie nur in dem Schutze suchten, der dem Wachstum jedes Selbstlebens gebühre. Noch will jeder Östreicher in seinem Fürsten die Offenbarung von etwas Höherem als das starre Gesetz, wozu es allerdings keiner Könige, höchstens erblicher Präsidenten bedürfte; auch der Liberale gibt, indem er Freiheit fodert, das Verlangen nicht hin nach Gnade; und wie wenig das religiöse Element in Wien als solches zutage tritt, so unbewußt verkörpert es sich in dieser Liebe und dem Begehren danach. Es ist aus Östreich noch keine Stimme erklungen: »Mag er sein, wer er will, der regiert, wenn er nur gut regiert«, eine das Ohr bestechende Floskel, die aber sowenig als »ubi bene, ibi patria« aus dem Herzen kam, sondern aus Frankreich; und seltsam, daß dort, von wo dieser kalte Verstandessatz ausging, der uns nun als höchste Errungenschaft menschlicher Weisheit gepredigt wird, daß in demselben Lande dieses »ubi bene« nicht gilt! Die Liebe beim Franzosen, vertrieben aus allem sonst, hat sich gerettet in sein Vaterlandsgefühl; wenn sie auch da wieder fast zur Karikatur wurde, so ist es doch Liebe, die der Verstand nicht konstruiert.

Der Adel, aus sich heraus schon durch festes Besitztum gestützt, geriet nicht ganz in *die* Kollision mit dem Bürgerstande, welche im andern Deutschland den Neid erweckten. Die Beamtenstellung, hier nicht so alles industrielle Leben umspinnend und bedingend als bei uns, wird nicht auf gleiche Weise gesucht, sie gibt, da die Titel fehlen, keinen Glanz. Außerdem fehlt dem eigentlichen Östreicher der angeborne Hang zur Geschäftstätigkeit. Sein Prinzip »Leben und leben lassen« dringt ihn, sein und anderer Leben zu regulieren, nur wenn er *muß*. Auch aus den übrigen Östreichs Szepter unterworfenen Stämmen nennt man nur den Böhmen als den zu amtlicher Tätigkeit am aufgelegtesten und gefügigsten. So ist hier nicht derselbe Andrang nach Staatsposten wie bei uns, und wie der Vater nicht meint, daß sein Sohn nur durch feste Anstellung ein ordentlicher Mensch werde und den Zweck des Lebens erreiche, meint auch der Adel nicht, weder besonders zu Staatsämtern berufen zu sein, noch durch sie an Ehre zu gewinnen. Mit dieser Kontention fällt eine gehässige Scheidewand der Stände hinweg, welche hie und da in gutmütigen Gemütern die alleinige Quelle des mißmütigen Freiheitssinnes ist. Einzelne hohe Hof- und Staatsämter sind freilich Privilegia des Adels, aber auch hier nur des hohen, ja gewissermaßen Erbgut einer Oligarchie. Bis dahinauf versteigt sich nicht der Neid des Bürgers, läge er überhaupt im Charakter des Wieners. Doch selbst unter diesen Höchsten, unter den Hohen scheint der Stolz auf das, was sie sind durch sich, die Lust nach glänzenden Titeln, die ein anderer ihnen gibt, eher zu mindern, als zu heben. Es gibt Beispiele, daß Magnaten erst im Greisenalter es sich zur Pflicht gemacht, um amtliche Tätigkeit und Staatswürden zu werben.

Ich bin kein Wortredner des östreichischen Adels; dies zu werden, gehört mehr Kenntnis, als ein Fremder erwerben kann. Stände er an dem Wendepunkte, wo er gegen den Zeitstrom nicht mehr durch Kenntnisse, Verdienst, großartige Gesinnungen und Werke, sondern allein durch trotziges Festhalten am verjährten Besitztum sich halten will, so rettete ihn keine örtliche Gunst vor mehr oder minder schnellem Sinken. Fürst *Esterházy* lächelte ungläubig in London zum Verfasser der »Briefe eines Verstorbenen«, daß eine Reform in England jemals möglich werden könne, und es waren nicht sieben Jahr vergangen, so war diese Reform zur Wirklichkeit geworden, in einer Größe und Umfassendheit, daß das Schema dazu, welches man sieben Jahre zuvor eine Chimäre schalt, dagegen winzig erscheint. Nicht als Wortredner für seine Bedeutung, sondern dafür, daß diese Bedeutung noch da ist, halb in alter Kraft, sprach ich dies vom östreichischen Adel und daß in seinem Institute, so scheint es, nichts liegt, was den Wünschen des Östreichers nach Freiheit widersteht. Es ist im deutschen Östreich keine Leibeigenschaft, kein Feudaldruck, der Adel strebt nicht, dem Bürger wegzunehmen, wonach dieser verlangt, er engt ihm nicht den Boden ein zum Stehen, er entzieht ihm nicht die Luft, er will ihn nicht regieren und nicht bevormunden, er spricht mit ihm, wie er unter sich spricht, und da er alles ausgibt, was er einnimmt, und mehr, so gibt er dem Bürger viel. Wo ist da Grund zum Neid und zum Hasse! Ja sogar, wenn es scherzen gälte, er läßt es sich gefallen, daß die Gesellschaftssprache den Bürger adelt. So – scheint es. Bilder geben nur den Schein zurück, und nicht in jedem Gesichte drückt sich der anomale Organismus des Körpers aus, daß ihn der Maler auch auffassen kann.

Über Östreichs Zukunft schwebt ein dunkler Schleier. Bleiben, wie es ist, kann es nicht, es wird nur so zusammengehalten, und man hütet sich, daran zu rühren; eine kleine Reparatur könnte einen großen Riß verursachen. Aber einmal, wenn nicht Stürme von außen alles zertrümmern, muß an die Reform gegangen werden. Wer wird sie wagen? Englands begonnene schien und ist noch ein Problem, und dennoch möchte die Aufgabe dort leichter sein als in Östreich. Wie eine Form finden, die für alle diese Elemente paßt, welche hier den gebildeten Sinn befriedigt, dort dem rohen Bedürfnis genügt? Weder strengster Gerechtigkeitssinn noch vollkommenste Schlauheit lösen die Aufgabe. Eine Inspiration gehört dazu, um einst für die Dauer das zu ersetzen, was jetzt nur durch Kraft und persönliche Anhänglichkeit sich geltend macht. Welche Rolle alsdann die Aristokratie spielen wird? Will sie nur *sich* retten, so stürzt sie sich und vieles. Der alte Zauber ist gelöst, es muß ein neuer gesucht werden; im Zunft- und Kastengeist wird er nicht gefunden. Was überhaupt einst in der vervollkommneten Welt vor uns die alte Aristokratie ersetzen soll, weiß ich nicht; denn was ich in Amerika dafür finde, die Plutokratie, die Advokatenherrschaft, den rohen Dünkel des Individuums, scheint mir sowenig ein Surrogat als im heutigen Frankreich bei weit liebenswürdigern Formen das dort einzig gültige Adelsdiplom: das Interesse. Aber was soll in Östreich sie ersetzen? Verwebt in das bunte Kleid des Lebens, stockt ohne sie dies Leben, dem die mannigfachen Triebfedern abgehen, welche anderswo es munter erhalten.

Ein Aristokrat bin ich, weil ich meine, daß kein gesellschaftlicher Verband auf die Dauer ohne *eine* Aristokratie bestehen könne, und weil unter den zur Erscheinung gekommenen die durch Geburt begründete, auf großen, festen Landbesitz gestützte mir die am mindesten drückende für das Gefühl dünkt, verträglich mit persönlicher und geistiger Freiheit, ja, wo der Adel noch nicht enerviert ist, nach allen Vorgängen der Geschichte diese des Geistes hebend noch und erweckend. Denn der Kleinbürgergeist schafft und häuft nur für die Gegenwart, und wo er der Zukunft gedenkt, ist es doch nur um des Nutzens halb, wohingegen das Große und Schöne, was den Geist erkräftigt, vorzugsweise von den Aristokratien gepflegt worden und der Adel, wo er sich noch bewußt dessen, was er vertritt, neben der Gegenwart, wenn er für die Zukunft arbeitet, auch der Vergangenheit gedenken muß. Daß wir verhungern werden und verdursten oder in Ketten schmachten und Unwissenheit, davor ist mir nicht bange; denn mit jedem Jahre manifestiert sich mehr und mehr die Ohnmacht derer, die das letztere möchten, und für das erstere, daß es nicht geschieht, sorgt ein jeder selbst und die Millionen Priester, welche dem Gott »Industrie« dienen, um Märtyrer zu werden oder Millionäre. Die Risse und Spalten in den Feudalburgen flickt kein römischer Kitt, und in ihre Verliese sperren sie weder Ketzer noch Juden noch reisende Kaufleute mehr. Es geht alles vorwärts. Das, was die Liberalen wollen, hilft sich, macht sich von selbst, es braucht nicht unser aller Kräfte. Das großartig Gemeinnützige dagegen, was aus den aristokratischen Institutionen des Altertums hervorging, was in Kunst, Wissenschaft, selbst im Sinn für Freiheit und Staatswohl noch auf uns fortlebt, macht sich nirgend von selbst. Kalmucken blieben Kalmucken und Chinesen Chinesen; sie hatten nie einen Adel.

Die östreichische Aristokratie baut freilich keinen St. Stephan mehr, und was sie im Augenblick Großes schafft, ist mir nicht bekannt; aber sie ist frei von dem junkerhaften Dünkel, von dem beleidigenden Scheine, von der verletzenden Vornehmheit, von dem augenfälligen Haschen nach Vorzügen, die ihr anderwärts für geringen Vorteil nur die Abneigung und die Mißgunst der Nichtprivilegierten einbringen. Und grade aus dem Adel sind jetzt mehre Sängerstimmen erklungen, welche ebenso wohlgefällig an sich tönen, als der freiheitsatmende Geist darin verrät, daß kein dumpfer Kastengeist diesen Stand beherrscht. Jemand, selbst ein Glied desselben, klagte mir zwar, unter allen östreichischen Großen seien kaum zwanzig, die man ins rechte Zentrum, und kaum zwei, die man auf die linke Seite plazieren könne. Wozu aber das! Wäre denn der Wunsch unrecht, daß in ganz Deutschland niemand wäre, der auf einen der Plätze von der äußersten Rechten bis zur äußersten Linken im Palais Bourbon paßte! Sind denn unsere Lebensbedingungen nicht ganz verschieden! Etwas anderes könnte mehr Sorge erregen: Solche vorurteilsfreie Sängerstimmen, wie jetzt im östreichischen Adel, erhoben sich auch vor vierzig, fünfzig Jahren im Norddeutschen, hochgebildete, freiheitsatmende. Diese sind nun längst verklungen, denn die

Zunftlosung, man müsse zusammenhalten und nicht freiwillig denen, die den Besitz rauben wollen, entgegenkommen, überwog den freien Sinn – zum unersetzlichen Schaden für den Adel selbst, der zu retten war.

Das Tor von Wien

Wien hat mit Berlin das gemein, daß sein prachtvollstes Tor mehr eine Zierde ist als eine Entree. Zwar ließe sich beweisen, daß man zum *Burgtor* hinaus nach Italien und Frankreich fahren kann, während es bis jüngst schwer wurde, die Linie vom Brandenburger Tore mit einer Hauptroute in Verbindung zu bringen. Aber dieses, wenn auch mehr ein Parade- und Lusttor, hat dafür die schöne Avenue durch den Tiergarten, und aus dem hochbelaubten Walde tritt man in die Stadt. Ehe man ans Burgtor kommt, fährt man durch endlose Gassen und Straßen einer Vorstadt, fast gewärtig, die Stadt schon durchschnitten zu haben, wenn man sie erreicht. Das Tor kommt uns auch da noch problematisch vor, denn aus dem Glacisgarten davor tritt man in einen Volksgarten gleich dahinter und erreicht am andern Ende nicht die Stadt, sondern ein neues, ungleich engeres Portal, durch das wir erst in die Höfe der Burg gelangen und aus den Höfen unmittelbar ins Gewühl der Stadt. Bei aller Baulust und Baumitteln hält es für mittelalterlich fundierte Städte schwer, imposante Eingänge zu gewinnen.

Das Burgtor selbst – es ist die Öffnung eines Außenwerks um die Bastei – ist ein Portikus in schönem antiken Stil und wohlgefällig dem Auge. Wohlgefälliger als erhaben, da die Rücksicht auf die Höhe der Burg den Baumeister von seinem ursprünglichen Plane abzuweichen zwang. Nun hebt es sich nur wenig über die Höhe der Vorbastei, von der man vermittelst einer Treppe auf die Plattform steigt. Das interessante Schauspiel von dieser Höhe auf das bunteste und eleganteste Volksleben, das unter unsern Füßen sich fortdrängt, lockt doch, obgleich bei Tage immer offen, verhältnismäßig weniger Zuschauer an als auf andern Punkten der Bastei, zum Beispiel der Donaubrücke. Der Wiener Witz ist hier geschäftig gewesen. »Justitia regnorum fundamentum« steht mit großen goldnen Buchstaben über dem Tore, und der Wiener meint, das paßte, »denn es ginge ja drunter und drüber (weg)«. Zur Wiener Altstadt paßte dies antike Tor wenig, aber mit den neuen Anlagen ringsum, den schönen Partien des Volksgartens, in den man zur Gesellschaft auch den Theseustempel gestellt, und den Palästen der Vorstadt steht es in Einklang, und einigermaßen hat man auch der Fronte der alten Burg einen Anstrich gegeben, daß sie nicht zu mittelalterlich sauer auf das antike Tor sehen soll. Trotz alledem ist es mehr eine schöne Rarität *in* Wien als etwas Herausgebornes aus Wien.

Ein Tor hat sonst das in allen Städten gemein, daß man dadurch *in* die Stadt eintritt und aus der Stadt herauskommt. Die Wiener Tore haben das Besondere, daß mehr einzieht als ausgeht, nämlich aus der Fremde als in die Fremde. Noch ist der Sinn zu reisen wenig bei den Wienern geweckt, sie sind ungefähr der Gegenpol zu den Engländern. Sie fänden auswärts nicht ihre ge-

Das Burgtor in Wien

backenen Hähnl, und darum bleiben sie zu Haus, sagt der böse Leumund. Aber wäre es, daß auch bei ihnen die Reiselust einmal erwachte, wie jetzt bei den Franzosen, so hat der Östreicher viel Schwierigkeiten zu überwinden. Ein Paß ins Ausland kostet schon zehn schwere Gulden, und wieviel Eis und gebackene Hähnl und Seidel Wein hat man, ohne den Fuß aufzuheben, um zehn schwere Gulden, was soviel ist als fünfundzwanzig Papiergulden in der Kaiserstadt selbst.

Und doch, wieviel kommt aus Wien nach Norddeutschland! Wären die Theater der Spiegel des Volkslebens, so müßte unseres zur Hälfte wienerisch sein. Man rechne alle die Erscheinungen nach, welche auf der Bühne, namentlich in der Oper, in Deutschland Glück und sich einen Namen gemacht. Seit Anfang dieses Jahrhunderts fast lauter Wiener. Die große Berliner Oper und das königstädtische Theater rekrutierten sich fast allein daher, an Stücken wie an Darstellern, wofür – es nur als Kuriosum zu erwähnen – das Personal des Hofburgtheaters fast allein aus Norddeutschen besteht, indem das Publikum daselbst keinen einheimischen Dialekt auf den Brettern duldet, so lieb ihm derselbe im Leben und auf den Volksbühnen ist. Zähle man die Namen berühmter Virtuosen, die als Konzertgeber nach Berlin kamen, zusammen, und aus den östreichischen Provinzen, Böhmen freilich voran, wird die überwiegende Mehrzahl stammen.

Ein reicher Fonds von schöpferischer Kraft – auch im geistigen Leben – ruht noch im östreichischen Kaiserstaat. Sie ist noch unzubereitet, wie alles dort noch ungepfeffert ist. Das norddeutsche Leben, wenn es wirklich an der Auszehrung litte oder an den Punkt des Verknöcherns gekommen wäre, was ich leugne, wird noch lange von dorther frische Säfte ziehen können, und in viel reicherm Maße als aus den südlichen Teilen unseres gemeinsamen Vaterlandes, die jetzt strotzen wollen von bewußter Lebenskraft und deren Sprecher darauf pochen, daß bei ihnen allein lebensfrischer Sinn, Licht und Freiheit sei, vermeinend, weil Norddeutschland nicht augenblicks aus seinem ruhigen Entwickelungsgange in ihren Sturmschritt übergehen will, weil es eine vielhundertjährig erprüfte Weise, wie man vorwärtskommt, nicht mit der Errungenschaft von gestern blindlings vertauschen mag, daß es hinter ihnen zurückbleibe. Zurückgeschreckt von einer bittern Erfahrung, daß auch bester Wille in Überhast verderblicher wirkt für Wachsen und Gedeihen als offenbare Hemmung, findet Östreich in seiner eignen, nächsten Geschichte den beredten Advokaten für das Zaudern seiner Gubernatoren. *Wir* vermögen unser Gefühl nicht zu überreden, daß dies gut ist. Aber es gibt, die da meinen, eiserne Mauern weckten stählerne Kräfte und jeder Schrittbreit Bodens, der Aufklärung bestritten, mache den Sieg einst um desto dauernder. Gegenüber denen, wo alle Wälle, Mauern, Gehege niedergerissen sind, wer am lautesten schreit, der beste Held ist, und vor dem betäubend überwältigenden Knabengeschrei die Männerstimmen verstummen müssen: diesem Zustande vollkommener Losgelassenheit, auch Freiheit genannt, gegenüber haben sie recht. Hier fördert noch der Zwang eigenes Wachstum. Aber wir meinen, ein für den Naturzustand zweckmäßiges Gesetz verliere von seiner Bedeutung, wo längst in einem Volke die Athletenstärke in Leib und Seele weichlicherer Bildung gewichen ist, und wie ein gut geordneter Staat für studierte Geburtshelfer und Geburtshelferinnen sorgen müsse, habe er auch jetzt die Verpflichtung, für den Geist Sorge zu tragen, wenn er gebären will; gar nicht ihm helfen, gar nicht ihn leiten wollen und es darauf ankommen lassen, daß die durch langen Widerstand angestauten Kräfte plötzlich die Schleusen brechen und die Wälle niederreißen, sei gefährlich; und grade der Hinüberblick auf die Nachbargauen müsse vor der Gefahr warnen; jenes Wildwasser, plötzlich hereinbrechend aus den Bergen und Meeren, sei so zerstörend und habe einen noch erschreckendern Anblick, weil man nicht zuvor Kanäle gebaut wie in Niederdeutschland. Es ist eine unbestreitbare Wahrheit, daß, wo die Reformation vorangegangen und *durchgedrungen* ins Staats- und Volksleben, der spätere revolutionäre Strom nicht verwüstend eindringen konnte. Man war vorbereitet; man nahm so viel Flut auf, als die Kanäle brauchten, das Wildwasser spülte an den Deichen, ohne sie zu zerstören. Manche, die lange trocken gelegen, hätten freilich noch mehr aufnehmen können ohne Schaden. Östreich will noch bei sich nichts aufnehmen, weil es Berge, einen festen, hohen, gesunden Boden hat; aber, um im Bilde zu bleiben, Böhmen war ehedem ein Meereskessel, Venedig wuchs aus dem Wasser, und die Fluten der Donau ertränkten erst jüngst einen belebten Teil von Wien selbst. Die physische Weltordnung hält Schritt mit der moralischen, und es ist die Zeit der Revolutionen in beiden.

Mir drängt sich noch ein Bild auf. Wenn man im Boston misère générale spielt, so bleiben auf dem Spieler zum Schluß die meisten Stiche sitzen, der sich zu Anfang scheut, einige freiwillig zu nehmen. Es gibt auch noch ein anderes vom Einimpfen eines Giftes, wodurch der Gesunde sich vor den Verheerungen schützt; es ist aber schon zu oft gebraucht. Wenn es zum misère générale in Europa käme, weil niemand Kraft und Willen hätte, ein großes Spiel anzusagen, auf wem würden die meisten Stiche sitzenbleiben?

Der Austausch zwischen Östreich und Preußen, der gering an Produkten, aber an geistigem Leben immer munterer wird, ist etwas Erfreuliches in einer nicht erfreulichen Zeit. Was man ehedem wollte, daß es notwendige Gegner, Feinde wären, ist unwahr, es sind nur notwendige Gegensätze im germanischen Leben. Sie werden und sie müssen nebeneinander bestehen, solange deutsches Wesen selbständig bleibt. Zum Haß ist kein Grund da und zum Neide auch nicht, wenn jeder auf sich zurückblickt. Im Preußischen habe ich niemals von einer gehässigen Stimmung gegen den Östreicher gehört. Die Erinnerungen an den Siebenjährigen Krieg sind historisch verklärt; auch zweifle ich, ob damals in Brandenburg auch nur der vierte Teil von dem Nationalhaß war als im Jahre 12 und 13 gegen die Franzosen. Die preußische Begeisterung ging auf, nicht im Haß, sondern in der Bewunderung für ihren Monarchen. Scheelsüchtiger hat man wohl in Wien auf das preußische Wesen bis jüngst geblickt; in manchen Volkswitzen, in manchen Lustspielen müssen wir bedenkliche Partien vertreten. Doch meine ich, daß dies sich jetzt geändert hat. Was unangenehm Sprödes, Selbstgenügliches in der preußischen Erscheinung ist, kann den gemütlichen Wiener nicht ansprechen; darauf beschränkt sich indes wohl jetzt die Abneigung, nachdem andere Gründe, wo wir uns nicht von aller Schuld freisprechen können, weggefallen sind. Wo ich anklopfte und wo ich horchte, fand ich freundlichen Sinn, sogar schon Geneigtheit, fremde Vorzüge anzuerkennen. Der gesunde Volkssinn auf beiden Seiten möchte früher anerkannt haben als die Regierungen, daß Östreich und Preußen nicht an Deutschlands beiden Polen stehen, sich zu befeinden, sondern Hand in Hand Wächter zu sein germanischer Sitte und germanischer Freiheit, hier gegen Zügellosigkeit, dort gegen Despotismus, hier gegen Verflüchtigung des Lebens, dort gegen Erstarrung, hier gegen Brand, dort gegen Frost. Es ist ein Bund, in den kein Dritter gehört.

Das Salzkammergut

Es sind drei Ursachen, welche den Österreicher hindern, ins Ausland zu reisen; erstens, weil er verhindert ist, zweitens, weil er's zu Hause bequemer hat, und drittens, weil's auch schöner bei ihm ist. Ausnahmen hat dieser Satz wie jeder andere in allen seinen drei Partikeln. Hier rede ich nur von der letzten.

Wo findet er es schöner als bei sich? Vielleicht in der Schweiz, in Lissabon, in Granada, in Konstantinopel. Der schönen Gegenden sind genug in der Welt, und unser kleiner Teil Europa hat deren verhältnismäßig so in Überfluß, daß es wirklich überflüssig ist, *darum* in ferne Weltteile zu reisen. Ich meine auch, daß unsere Auswanderer nicht darum Amerika aufsuchen. Sie wollen es behaglicher haben, sie suchen den Komfort, von dem jeder englische König in seiner Eröffnungsrede sprechen muß und den Heinrich der Vierte umsonst seinen Franzosen wünschte. Die Franzosen mögen das witzigste, das geistreichste, das liebenswürdigste, meinethalben auch das tapferste und das genügsamste und das gelehrteste Volk sein, aber das komfortabelste sind sie nicht und werden es niemals werden. Die Österreicher sind weder das witzigste noch das allergeistreichste noch das allerliebenswürdigste Volk, aber auf den Komfort verstehen sie sich. Schönheit, Größe, Würde, Lust ohne Komfort ist ihnen nichts. Und wie das Volk, so das Land; es ist alles komfortabel. Wie das in Wien ist und Unterösterreich, darüber habe ich mich an einem andern Orte ausgesprochen, und es weiß auch jeder, der Österreich gesehen oder nur davon gehört. Aber auch ihre Berge, ihre großen hohen Gebirge, ihre Alpennatur trägt diesen Charakter. Hat nicht der gewaltige *Schneeberg*, ein Riese, gegen den die viel berühmtere Schneekoppe des Riesengebirges nur ein verkümmertes Stiefkind ist, die Gefälligkeit, aus seiner Grazer Alpenkette herauszutreten und so den Wienern nahe zu kommen, daß der Spaziergänger mit Bequemlichkeit in einem Tage ihn erreicht, da er doch in jeder andern Stadt zu einer Reise sich anschicken müßte? Und der Schneeberg ist nur ein Vorposten, ein von den Gebirgen vorausgeschickter Ehrenmarschall, um die Residenzbewohner zu bewillkommnen und in die Alpen einzuladen, die dicht hinter ihm, erstgeborene Kinder, Vollblutssprößlinge der Schweizer Alpen, anfangen. Und alles ist von Natur und Obrigkeits wegen angeordnet, es den Hauptstädtern bequem zu machen, hier nach Graz, dort nach Linz den Weg zu einer Spazierfahrt umzuwandeln.

Der Wiener jauchzt vor Lust bei Nennung seiner Steierschen Alpen, seines Salzkammergutes und Salzburgs; und doch, wie wenige verhältnismäßig reisen auch nur dorthin, weit weniger, als von Berlin durch die öden Sandsteppen alljährlich nach dem anmutigen Punkte Rügen pilgern, während dort jeder reizende Punkt nur der Anfangspunkt zu einer noch schöneren

Gegend und der landschaftliche Charakter so mannigfach ist. Aber es ist das auch eine Reise, und hat man nicht schon dicht um Wien auch Gebirge, Wälder, Schluchten, Burgen und sieht Eisberge? Die schönen Städte, Landschaften und Gebirge, die ich vorhin nannte, sind gewiß majestätischer, schöner, mehr sinnberauschend, vielleicht auch lieblicher zum Teil; aber jenen Komfort der oberösterreichischen Gegenden haben sie doch nicht. Wie Deutschland das Herz von Europa, wo sein Lebenssaft zu Hause, so ist hier das saftige, lichthelle Grün der Grundton, welcher im Norden wie im Süden nur strichweise, nur modifiziert zum Vorschein kommt. Suchst du doch selbst im Westen – Frankreich – und im sarmatischen Osten vergebens nach diesem grünen Charakter. Er ist weitverbreitet über Deutschland; aber in seiner ganzen Herrlichkeit, in seiner ganzen Lieblichkeit, von Duft, Schmelz, Frische, nirgend monoton, weil er sich amalgamiert und schattiert mit der Kultur, mit Städten, Dörfern, Ruinen, mit Felsgeklüft und Schneerücken, findest du ihn in den Gegenden südlich von der Donau.

Es gibt zwei gewöhnliche Naturerscheinungen, die in jeder Stimmung mich erquicken, auffrischen, das ist der Anblick des abendlichen Meeres und eines Laubwaldes nach einem Gewitterregen, der die Wipfel und Kronen gewaschen hat und bis in den Moos- und Rasenteppich eindrang. Mich dünkt, in ihrem grünen Kleide hat die Natur auch auf das abgestumpfteste Gemüt eine unverwüstliche Kraft. Das ist nicht, wenn die Sonne in der Mittagshöhe steht, noch wenn sie, eine Feuerkugel, sich majestätisch erhebt; mit einem Worte, es ist nicht das Außerordentliche in ihren Erscheinungen, sondern die Kraft, die in ihrer Ruhe liegt. So wie ein heiterer Abend in einer nicht eben bedeutenden Gegend auch auf einen vom Übergenuß der imposantesten und pikantesten Naturschönheiten gesättigten Sinn wohltätig einwirken mag, und zwar oft in einer Art, daß er sich selbst nicht Rechenschaft geben kann, weshalb, so tragen für mich die grünen deutschen Gegenden den unauslöschlichen Charakter der *Frische.* Ich meine, die Durchschauerten vom Norden könnten sich hier noch wärmen, indes die Sonnenverbrannten aus dem Süden gewiß Kühlung, Labung finden.

Was ein Wald ist, ward nirgend so verstanden als in Deutschland. Selbst die Spanier, uns so nahe an Innigkeit der Naturempfindung und der Naturandacht, kannten das nicht, weil sie keine Wälder haben. Wo ihre Poesie sich dahineinmacht, schafft sie erst, sie spricht davon wie von etwas Fremden, wie etwa wir von einer Felsengrotte, wo wir, pilgernd durch eine sonnige Wüste, endlich Schatten finden, indes alle unsere Lieder von uralters überträufen von Waldgedanken und Waldempfindungen, als hätten unsere Dichter von *Otfried* bis *Tieck* und *Uhland* nur im grünen Walde gelebt. Der Spanier beschreibt die Waldesnacht, der Deutsche nimmt an, jeder Hörer seines Liedes sei mit ihm drin; ebenso unsere Maler. Wie eigentümlich fassen die Alten, wo in den seltenen Fällen Landschaftliches aus ihren historischen Gemälden heraustritt, den Waldcharakter auf; es ist Frühling, Freude und Erlösung auf ihrem Wiesengrün, in jedem Baume und jeder Blume, und die Natur lacht in frommer Seligkeit. Ich meine, seit ich die Donaugegenden kenne, erst viele dieser altdeutschen Gemälde zu verstehen, und was mir auf Holz und Leinwand schroff und gezwungen deuchte, dazu fand ich hier die Originale, und zwischen diesen Bergen umhersteigend, die ich doch nie betreten, fand ich alte Bekannte, wenn auch nur aus den Werken frommer Meister herrührend; aber die Hände, die längst, gefaltet über der Brust, in ihren Grüften vermodert sind, konterfeieten nur eine Wahrheit, welche das Auge gefunden und der Sinn empfangen hatte.

So ist das frische Grün in allen Variationen von Wald, Wiese, Bergmatte, Hügelkuppe, Garten, Flur, Rain der Grundton im südlichen Deutschland. Die Kieferwälder sind nur wie zur Schattierung dazwischengestreut, und um das Grün zu heben, ragen darüber die ewigen Schneeberge empor. Schon der Weg von Wien bis Linz, längs der Donau, gleichsam die Avenue des Berglandes, ist überreich an Lieblichkeit. Rechts in der Tiefe der germanische Strom, dessen Name in die mythische Vorwelt der europäischen Geschichte reicht, mit seinen Ruinen, den Resten seiner Feudalpracht und den schwellenden Gärten zu beiden Uferseiten. Es ist das Land des Segens und der Fülle. So viel liefern die Obstgärten dem Bauer, daß nicht er noch die geöffneten Handelswege den Reichtum verzehren. Von den brechenden Bäumen fallen die Früchte auf den Boden; die Keller, Böden, Kammern reichen nicht aus, sie zu bewahren, die Donau hat nicht Schiffe genug, sie aufzuladen. Man preßt Apfelwein, und von der Masse des Ertrages, wenngleich verschleudert, lebt der Bauer. Doch soll noch die Mehrzahl der Kernfrüchte im Herbst verkommen und, auf dem Boden faulend, düngen für das künftige Jahr.

Aber dein Auge verweilt nicht zu lange bei den Do-

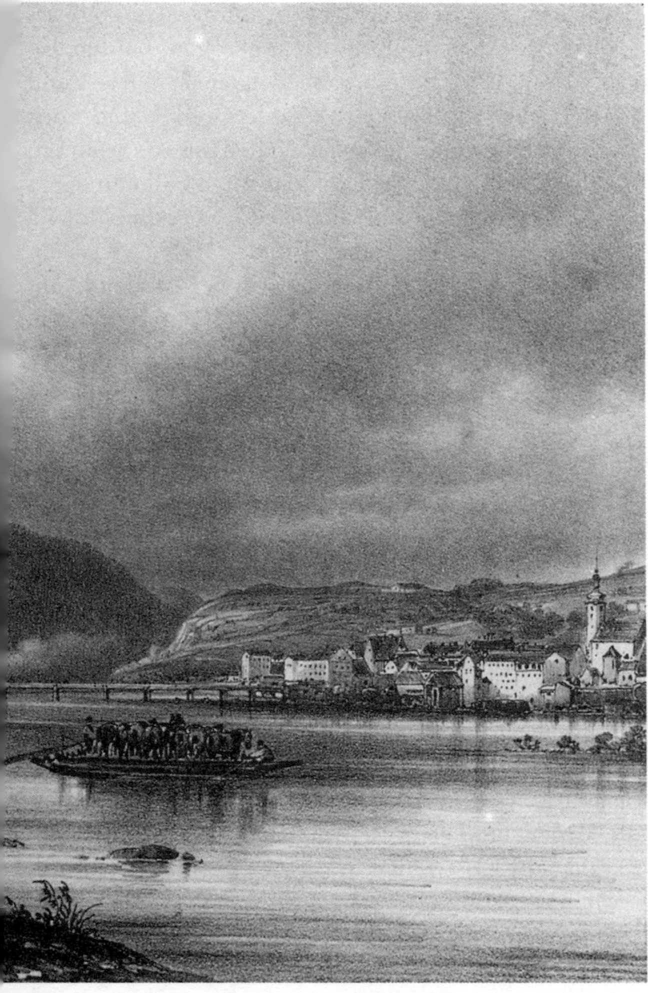

Linz

nau-Ufern zur Rechten; es wird durch das ungleich großartigere Schauspiel links angezogen, bald gefesselt. Wenn du hinaus über die saftgrünen Wiesen und Fluren, über die dunklern Wälderstreifen und noch dunklern Bergzüge die ersten weißen Spitzen erblickst, hebt sich dein Herz vor Lust, das Auge will den einen Gegenstand nicht lassen, und doch geht es dir bald wie dem Knaben in der Parabel. Von den vielen Muscheln am Meeresstrande, deren eine schöner ist als die andere, greift er immer weiter, und wirft immer hinweg, ohne je zum Besitz zu kommen. So ist bald die erste Schneespitze vergessen vor einer noch höhern, viel schöner gestalteten; endlich ist es ein ganzes fernes Theater mit Schneewänden hinter den blauen Bergwänden, und hinter diesen Schneewänden gewaltige, glänzende, kühn geformte Eispiks. Sie kommen und schwinden; du rollst an ihnen vorüber, ohne ihnen näher zu kommen, sie stehen ewig. Und zu dieser Dekoration denke dir im Vorgrund die anmutigsten Kulissen von hochwipfligen Ulmen an der Straße, blühende Obstgärten, Schlösser mit ihren Parks und zierliche Bauerhäuser mit allem, was ihnen Reiz gibt.

Linz ist ein guter Ruhepunkt zwischen Wien und Salzburg, wenn man noch ruhen kann, nachdem man die Alpen blinken sah. Der Charakter der Schneeregion ruht einstweilen in dieser reizenden Sommerstadt. Ich sah Linz immer bei heiterem Wetter; ich kann mir nicht vorstellen, daß es jemals daselbst trübe ist. Es ist eine Bergstadt und doch alles so offen, heiter, von allen Seiten weite Aussichten. Es wird eine Festung, und doch welch ein Charakter von Freiheit! In ruhiger Majestät rauscht die Donau vorüber und leiht der Stadt zu ihren übrigen Reizen den einer Hafenstadt; beständiger Verkehr, Anlegen, Abfahren mächtiger Schiffe; nur daß sie alle vorüber müssen und keines zurückkommt. An Geschmack kann es einem so schönen Geschlechte, wie allerwärts das Linzer – wenigstens die eine Hälfte desselben – gerühmt wird, nicht fehlen; also haben sie auch den schönsten Höhenpunkt um die Stadt auserwählt, um darauf ihren Hauptvergnügungsort, den *Jägermeier*, anzulegen. Die Aussicht auf die Donau, die Stadt, die Berge und die Täler ringsum ist entzückend. Die neu angelegten Festungswerke, an denen mit dauernder Tätigkeit gearbeitet wird, bestehen bekanntlich aus vereinzelten Kastellen auf den Höhenpunkten ringsum; einen großen Vorzug scheinen sie mir auch darin zu haben, daß man sie nicht bemerkt.

Der alte Spruch von Sachsen, wo die hübschen Mädchen wachsen, hat sich in neuester Zeit nicht mehr bewährt; die Sage von den schönen Linzerinnen ist aber noch heute Wahrheit. Mehr als in der Stadt fallen dir auf dem Lande der ausgezeichnet schöne Wuchs und dazu die regelmäßig schönen Gesichtszüge der jungen Mädchen auf. Jener wird hier noch durch die malerische oberösterreichische Tracht gehoben. Das knappe schwarze Mieder unter dem weißen Brustlatz hebt die schlanke Taille, und die weiten weißen Ärmel passen vortrefflich zu den geradegewachsenen Gestalten und geben ihnen ein gewisses ehrbares Lustre, nach dem sie nun vielleicht nicht gerade verlangen. Die große Mehrzahl der Linzer Bäuerinnen müßte auch im französischen Gesellschaftsanzuge als Damen sich würdig ausnehmen, was sich im Durchschnitt von den wenigsten Bauerschaften sagen läßt. Es ist das Gefühl des Nichtgedrücktseins, was diese Glücklichen über so viele ihres Standes hebt und im slawisch-germanischen Norden selten gefunden wird. Das ist bei den Herrinnen wie bei den Dienerinnen; sind doch gerade die Kellnerinnen hier berühmt. Das anmutige Linzer Goldhäubchen, die dezenteste und geschmackvollste Tracht für so schöne Gesichter, ist zwar noch im Gebrauch, doch wegen der Kostspieligkeit nur als Staat und droht auch da schon abzukommen. Die Patrioten sollten dagegenwirken.

Es ist ein munteres Schauspiel, die rührige Betriebsamkeit in einem großen Landwirtshause in Oberösterreich zu sehen. Alles schwirrt und wirbelt in gemessener Tätigkeit durch die gewaltigen Räume des Hauses. Der Gast ist Nebensache; ihm stürzen keine grünbeschürzten Kellner entgegen, der Wirt erkundigt sich nicht mit Bücklingen und tiefgezogener Mütze nach dem Begehren der gnädigen Herrschaften; und doch erhält jeder das Seine, freilich nicht immer, wie er es will, sondern wie es Schick und Sitte im Hause ist. Der Wirt, eine wohlbeleibte Athletengestalt, durchschreitet wie einer, der seines Rechtes als freier Eigentümer sich bewußt ist, Flur und Zimmer. Er redet gnädig mit dem und jenem, aber ebenso freundlich mit dem Kärrner als mit dem Grafen. Die Oberkellnerin aber waltet mit dem Schlüsselbunde ordnend und befehlend umher. Am Riemen um den Leib hängt noch eine Ledertasche, ein Erbstück der Frauenwürde aus dem Mittelalter und keine üble Zugabe zu ihrer malerischen Tracht. Mir schien sogar, als fühle sich die Kathi erst ganz in ihrer Würde, wenn sie den Sack umgeschnallt, als wäre er das Symbol ihrer Oberherrlichkeit. »I glaub, die Kathi geht noch mal ins Kloster«, sagte der staubige Kärrnerknecht, dem sie ein Seidel Wein hingesetzt, und die Kathi sagte schnippisch: »I glaub halt auch.« Ich aber glaub es nicht, obgleich der Kärrner nicht genug zu erzählen wußte, was das für ein Madel sei, oder eigentlich sei's »gar ka Madel«, denn 's wär noch keine Mannsperson in der Welt, die sich was rühmen könnte. Das wurde laut und offen verhandelt und genierte die Kathi so wenig, als eine jüngere Magd sich durch die Anwesenheit der Gäste stören ließ, die Zärtlichkeiten eines anderen Fuhrknechts entgegenzunehmen. Die Lust vom Tanze gestern abend, und was die stille Zwischenzeit bis heut morgen gebracht, glänzte noch auf dem frohen sorgenlosen Gesichte, und niemand von allen kümmerte sich darum, indes die verschlossene Kathi gewiß schon viel Redens und Kopfbrechen gemacht hat. Ländlich, sittlich!

In Lambach, auf der großen Straße nach Salzburg, lenkt der Reisende ab, welcher vor den gewaltigen Schönheiten der Salzburger Natur die nicht minder anmutigen des *Salzkammergutes* besucht. Der Wiener wird es dir zur Pflicht und jeden einzelnen Punkt namhaft machen, den du in diesem reizenden, altösterreichischen Distrikt sehen mußt. Er ist so eifersüchtig darauf, daß er dir eher vergibt, Salzburg selbst nicht gesehen zu haben, als daß du an einem Winkel in der großen Tour, den die Mode nennt, vorübergehst. Das Salzkammergut ist seine Sächsische Schweiz, das heißt der approbierte und obrigkeitlich bestätigte Distrikt seiner Reiselust. Und doch ist es fast eine Sünde, diese Berge und Täler mit dem Meißner Oberlande zu vergleichen, sowenig ich auch der Sächsischen Schweiz Lieblichkeit und Überraschung absprechen mag. Nur um die eine Aussicht vom klösterlichen Garten zu Lambach auf das Gebirge lohnt es sich für einen, der keine Schneeberge sah, im Frühjahr hinzureisen. Ich war die Nacht gefahren; da trete ich am Morgen über den bunt bewegten Markt, wimmelnd von allen Trachten des Oberlandes – unter denen die klein- und spitzköpfigen weißen Hüte mit ungeheuer breiten Krempen, mehr schwebend als ruhend auf dem Kopfe, sich besonders malerisch ausnehmen –, an das Gartengitter und glaube eine phantasmagorische Täuschung zu erblicken. Dicht hinter dem wohlgepflegten Garten erheben sich riesenhafte braune, graue, wunderbar gestaltete Felsen, Gebirgstannenwälder lassen ihr dunkles Grün bis zu den Spitzen, wo der Schnee anfängt, wachsen, und Eispiks und Schneeflächen krönen die wunderschön gruppierte Dekoration. Wer malt sie mit Worten! Die Überraschung macht das Wunder; die Schönheit bleibt auch, nachdem man alle Partien, die man hier als Tableau vor sich sieht, einzeln besucht hat.

Ehe du den ersten Punkt auf diesem Tableau, Gmünd am Traunsee unter dem Traunfels, erreichst – nur eine Station von Lambach entfernt –, mußt du am *Traunfall* haltmachen; ein Wasserfall, nicht unanmutig, aber weder an sich noch durch seine Umgebung für jemand, der Katarakten kennt, besonders merkwürdig, wohl aber um deshalb, weil der jetzige König von Bayern einst an demselben, Salme angelnd, den berühmten englischen Naturforscher *Sir Humphry Davy* fing. Davys Memoiren erzählen diesen merkwürdigen Fall. Es gliche einem Wunder, wie der Brite lebend den jähen, schmetternden Fall über die Felsecke hinabgeglitten, wenn nicht britische Sonderlinge, wie die Geschichten vom Rhein- und Niagarafall zur Genüge dartun, vorzugsweise von der Natur privilegiert wären bei dergleichen Ein- und Wasserfällen.

Ein Wort, das die Überraschung, das Staunen, die Schönheit, den wunderlieblichen Eindruck und zugleich das Behagen ausdrückt, welches mich beim ersten Anblick von Gmünd ergriff, fehlt mir. Wenn man *vom* Hochlande kommt, mag es anders sein. Die Beimischung des Großartigen zu dem Konflux von Eigenschaften tritt dann zurück, das Liebliche, das Behagliche, das Harmonische bleibt. Die Straße windet sich vor dem Städtchen durch einen Hohlweg. Während du vorhin nichts sahest als eine anmutige Gebirgsgegend mit dahinter vorragenden Felskuppen und Schneespitzen – auch bei Lambach war es nur Hinterdekoration –, bist du hier plötzlich inmitten einer Schweiz. Dicht am reizenden, langhingedehnten See, einem blauen Spiegel, klemmt sich das alte Städtchen zwischen einige Vorhügel, und rechts und links und fernhin drüben erheben sich die majestätischen Felsen und grünen Berge und Schneegebirge in wunderbarer, künstlerisch schöner Mischung und Gruppierung. Du mußt dir gestehen, die Natur ist eine große Landschaftsmalerin. Vom Kalvarienberg, dicht hinter dem Städtchen, überschaust du am besten das Panorama. Großartigere gibt es viele, aber wenige möchten dies geschlossene Rundgemälde in der Mischung des Lieblichen mit dem Großartigen übertreffen, und ich glaube, kein Panorama der Natur verlöscht für mich den Eindruck, den ich am Sonntagmorgen des heitersten

Hallstätter See im Salzkammergut

Frühlingstages einsaugte. Ich war allein; nur die Maikäfer schwirrten um mich. Ein Grün von Saft und Sonnenschein, wie wir es im Norden nicht kennen, ringsum ausgebreitet; zu Füßen wieder Wiesen und die Feudalgiebel und Türmchen der Stadt, gegen den blauen Seespiegel scharf abgegrenzt, und herauf tönte in die Stille der Naturfeier das Sonntagsgeläute, und umher schwammen auf dem tiefen See weiße Segel; alles Ruhe, Heiterkeit, Seligkeit. Der Charakterstempel der Klarheit war diesem Bilde aufgedrückt; der ungetrübte weite Seespiegel, die Schneerücken in der Ferne, herüberschwimmend mit ihrem makellosen Weiß, der wolkenlose Horizont boten sich die Hand. Ich war unwohl; wer aber konnte es hier bleiben? Und doch! Ich sah hinter mir, und in einer dunkeln Höhle lag ein blutender Leichnam, grün, gelb, verzerrt von den Ausdrücken des Schmerzes, ein greuliches Bild, und der tote Erlöser schien zu stöhnen über das blendend lustige Sonntagskleid, in das Fels, Berg und Wiese sich kleidete, nur die trübe Lampe aus der schwarzen Höhle schien auf sein bleiches Schmerzensantlitz. War das eine entsetzliche Parodie der Natur-Andacht um mich her? Rief er mir zu: »Sie sind noch nicht erlöst! Ich allein bin der Weg zum Leben!« – Nein, das war ein Bild, von Menschenhand gemacht, eine Ausgeburt der Phantasie, die sich selbst quält. Der Christus, der herabgestiegen, uns zu erlösen, des mildes Wort selbst ein Frühlingswehen ist, der mit den Kindern spielte und Liebe nannte des Gesetzes Erfüllung, der Christus wollte nicht ein Schreckbild sein für die Lebendigen! – Ich legte mich auf den grünen Abhang, und die Maikäfer summten mir ums Ohr: die Natur ist gesund.

Krank ist nur des Menschen Gemüt. Doch hier wohl weniger als irgendwo. Die Sonntagsgesichter im Städtchen zeigten auch keine Spur von dem Seelenschmerze, der nie heilen wird, von der Krankheit, die nie genesen soll. Sie hatten ihre Andacht kurz abgemacht – die Sonntagsfeier des Katholiken ist so bequem –, und die muntern Gesichter unter den Goldhäubchen strahlten von der Vorlust auf den Tanz heute abend. Es waren lauter Gesichter voll Lust, Heiterkeit und Offenheit durch und durch, und einer Gutmütigkeit, die es sich zum Verbrechen machen würde, jemandem etwas abzuschlagen. Ein Puritaner röche vielleicht Sodom und Gomorrha, aber einem Psychologen möchte es schwerfallen, etwas Teuflisches zu wittern. Im Gegenteil suchen viele kranke Seelen und Leiber aus Wien im Sommer hier Erquickung für beides.

Eine stille Wasserfahrt über den Gmünder See (eigentlich Traunsee) an einem heitern Frühlingstage ist ein Stückchen Paradieseslust. Ich wüßte gar nichts mit dieser Seefahrt zu vergleichen, und doch ist es wieder nichts Außerordentliches. Denn daß hier Felsen, wie der ungeheure kahle *Traunstein*, von ihrer Schneespitze vertikal in den See hinabreichen, daß dort der Fuß eines schön geformten, mit wunderschönem Laubholz bekleideten Berges in den Fluten trinkt, ist ebensowenig etwas Besonderes, als daß jener Felsen dort hinter dem Traunstein ein Gesicht hat wie Ludwig der Sechzehnte, was, beiläufig gesagt, viele Felsen haben. Für die Schiffer ist es allerdings die größte Merkwürdigkeit, welche sie dem Reisenden zu zeigen wissen. Für mich aber ist es die, daß ein solcher See, dessen Reize ich nicht zu beschreiben weiß, eine ganz ordinäre

Poststraße und der Nachen, mit dem man in Arkadien fahren könnte, die ordinäre Post ist. Es führt kein anderer Weg als diese ungeheure hohle Wassergasse nach Ischl. Aber der Pfeil keines Salzburger Tells, wenn er oben stände auf einer Spitze, erreichte den Geßler, der auf dem See vorüberfährt.

Die drei tiefen Kesseltäler von *Gmünd, Ischl* und *Hallstadt*, die die Traun auf ihrem Wege bildet, sind die Hauptpunkte des Salzkammergutes, wenigstens für den Lustreisenden. Mit dem von Hallstadt, dem südlichsten, schließt sich die Natur, der man noch das Prädikat des Lieblichen geben mag; umstarrt von ungeheuren nackten Felswänden, beginnt hier der gigantische Charakter des wilden Hochgebirgs; es führt kein Weg mehr weiter, nur Pfade schlängeln sich aus dem tiefen, dunkeln Kessel, und die Wiener Lust besucht es schon nicht mehr gern; denn man muß wieder nach Ischl umkehren, um nach Salzburg oder weiter nach Gastein zu gelangen, wiewohl Hallstadt um vier ganze Meilen dem letztern Orte näher liegt.

Aber *Ischl* selbst, obgleich ein Badeort und jetzt sehr besucht, beliebt und, was mehr als beides, ein Modebad der Wiener, darfst du dir deshalb nicht als heitern Aufenthalt vorstellen. Wiewohl du drinnen weniger von den Schneefeldern und Eisgebirgen siehst, aus denen die wilde Traun, wenn du bei einer Biegung den Ort zuerst erblickst, unmittelbar zu entspringen scheint, ist es doch ein so tiefes, rundes Tal, daß ein langer Aufenthalt, zumal bei trübem Wetter, äußerst beklommen sein muß. Nur von einem neu errichteten Belvedere inmitten des Badegartens übersieht man diesen ungeheuern Kessel, aus dem kaum ein Ausweg denkbar scheint. Es ist weder der tief düstere, giganteske Charakter des Hallstädter noch der unaussprechlich heitere des Gmünder Tals, sondern die Mitte von beiden. Es fehlt das Wasser, also das Licht, das Auge der Natur, aber die düstern Schrecken der nackten Felswände werden durch das üppige dunkle Grün, das ringsumher die Berge und schwarzen Steinmassen als Laubgebüsch, als Tannenwald, als Wiese und Moos bekleidet, gemildert. Der Erdgeist, der schöpferisch brütende, hat hier seinen Lieblingssitz; dunkel muß es sein, still, einsam, wo er schafft, aber doch grün!

Es möchte vielleicht einem empfindsamen Reisenden Vergnügen machen, zu glauben, hier in diesen düstern Tälern, wo die Natur selbst die Lust zu verweisen scheint, herrsche die alte Sitteneinfalt, nach der er so gern und so schmerzlich getäuscht in der Schweiz sucht. Ich hielt mich zu kurze Zeit auf, ihm darüber Nachricht geben zu können, ob das junge Volk so von der Moral denkt wie in Gmünd; das aber erfuhr ich für gewiß, daß sie in dem Modebad Rechnungen zu schreiben verstehen, welche viele Gäste zurückschrecken. Ja, sogar soll darunter eine reiche Gräfin sein, welche vor einigen und zwanzig Jahren die Heilkraft des Bades erst entdeckt haben will. Damals gab es Hütten und Strohdächer, und die guten Leute wollten keine Bezahlung für das, was sie ja nichts kostete, wie Milch, Brot, Früchte, annehmen, und die vornehme Dame mußte es ihnen aufdringen und machte selbst die Preise, und jetzt, nachdem aus den Hütten Villen geworden mit Zinkdächern und Verandas und Blitzableitern, findet sie die Rechnungen, die man ganz ohne sie macht, so übermäßig, daß sie sich ein anderes Bad gewählt hat.

In Salzburg ist es ebenso. Zwar sind die Preise noch nicht wie in der Schweiz und werden es auch wohl nicht werden, aber pensionierte Beamte ziehen aus diesem gerühmten Lande der Billigkeit fort nach Linz und Oberösterreich, um zu sparen.

Salzburg

Durch Schluchten und Gebirge, so schön, daß die Post, die allwöchentlich einmal von Ischl dahin geht, des Nachts fährt – denn bei Tage hielte es der Reisende für eine Versündigung, so schnell darüber hinzufliegen –, geht der Weg nach Salzburg. Wird es schon so schwer, mit Worten, mit der Feder auf Papier nur eine Ahnung von der Lieblichkeit und Größe des Salzkammergutes zu geben, wer unternimmt, Salzburg zu schildern! Ich hüte mich auch wohl und führe nur den Leser mit mir von dem trefflichen, echt patriarchalischen Wirtshause »Zum roten Ochsen« über die lange Salzachbrücke in die moderne, halb schon italienische Stadt und dann hinauf den sauren Weg zur Zitadelle. Hier übergebe ich ihn dem militärischen Cicerone, der ihm alles erklärt, was er sieht; ich weiß aber nicht, ob es dadurch gewinnt. Besser aber, er geht in das Panorama des Herrn Satler, der Salzburg von derselben Stelle aus viel besser gemalt hat, als ich es beschreiben kann. Wenn er den rechten Cicerone trifft, wird der ihm mit sehr bedenklichem Gesichte alle die wahrhaftigen Geschichten von dem rechts am Eingange des Salzachtals liegenden *Untersberge*, dem hochberühmten Spuk- und Geisterberge, erzählen, der nur das Unglück hat, daß keine so bestimmte historische Person als Kaiser Barbarossa in ihm eingeschlossen sitzt, vielmehr ein solches Geschlinge von Geistern der Vergangenheit und Zukunft, daß selbst Dichter, die doch sonst dunkle Sagen den hellen vorziehen, um von ihrem Lichte dazuzutun, hier in Verlegenheit geraten, was damit anzufangen sei. Gewiß ist, daß mehr als ein Geist im Berge sitzt, ein Heerführer – ob König oder Kaiser, darüber streiten sich die Salzburger Gelehrten – mit einem großen Heere von Trabanten. Ihre Wirtschaft soll nicht ganz so traurig sein als die im Kyffhäuser, zumal da alle auf eine Auferstehung und ein neues glänzendes Reich noch auf dieser Erde hoffen. Ob dies aber eine Monarchie oder eine Republik sein wird, wußte der österreichische Korporal nicht. Mit einiger Wahrscheinlichkeit wird das Treiben im Untersberge auf die Saint-Simonisten bezogen. Es ist nicht rätlich, wenn ein Salzburger dir davon erzählt, daran zu zweifeln; denn wenn er auch sonst den Aberglauben verachtet, mit den Geistern im Untersberge hat's seine Richtigkeit. »Die werden mal wieder heut nacht gewirtschaftet haben«, sagte mir mit pfiffigem Blick am Montagmorgen der Schustersbursch, mit dem ich eine Strecke Wegs ging, und es war der pfiffigste Schuster, den ich je auf der Landstraße traf.

Zu einem Spaziergange lade ich meinen Leser ein. Und wäre er die Apathie selbst, wo es Naturschönheiten zu bewundern gibt, auf dem Wege nach Hellbrunn besinnt er sich eines andern. Es war wieder Sonntag – oder irre ich mich? vielleicht ist in diesem Lande alle Tage Sonntag –, und die Julisonne glühte über dem Tale von Salzburg und der Stadt Salzburg und der Zitadelle von Salzburg, und es hätte unmöglich so schön sein können, als es draußen war, denn in den Straßen der Stadt war es zum Umsinken, wenn nicht aus den Schluchten der Schneeberge, da, wo die Salzach herkommt, ein kühler Wind geweht hätte. Nun war Luft, Himmel, Erde paradiesisch, es glänzte der Äther, die Baumwipfel, die Wiesen, die Schneeberge, wo sie vorblickten, und die Gesichter der Menschen, alles ein Glanz der Freude und Sonntagslust. Es war ein Tag der Naturandacht, aber einer, die schon ihre Erlösung gefunden. Ich würde mich umsonst abmühen, diesen Spaziergang dir zu beschreiben, wie die ungeheuren Ulmen und Buchen zu beiden Seiten der Straße ein kostbar dunkles, undurchdringliches Dach über dir wölben, wie links und rechts weite Wiesen, voller Blumen, Saft, Duft, Wasser, den Sonnenstrahl auffangen, wie hinter dieser gesegneten Plaine die violetten Felsmassen des Untersberges die Aussicht begrenzen, hinter dir die majestätische Zitadelle, vor dir die grünen Hügel, welche noch das Hauptpanorama der Salzburger Gebirge wie ein schöner Vorhang die noch schönere Dekoration verbergen. Alles das sagt nichts; schwarze Dinte und Druckerschwärze kann einmal das Grün der Alpennatur nicht wiedergeben, selbst nicht Dinte aus *Tiecks* Dintenfaß; auch das weiße Papier repräsentiert nicht, was ein Schneeberg, vorguckend aus einer grünen Berglandschaft, spricht und wie er winkt und grüßt. Aber die Menschen könnte ich beschreiben, die mit mir hinaus nach Hellbrunn wandern und mir entgegenkommen. Jene wollen wir dort in Augenschein nehmen, diese sind – Tiroler; echte Tiroler Schenkel, Backen, Hosen, Hüte, Strümpfe, Gurte, Stiefeln. Nicht

Raritäten und Raritätenkrämer, wie wir sie auf unsern Brettern als Natursänger bewundern sollen, noch mit Bändern und Decken über dem Arm auf unsern Gassen; sondern es sind wirkliche tägliche Naturprodukte des Landes. Dieses Gebirgsland mit seinen treuherzig kräftigen Gesichtern, mit seiner malerischen Tracht hat hier begonnen, und die seidenen Damenkleider und französischen Fracks der Stadtbewohner amalgamieren sich, ohne daß es auffällt, mit der uralten romantischen Bergtracht.

Hellbrunn ist ein Vergnügungsort der eleganten oder vielmehr der ganzen Bevölkerung der Hauptstadt. Es ist ein Bergpark, ein ehemaliges bischöfliches Lustschloß, mit allen den Gärtner- und Bildhauerkünsten, mit Grotten, Nymphen, Göttern und was sonst einen Schloßpark aus dem vorigen Jahrhundert auszeichnet; was aber wollen alle Künste gegen das, was die Natur getan! – Ich entsinne mich jetzt, es war ein Festtag, und die Wasserkünste sprangen, und darum war ein Teil von Salzburg draußen und trank Bier und Kaffee und freute sich. Welch ganz andere Freude als die der Wiener! Welch ein ganz anderes Geschlecht! Wo waren geblieben die breiten, üppigen Gesichter mit den schelmisch brennenden Augen, diese Körper von venezianischer Fülle! – Was ich heute morgen schon in der Kirche sah, fand ich hier wieder, ein zartes, feines Geschlecht, schmächtige Gestalten, ovale, edle Gesichter; sehr schöne Frauen, aber mehr Züchtigkeit als Üppigkeit im Blick, im Ausdruck der Formen. Als hätte herübergeweht von den Eispiks eine sittliche Verklärung, mildernd die Glut, die starre Kraft auflösend, die ringsum in diesen südlichen Strichen herrscht. Nichts von dem gutmütigen Leichtsinn der Wienerinnen, nichts von der übersprudelnden Kraft und Keckheit der Tirolerinnen, nichts von der zusammengedrängten Kraft der hochgewachsenen, stolz blickenden Bayerinnen, noch viel weniger von der süßen, weichen Fülle der Schweizerinnen. Dies schöne, sanfte, ernste, milde Geschlecht kam dem Nordländer wie verwandt vor. Es war etwas vom nordischen Hauch darin; aber der Ernst war kein puritanischer, kein protestantischer; es war eine katholische Devotion, eine süße Beschaulichkeit, die den Grundtypus aller dieser Gesichter ausmachte. Es tat mir leid, daß ich weder Zeit noch Gelegenheit hatte, den Charakter der Salzburgerinnen in ihren Familienkreisen näher kennenzulernen. Was ich bruchstücksweise von ihrer Sprache hörte, stimmte zu meiner Vorstellung. Doch bemerke ich, daß dies nur von den Stadtbewohnern gilt; auf dem eigentlichen Lande schien es so ländlich, üppig und sittlich getrieben zu werden wie irgendwo in einem fetten Alpenlande.

Katholisch, echt katholisch ist Salzburg, das sagt dir jeder Blick, wenn du, so etwas zu fühlen, sinnliche Empfänglichkeit mitbringst. Die Kirchen, elegant, halb italienisch, faßten eine Menge Betender, gegen deren Andacht diejenige, welche ich in Wiens gotischen Kirchen gefunden, qualitativ sehr gering schien. Wie züchtig senkte sich hier die junge Schöne in ihrem Seidenkleide in den Betstuhl, und das schöne blasse Gesicht neigte sich über den gefaltenen Händen auf das Pulpet. Sie warf, als sie es aufrichtete, keine Seitenblicke auf die umstehende elegante Welt, oder wenn es geschah, verklärte Ruhe die feinen, edlen Züge. Ein Maler, der nach deutsch-katholischen Gesichtern aus-

Hellbrunn mit dem Untersberge

geht, fände hier reiche Studien. Doch erwarte er nicht die halb kindlichen deutschen Madonnengesichter der Hemlings und Schorels; hier ist mehr Ernst, Verklärung, Verstand; aber ein Verstand, der wie bei dem Spanier dem Glauben keinen Eintrag tut. Jene andächtigen Gesichter mit Kindesaugen und Fleischfülle suche er westlicher im Bambergischen bis nach Frankfurt abwärts. Werden andere Reisende aus den Gesichtern der Salzburgerinnen etwas ganz anderes herauslesen? Ich will bekennen, was mich so sehr bestach. Ich sah wenig oder keine französischen Hüte, nichts von den enormen Hauben, Lockentürmen und andern entstellenden Frisuren. Die eleganteste und schönste Salzburgerin, die ich sah, trug auf dem Kopfe eine eng anschmiegende Linzerhaube von feinem schwarzem Drahtgeflecht; es läßt sich nichts Zierlicheres und Einfacheres denken. Sollen unsere Schönen nie lernen, daß unter den wechselnden Moden ihrer Kopfzeuge neunundneunzig von hundert die Reize, welche ihnen die Natur gab, statt zu erhöhen, entstellen?

Gutmütig ist das Salzburger Geschlecht; dies lernst du aus ein paar Gesprächen. Es ist nicht die plumpe Gutmütigkeit, die belustigt, statt zu erfreuen, sondern eine helle, wohltätige. Wie schnell, wie verständig ließ sich der Bürger am Bierkrug mit uns in ein Gespräch ein, wie richtig war sein Urteil. Er verriet auch einige Kenntnis und noch mehr Wißbegier nach den Dingen außerhalb Salzburg. Nur als ich davon anfing, daß auch unter uns Salzburger leben, Urenkel jener, welche vor hundert Jahren aus ihren schönen Tälern, ihres Glaubens wegen, wandern mußten, schwieg er und sah zu Boden, rückte fort und war verschwunden. Die Salzburger sind vorsichtig. Auf dem Lande ist man jedoch minder behutsam. Man spricht vom Kaiser von Österreich und schätzt die Vorteile und Nachteile ab, wenn man bayerisch wäre. Das geschieht offen beim Bierkrug in den großen Schenkstuben und Flurhallen an der Hauptstraße von Wien nach München; jeder kann es hören und wieder sagen. Der alte Satz: Unterm Krummstab ist gut wohnen, scheint ihnen noch in der Erinnerung zu schweben; aber sie verknüpfen damit einen ganz fremdartig kommerziellen Gedanken. Sie seufzen nach der alten deutschen Reichszeit, als der ganze italienische und Levantehandel über Salzburg ging. Wer kann ihnen das wiederschaffen!

Die Hügel von Hellbrunn sind der letzte Vorhang zu dem großartigen Alpengemälde, das ich dir versprach. Tritt um die Felsmauer, und sieh vor Sonnenuntergang in das weite Tal der Salzach. Alle Frühlingslust, alle geheimnisvollen Schauer einer großartigen Bergnatur wehen dir entgegen, aber einladend, lockend. Sie spricht nicht in ihren Schrecken, in ihrer ganzen reinen Schönheit redet sie zu dir. Über der duftigen, blumen- und kräuterreichen Wiese – kaum eine Stunde, scheint es, von dir – nicken herab die Gipfel der nie betretenen Schneeberge und strecken sich ins duftige Wiesengrün. Du dächtest noch vor Untergang der Sonne auf ihrer Höhe, im Schnee dich badend, deren letzte Strahlen fangen zu können, und du mußt noch – reisen.

Neben seiner Schönheit – grüne, violette, blaue Bergriesen zu beiden Seiten, und hinten die weißen Schneegebirge – ist das lange Tal der Salzach gewiß eines der fruchtbarsten. Sehr breit hinter Salzburg, mit Dörfern, Saatfeldern, Gärten bedeckt, wird es immer enger gen

Süden und führt dann durch hochromantische Schluchten, unter Eispiks, von Wasserstürzen begrüßt, bis in die rauhe, großartige Alpennatur, welche außerhalb unseres Spazierganges liegt. Wir führen den Leser nur über Hallein nach Golling, und die sogenannten Öfen der Salzach sollen der südlichste und der passendste Schlußpunkt unserer Tour sein. Jene Riesennatur zu berühren liegt außer unserm Zwecke, und es wäre dazu nötig, anders anzufangen als mit dem Atemholen, das zu einer Erholungsreise und einem romantischen Spaziergange ausreicht.

Das Tal der Salzach ist weit, eben, überaus fruchtbar; ein gedrängt üppiger Wieswachs, wie ich mich nicht entsinne, ihn irgendwo in Deutschland gefunden zu haben. Aber das Wasser selbst ist tückisch. Jede hundert Schritte mahnt ein Kreuz, eine Votivtafel, ein schönes historisches Gemälde mit einem noch erbaulichern Sprüchlein an ein Opfer, das sie im Herbstzorn, im Frühlingswüten mit sich gerissen. Über jedem Stadttor steht zwar im Salzburgischen geschrieben: »*Der* Bettel ist hier verboten« (die Salzburger obrigkeitliche Orthographie unterscheidet sich noch bedeutend von der oberösterreichischen, die doch schon eine andere ist als die unterösterreichische und eine ganz andere als die sächsisch-niederdeutsche), allein desto häufiger wird man um das Almosen eines Gebets für die armen Seelen im Fegefeuer angesprochen. Wenige dieser Bilder sind ohne rührende Poesie, sowohl was die Geschichtserzählung betrifft als die lyrische Betrachtung und Anrede an den Vorübergehenden. Wie sehr bedauert man, wenn man zu Hause ist, nicht alle diese Sprüche notiert zu haben, die an Ort und Stelle auch für den Reisenden ihr fremdartiges Gepräge verlieren, weil ihrer zuviel sind. Auch wird man selten ein Haus finden ohne einen erbaulichen Reimspruch gegen Wasser- und Feuersgefahr, und er klingt meist herzlicher und aufrichtiger als die bezahlte Poesie unter den Fegefeuerbildern.

Wer noch in *Hallein* war, freute sich mehr, wenn er wieder hinausging, als wenn er eintrat. Es ist eine dunkle, enge, tote, verräucherte Salzstadt, eingezwängt unter himmelhohen Bergen, die von Schneegipfeln überragt werden, an der schäumenden Salzach. Aber kaum über die Brücke gekommen, und du findest, daß diese alte, räucherige, tote Steinstadt jenseits unter den violetten Riesenfelsen in wild romantischer Schönheit liegt. Vom Orte *Golling*, zwei Meilen davon entlegen, ist nicht dasselbe zu sagen. Er ist auch nichts weiter als der Ort, wo man Führer nimmt nach den *Öfen der Salzach* und dem berühmten Wasserfall, welcher den Namen vom Flecken Golling trägt. Aber das Wirtshaus mit seinem Fremdenbuch, seinem Wirte, den Schildereien an der Wand beweiset, daß Salzburg ein von der Reisewut entdecktes und kultiviertes Land ist.

Schon zeigt dir, wenn du aufwärts zur Paßluke steigst, ein Wegweiser rechts auf der Höhe den Weg nach den Öfen, ein obrigkeitlicher Meilenanzeiger nach einer Naturschönheit! Aber sonst ist doch nicht alles schon wie in der Sächsischen Schweiz. Durch verschlungene Felspfade und Treppen gelangt man zu dem großen Klippenbruch, wo zwischen Felsquadern in der Größe von Häusern und umgeworfenen Türmen die Salzach sich hinabstürzt. Es ist ein großartiges, durch die Mannigfaltigkeit der Ansichten interessantes Naturschauspiel; aber ihm fehlt die malerische, die eigentlich künstlerische Schönheit der Natur, welche im ganzen Salzburgischen vorherrscht. Um die Rarität würde man kaum die weite Reise machen, während fast jeder einzelne landschaftliche Punkt diese rechtfertigt. Der berühmte *Kyselack* findet sich denn auch hier eingegraben, eingemeißelt und eingeschwärzt auf allen gefährlichen Punkten, über jedem dieser Öfen. Es ist der rechte Ort für ihn. Hat noch niemand bewiesen, daß Kyselack ein Engländer ist? Es siedet und kocht in jedem dieser Öfen, mir scheint daher der Name vortrefflich und ganz unpassend, ihn abzuleiten von Öffnung.

Ich habe einmal versucht, mit Worten den verschiedenartigen Charakter der norwegischen und schwedischen Wasserfälle deutlich zu machen. Wie weit mir dies gelang, weiß ich nicht. Aber ich habe alle Bezeichnungen verbraucht, die unsere Sprache uns gibt, um den Sturz, Guß, Fall, das Niederschießen, Schäumen, Wirbeln, Aufkochen des *Trollhätta*, *Leerfoß*, *Elfkarleby* zu malen, und fühle mich nun arm an Worten, wenn ich nicht Gebrauchtes noch einmal nützen will, um den romantischen Charakter des Schwarzbachfalls bei *Golling* zu malen. Um neue Worte zu finden und der Sprache eine neue Wendung, dazu ist er mir nicht bedeutend genug, aber sehenswert ist er gewiß, höchst merkwürdig und sehr malerisch, wie er, aus dunkler Bergeshöhle quellend, unter und über Felsen in eine anmutige Schlucht, in unterbrochenen Kaskaden, sich hinabstürzt. Man glaubt seinen Anfang erklommen zu haben, und indem man vermittelst einer kühnen Brücke über ihn fortsteigt, sieht man, daß über unsern Häuptern erst sein Hauptstrom und Guß majestätisch uns begrüßt. Die Sage leitet ihn aus dem Sankt-Bartholomäus-See unterirdisch her; ob geologisch richtig, weiß ich nicht, aber poetisch gewiß.

Wer unternimmt es, auf Papier auch nur ein dürftiges Bild des grünen Alpenkessels von *Berchtesgaden* zu entwerfen! Das sind Farben, die auch der Pinsel, getränkt in alles Saftgrün, auf der Leinwand nicht wiedergibt. »Unsere Farben sind Kot«, sagte mir einmal *Friedrich* in Dresden, »wer will Sonnenschein malen!« Das entschuldigt den talentvollen Sonderling immer nicht, daß er in letzter Zeit an nichts als Eisklötze und Nebelstreifen sich versucht hat. Aber hier hätte er doch recht. Ich möchte das tiefe Tal, den Kessel, in dessen Mitte Berchtesgaden liegt, eine grüne Nacht nennen, in die des Großen *Watzmanns* zwei Schneegipfel wie zwei Riesenfackeln hineinleuchten; aber das wäre doch nicht recht. Dies Grün ist keine Nacht, es ist selbst Licht. Mich dünkt auch, wenn die Sonne nicht auf diese schwellenden Matten, die von den höchsten Alpenhöhen sich sanft hinabsenken, schiene, das eingesogene Licht strahlte doch von ihnen wieder. Welche Vegetation in diesem Tale, welche Variation des Grün von dem höchsten Knieholz der Bergkämme, durch das du dir Bahn gebrochen, von den hohen dunklen Tannen- zu den tiefen Eichen- und Buchenwäldern, und dazwischen die hellen, lachenden Wiesen mit ihren Hecken, Bächen, Sennhütten und Weilern! Und wenn du unten bist in dem heitern germanischen Städtchen (im Gegensatz zu dem italienischen Salzburg), so ist an einzelnen Punkten das Grün verschwunden. Du glaubst spazierenzugehen unter Gletschern und Eisfeldern; so ragen die höhern Schneeberge über den tiefern, grünen Talrand hinaus.

Um die immer neu heraustretenden Schönheiten des Tales in allmählicher Entwicklung zu genießen, ist der romantische Weg, den die große Straße von Salzburg nach Berchtesgaden dich leitet, entlang dem Wasser, das aus den Berchtesgadener Schneebergen entspringt und in die Salzach fließt, der angenehmste. Von dem kleinsten wirst du gemach zu dem größten Schauspiel geführt. Willst du dies aber in seiner überraschenden Wirkung plötzlich haben, so scheue nicht die sehr große Mühe, vom Gollingfalle aus dich über den hohen Alpenkamm, über steile Lehnen zwischen starrenden Eispiks in das Tal führen zu lassen. Oft wirst du ermattend, verschmachtend hinsinken, die Knie werden dir wanken auf einer steilen, dürren Lehne, wo du stundenlang steigen mußt, die Brust wird protestieren, aber Quellen mögen deinen Körper erfrischen, und ein Rückblick hie und da auf die Salzburger Schneegebirge, die du noch nirgend so in ihrem großartigen Zusammenhange sahst, werden dir geistig Mut geben. Dann der erste Blick auf Berchtesgaden und das Silberweiß des Watzmanns, und du kommst in Versuchung, Salzburg darüber zu vergessen. Für einen, der sich von der Welt zurückziehen wollte und ungestört leben in einer ebenso großartigen als schönen Natur, wüßte ich keinen passendern Ort, um Hütten zu bauen. Aber die ernste Einsamkeit müßte er wirklich lieben. Sie ist da, trotz der großen Straße, die von Salzburg nach Tirol führt.

Wie reich die Donau an Ritterschlössern und Monumenten aus dem Mittelalter, ebenso arm ist das Salzburgische daran. Ich sah mich fast vergeblich nur nach einer Turmruine auf einer Bergspitze um. Die Luft war den Raubrittern hier zu rein. Wo der Schnee ihnen die Herrschaft der Bergkronen streitig machte, ließen sie sich auf keinen Kampf mit diesem mächtigen Rivalen ein. Auch die Zitadelle von Salzburg, auf einem isolierten steilen Felsen, so altertümlich sie aussieht, ist doch erst mit der Reformation entstanden. Um 1494 wurde sie von einem Bischof Leopold gegründet und ausgebaut, worüber dir jeder Schlußstein an den Türen Nachricht gibt. Auch ist der Gründer selbst vielfach in Stein ausgehauen. Wohl charakteristisch ist es, daß in diesem Lande die erste bischöfliche Burg erst mit der Revolution erwuchs. Daß dieser Bischof ein Mann von Geschmack war, beweist die reizende Lage des Schlosses und die zum Teil noch wohlerhaltene Tapezierung seiner Gemächer. Trotz des aufgewandten Gold-, Silber- und Farbenreichtums sind sie in ihrer Konstruktion nichts weniger als prächtig und geräumig. Man dachte nur an die Behaglichkeit und Bequemlichkeit; ein bunter Ofen wärmte zum Beispiel des Bischofs Wohnstube, der noch heut, nach dreihundertvierzig Jahren, eine Rarität und ein Prachtstück, wiewohl so gebrechlich ist, daß man ihn nicht, wie man gewünscht, nach Laxenburg bei Wien transportieren konnte; allein ein fürstliches Paradezimmer würde heut wenig daran gewinnen. Dagegen sind neben den behaglichen Gemächern auch prächtige gotische Hallen, die noch heut jeder Königsburg Ehre brächten. An Rüstkammerschätzen ist wenig zu finden, doch zeigt man dir natürlicherweise eine Folterkammer, Verliese und dergleichen. Durch die tönenden Hallen und über die Steintreppen schreiten statt der Ritter in Erz und der Diener des hochwürdigen Bischofs Grenadiere in ihren langen weißen Interimsröcken; denn das Schloß von Salzburg ist jetzt eine Kaserne.

Rheinbayern

Die Freunde hielten es für bedenklich, daß ich um diese Zeit nach Rheinbayern wollte. Entweder könnte ich von den dort herrschenden Grundsätzen angesteckt werden, oder ich könnte bei *meinen* Grundsätzen mit den dortigen in Kollision kommen.

Ich erwiderte nichts, als daß Rheinbayern das Land ist, welches den besten deutschen Wein liefert. Sollte nun zur unauslöschlichen Schande für Deutschland (ich erröte, daß ich selbst ironisch an die Möglichkeit dachte) infolge der mißlichen Gärung, welche übrigens in einem Weinlande nichts so Außergewöhnliches ist, Rheinbayern aufhören, deutsch zu sein, so wollte ich mir nicht dasselbe vorwerfen, was wir alle mit Straßburg: daß wir das Meisterwerk deutscher Baukunst *in Frankreich suchen müssen*!

»Ich will noch *in Deutschland* Deutschlands besten Wein kosten!« antwortete ich, und deshalb machte ich mich in Mitte August auf den Weg; ich meinte bei mir, wenn ich jetzt nicht gehe, so trinkt ein anderer die Flasche Liebfrauenmilch, die ich mir vorgenommen zu trinken, und niemand weiß, ob die zweite so gut ist als die erste.

Auf der *Blamage*, so heißt ein Gesellschaftswagen, der täglich nach Mannheim geht, fuhren wir dahin, aber weder hier noch in Heidelberg fanden wir, was uns zur rheinbayerischen Reise so nötig dünkte als Paß, Schuh und Strümpfe: eine Handausgabe des *Nibelungenliedes*. Wir wollten auf dem klassischen Boden dieses Gedichtes die Gesänge uns vorlesen, um mit dem Dichter oder den Dichtern zu fühlen und zu schauen, wie sie gefühlt und geschaut haben.

An der Rheinschanze, auf dem jenseitigen Ufer, machte man uns bedenkliche Gesichter. Auf unsere Erklärung, unser Reisezweck sei nur: einen geographischen Kommentar zu den Nibelungen zu schreiben, erklärten die Beamten indes, dagegen hätten sie nichts einzuwenden. Die Nibelungen sind derzeit noch nicht verboten.

Schon mehr erfuhren wir von der eigentlichen Stimmung im Lande auf unserer Fahrt nach Frankental. Zwar nicht von dem Handwerksburschen auf dem Bock, der aus Algier zurückkam und von dort Cholera, Pest und Skorbut in eigener Person mitgebracht zu haben schien, aber von den zwei Rheinbayern, die uns sogleich fragten, ob wir nicht nach Landau wollten, und es zur Ehren- und Nationalsache zu machen schienen, uns dazu aufzufordern. So merkwürdige Dinge wie dort würden wir bald nicht erleben. Die ausgezeichneten Männer, die daselbst vor Gericht ständen, hätten sich erschrecklich um das gedrückte Land verdient gemacht. Sie alle wollten ja nichts als »ihre Arbeit in Ruhe genießen (?) und die unterstützen, welche sich nicht selbst ernähren könnten, das könne ihnen doch kein Mensch verwehren«. Es wird uns hoffentlich nie-

Der Dom zu Worms
nebst einem Teil des Marktplatzes

mand den Vorwurf machen, daß wir zum Radikalismus neigten, wenn wir darauf antworteten: »Gewiß nicht.« Der rheinbayerische Liberalismus ist so kurioser Art, daß er in allen Tönen redet und man auf alle Ausdrucksweisen gefaßt sein kann; aber so lammsanft hörten wir ihn sonst nirgends sich Luft machen. Diplomatische Sanftmut ist der rheinbayerischen Sprache fremd.

Der Boden war ausgedörrt, mehr noch als im Badischen; alles sehnte sich nach Regen, ohne den der Wein nicht gedeihen könne. Man gab schon die Hoffnung auf ein neues Kometenjahr von 1833 ziemlich auf. Ein kluger Weltgeistlicher freute sich; denn es werde doch dadurch dem Aberglauben von den Paschjahren 1811/1822 entgegengearbeitet.

Nachmittags erreichten wir *Worms*. Es war noch Zeit, die Stadt zu besehen. Es ist für den Reisenden gut, nicht zu viel Erwartungen mitzubringen. Zwar sahen wir die herrliche Kirche, von welcher der berühmte Streit zwischen Kriemhild und Brunhild sich entspann, der zum Untergange der Burgunder Könige führte, es war aber niemand in Worms, der uns sagen konnte, woher *Schreiber* genau weiß, daß dieser Auftritt gerade vor dem südlichen Portale stattfand. Ein wunderschönes, wohlerhaltenes Portal ist dieses nach Süden zu, im reinsten gotischen Stil, obwohl die Kirche sonst nur Rundbögen hat. – Wir setzten über nach dem *Rosengarten*. Dieser hochgefeierte Garten ist nichts als eine gewöhnliche Rheininsel ohne andere Merkwürdigkeiten als ihren berühmten Namen. Nichts von Rosen darauf, nichts von Gärten, nur Weiden und Pappeln grünen an ihren flachen Ufern. Die Geister sind auch fort. Dafür erschienen sie mir im Traume, die ganze Schar der Nibelungen und an ihrer Spitze Kriemhild, und ich führte die schöne Königin in festlichem Aufzug; die Drometen bliesen, sie nannte mich, holdselig mich anblickend: »Lieber Markgraf!«, und wir traten über die Schwelle des dunkeln Doms – und da war es aus, der Platzregen auf dem Dache weckte mich, die alte Märchenzeit war verschwunden und ich wieder im liberalen Rheinbayern.

Die *Liebfrauenkirche* vorm Mainzer Tore ist auch sehr schön, von innen wie außen; nur stehen statt Kriemhilden und Brunhilden hier ausgehauen am Westportal die törichten und die klugen Jungfrauen. Aber darum ist die Kirche nicht merkwürdig. Andere Reize umgeben sie, Reize, die der Romantiker und der Klassiker, der Royalist und der Republikaner auf gleiche Weise zu würdigen weiß, denn hier wächst Deutschlands Nektar, der von der Kirche seinen süßen Namen hat. Südlich von der Liebfrauenkirche wächst der berühmte *Lug ins Land* und der nicht minder angesehene *Katterlocher.*

Flösse nicht die Liebfrauenmilch längs den Mauern von Worms, wie hätten wir es innerhalb derselben einen langen, langen Tag ausgehalten, wo der Regen drinnen in Strömen floß! Und doch mußten wir drei Stunden in einem Bierhause verweilen, wo kein Wein geschenkt wurde, aber desto mehr liberale Gesinnung.

Der Wirt – ich könnte seinen Namen nennen, und warum nicht, er heißt *Breivogel* –, der Wirt versicherte uns, während wir auf Aufklärung, nämlich am Himmel, warteten, daß bei uns in Norddeutschland noch gar keine Aufklärung sei. Bei uns, in Sachsen und Preußen, wüßten die Leute nichts Besseres, als auf das Feld zu gehen, im Schweiß des Angesichts zu arbeiten und sich Schläge und Lohn geben zu lassen. Da sei das Volk noch so –, und dabei zeigte er mit flacher Hand auf die Erde, als kröchen wir Arme mit den Schweinen umher und fräßen Eicheln.

Wiewohl wir ihm versicherten, sie schon durch die Zeitungen zu kennen, las er uns doch mit Wonne im Gesichte *Wirths* Defensionsreden vor. Und das war noch nicht genug, wir mußten auch einige erbauliche Aufsätze aus dem »Beobachter am Rhein« anhören, die denn so verdreht und unsinnig waren, daß wir selbst verdreht wurden, das heißt aus der Rolle fielen und Einwendungen machten. Törichte Mühe; schickt einen Sokrates nach Rheinbayern, Vernunft zu predigen, und man steinigt ihn (im August 1833) als Finsterling und Absolutisten.

Einige hessische Fuhrleute und Bauern, die bei ihrer Kanne im Winkel saßen, erregten das größte Mißfallen des beleibten Vorlesers, wegen ihrer Nichtaufmerksamkeit. Ein Fuhrmann antwortete ihm sehr naiv: »Was geht mich das Zeug an! Wenn ich alle die Blätter lesen wollte, müßte ich viel Zeit haben. Ich tue meine Arbeit, und das ist gut, und wenn Ihr uns zwingen wollt zuzuhören, so schafft Euch eine aparte Lesestube an. Wir wollen sprechen, wenn wir im Wirtshaus sind.«

Der dicke, gute Wirt war sehr bös; aber der Mensch, der so etwas reden konnte, war auch nur ein Hesse, was freilich mehr ist als ein Sachse und Preuße, aber noch lange nicht ein Rheinbayer – meinte der Rheinbayer, und von dieser rheinbayerschen Klassifikation der Nationen werde ich später Gelegenheit haben zu sprechen.

Ein Bauer, der uns später bei Türkheim begegnete,

ein Kerl, lumpig und schmierig wie das Tier im Koben und mit einem so ausdrucksvollen Blick, daß ein Kalb dagegen geistreich genannt werden kann, hatte, als mein Freund äußerte, es gäbe doch auch bei uns in *Sachsen Liberale*, uns höhnisch angegrinst: *»Ja, die sind aber noch nicht so aufgeklärt wie wir!«* Derselbe aufgeklärte Bauer wußte nicht, wie er sich ausdrücken sollte, um uns begreiflich zu machen, weshalb ein Fußweg, der die Wiese durchschnitt, näher sei als die Landstraße, die herumging. Auch quälte er sich ab und kriegte es nicht heraus, uns zu erklären, daß nicht alle Weine in Bayern gleich sind.

Wer einen gefährlichen Liberalen homöopathisch heilen will, schicke ihn nach Rheinbayern.

Bei dem Bache vorbei, wo *Luther* auf seinem Wege nach Worms ausruhte, kamen wir nach Pfeddersheim und über Zell nach Albisheim durch das weite, aber fruchtbare und liebliche Zeller Tal, vorzüglich schön wegen der fortwährenden Aussicht auf den Donnersberg und die Rheinebene.

In *Albisheim* wurde im Hause eines reichen Bauern übernachtet, der sich ein Vergnügen daraus macht, die Fremden zu beherbergen, und kaum eine Kleinigkeit dafür nimmt. Uns war in der patriarchalischen Wirtschaft des Herrn *Lauter* sehr behaglich, und wir schieden ungern, obwohl man uns des Betruges zieh, und es hätte wenig gefehlt, so hätten sie uns gar nicht ziehen lassen, sondern festgenommen. Mein Reisegefährte sollte nämlich durchaus der Sohn des Förster *Gimpel* aus der Nachbarschaft sein, der sich einen Scherz mit den guten Leuten mache; und so ernsthaft glaubten sie den Spaß, daß kein Leugnen half. Ja, wenn sie der wahre Gimpel nicht inzwischen aufgeklärt hat, glauben sie bis heut, daß mein Freund einer ist. So lebt denn noch immer in diesen heitern Gegenden die Lust an Mummereien, an die uns schon Goethes Liebesspiele in Sesenheim erinnern.

Der Wirt aß und trank mit uns, und Essen, Trinken und Gespräch war gleich nahrhaft und gut. Natürlich war Herr Lauter ein Liberaler, aber sein Liberalismus hatte schon eine solidere Grundlage. Die Familie war ihm das erste, und er sprach gegen die Herumläufer und Räsoneure, die nicht arbeiteten und sich zuallererst darum kümmerten, daß es in ihren vier Pfählen ordentlich zugehe. Dann aber tadelte er gelinde die verkehrten Maßregeln, griff das Mautsystem an und klagte über die unaufhörlichen Plackereien. Das Lob »von de Wirth und de Siebenpeiper«, das auf Straßen, Gassen und Märkten von aller Lippen troff, ging oder kam ihm nicht sehr zu Herzen. Als ein hoch Besteuerter war er schon oft Geschworner gewesen, meinte aber, der Stand der jetzigen Geschwornen sei ein sehr kitzliger. Viele, die aufgerufen worden, hätten sich plötzlich aus dem Staube gemacht oder Kinder bekommen oder wären krank geworden. Auch räumte Wirt Lauter ein, daß es in Sachsen auch wohlunterrichtete Leute gäbe!

Über Donnerfels stiegen wir am andern Morgen auf die Höhe des *Donnerbergs*, wo wir aber nichts von der so gerühmten Aussicht genossen, da Regen und Nebel uns nur erkennen ließ, daß der Berg eigentlich aus mehren schön bewachsenen Spitzen mit tiefen Einschnitten, wilden Felsblöcken und manchen romantischen Partien besteht. Dazu kam, daß wir uns verirrten und weder ein noch aus wußten. Endlich fanden wir aber doch das Wirtshaus auf einer der Spitzen und mußten uns nun einem rheinbayerischen Führer anvertrauen. In Donnerfels ist nicht die berühmte Kastanie zu vergessen, die an der Wurzel 48 Fuß im Umfange hat, aber nicht mehr die verhältnismäßige Höhe besitzt, indem der Blitz ihre Krone mehrere Male schon gedemütigt hat. Zu dieser Merkwürdigkeit führte uns der Wirt selbst, weil wir ihm für eine große Kollation statt 16 – 18 Kreuzer gegeben hatten!

Fast gar nicht gekannt und doch sehr schön und im wahren Sinne des Wortes romantisch ist die Gegend vom Fuße des Donnerbergs bei der herrlichen, an den Zacken der Felsen selbst wie vielfach gespaltene Klippen hängenden Ruine des *Falkenstein* vorbei, die, vom dunkelsten Grün umschattet, hoch gegen die Luft auf dem dunkeln Fels sich absetzt. Schwalbenähnlich ist an eine kleine Mauer ein ärmliches Häuschen angebaut, wo uns die Frau, mit langen herunterhängenden schwarzen Haaren, den Säugling an der Brust, den Weg zeigte. Je weiter wir im Tale fortgingen, desto höher schien die Ruine zu steigen, bis wir uns zwischen den engen Windungen der Felswände verloren. Hier hängen die Steinmassen weit vornüber, und ein tätiger Mann der Gegend, ein Herr *von Chienanth*, der viel Bergwerke und Schmelzhütten besitzt, hat die gefährlichsten Stellen mit eisernen Geländern einfassen lassen und die wildesten Partien durch zierliche Bänke und Ruhorte mitten in der kühlsten Einsamkeit zu einem Garten umgeschaffen. Bei einer Schmelzhütte vorbei, wo wir im Finstern gewaltige Eisenmassen des Donnerbergs hämmern sahen, gelangten wir unter dem heftigsten Regen, über den aufgeweichten Lehmboden, mit zerrissenen Stiefeln nach Winnweiler, wo wir bei der Abendtafel zum ersten Male kein politisches Gespräch, sondern – gar keins hörten.

Der Regen zwang uns, nach *Kaiserslautern* zu fahren. Als der Himmel sich glücklicherweise aufklärte, besuchten wir das drei Stunden entfernte *Otterberg*, wo eine der schönsten deutschen Kirchen, ein vollendetes Kreuz, in den edelsten Formen, verborgen ist. Leider ist der Chor vom Schiffe durch eine Bretterwand getrennt, daß Katholiken und Protestanten ihren aparten Gottesdienst haben. Den Turm, den der Blitz zertrümmerte, hat man nun durch zwei andere, auf dem katholischen und dem protestantischen Teile, geschmacklos ersetzt!

Ob Kaiser Konrad der Zweite, der diese Kirche erbaute, an eine solche Teilung gedacht hat! Schwerlich mehr als die Gründer der *Baseler Universität*, welche, damit die Liestaler auf ihren Teil auch klug werden, halbiert werden mußte.

Es war einmal unser Schicksal, uns in Rheinbayern zu verirren, so auch auf dem Wege nach *Landstuhl*. Im dunklen Fichtenwalde sollte ein wilder Mann mit geschwungener Axt die Verirrten zurechtführen. Barsch hieß er uns voraufgehen und sprach kein Wort, nicht einmal Politik. Also war er ein Rheinbayer von besonderer Art, und man vergibt es uns, wenn wir unsere schwachen Stecken bedenklich prüften. Nachher beschämte er uns so sehr, daß er nicht einmal Trinkgeld nahm. Es mag hier manches barbarischer aussehn, als es, im Grunde genommen, ist.

Was wir im Walde an Politik entbehrt, wurde uns in der Schenkstube reichlich ersetzt. Der Bürgermeister und sein Vetter, der Notar, führten das Wort, *Siebenpfeiffer* und *Wirth* wurden in den Himmel erhoben, beide waren wenigstens Götter, aber der Bürgermeister erklärte sich einverstanden mit manchen Verordnungen der Regierung, und namentlich hatte er die Böller vom alten Schlosse »wegen des greulichen Lärms« fortnehmen lassen, und darum schimpften sie weidlich auf ihn, als er fortging, als einen Zentristen und Justemilieuisten. Der Notar konnte sich nicht links genug auf der äußersten Linken rücken. Man berauschte sich im Gedanken, was man tun wolle, wenn die beiden genannten Götter freigesprochen würden. Einer hatte schon 300 Reisbündel in Bereitschaft, welche die ganze Nacht durch brennen sollten, wenn es in Landau gut ging; ein Müller bedauerte, daß er nicht all sein Mehl in Pulver verwandeln könnte, zu Schwärmern und Raketen. Da es aber eben dieses verwünschten Bürgermeisters und Vetters wegen im Orte selbst nicht so lustig hergehen könne, als man wünschte, so beschloß man, zur Kirchweihe auf ein benachbartes Dorf zu ziehen, wo schon eine Republik sei, wie sie ein braver Rheinbayer nur wünschen könne. Bei dieser Gelegenheit erfuhr ich zum ersten Mal von der merkwürdigen Dorfgemeinschaft zu *Geroldsbrunn*, welche den Himmel auf Erden und eine Republik in ihrem Dorfe zu haben vermeinen.

Die Communio besteht aus siebenzehn äußerst reichen Bauerfamilien, in denen eine gewisse patriarchalische Herrschaft herkömmlich ist. Damit sie reich bleiben, *müssen* alle jüngstgebornen Söhne nach Amerika auswandern. Auf diese Art wird einer Teilung des Grundbesitzes vorgebeugt, und die Zahl Siebzehn wird nicht überschritten. Man stattet übrigens die Burschen reichlich mit Geld aus, und in Nordamerika soll die Kolonie schon bedeutend sein. Den von der Regierung gesetzten Bürgermeister erkennen die Geroldsbrunner de facto nicht an. Alle Streitigkeiten entscheiden sie selbst unter sich; wehe dem, der klagen wollte! Die Strafe besteht nur in Verweisen, welche aber mehr wirken sollen als die härteste Züchtigung. Die Bauern lesen deutsche und französische Journale; in jedem Hause ist ein Klavier und eine Bibliothek zu finden. *Tabak und Kartenspiel sind verbannt!* Die jungen Leute spielen größtenteils Horninstrumente und führen öfters Konzerte auf ihren Kirchweihen auf. Siebenpfeiffer soll die Geroldsbrunner seine Kinder nennen und nie auf ihren Kirchweihen fehlen.

Relata refero! Es klingt sehr lustig; aber das Ideal einer demokratischen Republik möchte doch hier nur ein rheinbayerscher Liberaler suchen. Im Mittelalter schickten die adeligen Familien ihre jüngsten Söhne ins Kloster, um reich zu bleiben, und die Bauern von Geroldsbrunn schicken sie nach Amerika. Was ist liberaler?

Zum Schluß der Unterhaltung kam man dann wieder auf die Norddeutschen zu sprechen, und ich vernahm, daß der Rheinländer (nämlich vorzugsweise der rheinbayersche) von der Natur mit einer größern Auffassungsgabe beschenkt sei, was er einmal höre, vergesse er nicht wieder. Jenseit des Rheins *und noch weiter* (was wir ungefähr sind) sei es aber anders, *und noch weiter* (etwa in Königsberg in Preußen) fange geradezu die Stupidität an. Mit der speziellen Geographie unserer hyperboreischen Länder scheinen die wackern Politiker nicht mehr vertraut als etwa Tacitus. Also nicht allein durch freie Verfassung und freien Sinn und durch Aufklärung, sondern auch durch natürliche Gaben haben die Rheinländer einen solchen Vorzug über alle andern deutschen Stämme, daß sie mit Verachtung auf uns herabsehen.

Ich fragte sie, wer die größten Männer seien, die ihre Geschichte hervorgebracht? – Einige nannten Wirth, andere Siebenpfeiffer.

Am andern Morgen führte uns unser liberaler Wirt – der es übrigens nicht allein in Worten war – auf *Sickingens* alte Veste, welche die Stadt beherrscht. Was nicht in Felsen gehauen, ist meist zerstört, und trotzdem steht noch ein großer Teil. Mit einem Licht kletterten wir durch gewaltige unterirdische Gänge und Gewölbe und fanden auch die Stube, in die der verwundete Held gebracht wurde. Die Aussicht auf das von Waldgebirgen eingeschlossene freundliche Städtchen ist belohnend auch für den, dem *Franz von Sickingens* Manen diesen Ort nicht weihen. Buchhändler *Winter* aus Heidelberg fand in einem benachbarten Dorfe vor Jahren ein charakteristisches Ölbild des Helden, das der Bäuerin zum Fliegenwedel über dem Rahmtopf diente und von ihm glücklicherweise dem Verderben entzogen wurde, es befindet sich in seiner Sammlung zu Heidelberg; kein Kunstwerk, aber ein wackeres Bildchen, was seinerzeit vielleicht in vielen Kopien bei den Untertanen und Verehrern des großen Ritters kursierte.

Von Sickingen, der seinerzeit der erste rheinbayersche Liberale war, wußte man doch mehr hier, als ich erwartete. Der gefällige Wirt führte uns noch zu einem merkwürdigen alten Felsblocke, auf dessen einer Seite sechs sitzende Figuren eingegraben sind. Weder was sie vorstellen noch die Schriftzüge daneben hat jemand entziffert. Einige halten den Stein für einen Tisch der Feme; andere mit mehr Wahrscheinlichkeit für einen heidnischen Opferstein. Eine uralte Buche auf der obern Platte spricht für das Alter des Dokuments. Ebensowenig ist man über die Bestimmung der sogenannten *Sickinger Würfel*, regelmäßig übereinandergelegte Steine am Wege, im klaren; auch hier ist die Inschrift unlesbar.

Von Kaiserslautern fuhren wir bis *Frankenstein* durch ein wildes Tal, wie überhaupt die Gegend hinter dem Hardtgebirge den waldgebirgigen Charakter des Hinterharzes hat, nur daß natürlich die Einwohner in letzterem nicht so aufgeklärt sind. In Frankenstein, einem schönen Punkte, ging es nach *Hartenburg*, wo die Ruinen eines erst von den Franzosen zerstörten Schlosses uns anzogen. Sie haben sich auch hier mit echt vandalischer Wut und nicht allein gegen die erhabenen Rudera der Vorzeit erwiesen. Keineswegses ist ihnen deshalb das rheinbayersche Volk überall gewogen. Unser Landstuhler Wirt hielt trotz seines wütenden Liberalismus nichts vom Französischwerden, sondern meinte, 1815 hätte man klüger sein sollen und die Rheinländer, Lotheringer, Elsasser zu einem einzigen Reiche als Schutzmauer gegen Frankreich machen; dann brauchte man sich vor Frankreich nicht zu fürchten. Es gibt doch also auch solche Stimmen in Rheinbayern.

Als wir vom Hartenburger Schloß herunterkamen, war große Aufregung im Ort und natürlich in der

Schenkstube noch größere. Die Nachricht von der Freisprechung in Landau war angekommen. Ein glaubenswerter Mann, nicht *Johannes* Müller, aber doch der Müller des Orts, kam eben daher und erzählte als Augenzeuge. Die Tränen traten allen über wegen der Fortschritte der Aufklärung. So etwas wie jetzt in Landau sei nicht geschehen, seit die Welt erschaffen, die Französische Revolution sei nichts dagegen. Ein junger, schnurrbärtiger Brillenträger, der Förster des Orts, deklamierte weiter und wählte als nächstes Thema den Zollverband, wie man dem nicht trauen dürfe, wie man, eh man sich's versähe, den Kopf in der Schlinge haben würde und dergleichen. Die dicke liberale Wirtin bedauerte ganz unendlich das arme unglückliche Volk im Norden, das keine Geschwornen hätte, das sei doch ein großer Mann gewesen, der sie erfunden hätte, und der Müller versicherte, bei uns könne der Amtmann mit dem Kläger machen, was er wolle, und er müsse sich noch bedanken, wenn er ihm ein paar Ohrfeigen obenein gäbe. Der Förster erklärte, daß Preußen ein Land sei, wo es gar nichts anders gäbe als Festungen und Soldaten, und weil sie überall nach dem Ziel schössen, so könne man nirgends hingehn, reiten oder fahren, ohne in Gefahr zu geraten, erschossen zu werden, übrigens wußte er nicht einmal, daß Mainz nicht preußisch ist. Alle drei waren erstens darin einig, daß ihre Landsleute vor aller Welt den Vorzug hätten und daß es nicht eher gut würde, als bis alle Altbayern fortgeschafft wären, ich erinnere mich nicht mehr, ob aus der Welt oder nur aus Rheinbayern. Wie bedauerte uns die Wirtin, daß wir nur Sachsen wären, als sie aber aus dem Paß sahen, daß ich ein Preuße war, bedauerte sie uns nicht mehr, sondern schrieb unsere Rechnung, und die Rechnung war nicht liberal.

Am nächsten Morgen – es war ein schöner klarer Morgen – traten wir unsern Weg an in die gesegneten Vorlande Rheinbayerns. Eine der schönsten Gegenden Deutschlands öffnete sich unsern Blicken, ein Land, üppig fruchtbar, so weit das Auge reicht; in der Mitte schlängelt sich der Rhein, und Hunderte von Bächen wässern das Tal; ein Land, übersät mit reichen Städten und Dörfern, das Glück der Gegenwart repräsentierend, mit unzähligen malerischen Ruinen von Burgen und Klöstern, an den frühern Wohlstand mahnend.

Man sollte meinen, die Einwohner eines solchen Landes müßten die glücklichsten Menschen sein. Was besser ist als Milch und Honig, fließt in Strömen, und nur den Überfluß geben sie ab, daß wir kosten können, wo sie trinken. Tag um Tag schallt Musik, Kirchweihe und Kirmes überall, Hochzeiten und Kindtaufen. Und erklärt sich der Rheinbayer für glücklich? – Sein Land erklärt er für das schönste der Welt, und sich selbst hält er für den vortrefflichsten Bürger und Menschen. Aber zufrieden ist er nicht, sondern ergrimmt, daß ein Altbayer auch die Luft einatmen, auch die reizende Aussicht genießen, auch die Musik hören, auch den Wein trinken soll!

»O wie glücklich sind Sie, daß Sie in das Land reisen!« sagte mehr als einer zu uns in Landstuhl. – Freilich, dachten wir, in das Vaterland des *Forsters*, des *Wachenheimers*, *Deidesheimers*, *Dinheimers* und wie sie heißen, die perlenden Nektartropfen. Die Gratulierenden meinten: das Land, in dem wir dem wahrscheinlichen Triumphzuge des Wirth und Siebenpfeiffer begegnen würden, in das Land, das Städte die seinen nennt wie *Landau* und *Neustadt* an der *Hardt* – Städte mit so herrlichen, großherzigen, tugendhaften Bürgern, daß Rom und Sparta dagegen Bagatellen würden. Denn wiewohl Rom und Sparta gute Republiken waren, so war doch dazumal die Aufklärung noch nicht erfunden.

Nachdem die herrliche Ruine des Klosters Limburg besehen war, gingen wir über Türkheim, dem Saume der Berge entlang, durch die wahre Weingegend. Unabsehbar breiten sich zu beiden Seiten wie ein prächtiger grüner Teppich die Rebenfelder hin. Die Weinstöcke können die Trauben kaum tragen. Es gibt einzelne Trauben, unter deren Schwere der ganze Stock sich beugt. Auf diesem Wege war es, unter dieser lachenden Natur, wo der schielende Bauer über die Unaufgeklärtheit der norddeutschen Liberalen seufzte. Sonst war Sang und Klang. Wagen voll Musikanten fuhren singend und spielend hin und her. Wenn man sie immer singen, tanzen, trinken ließe, einen Tag wie den andern, wenn man keine Steuern forderte, die doch vorgängige Arbeit fordern, so wären vielleicht die Rheinbayern die unschädlichsten Liberalen von der Welt. Aber Steuern und Bajonette sind verdrüßliche Gedanken, die wie Wermuttropfen in den Becher der Lust fallen.

Wozu brauchen wir fremde Soldaten, die wir alle selbst Helden sind! ist ein Gedanke, der durch die Männer läuft, und die Frauen stehen den Männern nicht nach an Heldenmut. Wenn ich über das Bisherige lächeln *konnte* – beim Bedauern, wie grade der Mangel an dem, worauf sie sich brüsten, der Mangel an echter

Aufklärung, ein wohlwollendes, wackeres, deutsches Völkchen seine Stellung so ganz verkennen, sie vergessen läßt, daß das Wohlbehagen eines gesunden Gliedes das Glied nicht ausschließt von den Opfern für ein Ganzes, das nicht von jener Gesundheit strotzt, und – wie im heutigen Europa niemand mehr sich isolieren darf, sondern mitleben muß mit dem großen Lebestrom –, wenn ich oft lächeln *mußte* über die Naivität ihrer Weltanschauungen: so erfüllte eine Erscheinung in Neustadt mich mit wehmütigern Gefühlen, und ich wußte kaum, ob ich in dem Wahnsinn, entsprungen aus irriger Anschauung der Verhältnisse, noch eine deutsche Wurzel suchen sollte, wenn ich mich nicht eines *Knipperdolling* und *Johann von Leiden* zu rechter Zeit erinnert hätte.

In Neustadt, das sich rühmt, keinen einzigen Servilen in seinen heiligen Mauern zu haben, tritt unter den Ultraliberalen noch ein junger *Bierbrauer* heraus, über dessen patriotische Größe selbst die eifrigsten Radikalen erstaunen. Ich habe ihn gesehen und meinte, daß Belgien ein besseres Vaterland für ihn gewesen als die Pfalz. Er bedauerte, daß er gerade jetzt sich verheiratet habe und sich daher nicht ganz so, wie es in seinem Herzen brenne, der Sache der Freiheit widmen könne. »Gewalt gegen Gewalt!« schrie er und schlug mit geballter Faust auf den Tisch. Es müsse dahin kommen, daß man es immer ärger und ärger treibe, bis es nicht mehr zum Aushalten wäre, und dann sei alles gerecht. Noch sei aber die Zeit nicht da, wenn er auch mit seinen tapfern Landsleuten die zwei-, vier-, sechstausend Fremdlinge aus Rheinbayern mit blutigen Köpfen nach Hause schicke, ja, er wolle achttausend aus dem Felde schlagen, aber hinter den achttausend ständen funfzighunderttausend, eine halbe Million, sie zu vernichten. Aber kommen werde die Zeit usw. Er schien sich selbst durch seine Wut immer mehr zu vergiften. Ein wohlhabender, riesenstarker Mann, der einst ganz allein Wachen und Bürger bei einem Streite auseinandergebracht, steht er bei seinen Mitbürgern in dem Respekt, der von einer solchen Persönlichkeit unzertrennlich ist.

Einer seines Anhangs, der uns vermutlich für hoffnungsvolle junge Demagogen hielt, weil wir mit stummem Staunen seinem Kleon zugehört, führte uns nachher auf den heiligen *Hambacher Berg*, uns diese Stätte des Ruhmes zu zeigen. Lage und Aussicht des Berges haben alle Schönheiten Rheinbayerns in sich vereint. Die Burgruine ist ziemlich groß. Jüngst sind einige Mauern eingestürzt; ein Turmvorsprung brach kurz nach dem Feste gerade ab, als ein Peloton Soldaten den Berg heraufstieg. Unser Führer bedauerte, daß es nicht im Augenblick geschehen, wo ein Regiment die Burg [hat] stürmen wollen. Sein Eifer erlaubte uns kaum, die Aussicht zu bewundern. Sehen sollte ich die Orte, wo die großen Männer zum Volke gesprochen, daß die Gebildeten Deutschlands darüber erstaunt gewesen, wie es möglich, daß Deutsche so reden könnten (was allerdings seine Richtigkeit hat!); dort auf die Steinplatte sei Siebenpfeiffer gesprungen, auf die Wirth, auf die Hochdörfer und hätten das deutsche Volk *belehrt* über sein wahres Wohl und Interesse. Hier wären die Tafeln gedeckt gewesen für die wackeren Teilnehmer, und jeder hätte seine Nummer gehabt, daß er sich gleich finden können, und das Kuvert habe einen Taler gekostet, und solche herrliche Toaste hätte man nie in Deutschland gehört, und alle wären Brüder gewesen, von wo sie auch hergekommen, aber die besten Brüder wären die Neustädter gewesen, und der Entrepreneur wäre durchs Essen ein reicher Mann geworden.

Als wir von dem Enthusiasten Abschied nahmen, geleitete uns ein ältlicher, ziemlich schlecht angezogener Mann herunter, um uns den nächsten Weg übers Feld nach Speyer zu zeigen, da es finster wurde. Er sollte eine Hauptrolle bei dem Feste gespielt haben und freute sich, wie er sagte, wenn er junge Leute aus dem finstern Teile von Deutschland sähe, die doch auch den Funken in sich spürten und herüberkämen, um den heiligen Berg zu küssen.

Die Bewohner der korn- und fruchtreichen Ebene sind nicht ganz von diesem Taumel ergriffen, werden aber von den Bewohnern des Bergrandes bearbeitet. Wir kamen selbst zu einer solchen Szene. In einem Wäldchen, durch das wir auf dem Wege nach Speyer mußten, nahm ein Bergbewohner von zwei Bauern Abschied: »Bleibt liberal, bleibt liberal!« rief er ihnen scheidend zu, »besonders du, Fritz, daß du mir nicht umschlägst. Bei dir sitzt's noch nicht fest. Fritz, tue mir nicht den Gram an. Komm nächsten Sonntag rüber zu uns, da sollst du deine Freude haben am Liberalismus; wir wollen tanzen und trinken, und du sollst große Leute kennenlernen. Fritz, komm und bleib mir liberal!«

Fritz begleitete uns und schien mit dem Liberalismus nichts weniger als auf dem reinen. Er schüttelte unmutig den Kopf. »Meine Herren«, begann plötzlich das ehrliche Gesicht, *»Sie wissen mehr als ich«* – und dies war das erste Mal, daß uns so etwas in Rheinbayern gesagt wurde –, »Sie können mir gewiß sagen, wie die Sachen denn eigentlich stehen. Sehen Sie, wir erfahren die Dinge erst immer vom vierten oder fünften, und da sehen sie denn ganz anders aus als in der Wirklichkeit. Den Zeitungen kann man schon nicht trauen, denn sie erfinden sich von beiden Seiten, was sie brauchen, und verschweigen einem, was man wissen will; aber wir bei uns lesen sie nicht mal selbst, sondern lassen uns, wenn wir in die Schenke kommen, von denen aus der Stadt erzählen, was drin steht, und die und die Wirte gewiß setzen allerhand zu, wie sie's mit dem Weine machen, und wir sollen dann glauben, daß es rein ist!«

Solche Demut kam mir in Rheinbayern nicht vor.

Wir hatten das Glück, fast überall für patriotische Studenten zu passieren, und zumal, wo wir bei Nacht angeschlichen kamen. Einer schwor, uns am Tage von Hambach gesehen zu haben, und ein Wirt sagte, wir sollten nur dreist uns den Wirten vertrauen, denn alle wären Patrioten und würden uns vor den Gendarmen schützen und verstecken. An kräftigen Händedrücken fehlte es nirgend, und wie anders würden diese Hände gedrückt haben, wenn sie unsere Gesinnung gekannt hätten.

In *Speyer* änderte sich die Szene. An der Wirtstafel hörte ich nichts als loyale Gespräche. Die alten Räte sprachen von dem nahenden schönen Feiertage des königlichen Namenstages, die jüngeren freuten sich auch, alles lobte die Ruhe, und die Soldaten zogen mit klingendem Spiel durch die Gassen. In einem öffentlichen Garten, der hell von Lampen blinkte, wurde getanzt und nirgend von Politik gesprochen. Waren es Altbayern, sprachen die Leute so aus Überzeugung, schwiegen sie aus Furcht? – Ich lasse es dahingestellt.

Der Schiffer, welcher uns über den Rhein fuhr, würdigte die Frage eines mitfahrenden badischen Landmanns, was denn ihr Wirth und Siebenpfeiffer mache, keiner Antwort, und uns war auf dem rechten Rheinufer, als beträten wir ein heimatliches Land, erfreut, daß wir in diesem minder liberalen Lande *unsere* Meinung ohne Furcht vor Prügeln würden aussprechen dürfen und hoffentlich auch hie und da eine Meinung hören, welche mit unserer verwandt sei.

Baden

Mein Reisegefährte war ein freundlicher Mann, in dessen Physiognomie ich nur keine Nationalzüge und in dessen Sprache ich keine Mundart entdeckte. Er sah aus, wie ein Östreicher, ein Schwedisch-Pommer, ein Ostpreuße und ein Schwabe aussehen kann, und er sprach ein bißchen Schwäbisch, ein bißchen Östreichisch, etwas Kölnisch, ein wenig Hamburgisch, und dabei hatte er den Dialekt eines Ausländers, der Deutsch ohne Akzente gelernt hat. In seinen Ansichten hatte er Wiener Bonhomie und Witz, italienische Unzufriedenheit, großherzoglich badensche freie Ansichten von dem theoretischen Vervollkommungsprozeß der Menschheit, Billigkeitsgrundsätze aus Mitteldeutschland und neigte sich mit sichtlicher Vorliebe zu dem liberalen Absolutismus der norddeutschen Monarchien, weil das die bestgepflasterten Straßen gibt und Handelsvereine.

Der Mann war ein Maler und ein Jäger und noch etwas, aber wes Landes Kind, konnte ich nicht erfahren; denn er war zu Hause im Salzburgischen, im Neapolitanischen, in Lyon, in Hamburg und in Polnisch-Wartenberg. Jetzt fuhr er mit mir auf der Karlsruher Diligence, um nach Amerika zu gehen. »Sie wollen dort Ihr

Domizil gründen?« fragte ich. »Sind Sie auch gewiß, daß Sie finden, was Sie suchen?«

»Ich habe alles gelesen«, antwortete er, »was man über Amerika gemeldet hat, und wenn ich das nicht finde, was ich will, kehre ich wieder um.«

Auf nähere Erkundigung kam es endlich heraus, er wolle dort auf die Jagd gehen und schießen und nachher malen, was er geschossen – ob sich mit, weiß ich nicht. Aber in Europa gäbe es jetzt zu viel Jagdmaler, zu wenig freie Jagd und noch weniger ordentliche Leute, die Jagdstücke kauften.

Und nun bedünkte mich's mit einem Male, daß er ein Handelsmann war, denn er zeigte seine Büchse, die er immer mit sich führt, und seinen Tusch- und Pinselkasten und beteuerte, was sie ihn gekostet, daß er sich nie von ihnen trennen könnte – aber um ein Billiges wollte er mir doch die Büchse ablassen, da ich die Arbeit vortrefflich fand. – Er war natürlich ein großer Verehrer der Landschaftsmalerei, und ich empfahl ihm, auf seiner Durchreise nach Amerika die Düsseldorfer Landschafter nicht zu vergessen. Er meinte aber, sie würden doch nicht dutzendweis verkaufen, und sonst nützten sie ihm nichts.

Die Konversation machte ihn vertraulich. Er versprach sich gute Geschäfte in der andern Welt. Mit ehrwürdiger Miene öffnete er ein Pack aus der rechten Tasche, und es kamen zum Vorschein heilige Katharinen, Sophien, Barbaren, Märtyrer und Kirchenväter, viel Blau, Gold und Karmin, auf welchen letzteren er den meisten Wert legte. Als ich bemerkte, daß in New York, wohin er wollte, derlei Ware nicht den besten Markt finden möchte, zog er mit unbeschreiblich süßem Lächeln ein anderes Pack aus der linken Tasche: »Wo sie das nicht mögen, müssen sie das kaufen« – und es waren Lafayettes, Washingtons, Napoleons, Thomas Paines, Robespierres, Rottecks, Owens usw., und wie er vorhin bei den Heiligen an die Mütze griff und mit dem Finger Brust und Stirn berührte, so schnalzte er jetzt mit dem Finger, und das schlaue Auge wurde noch einmal so groß.

»Meine Herrschaften, wer jetzt durchkommen will, muß sich nicht auf eine Seite legen: Die Zeit, wo man ein Vaterland hatte, ist nun vorbei; der Mensch muß ein Kosmopolit werden. Ihm muß alles egal werden um das Reelle und daß wir fortkommen, denn mit den alten Vorurteilen ist es aus!«

Ich wünschte ihm die glücklichste Reise und die freundlichste Aufnahme. Amerika sei allein das Land, wo sich alles das ganz verwischen lasse, was uns Unangenehmes von unserer Geburt anklebt, als: abergläubische Anhänglichkeit an die Scholle, wo zufällig unsere Wiege stand, an das noch zufälligere Band, was den freien Menschen an eine Familie und Verwandte knüpft, oder gar die unbegreifliche Torheit, die einige lieben läßt, nicht allein ihre Fürsten, sondern sogar deren ganze Familie. Trotz unserer Fortschritte in der Chemie bleibe doch durch ganz Europa diese Albernheit so amalgamiert mit dem Blute, daß nur in der neuen Welt eine Purgierung davon zu hoffen wäre. Beispiele dieses Aberglaubens fielen mir zu meiner innigen Beschämung bei: daß ich nur ein Europäer war, noch ganz angesteckt von Vorurteilen, welche meine Bildung hindern. Dachte ich doch auch da an die Sünde, die mir ein geistreicher Rezensent in Hamburg vorwarf: wie es denn möglich wäre, sich für den Helden in meinem Romane ganz zu interessieren, der das ganze Leben widme der blinden Devotion für seinen Heldenkönig Friedrich! Bescheiden hätte ich zwar erwidern können, daß dieser Held ein preußischer Offizier aus dem Jahre 1760 sei; aber ich hatte nicht bedacht, daß es die Pflicht des Poeten ist, die Erleuchtung unserer Zeit auch den Charakteren vergangener Jahrhunderte einzuimpfen. Vielleicht ist es nicht allein liberale, sondern auch Christenpflicht.

Baden, wo dies Gespräch vorfiel, ist nur durch den Rhein von Rheinbayern getrennt. Wenn der Rhein nicht da flösse, wäre das Rheintal *ein* großes, schönes, reiches Land, umgürtet von den Vogesen und dem Schwarzwalde, seinen Mauern von West und Ost; vom Odenwalde und dem Feldberge, seine Türme nach Nord und Süd; ein Tal für Götter; Milch und Honig fließt, und, was noch besser, der Rebstock grünt; und wenn die Hopfenstange, die ihn an schnellem Wachstum überflügelt, welkt und zusammensinkt, perlt die goldene Traube in der Herbstsonne, und ihr Saft glüht und kräftigt sich hundert Jahre in den Felsenkellern. Herden von Rindvieh grasen auf den Triften, so viele, daß vom Überfluß halb Frankreich gespeiset wird, und von den Bergen rauschen mächtige Tannen nieder, und die Bäche schwemmen mehr Holz herab, als sie brennen und bauen, und Gewerbfleiß herrscht auf den Bergen und im Tale, und Zeitungen werden gedruckt und Petitionen, und Pläne werden gemacht, die Menschheit zu verbessern auf die allerwohlfeilste Weise.

Warum ward das nicht *ein* Land? – Warum ward Baden ein Land? –

Unter dem herrlichen Dome von Freiburg, umspielt vom bunten Lichte der gotischen Fenster, schläft der letzte Sproß eines Dynastenhauses, das über diese glücklichen Länder herrschte. In Stein gehauen, steht *Bertold von Zähringen* selbst Wache über seinem Grabe und schaut ins Leere. Nach ihm wurden diese Länder verteilt, erobert, vererbt, eingekindschaftet, geschenkt, übertragen, verschmolzen, getrennt, stipuliert, und heutzutage ist es der badensche Staat. Über Baden kamen die Franzosen immer zuerst nach Deutschland. Aus dem Schwarzwalde kommen die flinken, kurzröckigen Bauermädchen, die ihre Fliegenwedel in Paris, Berlin und Wien zu Markte tragen, und aus dem Schwarzwalde kommen die berühmten wohlfeilen Hängeuhren, welche immer richtig die Zeit anzeigen, weil, wie Geheimerat *Ernst Münch* versichert, die Bauern und Uhrmacher sich dabei die Weltgeschichte eines berühmten Deputierten, Historikers und Weltweisen in Heften vorlesen.

Baden liegt, wie gesagt, dicht an Rheinbayern, aber *die* Aufklärung, welche dort herrscht, ist hier noch nicht zu Hause, trotzdem daß die Köhler im Schwarzwalde und die Weber, wie Ernst Münch versichert, jene Weltgeschichte in Heften verschlingen. Die Aufklärung in Baden ist so weit zurück, daß es jedermann erlaubt ist, seine Meinung zu haben, und er wird noch nicht für dümmer wie das Vieh gehalten, wenn er nicht liberal ist. Ja, man darf sogar abweichende Meinungen aussprechen und wird darum nicht totgeschlagen. Man findet selbst, was auswärts vielleicht nicht vermutet wird, Bürger im Lande, welche solche Meinungen hegen und an der absoluten Vortrefflichkeit in den produzierten Ideen zweifeln. Aber es sind wohlbeleibte, freundliche Gesichter, die erstens leben und lebenlassen, dann plaudern und zuletzt erst schreiben oder gar nicht. Einer fragte mich lächelnd: »Glauben Sie denn alles unsern Zeitungsschreibern?«

Karlsruhe ist eine geradlinige Stadt von heute, ohne Menschen und ohne Schönheit. Sie trägt den Fluch aller der Städte an der Stirn, welche nicht entstanden sind, sondern gemacht wurden. Vor hundert und etlichen Jahren hat sie der Machtwille eines Fürsten ins Schattenleben gerufen, aber dieser Fürst gebot nicht Millionen Nomadenhorden, sondern nur einigen hundert Beamten mit Frau und Kind, die sich hier ansiedeln mußten. Die ältesten Häuser reichen nicht über hundert Jahre, die schönsten nicht über den Geschmack von fünfzig. Trajanssäulen und Konstitutionssteine ersetzen keiner Stadt das Leben, was aus Handel und Gewerbe heraus wächst. Regnet es noch dazu und der Wind fegt die Herbstblätter durch die öden Straßen, so tritt dem Fremden das Bild des Todes, dem man eine Dekoration des Lebens umgehängt, erst recht ins Auge.

Karlsruhe entstand erst, nachdem die Franzosen bis zum Schwarzwald das Land und seine Erinnerungen zerbrochen, zertreten, verbrannt und den schönen Streif des schönen Tales jenseits von Deutschland abgerissen. Es ist nun alles halbiert hier. Karlsruhe mag die Hauptstadt des badenschen Staates sein, die Hauptstadt des Landes ist es nicht. Es repräsentiert nichts als die Fläche und die Willkür der Komposition. Welche andere Hauptstadt des Landes und Volkes wäre Baden-Baden oder Freiburg oder selbst Heidelberg!

Und was hätte Heidelberg werden können! Eine europäische Stadt. – Man will nichts Historisches in Baden, aber es wird niemand zu leugnen wagen, daß die historischen Städte schön sind, so schön, daß der Staat vielleicht auch Farbe hätte, wenn sein Herz dort wäre.

Karlsruhe hat ein Theater und eine Ständeversammlung. Die Matadore von jenem sind das *Neumann-Hainzingersche* Ehepaar, deren Triumphe bekannt, und der Bassist *Reichel.* Die Matadore der Stände sind weltbekannt, Bürgerkronen schmücken ihre Scheitel, und die Ehrenbecher haben in ihren Schenktischen keinen Platz. Das Theater war geschlossen, die Ständeversammlung aber offen.

Mit einer gewissen bangen Scheu trat ich durch die jedem geöffnete Pforte in den Versammlungssaal. Wie klein kam mir der Raum vor für die ungeheuern Ideen, welche hier fertig werden. Ich meinte, eine einzige aus dem Munde von dem und jenem müsse die platte Decke brechen, so gut als Phidias' Zeus das Tempeldach, wenn es ihm einmal eingefallen wäre, sich zu erheben. Aber man sieht nichts von Brüchen. Das erste, was mir auffiel, war der Mangel an einer Uniform. Ich meine nicht die Kleidung, welche in Stuttgart und ehemals in Frankreich die Deputierten uniformiert, die sonst nicht in Uniform sind, sondern etwas Uniformes, etwas Nationales in der Gesichtsbildung. Ich vermißte die badensche Nation. Diese nationalen Züge sah ich in Paris und noch jüngst in Stuttgart. Es waren dort alles Württemberger, und das Äquivalent dafür fand ich hier nicht. Das aber eben, deutete man mir an, sei hier das Ausgezeichnete, daß nationelles Vorurteil ganz fortfiele, daß nicht gleiche Abstammung, gleiche Mundart, dieselbe Geschichte, ja nicht einmal gleiches Interesse, sondern gleiche Theorien die ideale Gleichheit, den Staat, die Liebe zueinander, die Nation bildeten. Nun konnte ich mein Befremden sparen, als ich hörte, woher der sei und woher jener, und es kam mir ganz natürlich vor, daß der Präsident der badenschen Volksvertreter ein preußischer Professor, dessen Vaterland Bayern und dessen Bruder der Bürgermeister von München ist. Denn hier wird nicht das badensche Volk, sondern die höhern Interessen der Menschheit werden vertreten. Abgeordnete aus dem einheimischen Bürgerstande würden zu sehr an dem Nächsten haften, was sie selbst angeht, und, befangen vom Aberglauben alter Anhänglichkeit, die großen Lösungen außer acht lassen, die von Karlsruhe aus für die europäische Menschheit erwartet werden.

Ich dachte an die Predigt des amerikanischen Tabulettkrämers, und vieles wurde mir klar. Die berühmten Männer hatte ich nicht nötig aus dem lithographierten Plane zu suchen; eine junge Badenserin machte sich ein Vergnügen, sie mir zu zeigen, und es war wirklich nichts als Patriotismus, wenn sie mit dem Finger da- und dorthin wies: das ist der ***, das ist der ***, und dann ihr Auge freudestrahlend mich ansah, um zu sehen, ob ich ganz das Glück fühlte.

Auch die Deputierten waren so artig, und alle, die einen Namen hatten, redeten von ihren Plätzen oder von der Tribüne herab, wofür ich ihnen sehr dankbar bin. Nur *einer* sprach keine Silbe; mein Wirt hatte mir gesagt, er sei der beste Redner. Ich erkannte ihn sogleich an dem ergrauenden Haare, was, zufolge seiner Biographie in der Neuen Folge des Konversationslexikons, die Folge seiner Anstrengungen für das Gemeinwohl ist. Als alles bei einer kitzligen Frage auf den Beinen war und mitsprach und stimmte und er allein unter uns sitzen blieb, pointierte ihn ein Engländer, vor sich murmelnd: »It stone alone will not speak.« Und weil er jetzt zuweilen schweigt, wo alle sprechen, nennen ihn viele einen Wandelstern. Mein Original neben mir, von dem ich noch reden werde, nannte ihn einen Pfiffikus. Das ist das Los der Popularität! Wer einen Augenblick stehenbleibt, um auszuruhen, und wer sich umschaut nach dem Wege, den er zurückgelegt, über den geht der Strom hinweg.

Eigene Gedanken überkamen mich: was Ruhm ist und Popularität. So hörte ich *Lafayette*, *Benjamin Constant*, *Martignac*. Ihr Ruhm und ihre Popularität war die Frucht eines Lebens, sie haben ihn sauer erworben. Klage man nun noch die Deutschen an, daß sie es ihren großen Männern sauer machten und sie erst nach dem Tode kanonisierten! Das kleine Baden beschämt uns. Welcher Rednerruhm strahlt von hier aus über Deutschland! Die Württemberger sagen bescheiden: Wir haben noch keinen Redner, aber von einem hoffen wir, daß er es werden wird. In Baden weiß man besser, was man hat, zu schätzen, und das billige ich.

Ein Vortrag in der Kammer setzte mich in Erstaunen; er überflog die kühnsten Grenzen, das heißt, er ging nicht allein über Baden, den Deutschen Bund, Europa, nein, er ging über die ganze bekannte Welt hinaus, fing vor der Sündflut an und endete mit einem Gedankenstriche, wo unsere Gedanken nicht mehr hindringen. Der Kommissionsbericht betraf keinen geringern Gegenstand als das Gesetz über die *Wildbeschädigungen.*

Von Adam und Eva hub der Berichterstatter an und wie damals der Zustand des Wildes gewesen ist. König *Nimrod* wurde, wenn ich mich recht entsinne, als ein gefährlicher Feudalherr denunziert, dem es nicht um Philanthropie, sondern um seine Hasen und Hirsche zu tun gewesen, wohingegen *Herkules* ein Wohltäter der Menschheit, ein Philadelph war, der die unnützen Bestien, was auch die Jagdberechtigten dawider gehabt, mit Stumpf und Stiel auszurotten strebte. Vermutlich war das Gewand der Dejanira nichts anders als ein starkes Netz, womit ihn ein Feudalherr fing und aus Rache opferte. Aber, wo wären seitdem, ging es weiter, die Herkulesse geblieben, zumal in dem greulichen Mittelalter, wo die Bauern nur dagewesen, um das Vieh zu hetzen, hegen und sich von ihm, nämlich in ihren Kohlköpfen, auffressen zu lassen. Zwar gebe es jetzt wieder genug *Herkulesse*, nordische, französische und Tiroler, die sich aber lieber für Geld sehen ließen, als Hirschböcke und Keiler totzuschlagen. Nun sei, glaube ich, die badensche Kammer mit Mut in die Löwenhaut des Alciden gekrochen und habe ein Gesetz zustande gebracht, was freilich noch lange nicht vollkommen sei, indem es die Feinde der betriebfleißigen Menschheit noch am Leben und in Freiheit lasse, indes, wie die Sachen ständen und da ein Widerstand da sei, den er nicht näher bezeichnen wolle und den doch jeder kenne, müsse man vorderhand zufrieden sein. Plus ultra! laute der Wahlspruch dieser Kammer in allen Dingen, und er trete mit dem festen, seligen Vertrauen von der Tribüne, daß ihre Kinder oder Kindeskinder nicht mehr über Wildbeschädigung würden klagen können; denn wenn die Menschheit vollkommen sei, müsse alles Wild vollkommen ausgerottet sein, da Hirsche und Rehe ebensogut reißende Tiere wären als Eber und Bären. Nur die Hasen, glaub ich, ließ er laufen.

Diese Rede ist kein Spaß, sondern fast buchstäblich so gehalten worden in der Sitzung am 2. September des vergangenen Jahres, und als der Redner von der Tribüne trat, begleitete ihn der Applaus zu seinem Sitze.

Die Würde und Ruhe auf der Ministerbank bewunderte ich. Es kamen Beschwerden vor, die gegründet waren, andere, die einen Kern hatten. Ich habe Ministerbänke gesehen, wo alles und jedes, was die Opposition mit Heftigkeit rügte, mit derselben Heftigkeit verteidigt, wo nichts zugestanden wurde und man die Autorität durch einen unseligen Krieg aufs äußerste zu retten wähnte. Nicht so hier. Die Redner der Regierung führten keine Fehde; sie kommentierten, erklärten, erkannten an und stritten ab, ohne Redeprunk, mit kurzen schlagenden Gründen. In zwei sonderbaren Fällen hörte ich sie die Rüge gegen Beamte, die ihre Befugnis überschritten, billigen. »Es war eine Ungebühr, die, sobald sie zu unserer Kenntnis kam, gemißbilligt wurde; es wird nicht mehr vorkommen.« Schwächt so etwas die Autorität, oder hebt es sie? Mich dünkt, keine Verwaltung kann in einem gebildeten Staate würdiger sprechen, mehr Vertrauen einflößen und mehr ihre moralische Kraft zeigen als durch Eingeständnisse, daß sie nicht vollkommen ist, aber den besten Willen hat; unzufrieden war auch nur die Ultraopposition, die, ich glaube, ein Gesetz darüber verlangte, daß kein Gesandter mehr für Neujahrskarten Geld ausgeben sollte. Mit aller Hochachtung für die Staatsräte *Winter* und *Böckh* verließ ich die Ständeversammlung.

Keine allgemeine Stimmung ist ohne Opposition, und es ist schon erwähnt, wie unrichtig man bei uns annimmt, daß der Ultraliberalismus, wie er in süddeutschen Blättern sich ausspricht, die durchherrschende Stimmung der Bürger sei. Kräftige Stimmen habe ich in Baden gegen das plus ultra der Kammer vernommen, Stimmen von unabhängigen, vorurteilsfreien und gewichtigen Männern; aber sie erheben kein Panier, vielleicht, weil ihnen die Sache nur wie ein Meteor dünkt, vielleicht, weil sie noch weniger der lauernden Gegenpartei einen Gefallen erzeigen wollen, deren Wahnsinn freilich um kein Haar besser ist – und, seit ich dieses schrieb, fast wieder die andere Polhöhe des Mißtrauens und der Angst erreicht hat. Ein Original, das ich nicht näher bezeichnen darf, saß neben mir als Cicerone in der Kammer und gab mir solche Erklärungen über die Matadore, daß das weiße Papier rot werden würde. Da er nirgend hinterm Berge hält und die Mauern von Karlsruh oft genug die Ehrentitel, die er den berühmten Deputierten anhängt, gehört haben mögen, beginge ich eigentlich keine Indiskretion; es sei aber fern von mir zu helfen, jemand ein Lustre zu rauben. Das Original ist kein Serviler. Hüben und drüben bekam jeder einen Klecks, so stark, daß er wenigstens die Schminke abwischt, und jetzt beim Hinausgehen entlud sich ein oratorisches Donnerwetter, daß die kleinen Gewitter im Ständesaal mir dagegen sehr unbedeutend vorkamen. »Drei Dinge«, schloß er, »haben dem Schwunge nach vorwärts, den jeder rechtschaffene Kerl wünschen muß, wenn er kein Brett vorm Kopf hat, einen Dampf angetan: die Weisheit in Brüssel, die Hochzeit auf Hambach und unsere Plus-ultra-Kammer.« – Relata refero, und – »Brutus ist ein ehrenwerter Mann, das sind sie alle, alle ehrenwert«.

Wie unrichtig man bei uns die Verhältnisse betrachtet, beweist auch die Meinung über *Heidelberg*. Viele Väter hielten die Universität für einen Fokus der Aufregung, und im ganzen Lande Baden steht sie im Ruf der Gelehrten-Opposition gegen die liberale Richtung der Kammer. Die Heidelberger behaupten, man habe eine Pique auf sie, tue wenig oder nichts für ihr Wohlergehen und wende alles dem Lieblingskinde Freiburg zu. Freilich sendet die Stadt einen Deputierten, der, ein trefflicher Bürger und wackerer Familienvater sonst, sich sehr warmblütig für Ideen äußert, die nicht unsere Ideen sind, und man erzählt eine verrückte Äußerung eines bankerotten Glasermeisters, die à la Marat klingt, das ist aber auch die einzige, welche durch wer weiß wie viele Echos widerhallt und mir an zehn Orten von neuem als Beweis aufgetischt worden, wie man in Heidelberg gesinnt sei. Dort habe ich nur Stimmen der Mißbilligung dagegen gehört.

Ich schickte vielleicht auch meinen Sohn, wenn ich einen hätte, nicht nach Heidelberg, aber nicht aus Furcht, daß er ein Terrorist würde, sondern weil ich zu meinem Erstaunen den Popanz, die leerste Hülle des alten Studentenwesens, von Jünglingen des Jahres 1833 wiederaufgenommen fand. Und zwar einen so ledern philiströsen, witzlosen Popanz, daß ich dieselben jungen Leute, die jetzt vor ihm ihren Hut schwenkten, nach drei Jahren fragen möchte, ob sie nicht über die Erinnerung erröten. Ehedem war das die Hülle eines kräftigen, oft unbändigen Geistes; es war übersprudelnde Tollheit aus Überkraft, es war ein Accessit, aber nie

Prinzipale. Was ist es jetzt in dieser zahmen Zeit, wenn ich gebildete Männer, die nicht aus der dumpfen Gymnasialzelle, sondern schon halb aus der Welt kommen, mit Angst und Not in die Formen kriechen sehe, die ihnen unbequem sind, schlecht stehen und ihre ganze Kraft in Anspruch nehmen, um sich nur darin zu halten. Ehedem hieß dieser Popanz: Freiheit, Jokus, Jugendleben; man sollte austollen, austoben, um nachher ein solider Mensch zu werden. Man wurde es denn auch zuweilen so, daß wirklich keine Spur von Freiheit und Geist in dem soliden Bürger blieb. Es wurden daraus neue Popanze, welche dem Fremden ein eigenes Bild vom deutschen Charakter lieferten. Ist das aber jetzt noch Aufgabe, hat unsre Jugend so ungeheuer viel auszutoben? Freilich wollte man vor zwölf oder vierzehn Jahren der akademischen Freiheit eine falsche vorreife Richtung geben, und diese mußte unterdrückt werden; aber die das damals unterdrückten, haben schwerlich gewollt, daß man nach einem Dezennium wieder in den alten, vom Geist verlassenen, bocksbeuteligen Schlendrian krieche, der freilich dem Staate nicht gefährlich wird, denn er produziert nur Philister, aber der freien, schönen Entwickelung des Jünglings-Geistes.

Freiburg heißt das Lieblingskind der Kammer, aber auch dort finden Ideen, die nicht mit denen seiner berühmten Deputierten harmonieren, lebhafte Vertreter, und eine Opposition ist da gegen die Opposition. Sollte auch der Münster, das reinste Kunstwerk deutscher Vorzeit, niemand gegen die inspirieren, welche, seine Sprache verkennend, in der Geschichte nichts finden als Schwarz und Weiß, die Barbarei des Mittelalters und unsere werdende Vollkommenheit! Auf dem Turm ist eine Schaukel, und wenn man sich schwingt, tanzt Berg und Tal – und Schwarzwald und Vogesen, Frankreich und Deutschland drehen sich und werden eins. Man sagt, Rotteck habe sich in seiner Jugend sehr viel hier geschaukelt. – Wunderbar zierlich ist Turm und Dom von innen und außen erhalten, Würde und Eleganz, Ehrfurcht gebietende Majestät und anmutige Zier Hand in Hand. Nirgends hat man so geschmackvoll die bunten Fenster bewahrt und restauriert. Das Schiff ist ein Tempel göttlicher Freude; die goldene Sonne durchleuchtet in allen Farben die Steinhalle. Und die Stadt selbst, zwischen drei Gebirgen, überschüttet vom Reichtum der Ebene, altzierlich, geräumig und hell, klare Wasserbäche durch die Straßen rieselnd: man sollte meinen, hier könnte nur Poesie und Zufriedenheit wohnen.

Mannheim ist auch eine Stadt, die ein Wille gemacht hat und nicht die Notwendigkeit. Aber mancher Komfort ist nicht mit eingezogen. Es ist ein Ausruhepunkt für Familien, die die Freuden der Welt kennengelernt, keine Gelegenheit mehr haben zu glänzen, aber doch gern noch genießen wollen. Die Damen werden gerühmt wegen ihrer Bildung, Weltsitte, die jungen Mädchen wegen ihrer Liebenswürdigkeit und Freimütigkeit und die Bälle wegen der anständigen Ungeniertheit. Der Heidelberger Student ist vermöge seiner Matrikel zu jedem von selbst eingeladen, und viele Ehen sollen hier geschlossen und noch mehr besprochen sein. Außerdem spricht man auch hier von einer Stimmung gegen die allgemeine Stimmung; wenn aber das gegründet ist, was man von dieser Opposition sagt, so ist das nicht meine Opposition.

Baden gegen Nordwesten

Und mit welchem Pinsel tauche ich mich in den tiefen grünen Bergkessel, wo *Baden-Baden* – angelehnt an liebliche Berghänge, versteckt in Schluchten, geneigt über die plätschernde Oos, unter kühnen Bergwänden, überrauscht von gewaltigen Wäldern – die Größe, den Ernst der Vorwelt und des buntesten, reichsten, lüsternsten Lebens der Gegenwart repräsentiert. Hier sehe ich die Eichenburgen der Germanen des Cäsar, ich sehe sie ihre Götter im dunklen Schweigen des Waldes verehren; hier sehe ich gewaltige Feudalburgen, von der höchsten Höhe immer tiefer ins Tal rückend, hier die tolle, kecke Lust des Mittelalters, dem unsere Liberalen ebenso einseitig den alleinigen Stempel der Roheit aufdrücken als die girrenden Verehrer des temporis acti den der Keuschheit. Welcher Bacchantentaumel schallte in diesen Bädern! was wurde hier gesprochen, getrieben, wie gescherzt und wie gejubelt! daß ein Italiener selbst – dessen berühmter lateinischer Brief bekannt ist – über die Frivolität in einem deutschen Bade erstaunt. Und wenn es nächtlich still wurde, schlichen vermummte Gestalten durch die öden Gemäuer; Fackelschein glänzte aus den umwachsenen Mauerfenstern, und die Feme hielt ihre düstere Sitzung. Du brauchst die Phantasie nicht anzustrengen, dies alles zu sehen; denn die nächste, bunte Wirklichkeit um dich ist noch viel wunderbarer. Sieh diese prachtvollen Häuser und Paläste, Zeugen von Überkultur, mitten in einer schaurig-schönen Wildnis; sieh, wie sie hängen und schweben auf Felsabhängen und schmalen Wegen; sieh dies bunte Treiben auf den Straßen, den Putz in Modehandlungen aus Paris, Wien, London, Berlin; sieh den Basar am tobenden Giesbach, höre die Sprachverwirrung aus aller Welt Ländern, und tritt mit drei Sprüngen in den Kursaal, um halb England, Frankreich, Rußland um die grünen, magisch erleuchteten Tische versammelt zu sehen. Es duftet von den Wohlgerüchen von Paris, Arabien und Indien, kostbare Stoffe rauschen, die Sprache der Themse und der Seine schwirrt um dein Ohr, daß du dich fern aus Deutschland versetzt glaubst und gewiß in ein Feenland, wenn du die schönen regungslosen Frauen siehst, in Atlas und Hermelin, mit überschlagenen Armen oder auf den Ellenbogen gestützt, das große schwarze Auge nicht auf den blonden Jüngling, nur auf das rollende Rad gerichtet – Fürsten und Glücksritter, Herzoginnen und Kurtisanen, eine gestürzte Aristokratie und eine neuerhobene. Du glaubst dich gefangen, wenn du es nicht schon bist, und stürzest hinaus in die Nacht des Gartens, und hier umgirren dich die Sirenen mit französischen und deutschen Lauten und verfolgen dich durch den dunkel gewordenen Basar bis an die Brücke. Über das Wasser können sie nicht.

Ich male das nicht, aber es ist ein Maler dort, der seinen Pinsel in die allerglühendsten Farben tauchen kann und dem, wenn er maßzuhalten gelernt, noch viel mehr möglich würde, als er möglich gemacht. *Spindler* wohnt jetzt in Baden-Baden. Ich wüßte kein passenderes Domizil für dies ausgezeichnete Talent. Die Vorwelt umrauscht ihn, nicht als blasses, unbestimmtes Nebenbild, sondern in kerniger Gewißheit; er kann ihren Glanz, ihre Farbe, ihren Duft ablangen; er kann in ihre tiefen Schachte, auf ihre jähen Höhen steigen. Und zugleich mit einem Schritt ist er im buntesten Wirbel der Trugbilder von heut; denn dieser Glanz ist zur

Hälfte Trug, wie das Glück, das dir heute am grünen Tische lacht, um dich morgen zum Bettler zu machen. Der Hermelin ist so oft geborgt, das Gold unecht, die roten Wangen Schminke, und die schwarzen Augen, heut strahlend im Gaslicht, sind morgen früh matt, erloschen. Leider daß Spindler in jüngster Zeit mehr unter den Franzosen am Roulettetisch seine Menschen gesucht als oben unter den Bürgerhäusern und in den Hallen der verfallenen Burgen. Nicht jeder sieht sie dort, die Gestalten von ehemals, aber dem Auge des Dichters verbergen sie sich nicht. Es ist noch nicht zu spät für Spindler, wieder zu ihnen umzukehren.

Schwaben

Es war vor vierzehn Jahren, daß ich Schwaben besuchte, und mit um so viel jüngern Augen pflegt man die Dinge anders zu sehen, als wenn man sie vierzehn Jahre älter wieder aufsucht. Wenn auch das Alter nicht, zieht doch die Erfahrung einen Schleier über das Auge, der das Licht, was den unbefangenen, jugendfrischen Blick bezauberte, mit einer matten Dämpfung belegt. Die Räume, die dem Kinde unermeßlich dünkten, werden schon dem Jüngling gemessen, begrenzt, klein; für den Mann bleiben zwar die Räume dieselben, aber die Schattierungen werden anders.

Mit einiger Angst, daß ich nicht dasselbe grüne, lichte Schwaben wiederfinden dürfte, betrat ich es diesmal. Ich sage Angst, denn das Land und seine Menschen, wenn ich beide auch nur gekostet, hatten einen ungemein günstigen Eindruck hinterlassen. Er war nicht, wie so viele andere frühere Eindrücke, verwischt worden durch spätere mächtigere. Liebliche Gegenden üben oft einen Zauber nur durch die Gewalt des Momentes aus; das Herz überträgt das innere Wohlgefallen auf das, was es sieht; ein Sonnenblick kann einer mäßigen Landschaft in solchem Augenblick ungewöhnliche Reize leihen; und wenn man trüb gestimmt wiederkehrt, die Sonne nicht mehr scheint, begreift man nicht, was uns vorhin bestechen konnte. Es hatte in jüngster Zeit uns im Norden bedünkt, als ob die Sonne nicht mehr so heiter auf die Neckarufer schiene; in der Sonne der Poesie hatten fremdartige Weltkörper Finsternisse hevorgebracht, der Wein war in Gärung, und die Berge mit den lachenden Rebengärten wollten sich wieder in Vulkane verwandeln.

Meine Reise durch Württemberg hat mich überzeugt, daß es noch das alte Land ist und das alte Volk. Die Verfinsterung der Sonne wird nur vorübergehend sein; die Poesie tönt aus dem Herzen heraus, sie wird auch die fremden Mißklänge abwerfen; der Wein wird sogar besser mit jedem Jahr, und die Berge stehen noch fest wie ehedem. Das fremde Element ist nur ein Nebelstreif, es wirft nur Schatten, die Sonne bleibt. So sah ich wenigstens mein freundliches Schwabenland an, und ich gebe diesmal hier nichts als meine subjektive Überzeugung.

Die Württemberger, mit löblichem Bewußtsein des Guten bei sich, sprechen gern von ihrem schönen Lande und verweisen dabei den Fremden auf ihre Hochgebirge, ihre Alpen. Das sollten sie nicht tun. Jede Größe ist relativ, und ihre Alpen sind doch nur eine erste Stufe zu der ungeheuern Kette, deren Firnen der Schweiz und Tirol angehören. Von diesen Wolkenhöhen herab sind sie als Höhen nichts, und wer über sie zu den Alpen steigt, vergißt bald über die aufgetürmten Wunderbauten die ersten Versuche, Wunder zu werden. Die schöne Eigentümlichkeit ihres Landes ist in den lieblichen Vorgebirgen zu suchen, in den gewellten Rebenhügeln, in den Flußtälern der Rems, des Neckar, der Jaxt und des Kocher. Da ist nichts von Einförmigkeit; jeder Schritt, jede Wendung bringt ein neues erfreuliches Bild, wenn auch nur mit denselben Stoffen. In keinem Lande ist mir überall so der Charakter des Wohlbehaglichen entgegengetreten, der sich nirgend zum Erhabenen, selten zum rein Schönen und auch nicht zu dem Zauberhaft-Reizenden steigert, welcher das Salzburgische Land auszeichnet.

Das Wohnliche tritt mir überall entgegen, die Kultur hat wohl den möglich höchsten Grad erreicht, aber sie überwältigt nicht die Natur. Woher das kommt, kann ich mir nicht Rechenschaft geben, aber es ist an andern hochkultivierten Gegenden so, zum Beispiel am Züricher See, wo mir das Ländliche der Natur, ihre Frische von der Industrie völlig verdrängt scheint. Es ist in Württemberg alles bebaut mit Reben, Saaten, Obstbäumen; selbst die kleinsten Wege sind Alleen von Kirsch-, Äpfel- und Birnbäumen; man rodet die Wälder an den steilsten Berghängen aus, reinigt sie von Steinen und pflanzt Rebstöcke, wo nur Grund für die Wurzeln ist und ein wenig Mittagssonne; und doch sieht es überall *ländlich* aus, und die Natur herrscht vor, ohne schaurig kahle Felsmassen und Schneefirnen. Es ist der grüne deutsche Charakter, von dem ich an einem andern Orte sprach.

Dies recht anschaulich zu machen, möchte ich die *Lombardei* mit *Schwaben* vergleichen. Jene ist auch grün, alles bebaut, und doch verschwindet die Natur in dem tödlichen Einerlei einer *poesielosen Kultur*. Ich weiß, welche Paradoxie ich auszusprechen scheine, und doch sage ich es mit bestem Wissen. Jene hohle Sehnsucht nach dem Lande, wo die Zitronen blühen, könnte nicht besser parodiert werden als durch eine getreue Schilderung der ermüdenden, trost- und aussichtslosen Wege im flachen Oberitalien. Doch das liegt hier außer meiner Absicht. Aber um einen, der mit den Reizen des Vaterlandes nicht zufrieden ist, gründlich zu heilen, möchte ich ihn nach einer neuntägigen Wanderung um Mailand und Piacenza mit einem Schlag in die Hügel von Weinsberg, nach Eßlingen oder ins Remstal versetzen, und das »Kennst du das Land« wäre von selbst umgesetzt, ohne daß ich dadurch die in ganz anderm Boden wurzelnden Reize des ewigen Italiens schmälern wollte.

Die Vorwelt Italiens ist Staub und Stein geworden, antiquarische Rarität; in dem grünen Vorhügellande unsrer deutschen Heimat lebt sie noch mit dem Leben von heute fort. An den massiven runden Burgturm, der nur noch den Eulen angehört, hat sich ein viereckigter mit einem Holzgiebel angereiht; oben ist er auch schon wüst, unten aber häuslich eingerichtet. Unter dem ältesten grauen Bergschloß, umwuchert von wildem Gesträuch, steht das turmreiche Feudalschloß, noch immer stattlich und hoch, zu drei Vierteln erhalten; aber schon vor dreihundert Jahren fanden die bequemeren Geschlechter es bequemer, noch tiefer hinabzuziehen und ihre Schlösser in wohnlichem Stil nicht höher zu bauen, als die Hütten der Bauern oder die Häuser des Bürgers stehen. Aber alles ist nur Fortsetzung, Entwickelung, Weitergeburt; eben wie die Schulen und Seminarien in den grauen Klostermauern Kinder der Vorzeit sind, so auch die kleinen mittelalterigen Bergstädte mit ihren Giebeln über Giebeln und

Spitztürmen, malerisch an Bergabhängen. Durch ihre mächtigen gewölbten Tore, an denen ein eisernes Heer die Köpfe zerschellen mochte, fährst du dröhnend hindurch, und nebenbei ist ein Bretterzaun, über den der Bettelbube sich schwingt. Und drinnen, unter den Wettertraufen vorgebauter Giebelhäuser, auf den abschüssigen krummen Straßen das regste Leben des Betriebfleißes, Handel, Wissenschaft, Aufklärung, wenn du willst, und sie achteten um dieser willen es nicht für notwendig, die Rudera der Vorzeit zu zerstören.

Mag das in meinen Augen auch diesem grünen Alpenvorlande den Charakter des Wohnlichen geben, daß der Boden, wo du hintrittst, geschichtlich ist. Und du *siehst* das mit deinen Augen. Überall Städte, Schlösser, Burgen, Bäche, Wälder, Warten, Klöster, Bergkegel voll historischer Anklänge, nicht allein aus einer dunkeln, verworrenen Feudalzeit, voll kleinlicher Reibungen, sondern aus Deutschlands großer Geschichte, aus der seines größten, kühn zum Lichte strebenden Kaisergeschlechtes; denn nicht allein über der kleinen Schwelle der kleinen Kirche zu Hohenstaufen könnte es heißen: Hic transibat Caesar; der Fuß der *Hohenstaufen* heiligt jede Scholle durch das ganze Schwabenland, und die Poesie hat sie in ihre Annalen so gut als die Geschichte eingetragen.

Überraschende Fernsichten gehören minder zum Landescharakter. Die Neckarufer bieten ihrer mehrere, zum Beispiel bei *Mosbach*, wo sich das Auge in ein Meer von Grün und Lieblichkeit versenkt. Hier sind die sie schirmenden Höhen von Kieferwäldern bedeckt oder von rauhen Winden bestrichen. Ich rede mehr von jenem hügeligen Flachlande in der Mitte Schwabens, wo alle Höhen im Rebenkleide grünen, wo sich die Sonnenwärme fängt in den sanften Kesseln und in guten Jahren einen *Wein* reift, freilich an gärender Kraft jenem nicht gleich, wo der Sonnenstrahl von ausgedörrten Felswänden abprallt, aber voll Farbe, Würze und gesunder Kraft. Auch die Weinkultur macht bedeutende Fortschritte. Rheinische Reben gedeihen und bringen den würzigen Rieslinger hervor. Um Stuttgart und Weinsberg fand ich ein besonders wohlschmeckendes Gewächs. Von wem aber mag es aufgekommen sein, daß Weinberge eine Gegend nicht zieren? Es ist ein gewöhnlicher Satz bei uns. Mit Ausnahme der Zeit, wo gar keine Blätter an den Stöcken, fand ich die Rebenbekleidung noch immer die lieblichste einer bergigen Gegend, sei es im saftigen Grün des ersten Frühlings, im Vollgrün des Sommers oder im Rotgelb des Herbstes, sei es, daß deutsche Sorgfalt die Ranken um Stöcke, Gitter und Dächer windet oder italienische Faulheit die Reben sich selbst einen Weg suchen läßt am Boden, an Bäumen, am Gestrüpp. Auch daß Weinberge fast allein ohne Schattierungen von Wald und Feld sich vorteilhaft dem Auge präsentieren können, bemerke ich hier.

Wie der Lombarde seinen Wein zieht, oder besser sich selbst erziehen läßt, möchte ich lieber den Zustand der Verwilderung als der Natur nennen. Ist der Wein das Edelste, was aus dem mütterlichen Schoß der Erde uns zuwächst, so ist auch die Sorge darum die edelste Gattung des Landbaues; und will man hiernach den Wert seiner Bebauer abschätzen, wie tief steht da der Italiener unter dem Deutschen! Ihm gilt der ökonomische Satz: Der Mehrertrag ist dem Besserertrag vorzuziehen; demnach ist ihm alle Veredelung gleichgültig. So viel freudige Weinlieder der Deutsche hat, so viel Schmerzenslieder könnte er singen, was unter anderer Pflege aus dem italienischen werden müßte. Um den Wert des Fleißes zu schätzen, muß man den milden deutschen gekelterten Wein dieser Gegenden kosten, nachdem man von dem schweren, roten, süßen Saft, der aus den lombardischen Trauben gestampft wird, zum Überdruß genoß. Die Zunge fühlt erst wieder, daß sie Wein trinkt, der das Gemüt erheitert, und daß er ein Nektar sein kann, während er in Italien nur ein Getränk ist, mit dem man die Speisen herunterspült.

Die Betriebsamkeit, welche um geringsten Gewinn den sauern Schweiß vergießt, ist eines der wohltätigen Bilder, welche dir beim Eintritt in diese Länder ins Auge springen. Mit dem Fleiße paart sich die Reinlichkeit, ein freundlicher Sinn ist selten davon getrennt. Auch an Wohlhabenheit wirst du zu glauben verführt; die Äste der Äpfelbäume brechen unter ihrem Segen, die Straße, die Gräben sind voll von den goldenen Früchten, und kein Wächter fährt dich an, wenn du davon auflangst, was dir beliebt. Aber Obst und Wein machen kein Volk reich; die ersten Dörfer geben dir sprechende Zeichen von Dürftigkeit, und die jährlichen Listen der Auswanderer beweisen, daß es auch dem württembergischen Fleiß nicht möglich ist, auf Steinen Korn zu säen, und der ackerbare Grund und Boden ist schon so geteilt, daß er nicht weiter geteilt werden kann.

Wer aus Rheinbayern kommt, erstaunt schon im Badenschen, daß nicht jeder, dem er begegnet, sich ein

König dünkt. Gehe hinüber nach Württemberg, und du wunderst dich noch mehr, wie wenig das Individuum das Stückchen Souveränität, das es im Leibe trägt, in Anschlag bringt. Dort über dem Rhein nur freie Grundherrn, jeder dir gleich, wo nicht mehr als du; in Baden Landleute, die, auch wenn sie dich grüßten, wohl wußten, daß du ihnen nichts zu befehlen hast; in Württemberg findest du wieder *deutsche Bauern* von gutem, herzlichem Schlage. Sie kleiden sich nicht städtisch; ein dreieckiger Hut über dem glattgekämmten Haar, wohl allenfalls noch ein Kamm darin, ein warmer Kittel mit blinkenden Metallknöpfen, Schnallenschuhe, Mieder, rote Strümpfe, hohe Hacken. Wie sie jeden wohlgekleideten Fremden grüßen, wie sich alles drängt, dir auf deine Fragen Auskunft zu geben! Du bist, wer du auch seist, ein höherer, und ihre ältere Freiheit als die ihrer bayerschen und badenschen Nachbarn wird nicht in Rechnung gebracht.

Halte mich nicht für einen solchen verstockten Aristokraten, welcher den Bauern wieder zum dumpfen Sklaven, zum Werkzeug seiner Willkür wünscht; aber was einem Staate ein echter *Bauernstand* wert ist, lernt man in Oberitalien, wo dieser Stand längst verschwunden. Dort herrscht die selige gewünschte Freiheit seit Jahrhunderten; kein Mensch klebt mehr an der Scholle, aber die Scholle klebt auch nicht mehr an ihm. Statt des alten Adels hat der jüngere, begüterte Stadtadel ringsum alles Land angekauft; Dörfer und Bauergüter sind verschwunden; Pächter und Verwalter pressen auf die wohlfeilste Weise aus dem Boden den meisten Ertrag, und statt des kleinen Grundeigentümers, der seine Hufe mit Liebe pflegt, an Kind und Kindeskind denkend, siedelt sich heimatlos und eigentumlos der Tagelöhner in verfallenen, schmutzigen Hütten an. Blick in ein solches faules, verdrossenes Tagelöhnergesicht mit dem lauernden Auge, es ist der Urenkel eines alten Besitzers, und dann sieh dir einen deutschen Bauern an, selbst da, wo ihr Los nicht zu beneiden, wo der Fluch des dürftigen Bodens, des ehemaligen Drucks auf ihnen lastet wie auf den wendisch-deutschen, und wähle. In Italien ist alles im Aussterben, von unten herauf, von oben herab, nirgend ein frisches Element, aus dem die übrigen Stände regeneriert werden könnten. Das ist in Deutschland noch anders. Ich nenne Schwaben schon um deshalb ein glückliches Land, weil es noch Bauern gibt, die noch Bauern sein *wollen*. Sie fühlen ihr Recht und sind wie Bauern überall trotzig darauf; aber mit dem Trotz kann die Demut Hand in Hand gehen. Liebe zum Boden, der seine Väter genährt und seine Kinder nähren wird, macht die Seele auch für andere Liebe empfänglich. Gastfreundschaft, Herzlichkeit, Achtung für fremde Rechte knüpfen sich daran, und es fühlt sich heraus: wenn die andern Stände welken sollten, von hier aus könnte neues Leben in sie übergehen. Von Mailand hörte ich es mal als Vorzug rühmen, daß alle seine Dichter und ausgezeichneten Männer aus dem Adel wären; das mag rühmlich für den Adel sein; aber das Lob eines Landes klingt mir noch besser, wo die Besten sich aus dem Bauernstande emporgearbeitet haben.

Wir lassen *Heilbronn* und *Weinsberg*, obwohl es auf unserer Straße nach Stuttgart liegt, weil ich meine Leser ein andermal besonders dahin führe, und folgen dem geraden Wege nach der Hauptstadt. Er führt bergauf, bergab, den Neckar berührend, der hier gerade keine besonders anmutigen Partien bildet, aber überall Rebenhügel tränkt. Der kunstvolle Bau seiner aufgemauerten Terrassen ist zu beachten. Wo sich die Rebe nicht mehr schlingen kann, schlingt sich der Kürbis malerisch am Gemäuer herab. Die Straße steigt und sinkt durch die gehöhlten Gassen turmreicher Feudalstädte; auch römische Altertümer berührt sie gelegentlich, wie zu *Bissigheim*, sie sind aber von keiner Bedeutung. Schon beim Eintritt in Württemberg steht das Kruzifix am erhöhten Wege, und der hölzerne Leichnam des Heilands beugt sich über dich. Es ist sorgsame, doch keineswegs kunstatmende Holzarbeit, aber du bemerkst am Kreuze alle Marterwerkzeuge, oft mit einer an Spielerei grenzenden Ausführlichkeit ausgearbeitet. Du möchtest glauben, es sei nicht mehr der Glaube echt katholischer Länder, wo gerade die buntesten und rohesten Bilder die meiste Verehrung genießen; du möchtest glauben, man habe durch Fleiß in der Darstellung des Wunders, durch eine Übersetzung ins Natürliche dem wankenden Wunderglauben aufhelfen wollen. Bemooste Kruzifixe von altem Stein, Heiligenbilder und Märtyrer bemerkte ich nirgend.

Stuttgart liegt in einem tiefen, weit ausgehöhlten Kessel, ohne daß ich seine Lage malerisch nennen möchte; sie ist selbst nicht anmutig. Man muß immer erst auf einen der umwallenden Berge, um eine Aussicht auf die Reize zu gewinnen, welche verschwenderisch über die Täler ringsum ausgegossen sind. Die nächste Höhe ist das neue paradiesische Gartenschloß des Königs; ein wahrer Feengarten auf der breiten Höhe eines Hügels umgibt diesen hingehauchten Pavillon mit seiner reizenden Aussicht auf *Cannstadt* und dessen Bäder und die andern Dörfer innerhalb des Bergkessels. Hier ist die griechische Bauart an ihrem Platze. Es ist ein Tempel der Heiterkeit, ein antiker Rosengarten, ein Frühlingssitz; nichts hätte weniger hergepaßt als gotische Bogen.

Aber mein nächster Weg führte mich auf den *Rotenberg*. Hier stand noch vor vierzehn Jahren die Stammburg der Grafen von Württemberg, und der Berg selbst war ein geborner Herrschersitz des Landes. Ringsum schaut man auf alles, was in Württemberg einen historischen Namen hat; man sieht die Spitzen vom Hohenasperg bis zum fernen Hohentwiel an der Schweizer Grenze – freilich alles nur ferne Punkte, und der Gedanke hilft mit; aber ringsum zunächst dem Berge öffnen sich – ein entzückendes Schauspiel – die lachenden grünen Rebentäler; die Sonne fängt sich in den sanften Kesseln; anmutige Kuppen steigen daraus hervor; Schluchten winden sich dazwischen; der rote Berg terrassiert sich hinab in die fruchtbare Ebene; freundliche Dörfer, lächelnde Meiereien: ein Panorama, das kein Maler malen würde, denn es hat keine Formen, aber so lieblich von Saft und Luft durchstrahlt, daß man an Tiecks glückliches Elfenreich denkt. Und dabei eine stille Einsamkeit, nur unterbrochen vom Gesang der Vögel; auch sieht man die Residenz nicht, welche von einem Felsen verdeckt wird. Der Frohsinn der Bewohner macht seine liebsten Ausflüge hierher – auch jetzt noch, nachdem nicht mehr die Stammburg des Regentenhauses darauf thront.

Es waren vor vierzehn Jahren nur noch wenige alte Bauern: mehrmaliger Brand hatte, was aus dem Altertum übriggeblieben, zerstört; Neubauten waren angeflickt, die nicht zur Zier des Rotenbergs beitrugen; aber der Gedanke half auch hier. Da starb die Großfürstin Katharina, des Königs Gemahlin. Der Monarch sann, wie er ein kostbares Denkmal der geliebten Gattin aufrichte. Man erzählt, daß *Dannecker*, der ein vortrefflicher Bildhauer ist und auch ein Kenner des griechischen Altertums sein mag, aber nicht des deutschen, dem Könige den Vorschlag gemacht: ein griechischer Tempel im reinsten Geschmack aus der Zeit des Perikles müsse sich vortrefflich auf dieser Höhe ausnehmen, und die Trauer werde leuchten durch das ganze Land, und es werde nicht mehr kosten, als daß man das alte Gerümpel abbreche und die Fundamente ausgrabe.

Vor vierzehn Jahren sagte man mir, daß es geschehen solle; ich glaubte es nicht. Nun steht auf der Spitze des Berges, von dem die alten Grafen von Württemberg auf ihr schönes, treues Land hinabschauten, eine schöne neugriechische Kapelle in altgriechischem Stil, ein kostbares Gebäude; der weiße Sandstein – oder ist es glatter Marmor? – leuchtet weiß und kalt weithin in das grüne Land, und darunter ist eine anmutige Wohnung für den griechischen Popen, der hier Messe lesen kann, wenn er Lust hat, und von dem Stammhaus der Grafen von Württemberg ist kein Backstein übriggeblieben. Auch ist von dieser edeln russischen Fürstin kein Sohn entsprossen, der hier, eine Träne am Grabe seiner Mutter spendend, einen Blick täte auf sein schönes Land. Schon nisten die Schwalben und Sperlinge unter den Kapitälern, ein Stück der Inschrift ist abgefallen, Wind und Regen wüten, und Danneckers Kapelle wird nicht so lange stehen, als das Stammhaus der Württemberger gestanden hat.

Stuttgart ist keine so sehr kleine Stadt, aber daß sie alle Vettern und verschwägert sind, möchtest du schon nach dem ersten Tage erkennen, und du brauchst nur auf der Straße umherzugehen; es grüßt sich alles und schüttelt sich die Hände, und es ist immer eine Verwandtschaft. Es ist ein Stamm und ein Völkchen, ein Völkchen mit Physiognomie, die du in Baden vermißtest. Die Mundart macht dies nicht allein. Es ist ein Völkchen mit dem ehrenfesten Bewußtsein, daß es das ist: ein Volksstamm, der seine besondere Geschichte weit hinaufführt in das deutsche Altertum, eine Geschichte voller Ruhm und Leiden, voll Treue, Keckheit, Freiheitssinn, Bildungskämpfe. Daß hier die alten *Minnesänger* schwäbisch gesungen, daß hier *Schiller* geboren wurde und *Uhland* ein jüngeres Dichtervolk erweckt hat, wirkt mehr im schwäbischen Volke als alle Hefte der Rotteckschen Weltgeschichte in Baden. Sie sind stolz auf die Gelehrten, die Künstler, die aus Schwaben hervorgingen. Sie freuen sich, wenn ein Jüngerer sich wieder einen Namen macht, wenn es einem Landsmann im Auslande wohl geht, und sie helfen redlich mit, aber ehrlich. Ein Feuergeist, nicht zerstörend, sondern einer, der wirkt und schafft, lebt unverkennbar im Volke, wie auch die schwäbische Physiognomie im buchstäblichen Sinne dem zu widersprechen scheint.

Das liberale Element, wie es heut in den Dogmen der Propaganda sich ausspricht, von Weltvervollkommnung träumend und alle historischen Bande und Klammern der alten Weltordnung chemisch trennend und lösend, halte ich für fremd dem schwäbischen Charakter. Wohl interessant wäre dereinst eine Geschichte, wie dieser fremde Liberalismus ins Land kam, unter dem glücklichen Völkchen Aufnahme fand und mit dem eingebornen Freiheitssinn zusammenschmolz. Ein alter Geist der Freiheit und Gleichheit waltete nämlich längst im Württembergischen. Die Stände des Landes standen schon in deutschen ehrlichen Kämpfen mit ihren Fürsten um Realia, ehe noch erfunden wurde, daß ein Unterschied sein *müsse* zwischen dem Interesse der Regenten und Regierten. Die neuen Theorien paßten sich den vorgefundenen Fraktionen um faktische Streitfragen an; der Eifer von beiden Seiten und unselige Einwirkungen von außen sonderten die Parteien schroffer und ließen sie einseitiger, hartnäckiger in ihren Forderungen, in ihren Dogmen werden. Scheinbar wird hier am Neckar, wie an der Seine, um tote Begriffe gefochten; scheinbar ist das Band der Liebe zerrissen, und im hohlen Wahn kämpft jeder um das allein Rechte, was er auf seiner Seite glaubt. Ich meine, daß dies alles nur so *scheint*, daß es ein Zustand der Exaltation ist und das Blut frisch durch die Adern fließt. Diese Opposition (wenn ihr noch der Name zukommt) ist in ihrer Wesenheit von der propagandistischen dadurch unterschieden, daß der Württemberger Liebe trägt zu seinem Vaterlande und seinem alten Fürstenhause. In seinem heftigsten Eifer glaubt er nur für Rechte zu kämpfen, die ihm entrissen worden, und ihm selbst unvermerkt ist er dabei in ein Feld hinausgerückt und in eine Schlachtordnung geraten, die in seinen Bergen und Tälern keinen Raum hat. Der Klang tönender Namen hat ihn verführt. Selbsttäuschung ist die einzige Täuschung, die vorfiel, und wohl zu beachten, daß der Liberalismus hier keine Spekulation ist, um zu gewinnen. Durch die größte Erhitzung blickt vielmehr die Redlichkeit des Willens vor, und ich meine selbst die verhältnismäßig geringste Eitelkeit hier wahrgenommen zu haben. Es ist noch guter Glaube da, wo der württembergische Oppositionsredner sich zu den bodenlosen Höhen erhebt, nicht für Stuttgart und Tübingen, sondern für das allgemeine Weltwohl fechten zu wollen.

Nichtsdestoweniger befremdet der gegenwärtige Zustand der gesellschaftlichen Erziehung. Bei jung und alt, bei Männern und Frauen dasselbe Phänomen. Es siedet und glühet wie bei uns 1813; die Kammerkämpfe sind ihre Puppe und ihre Welt; sie begreifen nicht, wie ein ehrlicher Mann nicht auch so mitfühlen, mit begeistert sein muß über jeden kleinen Sieg ihrer kleinen Opposition ihres kleinen Ländchens. Durchgehends ein aufrichtiger Wille für das Beste, aber er hat sich zu früh gefesselt in engen Formen. Vielleicht wollen wir alle dasselbe, aber nur in der Konstitution und durch sie soll das zu erringen sein! Wer das nicht mit begreift, den begreifen sie nicht; und es kostet allen Fonds gegenseitigen Wohlwollens, um einig zu bleiben in den tausend andern Welt- und Lebensfragen, die nichts mit der württembergischen Opposition zu tun haben. Anderwärts ist der Liberalismus ein Ding der Mode; er tritt im Kleide des Heroismus auf oder in dem der geistigen Vornehmheit (ich rede von Deutschland, wo er überall noch von Edelern vertreten, nicht in die Klasse der Ohnehosen und Ohnerock versunken ist, deren Prinzip das ist: »*Du* hast einen Rock, *ich* keinen;

also her damit!«); in Württemberg erscheint er im Gewande der Pietät. An Beispielen fehlt es nicht. Als Uhland für Stuttgart gewählt werden sollte, schwankte es; *eine* Stimme entschied. Da wurde ein armer Stellmacher, ein Familienvater, der fast nur von *einer* Kundschaft lebte, von Uhlands Freunden gerufen. Die Familie Thurn und Taxis hatte gedroht, ihm die Arbeit zu entziehen, wenn er für Uhland stimme. Er tat es unter Tränen und verlor wirklich die Kundschaft. Man wird unwillkürlich gerührt über die moralische Kraft, die unverkennbar in dieser Handlung liegt; denn die Liberalen sind hier nicht, wie in Paris, Laffittes und Periers, um den Stellmacher zu entschädigen; und es war ein echtes, der Überzeugung gebrachtes Opfer. Wenn nur die Überzeugung ein tieferes Fundament gehabt; denn sowenig ich von der andern Seite die kleinlichen Anstrengungen begreife, um die Wahl eines Mannes zu hintertreiben, der als Freund und Feind gleiche Ehre bringt; ebensowenig hing doch von Uhlands Ernennung ein Wohl und Weh für das Vaterland ab, das einem Familienvater seine Familie vergessen zu lassen gebot.

Die Uneigennützigkeit der Matadore der Opposition steht außer Zweifel; sie wollen auch nicht Ehren; seltener noch suchen sie den Glanz als Redner. Es sind schlichte Männer, und der Württemberger schwelgt im Gedanken, daß ihnen ihre Gegner keine moralische Flecken nachweisen können. Ein treffliches Bürgerlob! aber ist darum alles Gold, was verfochten wird, zum Beispiel auch der Widerstand gegen den deutschen Zollverband, weil die, von denen er ausging, andere politische Ansichten haben als die württembergische

Opposition? Die redliche Befangenheit wackerer Herzen, die in einem engen Kreise Wohl und Weh der Welt suchen, kann Gegner der Sache und Freunde der Personen betrüben; denn *solche* Kräfte und *solche* Gesinnungen müßten in einem weitern Raume mit einem größern Ziele in der Tat für Menschenwohl wirken, wo sie jetzt wenig mehr als ein Schauspiel geben, einem Spötter aber, der nicht die Herzen prüft, willkommenen Stoff.

Die Verhandlungen der Kammer gewähren ein freundlicheres Bild als in Baden. Wenn diese an die Pariser, könnten jene an die englische Kammer mahnen. Man hört selten lange Reden, kunstreiche Auseinandersetzungen, welche durch die Gewalt der Dialektik wirken sollen; es wird mehr von der Leber weg gesprochen, und jeder bleibt auf seinem Fleck, was auch buchstäblich gilt, denn es steht keine Tribüne im Saal, und man redet von seinem Platze aus. So gewinnt das Ganze mehr den Anblick einer vertraulichen Besprechung, und die zurückgeschlagenen Deputiertenmäntel haben nichts weniger als etwas Feierliches. Es wird kräftig geredet; was gesagt wird, hat Hand und Fuß, und ich freute mich, wie eine Sache ohne Redeprunk durchgesprochen und von allen Seiten beleuchtet worden. Die enge Galerie ist immer gedrängt voll; alles ist Aug und Ohr, und keine Silbe scheint hier verlorenzugehen, wenngleich die Zeitungen nicht alles mitteilen. Ein schlichter Handwerksmann stand neben mir und nannte mir die Sprecher, für die er sich lebhaft interessierte. Besonders machte er mich auf einen aufmerksam, der sich jetzt rücke – der würde der Sache den Kopf aufsetzen; plötzlich aber, als sein Lieblingsredner anfing, schüttelte er den Kopf: das wären ja nur andere Worte für das, was jener schon gesagt.

Ich will nicht sagen: Vertraulichkeit, aber Lebendigkeit herrscht durch den hellen, geschmackvoll erleuchteten Saal. Die seltsame Komposition der Kammer trägt das ihrige dazu bei, indem die ehemalige reichsfreie Ritterschaft hier ihren Sitz hat, die ein Kreuzfeuer gegen die Minister und die Liberalen unterhält. Ein Freiherr von *Welten* zeichnet sich durch seine Impromptus aus. Seine Stimme und die heftigen Bewegungen des noch jungen Ritters bilden eine ebenso lebhafte Ader in der ständischen Konversation, als seine rote Uniform durch das Graublau der Standesherren und die schwarzen Talare und Mäntel der Abgeordneten durchblitzt. Den deutschen Kammern, wie der französischen, fehlt das humoristische Element, was in England oft einen wohltätigen Dämpfer der Parteierhitzung aufsetzt und Brücken baut für die, welche sich zu weit aventuriert haben. Durch alles Leben zieht sich die komische Ader besänftigend und anregend; man tut unrecht, wo man sie in diesen hochernsten Kollegien ganz unterdrücken will; man sollte sie im Gegenteil pflegen, wie alles, was gutes Blut machen kann. Der Freiherr von Welten ersetzt in der württembergischen Kammer einigermaßen diesen Mangel.

Für ihren ersten Redner erklären alle ohne Parteirücksicht *Paul Pfizer*, der als Schriftsteller, Dichter und auch als Geschäftsmann sich einen Namen gemacht. Daß er, sein Amt niederlegend, eine Laufbahn voll glänzender Aussichten geopfert, trägt nicht wenig zu seiner Popularität bei. Trotz seiner Jugend ist er bereits ein Volksliebling geworden; man erwartet Ausgezeichnetes von ihm, und die Achtung für sein Talent zeigt sich in der Totenstille, welche eintritt, sobald er sich erhebt. Seine Ansichten sind bekannt aus seinen Briefen. Getäuschte Erwartungen auf Anerkennung dessen, was er aus bestem Wissen geraten, haben ihn vielleicht tiefer in die Opposition hineingedrängt, als er wollte. Seine Gestalt ist schlank, sein Gesicht ausdrucksvoll und sein Organ wohltönend. Überhaupt ist die Unterdrückung alles im Dialekt Störenden bei den Kammerverhandlungen bemerkbar. Der Nordländer, dem in der gewöhnlichen Konversation der echten Schwaben so viel entgeht, verliert hier keine Silbe, ob doch, wie schon gesagt, die Redekunst als solche nicht gepflegt wird. Seine Freunde wissen nicht, ob sie Paul Pfizer eine sehr große Ruhe, die jede Appellation an die Leidenschaftlichkeit vermeidet, zum Vorwurf machen oder sie als Vorzug rühmen sollen. Er sucht nicht hinzureißen, aber zu überzeugen. – *Uhland* tritt selten als eigentlicher Redner auf; er muß, um zu wirken, ganz von der Fülle des Gegenstandes hingerissen sein; mehr wirkt er durch seine Gesinnung und Stellung. Seine eingestreuten Bemerkungen sind scharf, oft mit einer bittern Spitze. Man rühmt von ihm als Sprecher, daß er, feind allem nur hohlen Reden, das Wort ergreift, wenn er etwas vorzubringen hat, was ein Gewicht in die Schale legt. Er trumpft gern ab, nachdem andere ausgespielt haben, und macht das Punktum. Auch er hat bekanntlich sein Amt als akademischer Lehrer seiner Überzeugung geopfert. Deutschland hätte es zu bedauern, wenn er in seinem Pflichtgefühl als württembergischer Deputierter auch den Dichter opferte; doch läßt mich eine Mitteilung aus dem Munde des auch als Mensch so liebenswürdigen Mannes hoffen, daß er der Muse wieder opfern wird, sobald die drückenden Geschäfte des gegenwärtigen Landtages vorüber sind. – Wiewohl ich fast alle namhafte Redner hörte, wäre es doch zu gewagt, nach den wenigen gelegentlichen Worten über sie zu sprechen. Nur eines Deputierten aus dem gewerbtreibenden Bürgerstande will ich gedenken, weil seine schlichten Worte damals einen besonderen Eindruck auf mich machten. Der Abgeordnete *Pfleiderer* sprach gegen die hohen Besoldungen. Er hob die Not des Landvolks in seiner Gegend heraus, entwarf mit den alleranspruchlosesten Zügen ein Bild der Dürftigkeit und schloß: was der Tagelöhner bei ihm zu Haus, der sich freue, wenn er nach sauerem Tagewerk das Salz zu seinen Erdtoffeln finde, dazu sagen würde, wenn er lese, daß andere Volksredner mit denselben rührenden Gründen nachwiesen, daß ein hoher Staatsbeamte, um nur leben zu können, soundso viel Tausende mehr haben müsse. Die Ansicht des Mannes ist nicht meine, und es stände schlimm um alles, was das Leben erhebt, veredelt und uns Mut machen soll zu leben, wenn mit dem Schönen und Großen gewartet werden müßte, bis alle Not in der Welt zu Ende. Man nenne auch seine Ansicht trivial, aber der warme Ton, die bescheidene Art, wie er sie vortrug, hatte etwas ungemein Rührendes, und ich glaubte in ihm einen Volksredner im besseren Sinne des Worts zu finden. – Ich fand dagegen hier nicht das wieder, was mich in der Karlsruher Ständeversammlung mit Achtung erfüllt hatte. Die Gegner der Opposition antworteten ihr nicht mit der Ruhe und Mäßigung, welche in jedem Parteienkampf zuletzt gewinnen muß. Man schien durch Heftigkeit begegnen zu müssen und mit einer Advokatenpraktik alles zu bestreiten, um etwas durchzusetzen.

Jede Opposition wird im Recht sein, ja, es läßt sich keine Opposition ohne Recht denken; nur daß die Macht, gegen die sie sich auflehnt, auch im Recht ist. – Der Wurm, den wir zertreten, krümmt sich, und sein Todesröcheln zeiht uns der grausamsten Tyrannei; er hat recht, wir haben aber auch recht, und wir würden unrecht haben, wenn wir uns am Ausgehen hindern ließen, aus Furcht, einen Wurm zu zertreten. Darius hatte recht und Alexander auch; die alten Sachsen hatten ein herrliches, ihr Vaterland und ihre Götter gegen die Franken zu verteidigen – aber Kaiser Karl hatte noch besser recht, die Störrigen, die seinem Weltplan entgegen waren, zu unterwerfen. Um Friedrichs geschriebenes Recht auf Schlesien stand es schwach; durch die Tat hat er bewiesen, daß er ein starkes hatte. – Ich habe einem ernsten Kampfe um ernste Dinge in der württembergischen Kammer beigewohnt; sie forderten die Gewährung von Rechten, die ihnen verbrieft und untersiegelt worden. Die Gründe dagegen zerstiebten wie Spreu vorm Winde. Sie hatten recht; aber ihr Recht war ein kleines Recht, und es kam in Kollision mit einem großen Rechte. Das kleine Schiff geht unter, wenn es mit dem großen zusammenstößt, der größere Magnet zieht den kleinen an, ein Naturgesetz, höchst ungerecht in irdischen Augen, aber so uralt, daß es schon, ehe unsere Geschichte anfing, tausend Helden ihren Ruf genommen hat, um ein paar Heroen damit auszustatten. Was hilft es dem Wurm, der das heilige Recht zu leben in sich fühlt, daß er alle Logik anwendet, dem Fuße zu beweisen, wie er schreiendes Unrecht hat, ihn zu zertreten? Der Fuß muß es tun, er ist der Diener des Menschen; und der Mensch hat nicht allein ein Recht, er hat die Pflicht, seine Glieder zu brauchen. Die württembergische Opposition ist darum im Unrecht, weil sie das Gesetz der Schwere vergessen hat, nach dem die Welt in ihren Angeln ruht, und weil kein Glied an einem Körper sich isolieren darf. Wehe tun mir die guten Kräfte, die in einem fruchtlosen Widerstande sich erschöpfen, wie mir Cato leid war und Wittekind und alle die, welche nichts erringen als den Ruf, sich männlich gegen ein Muß der Weltordnung gesträubt zu haben.

Die Politik ist ins Leben übergegangen, aber nicht so, daß sie alle Rücksichten überwältigte. Wo sie in ihrer Polemik noch nicht zur ordinären Geldspekulation wurde, ist eine Verständigung noch immer möglich. Es ist eine große und starke Faktion, die in die Literatur übergegangen und niederstößt, was nicht wie sie denkt; Vehemenz und Ungerechtigkeit sind natürliche Übel solcher unnatürlichen, geschraubten Standpunkte; aber doch ist hier noch jene Gemeinheit fern, die an andern Orten rücksichtslos das Gegenüberstehende mit Kot bewirft, und das schwäbische Element hat zu viel Inneres und Positives, um ganz in diesen Kloak zu geraten. Jede Größe hat eine eingeborne, unwillkürliche Achtung vor der andern. Dasselbe ist der Fall zwischen allen Kräften, die noch schaffen können; nur dem, der nur negieren kann, ist nichts heilig. Die schwäbische Gemütlichkeit baut gern Hülfsbrücken. So sah ich den wackern, freundlichen *Bührlen*, der jüngst in offener Fehde gegen die Tendenz der Zeit (in seinen »Ansichten eines Süddeutschen«) losgezogen, in befreundetem Verkehr mit den Häuptern der Gegner. Auch auf dem Lande lebt mancher geachtete Mann, der durch Wort und Tat sich entgegen erklärt dem Strom der Meinungen, und sie schwemmen ihn darum noch nicht fort.

Welche Reihe Namen, wenn ich die Dichterstimmen zähle, die aus den schwäbischen Weinhügeln wie die Lerchen sich erhoben und deren Gesang das außerschwäbische Deutschland mit Vergnügen angehört hat. – Noch jetzt, auf einem engern Raum, wie viele mit Lebenskraft! *Uhland*, noch in bester Mannesfrische. *Schwab*, dessen neuere Lieder ihn höher als Dichter stellen als die Gedichte des Jünglings. Die Lust nach dem Waldgrün und ein unbehaglich Gefühl in der Feuerbrust des trefflichen Mannes wollten ihn jüngst aus Stuttgart und dem großen Freundeskreise forttreiben; er wollte eine stille Pfarre bei Tübingen suchen und dort wieder der ungetrübten Poesie leben. Wie ich höre, hat man diesen Vorsatz hintertrieben, und ich meine, der Mann Schwab wird auch im politischen Gewühl der Hauptstadt Herr werden können über sich und seine Zeit, daß er die Poesie im Festgewande bei sich empfangen kann. *Karl Mayer*, erst jüngst bekannt, obgleich ein Jugendgenoß Uhlands, lebt und dichtet nicht fern von der Hauptstadt. Zu sparsam läßt sich jetzt *Karl Grüneisen* hören; in Weinsberg dichtet der Magus *Justinus Kerner*. *Nikolaus Lenau* (Freiherr *Niembsch von Strehlenau*) gehörte auch lange Zeit diesem schönen Dichtervereine an, der noch manche jüngere Namen zählt, welche noch nicht über ihre Hügel hinausgeflogen sind. Man klagt, daß keine gesellige

Vereinigung stattfinde, welche *W. Menzel* in einem Schillers Andenken gewidmeten Montagsclub versucht hat. Unter den älteren Literaten von Namen ist hier unser Landsmann, der würdige *K. Reinbeck*, zu finden, der, kein grämlicher Laudator temporis acti, mit seltenem Jugendfeuer das jüngere Aufstreben begleitet. Auch im Roman hat sich jünst die schwäbische Muse versucht (W. Hauffs Novellistik war noch immer gewissermaßen eine lyrisch-rhapsodische zu nennen, mit epigrammatischer Beimischung): in zwei Dichtungen, den »Zerrissenen« und dem »Maler Nolten«, welche ihr Entstehen einem ältern und einem jüngern Literaten danken, der kaum seine Flügel erhoben, dem aber seine Freunde einen hohen Flug prophezeien. Die zweite Vaterstadt buchhändlerischer Betriebsamkeit war Stuttgart längst, seit *Cottas* Name mit denen Goethes und Schillers sich über den Staub erhoben. Cottas Institute werden unter der Leitung seines Sohnes fortdauern, wenn auch manche Restriktionen zu splendider Auswüchse wegfallen. Seitdem haben hier noch viele tätige Buchhandlungen sich hervorgetan wie die *Karl-Hoffmannsche*, *Scheibles* und die aus der zu splendid angelegten *Frankeschen* hervorgegangene *Hallbergersche.*

Der Württembergische Kunstverein hebt sich nach den Mustern des Berliner und Niederrheinischen, und noch immer ist die Werkstatt des greisen *Dannecker* eine Schatzkammer großer Entwürfe und herrlicher Vollendungen.

Weinsberg

Eine der lieblichsten und zugleich der an Erinnerungen reichsten Gegenden in Schwaben – ist die um Weinsberg. Die Straße von Heilbronn dahin ist ein Spaziergang, auf dem alle grüne, süße Schauer der deutschen Märchenwelt uns anwehen. Wähle einen heiteren Abend, wenn das Gold der Sonne durch die hohen Nußbäume des Weges flimmert und über die sanft gewellten Weingärten ihren schillernden Glanz ausgießt. Du steigst einen Berg hinan, und indem du durch den Engpaß trittst, meinst du, dahinter müsse Weinsberg liegen; aber nur eine neue Traubenwelt, ein neues Rebentheater, ein Meer von Weinbergen liegt zu deinen Füßen, und umsonst sucht dein Auge nach dem ersehnten Ziel.

Mir fällt nicht bei, ob *Bürger* je hier war, aber den Abend dünkte mich, der Dichter hätte nicht charakteristischer sein vaterländisches Lied anfangen können als mit der Frage:

Wer sagt mir an, wo Weinsberg liegt?

denn dieselbe Frage mußten wir wenigstens zehnmal wiederholen; so gänzlich verschwunden, so entrückt durch einen neckischen Kobold schien die alte Stadt, von der man uns doch in Heilbronn gesagt, sie sei nur ein kleines Stündchen entfernt. Zehnmal wendete sich der Weg um die saftgrünen Hügel, bis bei einer elften Wendung vor uns ein Schauspiel lag, das die Erwartung übertraf.

Ein ganz isolierter, kegelartiger Weinberg erhebt sich mitten aus den andern, und seine Stirn umkränzt eine uralte Mauer, aus deren umbuschten Zinnen ein paar abgestumpfte Türme vorragen. Rechts um den Fuß dieses Berges zieht sich das abschüssig gebaute alte Städtchen, was indessen erst später hinzugekommen, wenigstens in jener hochberühmten Belagerung nicht mit einbegriffen war. Eine uralte deutsche Vergangenheit – Taten, die in die Märchenwelt unserer Geschichte zurückreichen – grüßt uns ernst feierlich von jener Höhe, die das alte Weinsberg trug. Man ist sonst zufrieden, wenn die Phantasie einen alten Zustand in dem neuern aus wenigen Resten sich wieder hinstellt. Hier braucht sie wenig zu tun. Diese Berge und Täler stehen noch so als zu den Zeiten Kaiser Konrads und des Herzog Welf; es könnte noch immer ein stählernes Heer auf diesen Landstraßen seine Fahnen wehen lassen, und nur wenige Türme braucht es zu errichten und ein paar Giebel – und die Burg steht noch so gerüstet da, als wie Kaiser Konrad ihren langen Trotz brach.

Daß nie ein Dichter von sonst mit voller Kraft die Macht des Abends zum Gegenstande seiner didaktischen Begeisterung erkor! Es blieb viel an Weinsberg auch im klaren Morgenschein, aber jenes Abendlicht, in dem ich es zum ersten Male sah, rief so ganz in frischer Fülle die märchenhafte Vergangenheit zurück, daß es keiner Mummerei bedurfte, um die Phantasie zu überreden, sie lebe noch, die Zeit, welche nie wiederkehrt.

Wie der Torwart dort an meinen Wagen trat, die Mütze vom weißen Haupte zog und den Weg wies durch das Tor, in das noch recht gut ein Fallgitter gepaßt hätte! Wie die ehrbaren Mütter auf der Schwelle standen, die Töchter in den Käppchen sittsam am Fenster saßen – und überall Gesichter, in denen kein Falsch! – Mir wenigstens dünkte es so; ein Sittenmaler von Weinsberg, wie es (1833) ist, weiß es vielleicht anders; ich male aber nur den Schein, und zwar den Abendschein. Mein Pferd hatte Mühe, das leichte Cabriolet den bergigen Weg hinaufzuziehen, und mußte den engen Paß noch dazu mit den Ochsen und Kühen teilen, welche mit patriarchalischer Vertraulichkeit es berochen. Über den Marktplatz ging mein Weg wieder zum andern Tore hinaus und endete links vor einem hellen, freundlichen Hause mit Treppen und Weinlaub; hinten nach dem Garten war es mit Galerien, Weinlauben und Schnitzwerk ländlich geziert, nicht unähnlich einem wohlhabenden Schweizer Landhause. Dies Haus, was jeder in Weinsberg kennt und kein Durchreisender, der eine Stunde verweilt, unbesucht läßt, liegt eben wie die Stadt am Fuße des Schloßberges; aber der Garten zieht sich den Berg hinauf bis zur Kirche und den Weinbergen.

Die letzte Viertelstunde hellen Tageslichtes schien noch durch die Fenster, als ich den Mann begrüßte, der in diesem Hause wohnt. Eine kräftige, volle Gestalt in einem Schlafrock, welcher ganz gut den Talar eines Magus vorstellen konnte, bot mir die Hand zum Willkommen und drückte mich an die Brust, als ich den

Namen nannte. Es war ein Gruß beim Handwerk. Magus bin ich zwar nicht und Dichter auch nicht, aber wir beide schreiben und lassen drucken und sind Doktoren, und wie der wandernde Messerschmied beim Kurschmied, der Wassermüller beim Windmüller anspricht, meine ich auch ein Recht zu haben zum Handwerksgruß bei Justinus Kerner. Der Magus saß nicht allein im Talar und der schwarzseidenen Weste, die engschließend bis über den Bauch ging, noch in den weißen Bäffchen, die über die schwarze Halsbinde herabhingen; das dunkle Auge, das noch aus der Brille scharf glänzend vorblickte und in meinem zu lesen schien, und das gedrängt volle Gesicht, in dem tiefer Ernst und herzliches Wohlwollen zugleich sich ausdrückten – alles das zusammen sprach von einer Erscheinung, die mit Erscheinungen zu tun hat. Dazu der süße, volle, fast unverständliche schwäbische Dialekt, ein zweites und drittes Willkommen, einige Becher würzigen Weines aus dem geräumigen Keller – und die Macht des Abends und die Vorbereitung zu einer Geistererscheinung war fertig. Sie fehlte denn auch nicht.

Er nahm einen Schlüsselbund und führte mich durch den Garten, dessen Bäume unter dem goldenen Segen des Herbstes stöhnten, treppauf nach seinem Turm – ein echter Seherturm, verwachsen mit Efeu, von Trümmerwerk umgeben; eine zerbrochene Steinfigur und ein zahmer alter Storch hüten das Tor. Durch die bunten Fensterscheiben mit alter Glasmalerei – ein Auftritt aus Götzens Leben (siehe die folgende Skizze) – fiel das letzte Tageslicht und mahnte weiterzueilen. Zwischen den Weingärten schlängelte sich nun der Weg steil hinauf zum alten Sitz der Weibertreue. Es ist

Die Weibertreue bei Weinsberg

der einzig gangbare, und Weinsbergs Frauen haben eine schwere Aufgabe gehabt, wenn sie ihre Ehemänner von ganz oben herunter auf dem Rücken trugen. Uns umwehte eine süße Abendkühle, geschwängert vom Dufte reifer Trauben. Und nun waren wir oben, im düstern stillen Sitze alter Treue, und unter uns, halb in Nacht, ein tiefer Kessel, voll Wein, voll frischen Lebens und voll großer Erinnerungen.

Die Ruinen sind nicht bedeutend; der Bauernkrieg hat Weinsberg gleich den vielen andern Schlössern ringsum zerstört; aber den Berg und einige Kernmauern konnte der Grimm der entfesselten Sklaven nicht vernichten. Noch eine Frau aus hohem Geblüte, die *Gräfin von Helfenstein*, bewies damals, daß sie an hohem Sinn von jenen alten Frauen abzustammen wert sei. Später wurde auch der Burgraum zu einem Weingarten; er trug wenig, und durch Doktor Kerners rastlose Bemühungen wurde er endlich von dem prosaischen Besitzer akquiriert, gereinigt, restituiert und gehört jetzt – wie der ehrenwerte Führer sich ausdrückt – den Frauen. Nur ein alter Turm hat getrotzt den Flammen und dem Pulver. Doktor Kerner ließ durch die viele Ellen dicke Mauer einen Eingang brechen und fand das Burgverlies, ein schauriges rundes Gewölbe, zu dem, wie bei allen Burgverliesen, Licht und Eingang nur von der Öffnung oben kam. Unter dem wüsten Schutt fand sich nichts von Gebeinen, nur Splitter und Spitzen alter Waffen.

Wir stiegen auf die Mauer. Welch ein Anblick! Als hätte der Magus im Talar alle Schrecken eines Gewitterabends über die Gegend heraufbeschworen, welche, um ihres Eindrucks gewiß zu sein, doch dieser wilden

Beleuchtung nicht bedurfte. Unter uns hatte die Nacht den Bergkessel noch tiefer ausgehöhlt. Es blinkte nichts vor als der Abendnebel auf den Feldern und die neue Blechspitze des Kirchturms, aber die Höhen ließen sich noch unterscheiden. Nichts Wildes an sich, keine schroffe, jähe Klippen, nur bewaldete Rücken – alle Zeugen einer sehr alten Kultur, eines Lebens, das lange vor uns geblüht. Nun aber schwand auch von ihnen der letzte blaßrote Abendschein; der grelle, dunkle Wetterwolkenhimmel preßte die Nacht auf Tal und Berg – und nur noch im Westen ein schmaler blutroter Streif zwischen den fernen Bergen und den pechschwarzen Wolken, ein Feuerriß zwischen Himmel und Erde! Und gerade aus diesem Streif leuchten dunkle Punkte hervor, Ruinen von Klöstern und Burgen aus der alten schwäbischen Zeit.

Es war totenstill, ein warmer Abend, die Heimchen zirpten, und ein lauer Wind fing an, über die Berge zu streifen. Aber hier war kein Boden zu einem süßen Idyll. Das Amphitheater war zu groß, die Farbe zu duftig schwer. Die großen Geister der Vorwelt konnten jetzt aus ihren zerstörten Grüften steigen, über die Bergrücken schreiten und sinnend sich setzen auf die überwachsenen Schwellen ihrer in Trümmer zerfallenen Schlösser. Es war ein Schauplatz für die erhabenen Cäsaren, für den Hohenstaufen Konrad, für einen Barbarossa, für einen zweiten Friedrich. Hier ging Geschichte und Poesie Hand in Hand. Die Minstrels sangen. Auch diese gewaltigen Kaiser haben die Harfe in die Hand genommen und von Schmerz und Lust, die jede Brust fühlt, gesungen. – Und eine Harfe klang wirklich. Süße, schwellende Akkorde trug der Wind, bald rechts, bald links, jetzt unter mir, jetzt über mir. Es war keine Täuschung. Aber ich konnte den Sänger nicht finden. Mein Begleiter lächelte. Er wies in die offene Turmhöhlung. Es waren Äolsharfen, in den Fensternischen des Turmes angebracht. Sie schwiegen, als wir eintraten. Bis vor kurzem rauschte der Berg bei jedem Luftzuge von wunderbaren Geistertönen, denn es sind Harfen in den nach allen Seiten gehenden Öffnungen der dicken Mauern; aber der zerstörende Mutwille dringt auch auf diesen isolierten Berg, und nur wenige sind in gutem Stande.

Geschichtlich tritt Burg Weinsberg nur zweimal hervor. Einmal durch jene berühmte Belagerung, welche mit dem seltsamen Vertrage und der noch seltsamern Auslegung desselben schloß. Meine Phantasie mochte sich alles andere an diesem Orte eher vorstellen als den Auszug der Frauen. Kein Bild der Art wollte zur Szenerie passen. Die Kritik des vorigen Jahrhunderts wollte diesem Weinsberg überdies die Ehre streitig machen und sie einem andern in Franken zuwenden; sie ist neuerdings indes, besonders durch Raumer, abermals für dieses schwäbische Weinsberg vindiziert worden, indem das der Belagerung vorangehende Treffen den Namen eines Ortes führt, welcher zu Füßen der Burg liegt. Sonst fehlen alle Dokumente. – Der Bauernkrieg sah fürchterlichere Auftritte und eine Belagerung, welche dem deutschen Namen weniger Ehre gebracht hat als jene erste. Greuel geschahen von beiden Seiten, vor denen der Sinn schaudert, selbst nachdem er die Geschichte des Terrorismus in Paris gelesen. Burg Weinsberg wurde mit leichter Mühe von den Bauern genommen, nachdem vorher die Stadt erobert war. Der Graf von Helfenstein mußte bekanntlich mit einer großen Zahl von Edlen durch die Spieße des kannibalischen Haufens rennen, der weder dem Erbarmen noch den Geldversprechungen Gehör geliehen. Wie die siegenden Edelleute später an den Bauern Rache nahmen, ist ebenso bekannt. Aber der Spieler des Grafen auf Weinsberg mußte für den Frevel, seinem Herrn auf dem letzten Gange lustige Weisen vorgespielt zu haben, in einer Art büßen, wie nur der nordamerikanische Wilde Feinden Martern bereitet. In Deutschland ist wohl nichts Ähnliches vorgekommen. An einen Pfahl wurde der Pfeifer mit Ketten gebunden, doch so, daß er sich frei eine Strecke bewegen konnte; und nun trugen die Junker mit eigenen Händen Holz und Reisig herbei und zündeten es in einem Kreise umher an. In verzückten Krümmungen lief der Unglückliche heulend um den Pfahl, biß in die Ketten und riß an dem Holze. Fürchterlich lange soll die Lebenskraft der Glut und den Flammen widerstanden haben. Er heulte, er sprang, er bat die Ritter, er beschwor abwechselnd den Himmel und die Hölle, ihn zu töten. Endlich soll er nur noch auf den Knien, mit verbrannten Gliedern, mit entblößten Knochen kriechend, hingesunken sein und den gräßlichen Todesschrei ausgestoßen haben. Man hat das Verhör des Pfeifers in dem Archiv der Stadt Weinsberg bis vor kurzem gehabt, dann ist es als unnütze Makulatur verkauft worden!

Der Ton der Harfe verklang, die Nacht umhüllte auch die Spitzen der Berge, als wir durch die Weingärten den Rückweg suchten. Gastlich leuchtete aus der mit Weinlaub umrankten Hinterwand des Hauses das helle Zimmer, wo wir den Dichter und Magus und den

Kastellan von Weinsberg auch als patriarchalischen Hausvater, glücklichen Gatten und herzlichen Wirt kennenlernen sollten. Der Mann, der in einer überirdischen Welt zu schwärmen scheint, lebt sehr behaglich auf Erden, im glücklichsten Familienkreise, geachtet und geliebt durchs weite Land. Bei Tisch – und das ist viel in Württemberg – wandte sich das Gespräch, das alle Gegenstände des Lebens berührte, auch nicht ein einzig Mal auf Politik. Er meinte, Württemberg scheine ihm zu klein, um von da aus Deutschland zu reformieren.

Die patriarchalische Gastfreundschaft, die hier gegen jeden Fremden geübt wird, ist bekannt. Dem Wohnhause gegenüber, mitten in einem üppigen Obstgarten, steht ein kleines Häuschen, das zufolge der Jahreszahl über seiner Tür schon gestanden, ehe der Dreißigjährige Krieg ausbrach. In ihm wohnten jüngst mehrere ausgezeichnete Männer. *Rybiński*, der letzte Feldherr der Polen, fand hier durch einen Sommer gastliche Aufnahme; auch abwechselnd noch viele seiner Landesgenossen. Bilder von ihnen, ein schwaches Zeichen ihrer Dankbarkeit, und die Porträts einiger hängen an den Wänden. Der ganze Schmerz seines Vaterlandes schien mir auf Rybińskis Gesicht ausgedrückt, eine Wahlverwandtschaft mit einem Geisterseher. Unser Wirt rühmte ihn als einen tief gebildeten, ernst denkenden Mann, der, sehr verschieden von der Mehrzahl seiner Landsleute, mit schmerzlicher Ruhe dem Schicksal seines Vaterlandes nachdenke und in dem, was geschehen, eine finstere Notwendigkeit erblicke.

Auch wohnte lange in diesem Häuschen und dichtete hier manches Lied, dessen wir uns freuen, *Nikolaus*

Lenau. Wie mir vieles erst erklärt worden, nachdem ich Justinus Kerner selbst in seinem Hause und auf seiner Burg gesehen, was mir nach der »Seherin von Prevorst« unklar geblieben, so schienen auch viele Lieder des ungarischen Sängers erst recht anschaulich zu werden, wenn ich ihn mir in der stillen Klause, umrauscht und umduftet von einer schwäbischen Sommernacht, sitzend dachte, hinauslauschend auf den Nachtwind in den Blütenzweigen, auf die Harfentöne von der Burg her und den blassen Mondschein verfolgend, wie er ihm Berge, Klüfte, Türme, Gegenwart und Vergangenheit aufdeckte. Sein Vaterland ist dies nicht; er besang vorher die Zweifel und die irren Gedanken, die ihn beschlichen auf den wüsten Heiden seiner magyarischen Heimat, wenn er in der Mondnacht unter den einsamen Weiden einsam hinstreifte; aber er hatte lange hier eine zweite Heimat gesucht und sang nun mit den schwäbischen Sängern um die Wette, und viele seiner Lieder klangen wider von den Tönen dieses zweiten Vaterlandes. Ich weiß nicht, ob seine Poesien nicht auch von den Schmerzenslauten etwas eingesogen haben, welche die andern Flüchtlinge aus seinem Nachbarlande hier den Wänden zurückgelassen. Freiherr von Niembsch ging von hier nach Amerika, sich dort anzukaufen, weil er mit der alten Welt, so hieß es, völlig zerfallen sei. Das dritte Vaterland sagte ihm so wenig zu, daß er bald wieder umkehrte, und wenn ich mir seine Äußerungen zurückrufe, so mag ich dem Gerücht nicht glauben, daß er abermals über den Atlantischen Ozean segeln will. Ich traf ihn nicht in Weinsberg, das er vor wenigen Tagen verlassen, aber in Stuttgart, und er war entschlossen, in seine österreichische Heimat zurückzukehren, dort Leid und Freude freiwillig zu teilen mit den Freunden, die fester als er an die Scholle gebunden sind, und ihnen zu erzählen, wie das schlimmste Los in der deutschen Heimat noch dem erträumten Glück in der amerikanischen Fremde vorzuziehen ist. Wir dürfen von ihm interessante Aufschlüsse über das moralische Verderben und physische Elend erwarten, dem der deutsche Auswanderer in der Neuen Welt entgegengeht, aber keine Gedichte von daher. Die Poesie verstummt, wo alles wirkt für den Nutzen und nur für den Nutzen des Tages. Niembsch ist ein liebenswürdiger Mann, im Anfang der Dreißiger, mit einem ausdrucksvollen, doch milden Gesichte, dem man den ungarischen Ursprung oder wenigstens Durchgang ansieht. Er trennte sich mit Schmerz von seinen schwäbischen Freunden, und schon sein inniger Freundschaftsbund mit dem tief gläubigen Justinus Kerner schützt ihn vor einer Annahme, zu der vielleicht einige Stellen seiner Gedichte Anlaß geben könnten.

Auch ich trennte mich schwer von Weinsberg, dem werten Manne, dem gastlichen Hause, der lieblichen Gegend. Auch im Glanze des frühen Morgenlichts verliert sie nichts von ihrem Zauber. In dem des vollen Mondenlichtes sah ich sie noch einmal, von Löwenstein zurückkehrend, einer herrlich gelegenen Ruine über dem schroffen Bergstädtchen gleichen Namens. Die Burg wurde wie Weinsberg im Bauernkriege verwüstet; das reiche angebaute Land ringsum, strotzend vom Segen der Natur, konnte er nicht verwüsten. Aber auch die Industrie kann nichts mehr tun, den Segen für die, welche noch danach hungern und dürsten, zu mehren. Jeder Fleck, wo tragbare Erde ruht, wo der Wind

Wachstum zuläßt, ist bebaut – Kohlfelder, Wein, Getreide, Kartoffeln. Es ist ein lachender, herrlicher Anblick; denn Löwenstein ist sehr hoch, und man sieht sehr weit hinab auf das hügelichte Land. Auf einem steinigen Flecke – an einer Windecke, ziemlich hoch, doch noch unter dem Schloßberge, wo keine Saat wachsen kann, die hier noch Früchte tragen soll – ist ein Kirchhof. Der Wind streicht über die Gräber, und eines steht abgegittert an einer vorspringenden Ecke. »Da schläft eine Frau, die ihrerzeit viel Gerede in der Welt machte«, sagte mein Führer, *»die Seherin von Prevorst!«*

Die Schweiz

Eine ungeheure Gebirgsmauer trennt den Norden Europas von dessen Süden. Die höchsten Zinnen dieser Mauer heißen die Alpen; die Mauer selbst mit ihren Zacken ins Land hinein heißt Schweiz, Tirol, Salzburg, Steiermark usw.

Zu den Zeiten *Müllners*, nach den Vorgängen von Fouqué und Bonstetten, waren alle Menschen in zwei Rassen geteilt: die vom Norden und die vom Süden. Sie hatten verschiedenes Blut, verschiedene Gedanken, verschiedene Art zu handeln; und die Alpen waren die Grenzscheide zwischen diesen zweierlei Arten konträrer Wesen, die kaum den allgemeinen Begriff von Menschen gemein hatten.

Diese Zeit ist nun vorüber. Es ist eine neue Theorie gekommen. Nach dieser sind alle Menschen egal, gleichberechtigt und gleich befähigt; und darin unterscheidet sich allein das Menschengeschlecht, daß die einen *vorwärts* wollen und die andern *rückwärts*. Mittelmenschen soll es nicht geben.

Die natürliche Grenze dieser letztern zwei Menschenrassen ist noch nicht ausgemittelt, nur ist so viel gewiß, daß die Alpenmauer nicht – wie ehemals zwischen denen von Norden und Süden – eine Grenzmauer ist zwischen denen von Vorwärts und Rückwärts. Im Gegenteil ist es, als habe diese Alpenkette die hitzigsten Elemente der auf Vorwärts Gerichteten zu beiden Seiten elektrisch an sich gezogen; denn der heißblütigste Liberalismus und Carbonarismus wohnt zu ihren Füßen. Nicht mehr sind die Alpen unübersteigliche Wände, und die Ideen brauchen nicht mehr der Hannibals, Carolus Magnus und Napoleone; der schwindelnde Kandersteg über den Gemmi ist ihnen eine Landstraße; sie wehen wie Windesrauschen über die eisigen Schluchten und über das Eismeer des Hochlandes; wo der Vogel nicht mehr fliegt, fliegt der Gedanke.

»Die Freiheit wohnt auf den Bergen!« Ja, aber welche Freiheit! Der Schiffer aus Uri gab uns eine Erklärung an jenem bezaubernden Abend, wo er uns über seinen Vierwaldstätter See nach Flüelen ruderte. Nie werde ich den Abend vergessen. Der Sommer hatte sich noch einmal in dem langen, tiefen Kesselsee gefangen. Welche Riesenbilder streiften an uns vorüber! Luzern war längst verschwunden, mit den lachenden Seeufern; verschwunden war die Habsburg, verschwunden der Pilatus, auch der Rigi; vorbeigeschifft waren wir vor der ehemaligen Republik *Gersau*, der kleinsten, die in Europa gewesen; *Alt-Schwyz* grüßt uns, gelehnt an den fabelhaft gezackten roten *Mythen* – und vielfache wunderbare Sagen aus grauer Vorzeit und aus den Heldentagen der Schweiz stiegen mit dem Monde über die himmelhohen Felsen, hinter denen die *Glärner* Eisberge wie Leuchten in der Nacht vorblickten; da oben war das *Grütli*, und da fern links glänzte die *Tellskapelle* vor.

Oh, wie schwoll die Brust dem wackern Manne von Uri, als er mit vollem Munde dem Fremden all das Herrliche erzählte, die Wunder und die Taten der Gegenwart und Vorzeit! Zwar gehörte Uri wie Schwyz und Unterwalden zum *Sarner Bund*, der in jenem Augenblicke aufgelöst wurde; allein die von Uri müssen, nach meinem Schiffer zu urteilen, nicht so entêtiert gewesen sein als die von Schwyz; denn er lobte gewaltig die Eintracht aller Schweizer, und noch einmal so warm wurde er, als er erzählte, wie die Exekutions-Bundestruppen von Luzern her zu Schiff gekommen (es war vor einigen Tagen erst geschehen), wie sie drüben bei Brunnen in Schwyz gelandet, wie aber kein Arm sich gerührt, ihnen den Boden streitig zu machen. Denn es hätte geheißen: Wir sind alle Schweizer und dürfen nicht untereinander Blut vergießen. Es hatte in der Tat etwas Rührendes, wie er das vortrug. Auch stimmte es mit dem, was ich von gebildetern Gewährsmännern gehört. Ein Pfarr in Schwyz hatte zu seinem einquartierten Offizier gesagt: »Glaubt Ihr denn, daß Ihr so ruhig ins Land uns gekommen wäret, wenn wir nicht gewollt?« Allerdings hätten die Hirten von Schwyz den Bundestruppen auf leichtere Weise den Eintritt in ihren Urkanton streitig machen können als vierzig Jahr früher den Franzosen. Eine vernünftige Überlegung hatte diesmal über den demokratischen Ungestüm dieser Hirtenherren den Sieg davongetragen; sie gehorchten der Idee einer höhern Einheit und wollten kein Bruderblut vergießen.

Aber nun steigerte sich das Vaterlandsgefühl meines Ruderers; alle Potentaten hätten ihnen Gerechtigkeit widerfahren lassen und es gebilligt, daß die Schweizer freie Leute sein sollten. Und den Neuenburgern, wo einige vornehme Leute das arme Volk drücken wollen, hätte der König von Preußen selbst sagen lassen: Das sollten sie nicht tun, sondern freie Schweizer bleiben wie ehedem. Er ging nun über zu diesem Ehedem, zu den Tagen, die nicht mehr sind, und wenn die alten Chronisten gefabelt haben, so hat der Schiffer von Uri sie korrigiert! Denn er erzählte uns von dem *Walter Stauffacher*, welcher sich den Feinden, die geharnischt und mit Spießen den Schweizer Bauern gegenübergestanden, entgegengeworfen, die Spitzen von sieben Speeren sich in die Brust gedrückt und so den Seinen eine Bresche gezeigt, jedoch nicht eher, als nachdem sie ihm fest versprechen müssen – setzte er hinzu –, seiner Witwe und Kindern soundso viel jährlich zu geben. Das alles wußte er; aber nun rieb er sich die Hände wund, weil er es gar nicht aus dem Kopfe herausbringen konnte: wer der Fürst gewesen, der ihnen dazumal an die Freiheit gewollt – ob der Östreicher, oder der Franzos, oder der Preuße; aber gewußt hätt er es gewiß, und er würd es auch noch rauskriegen, versicherte er uns. So war das, was unsre Kinder in den Schulen als Geschichte lernen, hier in dem Lande der Tat zur verwischten Tradition geworden. Oh, ich hörte noch viel von dem sonst, aber ich habe es vergessen über seine Erklärung von der Freiheit:

»Wir sind arme und schlichte Leute, und wir wollen nichts als die Freiheit, und das haben alle Fürsten von auswärts gebilligt, daß wir die hätten, und die lassen wir uns nicht nehmen, und das ist« (hört!!): »daß jedermann frei auf die Jagd gehen kann und Gemsen schießen, Hirsche, Bären, Adler, Wölfe und was sonst noch ihm in den Weg kommt; und keine Steuern brauchen wir auch nicht zu bezahlen.«

Das also ist die alte Schweizer Freiheit! Etwas amplifiziert – so gehört noch dahin das freie Stimmrecht jedes erwachsenen Burschen in den Volksversammlungen, und, versteht sich, jeder Kanton muß für sich sein, und die von Schwyz haben nichts mitzureden bei denen von Uri und die von Uri nichts bei denen von Unterwalden. Aber ach, diese alte Freiheit aus den Bergen will denen, die nicht so hoch wohnen, keineswegs genügen. Die um Zürich, Aarau, Bern und Genf wollen nicht unabhängige Hirten und freie Bürger, sondern einen großen Staat. Sie wollen für das, was ist, einen Begriff; die Gletscher und Eispiks sollen herabkommen zu den fetten Wiesen, oder die fetten Wiesen sollen sich zu den Eispiks erheben; es soll alles in einen großen Kessel geworfen, umgerührt und dann gleich verteilt werden. Und die dies wollen, haben sehr viel für sich, zum Exempel die Vernunft; denn es ist traurig, anzugeben, was bisher in den einzelnen Kantonen Freiheit hieß. Es ist gewiß vernünftig, daß die verschiedenen Bannrechte aufhören, der drückende Korporationszwang, die aristokratische Abstufung, wie sie in keiner absoluten Monarchie und in keinem gebildeten Staate mehr existiert und denkbar, die gegenseitige Besteuerung, Quälerei mit Pässen und Gendarmen; es ist gewiß vernünftig, daß *ein* Gewicht, *ein* Maß und *ein* Geld in der Schweiz eingeführt wird und jeder, der Geschick und Kenntnisse hat, auch das Recht habe auf ein Amt. Aber wenn sie den kleinen Urkantonen ihre Volksversammlungen nehmen und dem ausgewachsenen Bub sein Stimmrecht – und ganz Schwyz und ganz Uri und ganz Unterwalden hat kein Recht mehr, sich selbst zu regieren und Verträge zu schließen und allenfalls Krieg zu führen, sondern es sendet nur ein paar Repräsentanten in die großen Städte, um fernab von seinen Gletschern mitzusprechen und mitzustimmen, in einer Sprache, die ihm fremd, über Dinge, die ihm gleichgültig – was bleibt da den Männern von Uri und Schwyz? Das ist dann hin, wofür sie Gut und Blut, Leib und Leben einsetzten. Es wird nicht gerade materiell schlechter – denn die Engländer kämen doch, und die Gemsen laufen wohl noch nicht weg wegen der Zentralisation; aber alles das, was ihr Gefühl erhebt, der Wahn, der sie berauscht, das ideelle Glück wäre hin.

Ich meinte immer und meine noch, die Schweizer Freiheit sei eine *Ausnahme* zum europäischen Staatenleben und man könne sie nur um deshalb wie eine Rarität aus einer untergegangenen Vorzeit in der ganz andern Gegenwart bewahren und hüten, weil sie vermöge ihrer örtlichen Lage den großen Entwickelungsprozeß, in dem wir andern weiterschreiten – trotz aller einstweiligen Rückschritte –, nicht störe und hindere. Aber die Mehrzahl der Schweizer ist anderer Meinung geworden; das Unbequeme und Eckige aus ihrem Urzustande fängt an, sie selbst am meisten zu drücken; sie wollen keine Ausnahmen mehr sein, sie wollen den großen Zivilisationsprozeß mitmachen. Ihre Alpen bleiben ihnen, aber ihr sonstiges Besondere geht unter; gesichert ist der jetzige Zustand der Schweiz noch nicht. Sie hat nur gesiegt im possessorium summarissimum, und das ist noch sehr weit von der Begründung eines dauernden Besitzstandes und Eigentums. Noch unterminieren die ewigen Aristokraten, die, dumpf

Blick vom Grütli

und blind vor Rache, nicht die Rettungsanker sehen, die man ihnen zuwirft, und die untergehen wollen, wenn sie nur die andern mit in den Untergang reißen. Von ihnen indes ist nur Gefahr des Verzuges; siegen können sie nicht mehr. Aber noch bohrt und bläst das Feuer unter der Asche – die viel gefährlichere Partei der Radikalen. Sie scheinen nur für den Augenblick überwältigt, aber eine Kontention um Sein und Nichtsein scheint unvermeidlich und zweifelhaft, ob die, welche nur *bessern* wollen, Kräfte und Talente genug besitzen, die zu überwinden, welche, vom Heißhunger begeistert, nur im Umsturz von allem, was besteht, Sättigung suchen.

Der Stamm der Radikalen ist, wie überall, eine in sich geschlossene, weitverzweigte Partei. Ihr Anhang – anderwärts Enthusiasten, Brotlose und Abenteurer – ist hier bedeutender. Sie haben das *Landvolk* auf ihre Seite zu ziehen gewußt. Dieses hat gesehen, wie es bei dem Kriege gegen die alten Aristokraten, wo es der Fahne der Reformer gefolgt, nur gewonnen, und meint nun, nachdem die Reformer die noch warmen Plätze der Aristokraten eingenommen, es könne noch mehr gewinnen, wenn es nun auch den Radikalen gegen die Reformer beistehe. Ihre Fäuste sind stark, und ihre Logik ist schwach. Die Logik der Reformer war vielleicht gut, aber man wirft ihnen vor, daß sie, kaum im Amt, mit den Perücken und Schlafröcken ihrer Vorgänger deren Philistertum eingesogen. Noch zehn Revolutionen, meint man – und es sei zweifelhaft, ob der Kasten- und Familiengeist, das Grundübel der Schweiz, gründlich kuriert sei. Die alte Aristokratie ist verdrängt, und ihr Anhang hat mit ihr eine zum Teil schnöde, zum Teil verräterische Flucht genommen. Individuen, die bisher nicht sitzfähig gewesen, haben, gehoben von ihrer Partei, unter dem Banner von Freiheit, Gleichheit, Aufklärung die verlassenen Plätze eingenommen, zum Teil Männer von Talent und Wert; aber mit diesen Männern sind auch deren Vettern und Muhmen eingerückt, welche die eroberten Lehnstühle und Schlafröcke und Perücken so bequem fanden als ihre Vorbesitzer; und der ganze Unterschied sei im Grunde nur der, daß statt der Capulets die Montagues regierten. Am deutlichsten habe dieser Familiengeist bei Gründung der *Universität Zürich* sich gezeigt. Der Gedanke ging aus von deutschen Ideologen; die reformierende Partei griff ihn mit Feuer auf; aber als nun die Professorenstellen besetzt werden sollten, da glaubte jede liberale Familie nicht anders, als daß jeder ihrer Vettern, der lesen und schreiben konnte, die nächste Anwartschaft hätte, und schrie Zeter und Wehe, als die Ideologen durchdrangen und statt der Vettern Gelehrte berufen wurden. Derselbe Familiengeist durchzieht netzartig das städtische Leben und das der bäuerlichen Gemeinden. Seit dem Mittelalter stehen sich in den Kantonen gewisse Familien feindlich mit ihrem Anhange gegenüber, und jedes neue Prinzip, das in die Berge der Schweiz dringt, findet in der einen seine Gegner, wenn es die andere umarmt hat. So stehen sich die Salis und Planta in Graubünden gegenüber, und in jedem kleinen Orte finden sich Reformer und Konservative aus demselben Grunde wie oft in den spanischen Provinzen Liberale und Servile, die beide nur dem Familienhaß dienen. Im ganzen wird allen Städtern Anhänglichkeit am Alten zur Last gelegt. Wenn die Bürger auch nicht selbst regiert, haben sie doch zu viel gewonnen durch den nahen Verkehr mit den regierenden Familien; und noch jetzt gelten die Stadt-Berner insgesamt für Anhänger der gestürzten Aristokratie; und selbst die von Zürich – wiewohl dies einigen für den Sitz des Liberalismus, andern für den Herd des Radikalismus gilt – sind bei den Anhängern des letztern verdächtigt, weil sie sich nicht beeilen, ihre Festungswerke niederzureißen. Noch steht an den Wällen mit frischer Druckerschwärze das Verbot, darauf umherzugehen, und bald werden die Patrioten Belohnungen aussetzen für die Jugend, wer sie am besten beschädigt.

In die Streitigkeiten über die beste Regierungsform mischen sich die Zwiste zwischen den Staatsbehörden und dem katholischen Klerus. Letzterer hat wohl auf immer verloren, wenn auch seine letzten Zuckungen noch jene zähe Kraft verraten, die Roms Charakteristikum in beiden Epochen ist, wo es die Welt beherrschte. Noch regiert er in dem langen, sonneverbrannten Tale von *Wallis.* Der apostolische Geist dringt über die sardinischen Alpen, während von der andern Seite der über die Berner Alpen wehende erst eine kleine Opposition angeregt hat. In *Sankt Gallen* ist es zu einer legalen Kontention gekommen, und der Staat wird über das Bistum siegen; in *Luzern* wehrt sich der Klerus im stillen, eine starke Opposition; in *Freiburg* ist seine Herrschaft zu Ende, trotz des hohen Jesuitenschlosses, was die Stadt zu beherrschen scheint. Es mag unter dem Krummstab gut Wohnen gewesen sein in alter Zeit; jedoch ist nicht zu bestreiten, daß die katholischen Kantone in der Kultur den protestantischen nachstehen. Nicht das augenfällige Beispiel von Bern und dem nächstgelegenen Freiburg zu erwähnen – denn die reiche Berner Regierung war eine anerkannt vorzügliche –, so verweise ich nur auf die zwei Teile vom kleinen *Appenzell.* Wie blüht das protestantische Außerrhoden, eine lachende Wiese mit schönen, bunten, hellen Häusern und Fabriken, während das katholische Innerrhoden eine traurige, zerlumpte Bettlerkolonie scheint!

Zu allen diesen Spaltungen kommt nun noch die *in den Familien selbst.* Sie findet natürlich nur da statt, wo das patriarchalische Verhältnis ganz aufgehört hat und die Idee herrscht – also in den Städten. Nirgends hat sie sich greulicher gezeigt als bei den *Baseler Vorgängen.* Das Haar sträubt sich über die Nachricht von der Metzelei nach dem verunglückten Ausfalle. Blutsverwandte und Freunde standen sich gegenüber, und das Band, das sie bewegen sollen, sich zu meiden, spornte ihre Wut. Wir lasen in den Zeitungen einen Bericht, den ein Augenzeuge der Tagsatzung abstattete. Er empörte durch die kannibalische Roheit. Allein die Zeitungsschreiber haben das, was die Gemüter selbst der eifrigsten Feinde der Stadt-Baseler damals erschütterte, nicht mit aufgenommen. »Gefallen ist ferner von Stadt seiten«, las der Doktor F*** kaltblütig von seiner Liste, »Obrist***, mein Schwager, es tut nichts, ferner: Obrist***, auch mein Schwager, es tut auch nichts.« Es war Bürgerkrieg, sagen die Schweizer entschuldigend. Im ganzen fand ich die Meinung der Gebildeten durch die ganze Schweiz *gegen* Stadt-Basel, ohne daß sie um deshalb weder die Handlungen noch den angenommenen Charakter der Liestaler billigen. Das Landvolk dort gehöre zu dem rohesten in der Schweiz; ihre namhaften Anführer, Männer ohne Talent, Bildung und Fähigkeiten, seien nur vorgeschobene Puppen von pfiffigern Intriguants gewesen, die sich wieder zurückgezogen haben; aber eben daß die Stadtherren nichts zur Bildung der Landleute getan – während die Aristokraten in Bern wie für das materielle Wohl so auch für das geistige durch Anlage guter Schulen gesorgt –, wird den Stadt-Baselern zum drückenden Vorwurf gemacht. Jemand sagte mir: »Ein Fremder in Stadt-Basel wird vielleicht Partei für Liestal nehmen, einer, der unter die Liestaler gerät, aber ganz gewiß für die Stadt.« Die Liestaler unter sich zerfallen schon jetzt, wie das bei den verschiedenartigen Bestandteilen, aus denen das Land besteht, erklärlich ist. Mitten unter den Bauern ficht ein alter Adel – zum Beispiel die *Blaarer*, eine Familie, die schon in den Kreuzzügen genannt wurde und allezeit in Versailles und den Tuilerien antichambriert hat –, der mit und unter ihnen ebensowenig harmonieren wird, als er die Herrschaft der Stadt gern ertrug.

Ich war mit günstigen Ansichten für letztere aus dem Norden gekommen. Was ich in der Schweiz und ringsum hören mußte, schwächte vielleicht nicht meinen Glauben vom Rechte, aber doch den von der guten Sache der Stadt-Baseler. Berns Aristokratie ist gesunken, aber ihr folgt kein Fluch nach, ihre Feinde selbst lassen ihr ehrende Erinnerungen widerfahren. Sie hat einseitig, aber groß gewirkt. Die von Basel war nur die des Geldreichtums, eine Krämeraristokratie, mit allem Drückenden, Engherzigen, Philiströsen verbunden, von nichts Hochherzigerm gestützt und nur umstrahlt von dem dumpfen Nimbus düsterer Frömmigkeit. In allen Kantonen hörte ich die »Herren von Basel« ebenso verwünschen als belachen. In ihren Händen lag der ganze Transitohandel der kleinen Bedürfnisse, welche die Schweiz aus und über Frankreich bezieht, und ein enormer Reichtum sammelte sich hier allmählich von den Prozenten an Franzbranntwein und Schnittwaren. Geklagt wurde auch über ihre hohen Stadtzölle für jeden Nicht-Baseler und den engherzigen Handelsgeist bei jenen Geschäften, was ich gesagt sein lasse, ohne die Stimme der Erbitterung für Wahrheit auszugeben. Noch jetzt, wird behauptet, seien ihre Geldmittel unermeßlich; denn jeder lasse lieber sein Leben als seine Taler. Aber moralisch scheint mir – zähle ich die Stimmen zusammen – schon längst ihr Kredit gesunken. Nirgends hätte das Geld so absoluten Wert gehabt, so unbedingt geadelt, als hier. Der Wert des Menschen sei strikt nach seinem Kapital abgewogen worden, und alle Verbindungen, namentlich die Ehen, wären nur und allein durch Berechnung des gegenseitigen Vermögens zustande gekommen. Ja, es sei schon Form gewesen, wenn einmal Zuneigung dabei mit untergelaufen, in den Verlobungskarten und Geschäftsbriefen in Parenthese zu notieren: »eine Inklinationsheirat«. Zwei Baseler studierten in Heidelberg. Man machte den einen auf den Aufwand des andern aufmerksam und fragte, ob jener denn so viel Geld hätte? Der Student wurde blaß, und mit zitternder, gedämpfter Stimme antwortete er, eine Träne im Auge: »Ich *fürchte*, der greift sein Kapital an.«

Ist alles gegründet, was ihnen zur Last gelegt wird, so scheinen sie, nicht juristisch, aber moralisch, ihr Schicksal verdient zu haben; allein es lastet auf ihnen mit barbarischer Härte. Von ihrem Landbesitz ist der Stadt fast nichts geblieben, Basel ist kaum ein Kanton mehr; aber auch die ehrwürdigen Stiftungen von ihren Vätern, *aus* der Stadt für die Stadt errichtet, hat ein Schiedsrichterspruch, der den Stempel der Ungerechtigkeit auf seiner Stirn trägt, zerrissen. Seit man Städte nicht mehr schleift, scheint dies die härteste Strafe. Allein, für jetzt ist es die geringere gegen den Schmerz, den das blutige Zerreißen so vieler Bande im Schoß der Familie hinterließ.

Minder blutig, aber nicht minder den Grad der Erbitterung ausdrückend und fast noch tiefer ins Leben eingreifend, sind die Familienspaltungen in *Bern*. Hier herrschte, bei halb französischer Sitte, ausnahmsweise gegen die mehr oder minder patriarchalischen Verhältnisse der andern Kantone jene halb lächerliche, halb fürchterliche Macht, der wir den Namen Gesellschaft geben. Die Wirkungen des Bürgerkrieges sind für sie zerstörend. Die Freunde waren und durch Blut verknüpft, blicken sich nicht mehr an, sie grüßen sich nicht auf den Straßen, sie wenden sich ab, um sich nicht zu sehen. Die steinernen Paläste der patriotischen Familien (Hotels) prangen noch, wohlerhaltene Fideikommisse, in alter Herrlichkeit; aber die Familien selbst haben sich mit allen ihren Vettern seit dem Umsturz der Verfassung von der Regierung zurückgezogen – törigerweise, wenn man milde, vaterlandsverräterisch, wenn man strenge urteilt. Sie glaubten, wenn sie, geübte Geschäftsmänner, sich in Masse zurückzögen von allen Zivil- und Militärämtern, müsse alles zusammenbrechen und fallen und die Not sie von selbst zurückrufen. Aber die Not hilft sich anders. Jener anarchische Zustand, den sie gehofft, der den Staat in die Hände der Radikalen gespielt und vielleicht alles zerstört hätte, trat nicht ein. Es fanden sich Männer, die regieren konnten, und es wird nach wie vor regiert.

Die Geschichte lehrt uns in allen politischen Irrungen, wie es Unrecht bleibt, wenn die Sache unterliegt, der wir unsere Kräfte widmeten, einem bittern Gefühle gehorchend, früher uns zurückzuziehen und alles gehen zu lassen, wie es geht, als bis unsere eigenen Kräfte erschöpft sind. Auch deren Partei ist stets *moralisch* verloren, die kein anderes Hülfsmittel mehr kennen, als Öl ins Feuer der Gegenpartei zu gießen, um es zu einem Äußersten, zu einem Umschlag zu bringen, der sie *vielleicht* wieder in die Höhe trägt. Auf solchem weiten Wege von Ruinen und Leichen, nach – einem Vielleicht geht jedes Recht verloren. Erfreulich aber ist das in Bern, wie die siegende Partei nicht mit faktiöser Wut das Alte und seine Erinnerungen verfolgt, vernichtet, wie im Gegenteil, was nur vom Sonst bestehen kann, erhalten wird. Die regierenden Patrizierfamilien gehören einem deutschen Reichsadel an, dessen Stämme und Namen so alt sind als unsere Kaiser- und Fürstenhäuser. Freiwillig schlossen sie sich einst, als sie vom Kaiser und Reich abfielen, der Stadt Bern an und mußten hier nach Stadtsitte zu einer Zunft sich schließen. Sie bildeten die *Zunft der Edelleute*, von der das Wirtshaus zum *Diestelzwange*, ihre Herberge (abbaye des gentilhommes), noch den Namen führt. Aus dieser Zunft erwuchsen die Regenten der Stadt, und durch große Taten und herrliche Siege haben diese Edelleute den Glanz ihrer Namen bis auf den heutigen Tag fortgepflanzt. Das Berner Volk hängt an diesen Erinnerungen, und gern sähe es, wenn seine Wattenwyl, Haller, Erlach, Tscharner noch jetzt auf dem freien Wege des Konkursus zu den Ehrenämtern, denen man die alten Namen ließ, rechtlich sich den Weg bahnten. Aber nur sehr wenige aus dem alten Adel haben sich mit den Forderungen der Zeit versöhnt. – Dagegen haben sich zu traurigen Konspirationen, welche zu einem blutigen Äußersten führen mußten, viele Verblendete verstanden. Ich kann auch in der Schweiz nur wiederholen, was ich an andern Orten vom Adel sagte: Er hat sich selbst sein Grab gegraben, und er brauchte doch noch nicht zu sterben.

Völlig verschieden davon und von den Verhältnissen in allen andern Kantonen sind die von *Neuenburg*. Seine Doppelstellung, als Fürstentum und als Republik, ist nicht so seltsam geschraubter Art als seine innern Verhältnisse. Beachtenswert schien mir die Einsicht, mit der überall der Schweizer Preußens schwierige Stellung zu Neuenburg würdigte. Auch beim exaltiertesten Radikalen fand ich keinen Haß gegen uns; er richtete sich allein gegen die, welche im Lande die Erbherrn der Macht und des Einflusses sind. Ausnahmsweise von der ganzen Schweiz haften in Neufchâtel und Valangin noch uralte Feudalrechte an den großen Gütern; auch unter Napoleon und Berthier blieb es in diesem wenig von den Stürmen der Zeit berührten Ländchen beim alten. Aber die Güter sind durch Kauf und Tausch längst aus Hand in Hand gewandelt, und die gegenwärtige angesessene Aristokratie ist kein Abkomme alter Feudalherren, sondern Kind oder Kindeskind bürgerlichen Betriebfleißes. Ihre Namen sind glänzend, aber nicht historisch. Es weiß jeder im Lande: der Vater von dem Seigneur zog als Hausierer umher, und der Großvater von jenem knöpfelte selbst in seiner Fabrik. Von solchen Magnaten drückende Feudalrechte streng ausgeübt zu sehen verdrießt mehr, als wo sie durch jahrhundertelangen Erbbesitz geheiligt sind. Seltsamerweise ist auch hier, wie zum Teil in Basel, die demokratische Opposition mit der aus den Resten des alten Adels verbunden; denn die, welche (in einer Republik) nur zahlen und gehorchen müssen, sind ebenso verdrießlich als die, deren Ahnen einst sich zahlen ließen und regierten. Regierung, Ämter, Einfluß und der daraus erwachsende Reichtum ruhet in den Händen weniger Familien, welche zugleich Besitzer der großen Fabriken sind. Also hier wie in Basel ein Karthago, und gegen diese karthaginiensische Administration ist durch die ganze Schweiz der Oppositionsgeist los. Die Feudalherren tun ihnen nichts mehr, ihre Schlösser sind Ruinen, aber die zünftigen Handelsherren sperren ihre Kanäle und Straßen. Nichtsdestoweniger war die allgemein rechtliche Stimme gegen jene erste durch *Bourquins* radikale Horden veranlaßte Revolution.

Am ruhigsten sind die östlichen Kantone geblieben; sie stehen Deutschland am nächsten an Verkehr, alten Einrichtungen und ruhigem Sinne. Im Schaffhausenschen, Thurgau, Sankt Gallen, Appenzell herrscht noch von der Einfalt der Sitten, welche in den von den Fremden mehr heimgesuchten nur noch dekorationsmäßig zur Schau gestellt wird. Der Hausvater in seinen vier Pfählen gilt etwas; die Städte sind klein und nicht bedeutend, bei deutschem Gelde gilt noch deutsche Billigkeit. Man muß wünschen, daß die Engländer

Basel

noch recht lange abgehalten werden, über den Bodensee und dessen herrliche Südufer eine Modetour nach Graubünden zu suchen. Es ist in diesen Kantonen, wo ich freilich nicht die gebildetsten, aber auch die unbefangensten Stimmen über die neuen politischen Verhältnisse der Schweiz sammelte. Man fühlt: die Leute sind frei und längst frei gewesen, aber sie brüsten sich nicht damit, sie genießen im stillen ihr bescheidenes Los. Ihre Zufriedenheit schreiben sie, merkwürdig genug, dem Umstande zu, daß in ihren Kantonen sich keine großen Städte gebildet haben, von denen die Aristokratie unzertrennbar sei. Also auch hier die Spuren eines alten Feudaldrucks verschwunden und nur halb Furcht, halb Neid vor städtischem Zunftgeist!

Es wohnt allerlei Freiheit in der Schweiz, aber gerade die *eine* Freiheit, nach der sie dürsten zu beiden Seiten der Alpen, fließt nicht aus ihren Gletscherströmen, haucht nicht in ihren Berglüften. Ich gab eigentlich noch zu wenig Proben von dieser Musterkarte, die ehedem Schweizerfreiheit hieß, um daraus das Resultat zu ziehen, was hier Freiheit ist: wie die Zünfte in dem »revolutionären« Zürich die öffentlichen Bibliotheken verschließen und sich Geld geben lassen für die geliehenen Bücher; wie sie in Luzern – und das ist nur ein Name – den Paß fordern, wenn du auch sogleich in einen Kahn steigen willst, wenn du auch nur einzig und allein darum kommst und der günstige Wind dich zur Eile drängt. Das Visieren kostet eine Stunde, und sie sagen dir selbst, es sei eine leere Förmlichkeit, aber die Republik zieht dafür drei Batzen pro Person. Ja, an jedem anders bemalten Schlagbaum mußt du, wenn du *durchgehst* im Kleide des Fremden, ihn vorweisen, während das nicht nötig ist, wenn du mit zwei Pferden *durchfährst.* An alledem hat die Revolution sowenig geändert als an den Rechnungen der Wirte. Die Freiheit, die in den Bergen wohnt, hatte ehedem noch einen ganz andern Charakter. Denke dir die Alpen ausgedehnt bis fern in Illyrien, wo die Montenegriner, ein noch unüberwundenes Bergvolk, wohnen. Sie wissen ihre Bergfreiheit bis in die Paschaliks und Präfekturen hinunterzutragen, eine Freiheit, die darin besteht, alles mitzunehmen, was ihnen beliebt. Diese Freiheit ist in Helvetien längst ausgestorben; aber hoch oben unter Wolken und Schnee, auf dem Gipfel der Gotthardstraße, noch über der Teufelsbrücke – da, wo kaum von riesenhaften Felsmauern gegen die heftigsten Winde geschützt, eine Matte dürftig grünt und die Ansiedler mit der gigantischen Natur um Unterhalt ringen, da unter Schrecken und Tod steht eine uralte Burgruine, und was werden drinnen die *Ritter von Andermatt* ehedem anders getrieben haben als die Freiheit, den Pilgern und Handelsleuten aus Deutschland und Italien das abzufordern, was ihnen billig schien für die Freiheit, ungefährdet an ihrer Schneeburg vorüberzuziehen? In dem wilden, jetzt wenig besuchten Graubünden sind die Trümmer von einhundertzweiundzwanzig alten Schlössern zu finden! Wovon haben diese gelebt? – Von ihrer Freiheit. Über das Wie verlange nicht Rechenschaft; ich begreife eher das Rechtliche als das Mögliche des Zustandes.

Und nun kann ich nicht umhin, wenn ich mir diese Bergfreiheit, wie sie ist und nicht ist, addiere und das Resultat betrachte, über die Furcht vor Ansteckung der Nachbarn oben und unten zu lächeln. Und sie haben doch vielleicht recht. Die Sonne selbst ist kalt und wärmt doch, und der Fokus des Brennglases ist es auch und zündet doch. Ein Freiheitsgefühl, ein Schauer mag von den Eisbergen ins grüne Deutschland herabrauschen; aber liberale Ideen, die nicht schon dort wären, kommen weder aus Basel und Schaffhausen noch aus Zürich und Bern dahin. Anderer Natur sind die Besorgnisse der südlichen Nachbarn. Die Geächteten und Geflüchteten aus Mailand und der Lombardei halten sich zum großen Teil im Kanton Tessin auf. Auf den Grenzvillen des mailändischen Adels um den reizenden Como-See sollen nun bei nächtlicher Weile die Versammlungen des Jungen Italiens gehalten werden; und die Grenze ist dort so beschaffen, daß eine Umstellung derselben unmöglich wird. Der Carbonarismus kommt aber nicht aus der Schweiz.

Es wird an den Schweizern von heut eine Eigenschaft gerühmt, die dem revolutionären Prinzip geradezu widerspricht: ihre Anhänglichkeit an Personen, denen sie einmal ihr Vertrauen geschenkt. Solange es irgend geht, folgten sie den erwählten Stimmführern. Ich traf auf nichts, was dem widerspräche; auch weiß die Geschichte ihrer jüngsten Revolution nichts von dem Steigen und Sinken einzelner Popularitäten, welches, dem englischen Volksleben nicht fremd, das Kriterium in den französischen Revolutionen bildet.

Diejenigen, welche in der Schweiz eine züchtige Sitteneinfalt suchen, sind Toren. Sie hat nie da geherrscht, wie überhaupt selten unter einem kräftigen Naturvolke. In den abgelegenern Tälern von Tirol mag man ungefähr den Menschenschlag und die Sitten wiederfinden, wie sie in der Schweiz waren, bevor sie von den

Fremden überschwemmt wurde. Diese Ethik entfernt sich indes etwas von der der prüden Arkadier. Allein eine andere, höhere Sittlichkeit, welche trotz der Probenächte und Kiltgänge bestand, ist der Zeit und dem Einfluß der Fremden gewichen. Aber die Patrioten beschwören uns, ihr Vaterland nicht nach den Gastwirten und Fuhrleuten zu beurteilen. Es bestände eine alte Schweiz neben diesen und trotz diesen. Schade, daß der *Fremde* nur auf diese stößt. Mit den dichterischen Darstellungen ihres Vaterlandes sind die gebildeten Schweizer meist unzufrieden. Die *Mimili* wollen sie nicht als Repräsentanten des Schweizercharakters gelten lassen; G. Dörings *»Hirtenkrieg«* wäre noch das bedingt beste Gemälde ihres Bergvolkes; *Ulrich Hegner* scheint weniger bekannt, als er verdient. Noch erwarten sie einen Novellisten, der ihre Berge und ihre Menschen ihnen mit treuer Farbe schildere.

Nachwort

»Über Wien und Österreich sind bereits eine Menge Bücher geschrieben worden. Ein bescheidener Schriftsteller hätte wohl nichts Wichtigeres zu tun, als demütigst um Entschuldigung zu bitten, daß er die Masse noch vermehrt und einen Gegenstand behandelt, den vor ihm weit größere und geistreichere Männer behandelt haben. Das ist ein Punkt, den ich durchaus berühren muß. Ich bin nicht bescheiden, noch weniger demütig. Glaubte ich nicht, in diesem Buch manches Neue mitzuteilen und vieles richtiger als andere dargestellt zu haben, so wäre es ja eine Narrheit, die Welt damit zu belästigen, namentlich unsere jetzige Welt, die so viel zu lesen hat, daß es not wäre, eine Dampflesemaschine zu erfinden.«

Obwohl diese Worte nicht von Alexis stammen, sondern von Adolf Glaßbrenner, der einige Jahre nach ihm eine Österreichreise schilderte, könnten sie als Motto durchaus über diesem Buch stehen. Zwar waren Österreich und die süddeutschen Staaten für den Preußen »Ausland«, und nicht jedem war es wie Alexis vergönnt, die Diligence zu besteigen und sich mit den »deutschen Nachbarländern« persönlich vertraut zu machen. Doch sowohl der durch sein Tagewerk gebundene Landesinteressierte als auch der Reisende, der eine Fahrt vorbereiten oder vertiefen wollte, hatten genügend Möglichkeiten, sich Informationen zu verschaffen. Gelehrte Abhandlungen ebenso wie touristische Reiseführer und journalistische Tagesnachrichten gaben dem Beflissenen hinreichend Auskunft, so daß es dem Schriftsteller schwerfallen mußte, »manches Neue mitzuteilen und vieles richtiger als andere« darzustellen. Österreich, Süddeutschland und die Schweiz waren nicht die Terra incognita, die der gelehrte Reisende zur Zeit der geographischen Entdeckungen gewöhnlich als einer der ersten der Alten Welt aufsuchte und beschrieb, um sie für die Zivilisation zu erschließen. »Neu« mußte dem Leser eines solchen Reisebuches vor allem die Sicht des Autors auf den Gegenstand sein, sie verfremdete und modifizierte das vorgeprägte Bild. Und auch der heutige Leser, für den eine »Dampflesemaschine« längst nicht mehr ausreicht, den Bücherberg zu bewältigen, richtet seinen Blick nicht allein auf das kulturhistorische Kolorit des Textes, sondern auch auf die Individualität des Schriftstellers. Mit wem hat er es also bei Willibald Alexis zu tun?

Geboren wurde Alexis am 29. Juni 1798 in Breslau unter dem Namen Wilhelm Häring als Sohn eines mittleren preußischen Beamten. Nach dem frühen Tod seines Vaters, der – wie die Mutter – einer Hugenottenfamilie entstammte, übersiedelte 1806 die junge Witwe mit ihren beiden Kindern und einer erwachsenen Stieftochter nach Berlin zu ihrem Bruder Karl Friedrich Rellstab, der eine angesehene Buch- und Musikalienhandlung unterhielt. Die Berliner Hugenotten hielten traditionsgemäß auf Bildung und kultivierte Geselligkeit. Alexis wuchs in wohlsituierter bürgerlicher Atmosphäre auf. Im Hause seines Onkels in der Jägerstraße erlebte er vielbesuchte Kammerkonzerte. Berühmte Musiker, voran der Komponist und Goethefreund Carl Friedrich Zelter, gehörten zum vertrauten Umgang Rellstabs.

Der Unterricht, den Alexis mit seinem gleichaltrigen Vetter Ludwig Rellstab, später ebenfalls Schriftsteller und angesehener Musikkritiker, am Friedrichwerderschen Gymnasium erhielt, war weltoffen und machte die Schüler mit den großen Kulturleistungen des vergangenen Jahrhunderts bekannt. Der Direktor des Gymnasiums, August Ferdinand Bernhardi, ein Schwager Tiecks und Mitstreiter der Berliner Romantik, vermittelte den Schülern zudem große Verehrung für die jungen Dichter der Romantischen Schule. Zur Lektüre des Schülers Alexis zählten Goethe, Schiller und die Schlegels ebenso wie die Räuber- und Ritterromantik, die sich beispielsweise mit dem Namen Friedrich de la Motte Fouqués verbindet.

Charakterlich wurde Alexis von Mutter und Stiefschwester stark geprägt; durch die betont weibliche Erziehung war Alexis ein braves Kind, das in der Schule eifrig lernte und zur Freude der Familie nur gute Zeugnisse nach Hause brachte. Dennoch trug er die Sehnsucht nach Ungebundenheit und Abenteuer in sich. Gegen den Widerstand der Mutter meldete er sich zu den Lützowschen Jägern, als diese 1815 zum zweiten Mal gegen Napoleon auszogen. Er litt stark unter den körperlichen Anstrengungen, mußte zudem erleben, daß der Sieg bereits erfochten war, als sein Korps das

Schlachtfeld erreichte. Der weitere Dienst, der nur darauf angelegt war, den freien Willen der jungen Leute zu unterjochen, sie zu guten Untertanen zu formen, konnte ihm noch weniger behagen, so daß er schließlich froh war, als er zu seiner Familie zurückkehren durfte. Auf Wunsch der Mutter nahm er ein juristisches Studium auf, um sich nach des Vaters Vorbild auf die Beamtenlaufbahn vorzubereiten. Seine Mutter verübelte ihm später lange Zeit, daß er sein aussichtsreiches Staatsamt bei erster Gelegenheit aufgab, und ließ sich mit seinen literarischen Ambitionen erst versöhnen, als er nebenher im Geschäftsleben Erfolge verbuchte.

1817 bezog Alexis die Universität; Berlin, Breslau und wieder Berlin waren die Stationen seiner Studien. Er hörte bei Friedrich von Raumer und Karl von Savigny, zwei angesehenen Rechtshistorikern. Savigny, das anerkannte Haupt der Historischen Rechtsschule, prägte mit seiner konservativen Theorie, nach der das Recht, wie Sprache und Sitte, Wesensmerkmal eines Volkes sei, folglich nicht revolutionär umgestaltet werden könne, die Gedankenwelt des jungen Alexis.

Nach dem Abschluß seiner Studien trat er 1820 beim Kriminalsenat des Berliner Kammergerichts, dem auch E. T. A. Hoffmann angehörte, in das Amt eines Referendars ein, mit der Aussicht, nach wenigen Jahren ein gut besoldeter und geehrter Staatsdiener zu sein. Doch sein Sinn stand nach solchem Lorbeer nicht. Bereits 1818 hatte er sich Karl von Holtei, mit dem er auf einer Gebirgswanderung bekannt gemacht wurde, als angehender deutscher Dichter vorgestellt und offenbart, daß er ein humoristisches Epos, »Die Treibjagd«, »unter der Feder« habe. Bei diesem ungestümen

Drang nach Dichterruhm war es nicht verwunderlich, wenn er die erste sich bietende Gelegenheit beim Schopfe packte und sich der »freudlosen« Berufstätigkeit entledigte. Der furiose Erfolg seines Romanerstlings »Walladmor« brachte den ersehnten Vorwand, mit dem sich gegen die Einwände seiner Familie und seiner Vorgesetzten rechtfertigen ließ, daß er 1824 den Weg eines freischaffenden Schriftstellers einschlug.

Alexis' Einstieg in die Literatur wurde durch die Romane Walter Scotts angeregt, die zu Beginn der zwanziger Jahre auch in Deutschland ihren Siegeszug antraten. 1821 rezensierte Alexis das erste Mal ein Werk des Schotten. Die Kritik machte Eindruck, der Verleger Friedrich Arnold Brockhaus lud ihn ein, regelmäßig für seine kritischen Blätter zu schreiben, und Alexis fand sich zu weiterer Beschäftigung mit Scott ermutigt. In einer der vielen Unterhaltungen, die er zu dem Thema führte, kam ihm die Idee, selbst »einen Scott« zu schreiben. Aus der flüchtigen Vorstellung entstand der dickleibige Roman »Walladmor«, der 1824 in drei Lieferungen unter Scotts Namen auf den Markt kam und schon nach dem ersten Band in aller Munde war. Der Trick blieb zunächst unerkannt, aber der Ruf des Romans drang bis nach England und zu Walter Scott. Der lobte in einer Rezension den genialen Streich, ließ – wie Alexis vermutet – das Buch ins Englische übersetzen und in einer leicht bearbeiteten Fassung drucken. Die englische Ausgabe diente wiederum einer französischen zur Grundlage. Von einer schwedischen Übersetzung erfuhr Alexis erst 1828, als er das Buch während einer Skandinavienreise in einem Schaufenster stehen sah. Für die vielen Nachdrucke erhielt er, wie damals üblich, keinen Pfennig. In Berlin wurde der »Walladmor« sogar für das Beste erklärt, was Scott bis dahin geleistet habe. Das irritierte den eigentlichen Autor denn doch; er hatte nämlich über weite Strecken des Romans die Trivialitäten des Stils von Walter Scott parodieren wollen, jedoch gerade mit den Übertreibungen der Scottschen Manier jene ungeheure Resonanz hervorgerufen.

Alexis, den es vom Parodistischen zur eigenständigen Schöpfung drängte, mußte es schwer werden, die Hypothek, mit der ihn die populäre Schreibweise seines Erstlings beim Publikum belastete, durch neue Werke einzulösen. Schon sein nächster Roman, »Schloß Avalon«, dessen Stoff wie der des »Walladmor« aus der schottischen Geschichte geschöpft war, fand reservierte Aufnahme. Alle bedeutenden späteren Romane vermochten nicht annähernd den Erfolg des »Walladmor« zu erreichen – ein Umstand, der den Autor gelegentlich zu melancholischen Betrachtungen veranlaßte.

Was half es, er mußte sich an den Schreibtisch zwingen, wollte er nicht in den ungeliebten Beamtenstand zurückfallen. Dem Biedermeiergeschmack entsprachen »Novellen aus dem Reich des Herzens«. Alexis entfaltete eine rege Betriebsamkeit auf diesem Felde der reinen Unterhaltung. Kaum ein Journal oder Almanach in Preußen oder Sachsen, in deren Mitarbeiterliste sein Name fehlte. Nur selten gelang ihm, was die jungdeutschen Autoren zur Strategie machten, der »Ideenschmuggel«, dessen Absicht darin bestand, dem Bürger »zur guten Stunde etwas unter die Nachtmütze zu schieben«.

Bei seiner Anlage zur schnellen, auf den Tag gerichteten Produktion lag es nahe, daß er sich als Journalist versuchte. Zunächst 1827 in der Redaktion des »Berliner Conversationsblattes«, 1830 dann beim »Freimütigen«, kleinen Berliner Tageszeitungen, die Alexis trotz eifrigen Strebens nicht aus ihrem Winkeldasein befreien konnte. Der Redaktion – ab 1830 in Alexis' alleiniger Verantwortung – fehlte ein klares gesellschaftspolitisches Programm, um mit den großen Blättern konkurrieren zu können. Die »Novellenfaulenzerei«, auf die sich Alexis in endlosen Folgen kaprizierte, konnte der Leser auch anderweitig befriedigen. »Der Freimütige« mußte 1835 eingestellt werden, nachdem die Abonnentenzahl auf 350 gesunken war.

Literarischen Austausch fand Alexis in der Mittwochsgesellschaft, einer Vereinigung von Literaturfreunden, die auf Betreiben Eduard Hitzigs 1824 gegründet wurde und zu deren Sitzungen sich alle literarischen Größen Berlins einfanden: Chamisso, Fouqué, Raupach, Eichendorff, Holtei, Simrock, Gaudy u. a. Alexis stand Hitzig lange Zeit als Sekretär zur Seite und nahm lebhaften Anteil an den Debatten. Für ihn war überhaupt kennzeichnend, daß er sich zwar im persönlichen Umgang oft zurückhaltend und einsilbig – nach Fontane gar »charakterknorrig« – verhielt, jedoch um so vehementer an literarischen Auseinandersetzungen teilnahm. Intolerant wurde er, wenn sich ein selbständiger Geist in einer ganz andern literarischen oder politischen Richtung profilierte. Er gehörte zu den schärfsten Kritikern Ludwig Börnes, nachdem dieser sich in seinen »Briefen aus Paris« zum Jakobinismus bekannt und die politische Indifferenz der deutschen Intellektuellen gegeißelt hatte. In harschen Worten verurteilte Alexis Börnes »pöbelhafte Ungezogenheiten«. Börne geizte nicht mit Erwiderungen und nannte ihn einen »niedrigen Troßbuben«, »dem man heimlich Branntwein in seine Bierkaltschale gegossen habe«, so daß er toll geworden sei.

Alexis verfolgte die liberale Richtung in der Literatur, die 1830 von der französischen Julirevolution kräftige Impulse empfing, mit wachsendem Argwohn, hielt sie für eine schädliche Modeerscheinung, die die bürgerliche Öffentlichkeit unnötig brüskiere und durch ihre militanten Texte der Presse- und Literaturfreiheit einen Bärendienst erweise. Wenn Gutzkow oder Börne republikanische Vorstellungen entwickelten, so empfand der überzeugte Preuße Alexis das schlechthin als Blasphemie. Ebenso entrüstete er sich über despektierliche Bemerkungen, die Alten in der Literatur betreffend. Für Alexis stand unumstößlich fest, daß Goethe und Tieck das Maß für die Jungen gaben – an deren Vorleistungen hatten sie sich zu orientieren.

Neben diesen programmatischen Divergenzen verschreckte Alexis der persönliche Lebensstil der Jungdeutschen, ihr Bekenntnis zur »Emanzipation des Fleisches«. Erst als sie Ende der 30er Jahre ihren Kompromiß mit der herrschenden Moral machten, fühlte er sich erleichtert: »Unsere jungen Deutschen heiraten bekanntlich jetzt, lassen sich trauen, verschmähen weder Ehekontrakte noch die Mitgiften und werden legitime Kinder zeugen ...« Alexis hielt sich in seinem Verhältnis zum anderen Geschlecht an die traditionellen Wertbegriffe. Seiner ersten Leidenschaft – Anna, die er als Mittzwanziger bei Johann Gottfried Schadow, dem sie Modell stand, kennenlernte – wagte er sich nicht zu offenbaren. Zwar zogen ihn emanzipierte Frauen an, doch weil er mit ihnen nicht umzugehen wußte, setzte er sie herab. »Wird der Liberale, wie weit er auch nach links zu sitze, das echte Ideal einer Weiblichkeit ... in einer Dame suchen, welche so liberal sein will wie er? Wird er nicht vielmehr für seinen ideellen Staat die Frauen weit passender, weit liebenswürdiger finden, welche mit ganzer Innigkeit an dem hängen, was sie überkommen haben, welche den hergebrachten Glauben üben, sich nicht mit Aufklärung der Vorurteile befassen, die Grenzen der Verhältnisse nicht überschreiten, alte Zucht und Sitte ehren, der Religion folgen, die Autorität achten und vertrauensvoll den Männern die Verantwortung überlassen.«

Alexis' Beziehung zu der Wiener Burgschauspielerin Julie Gley ist bezeichnend für sein Verhältnis zu Frauen. Er hatte Julie 1831, auf einer Reise, in Dresden kennengelernt und sich bald darauf während eines Gastspiels in Berlin mit ihr verlobt. Im Sommer 1832 fuhr er, nachdem sich das Paar ein halbes Jahr nur schriftlich austauschen konnte, nach Wien, um mit seiner künftigen Gattin die Modalitäten der Hochzeit und ihrer gemeinsamen Ehe zu besprechen. Doch die Verlobung wurde gelöst, weil Alexis, wie sein Freund Holtei glaubhaft versichert, verlangt habe, die talentierte Schauspielerin solle ihren Beruf aufgeben und sich ganz dem Familienleben widmen. Julie Gley heiratete wenig später einen Schauspieler und errang in einer langen und erfolgreichen Laufbahn Anerkennung weit über Wien hinaus. Alexis fiel es schwer, eine seinem Bilde entsprechende Frau zu finden. Erst 1838 lernte er Lätitia Perceval kennen, sie verkörperte das gesuchte Ideal: die gebildete, hingebungsvolle »Gesellschafterin«. Als solche hatte die gebürtige Engländerin in der Familie des preußischen Kriegsministers gedient, künftig stand sie ihrem Mann zur Seite und begleitete seine literarischen Pläne mit respektvoller Anteilnahme.

Mochte der eigentliche Sinn jener Sommerreise von 1832 sich auch nicht erfüllt haben – Alexis war Schriftsteller genug, sie wenigstens literarisch zu verwerten. Vermutlich hatte der in ständigem Stoffnotstand lebende Journalist ohnehin diesen Nebenzweck verfolgt.

Alexis hatte bereits früher Reiseskizzen, auch zwei Reisebücher verfaßt. Sein erstes, »Wanderungen im Süden«, 1828 erschienen, beschreibt – einer jüngeren deutschen Tradition von Georg Friedrich Rebmann über Georg Forster bis zu Johann Friedrich Reichardt folgend – eine Frankreichreise. Doch im Gegensatz zu dieser Tradition bildet nicht die Auseinandersetzung mit der gesellschaftlichen Wirklichkeit des westlichen Nachbarn den Kern der Schilderung, sondern es überwiegt die Darstellung der Reiseumstände, was den Eindruck einer gewissen Oberflächlichkeit hinterläßt. Im zweiten Buch, »Herbstreise durch Skandinavien«, im gleichen Jahr veröffentlicht, dominiert schon das Bemühen des Autors, die skandinavischen Länder in ihrer gesellschaftlichen Vielgestaltigkeit vorzustellen. Eigentlich verfolgte die Reise – nach Alexis' Äußerungen – das eher romantische Anliegen, Sitten und Bräuche der Lappenvölker kennenzulernen, doch der Autor widmet den Lappen nur wenige Kapitel seines Buches. Der überwiegende Teil beschäftigt sich mit den zivilisatorischen Leistungen der Schweden und Norweger, ihren politischen und kulturellen Einrichtungen.

Alexis verstand seine Reisen als Vergnügen ohne vordergründiges Ziel. Seit seinen Studententagen, in denen er die Semesterferien nutzte, um anderes als Kathederweisheit zu erfahren, gehörten ausgedehnte Fahrten zu seinem Leben. Reiserouten nach festgelegtem Bildungsprogramm, wie sie zur Pflichtübung jedes standesbewußten Bürgers zählten, lehnte er ab. So heißt es in der »Herbstreise nach Skandinavien«: »Vorbereitung und Neigung ließen mich weder als Geograph, Statistiker, Ethnograph noch als Mineralog, Botaniker, Politiker den Norden durchziehen. Auch möchte ich das Prädikat eines malerischen Reisenden ablehnen. Wenn ich auch hie und da versuche zu porträtieren, war Lust und Erholung doch das Hauptziel.« Das Reisen hatte jedoch für Alexis außer dem reinen Vergnügen – wenigstens seit er Redakteur geworden war – den konkreten Sinn, für seine Leser Nachrichten und Berichte aus anderen Ländern beizubringen. Nachrichtenagenturen gab es noch nicht, und auswärtige Korrespondenten konnte sich ein »Winkelblatt« selbstverständlich nicht leisten. Gewöhnlich war Alexis bei Geschehnissen außerhalb Berlins auf zufällig eingehende Berichte oder auf die Auswertung fremder Journale angewiesen, so daß unter diesen Umständen die Informationen und Erfahrungen, die er selbst auf Reisen sammelte, das Spektrum des Blattes erweiterten und Reiseskizzen farbige Akzente setzten.

So brachte auch 1832, noch während Alexis sich unterwegs befand, der »Freimütige«, mit dem 16. Juli beginnend, eine Folge von »Bildern aus Wien«. Das wurde nach der Rückkunft den Herbst und Winter über fortgesetzt. Die Artikel häuften sich, und die Leser folgten mit Aufmerksamkeit, so daß Alexis der Gedanke kam, den Zeitungsabdruck von einer Buchpublikation begleiten zu lassen. Mitte Februar 1833 sandte er an seinen Verleger Brockhaus, zu dessen Programm Reiseliteratur gehörte, als Probe das »Peterswalde«-Kapitel und bat, den geplanten Band zu verlegen. Brockhaus antwortete: »Was Ihren Verlagsantrag betrifft, so erkenne ich dankbar das Vertrauen, das Sie mir dadurch beweisen. Wie Sie wissen, wie unsere Verlagsberichte zeigen, sind wir mit einer Masse der wichtigsten Unternehmungen beschäftigt, und insofern wäre es vielleicht am besten, wir verzichteten einstweilen auf andere. Aber ich verlege gern etwas von Ihnen und glaube, daß Sie mit Ihren Skizzen aus Österreich vielen ein recht angenehmes Geschenk machen werden. Wollen Sie sich daher mit 10 Talern ... für den Bogen von 16 Seiten in Oktav begnügen, ... so machen Sie sich nur bald an die Arbeit und schicken Sie Manuskript.«

Ende April hatte Alexis den Großteil des Manuskriptes bereits geliefert und erhielt von Brockhaus den ersten Bogen zur Korrektur. Es stellten sich allerdings Meinungsverschiedenheiten ein, weil Alexis selbstverständlich die fertigen Kapitel weiterhin im »Freimütigen« abdrucken wollte, worin der Verleger jedoch eine Beeinträchtigung seiner Interessen sah. »Neuerdings habe ich im ›Freimütigen‹ wieder Auszüge aus Ihrer Schrift gelesen, aber das ist gar nicht recht, Verehrtester, und ich muß Sie dringend bitten, durchaus nichts mehr abdrucken zu lassen, denn sonst bringe ich nichts

Neues, und das Publikum bedankt sich schönstens, ein Buch zu kaufen, dessen Inhalt zum großen Teil schon kommt.« Auch Alexis' Einwand, sein Berliner Verleger Schlesinger sähe in Vorabdrucken nur eine willkommene Werbung, konnte Brockhaus nicht umstimmen. Alexis mußte die Zeitungsveröffentlichung einstellen. Im August war bereits der letzte Bogen gedruckt, zum Herbst kam das Buch unter dem Titel »Wiener Bilder« auf den Markt. Da Brockhaus den Umfang des Buches auf 25 Druckbogen beschränkt wünschte, konnte Alexis nicht alle Österreichskizzen, die er für den »Freimütigen« zu Papier gebracht hatte, aufnehmen. Außerdem schilderte er für das Blatt die Eindrücke einer Reise vom Sommer 1833 durch Süddeutschland und die Schweiz, zu der er offenbar durch die gute Leserresonanz veranlaßt worden war, so daß es nahelag, aus den verbliebenen und den neuen Skizzen ein eignes Bändchen zu machen. Er erwog sogar, ein drittes Buch folgen zu lassen, für das Bayern, Tirol und die Alpenregionen bereist werden sollten und mit dem der Gesamtkonzeption, den ganzen »deutschen Süden« vorzustellen, Genüge getan worden wäre. Doch auf diese Absicht kam Alexis nicht zurück. 1834 erschien bei Schlesinger das zweite Projekt unter dem Titel »Schattenrisse aus Süddeutschland«.

Wenn Alexis plante, eine dritte literarische Reise in die gleiche Region zu unternehmen, lag das gewiß in dem herrschenden Geschmack der preußischen Leser begründet: Reisebeschreibungen im allgemeinen fanden jederzeit ihr Publikum, erst recht, wenn sie Betrachtungen über den südlichen Teil des Deutschen Bundes enthielten. Österreich und Süddeutschland bildeten seit geraumer Zeit in Preußen Stoff für kontroverse Erörterungen. Während die Staatsgewaltigen und ihre Ideologen in dem habsburgischen Polizeistaat ihr heimliches Ideal sahen, beneideten die Intellektuellen ihre süddeutschen Kollegen um die Liberalität in deren Ländern. Alexis traf mit dem Thema also den Nerv des Publikums. Er mußte allerdings gewärtig sein, daß seine persönliche Sicht Polemiken beider politischer Richtungen auslösen würde, deshalb der argumentative, gelegentlich umständliche, um Eindeutigkeit bemühte Stil.

Ins Zentrum der Österreichbilder rückte Alexis Wien, denn – wie sich ein Zeitgenosse ausdrückte – die »Sitten einer Hauptstadt repräsentieren meist den moralischen Zustand eines ganzen Volkes. Es erscheinen hier gewöhnlich Tugenden und Laster auf die Spitze gestellt.« Alexis nimmt sich Kapitel für Kapitel eine Seite des Wiener Lebens vor und betrachtet alle Aspekte des Gegenstandes. Eine solche Methode bietet dem Autor den Vorzug, daß er die Charakteristika der Gesellschaft, ihre »Tugenden und Laster«, intensiv beleuchten kann. Mitunter gerät er in Gefahr, zu viel zu erörtern und zu wenig zu erzählen. Seine Fähigkeit zur Selbstironie bewahrt Alexis jedoch davor, allzu akademisch zu werden, wie man an der Parodie über die Genesis der Wiener Küche ablesen kann.

Alexis durchmißt die Stadt kreuz und quer, betrachtet sie im Panorama, sucht ihre Wahrzeichen auf und spürt weniger Bekanntem nach. Wien, um 1830 an der Schwelle zur Großstadt, platzt aus allen Nähten. Wo die Stadt aufhört und wo die Vorstädte anfangen, ist kaum mehr auszumachen, zahlreiche Eingemeindungen stehen bevor. Alexis kennt die Probleme der Zusammenballung, als urbaner Mensch wägt er Vor- und Nachteile modernen Lebens gegeneinander ab, um schließlich Partei für die Zivilisation zu nehmen. Kulturpessimismus, der seit Rousseau eine feste Größe im europäischen Denken darstellt, liegt ihm fern. Er folgt den Wienern vor das Tor, erklimmt den nahen Kobenzl, um sich hier mit dem »Wiener Spaziergänger« Anastasius Grün in Klausur zu begeben. Dessen Verse rufen heute zwar wegen ihrer Biederkeit und naiven Entrüstung über politische Mißstände unfreiwillig komische Wirkung hervor, wurden seinerzeit aber mit Begeisterung aufgenommen und lösten eine Welle politischer Lyrik in ganz Deutschland aus. Mit Wohlgefallen hält sich Alexis an den Stätten der Lustbarkeit auf, im Prater der besser Betuchten und im Würstlprater des einfachen Volkes. Das gesellige Treiben läßt vermuten, die Stände lebten in voller Eintracht miteinander, jeder in seinen natürlichen Grenzen; doch der Schein trog, wie sich in der 48er Revolution zeigte.

Trotz seines forcierten Berliner Lokalpatriotismus sympathisiert Alexis mit der Wiener Mentalität des »Leben und Lebenlassen«, denn in der preußischen Kapitale war der Sinn für die Annehmlichkeiten des irdischen Seins schon damals nicht weit gediehen. In Wien jedoch waren Wohlhäbigkeit und Kultiviertheit des Bürgers Trost für vorenthaltene politische Entfaltungsmöglichkeiten.

Wenn der Reisende die Stadt verläßt und die Natur erlebt, wird deutlich, wie nah er noch der Romantischen Schule steht. Seine Schilderungen werden hymnisch, und er entwickelt Sinn für abenteuerliche Situationen. Die Schilderung der Floßfahrt auf der Donau gehört zu den gelungensten Teilen der Reisebeschreibung. Alexis läßt den Leser an den Gefahren der Unternehmung teilnehmen, die Reisebegleiter gewinnen individuelle Züge, und die Denkweise des österreichischen Landmannes wird plastisch.

Doch Alexis hält es nicht lange in der Natur; ihn zieht es an die Stätten der Zivilisation, er sucht die Begegnung mit dem Zeitgeist. Schon in den Österreichbildern hat er politischer Betrachtung viel Platz eingeräumt, in den süddeutschen Kapiteln wächst ihr Anteil noch beträchtlich und wird zum eigentlichen Thema der Schilderungen, weil seine Reise hier in eine Zeit angespannter Auseinandersetzungen fiel. Die Initiatoren des Hambacher Festes, Johann August Wirth und Philipp Jacob Siebenpfeiffer, standen im Sommer 1833 in Landau vor Gericht, wurden zwar von den Geschworenen freigesprochen, doch wenig später auf anderm Wege hinter Festungsmauern gebracht. Alexis distanziert sich von den beiden Republikanern, weil ihm wie der Mehrheit seiner preußischen Landsleute demokratisches Gedankengut wenig vertraut war. Noch immer standen trotz mannigfacher Gegenbeweise die Hohenzollern – und mit ihnen die Monarchie – in dem Ruf, »Deutschlands Zukunft« zu garantieren. Nach dem vorherrschenden autokratischen Denkmodell gefährdeten die Konstitutionskämpfe in Süddeutschland, die Fraktionsbildungen in den Landeskammern Ruhe und Ordnung und behinderten den Prozeß der nationalen Einigung. Alexis setzte seine Hoffnungen auf eine starke, volksnahe Monarchie, eine Art Volkskaisertum, das er nicht wie Heine im Kyffhäuser schlummern sah, sondern in romantischer Verklärung in der preußischen Vergangenheit vorgebildet glaubte und von dem er meinte, es könne aus der Rückbesinnung wiederbelebt werden.

Der heutige Leser, dem die Erörterungen über Wirth und Siebenpfeiffer gelegentlich Geduld abverlangen, dürfte entschädigt werden durch die Charakterisierung der Orte links und rechts des Weges: Momentaufnahmen, in denen die Eindrücke des Autors verschmelzen mit seinen reichen historischen Kenntnissen, Miniaturen, die über den Genius loci ebenso Auskunft geben wie über die Individualität ihres Schöpfers.

Der Schweiz widmet Alexis nur ein überschauendes Kapitel, in dem er über den vielzitierten Begriff der Schweizer Freiheit meditiert. Im Gegensatz zu den meisten deutschen und Schweizer Demokraten, die die Schweiz für ein Musterland hielten, nach dessen Vorbild sich die anderen europäischen Staaten entwickeln müßten, sieht Alexis die anachronistischen Züge der Eidgenossenschaft, die Naivität und Selbstgenügsamkeit eines großen Teils der Eidgenossen, ihren Konservatismus und die vielen Elemente einer althergebrachten Ständeordnung. Er beobachtet aber auch den erwachten Reformwillen, der die Schweiz in den Prozeß der europäischen Entwicklung einbeziehen wollte und in mehreren Anläufen aus dem lockeren Staatenbund einen zentralisierten, den modernen Anforderungen von Wirtschaft und Handel genügenden Bundesstaat bildete.

Alexis hatte mit seinen Reisebüchern Position bezogen, und wie nicht anders zu erwarten, hörte er wenig Anerkennendes. Bereits zum Weihnachtsfest 1833 schrieb ihm Brockhaus: »Wahrscheinlich ist Ihnen schon bekannt, daß die ›Wiener Bilder‹ in Preußen verboten sind ... Was mag wohl zunächst die Veranlassung sein? – Dagegen tun wird sich nichts lassen.« Die preußischen Zensoren beanstandeten den »mangelnden Respekt ... vor der Legitimität der Fürsten«. Künftig verfolgte die Zensur das Schaffen des Autors mit Argusaugen, schritt häufig mit dem Rotstift ein, und Anfang der vierziger Jahre geriet sein Name auf die Liste politisch verdächtiger Personen. Die liberale Seite nahm das Verdikt der Zensur mit unverhohlener Schadenfreude auf. Gutzkow boten die »Wiener Bilder« den Anlaß, das Dilemma zu verdeutlichen, in das sich ihr Autor manövriert hatte. Einerseits glaubte Alexis für die Hohenzollern eine Lanze brechen zu müssen, andererseits dankte ihm die preußische Bürokratie seinen Eifer mit Verboten, denn allein Selbständigkeit im Denken machte verdächtig. Gutzkow spottete: »Und dennoch, guter Herr Häring, dennoch hat man Ihnen Ihre Bilder verboten. Wie mag doch das gekommen sein! O schreiben Sie ein Buch darüber!«

Alexis ließ nach den »Schattenrissen aus Süddeutschland« kein neues Reisebuch folgen, nur in der Presse publizierte er gelegentlich kürzere Schilderungen. Sein weiteres Leben verlief, rein äußerlich betrachtet, in soliden bürgerlichen Bahnen; Jahr für Jahr wuchs sein Œuvre um ein neues Werk an. Und doch belastete ihn zeitlebens die materielle Unsicherheit, in der er sich als freier Schriftsteller befand oder besser: sich zu befinden glaubte, denn gefährdet war allenfalls ein standesgemäßes Leben, wie er es auffaßte: mit Villa, Reisen und Sommeraufenthalten. Deshalb die rastlose Mühe, neue Werke fertigzustellen, deshalb auch die Versuche, sich mit Kommerz zu salvieren, wobei er wohl eine geschickte Hand besaß. Mit Grundstücksspekulationen und dem Ankauf eines einträglichen Mietshauses am Tiergarten erzielte er ansehnliche Gewinne. Auch soll die Entdeckung Heringsdorfs als Seebad, an der er sich maßgeblich beteiligte, ihm pekuniären Vorteil eingebracht haben. Wo Alexis hingegen versuchte, das Geschäft mit seiner literarischen Neigung in Einklang zu bringen, literarisch vermittelnd zu verdienen, war er weit weniger erfolgreich, wie sich bei der Eröffnung eines Leseinstitutes erwies, einer seinerzeit verbreiteten Einrichtung, in der der Gast gegen ein geringes Entgelt die neuesten Journale und Bücher lesen konnte. Schon nach kurzer Zeit geriet Alexis in Schwierigkeiten, mußte sich mit Verlusten »die Sache vom Halse schaffen«, denn, so kommentierte Brockhaus, »das deutsche Publikum liest nun einmal entweder zu Hause oder in Konditoreien etc., wo sich zugleich leibliche Nahrung findet«.

Enttäuschend wirkte auch die geringe Resonanz auf seine Hauptwerke, die historischen Romane, welche kaum mehr als Achtungserfolge einbrachten, obwohl er sicher sein durfte, hier Bahnbrechendes zu leisten. Hingegen erreichte er mit einer Reihe »merkwürdiger Kriminalfälle«, dem »Neuen Pitaval«, die er seit 1842 mit zwei Titeln pro Jahr bei Brockhaus herausgab und hauptsächlich mit eigenen Erzählungen bestückte, einen großen Leserkreis. Er half damit jenen Typ der Kriminalerzählung zu begründen, dessen Wert in der sozialpsychologischen Durchdringung des Verbrechens liegt. Doch der Erfolg zog neue Verpflichtungen nach sich; dem Gesetz der Reihe gehorchend, mußte er »der Lust nach Neuem Nahrung« bieten, wobei ihm zwar Koautoren halfen, doch das Hauptmaß der Arbeit auf ihm selbst lastete.

Zunehmende Verunsicherung ging für ihn von der politischen Entwicklung in Preußen aus. Friedrich Wilhelm IV., an dessen Thronbesteigung er, wie die meisten Intellektuellen, große Erwartungen geknüpft hatte, wies Alexis persönlich zurecht, nachdem dieser ihn zur Zurücknahme von Zensurrestriktionen gegen einige Presseorgane bewegen wollte – ein Vorgang, der harmlos anmutet, bedenkt man, wie rabiat die Gewaltigen gerade im Vormärz mit anderen unbequemen Literaten umsprangen, der aber dennoch Alexis' Weltbild erschütterte, weil er sich wie kaum ein zweiter in seinem Denken an preußischen Traditionen orientierte. Doch erst das Jahr 1848 bewirkte den Bruch mit seiner Vergangenheit, in den Märzgefechten zerstob die Illusion von einem Hohenzollernschen Volkskaisertum. Karl Gutzkow, der ihn in den Revolutionstagen in Berlin besuchte, berichtet: »Wie leise hauchte er jedes Wort! Wie spionenhaft belauscht fühlte sich all sein Tun! Ganz in Varnhagens Weise spürte er überall Ungewitter und Heimliches in der Luft.« Resigniert nahm Alexis nach der Niederschlagung der Revolution seine literarischen Vorhaben wieder auf. Aus einer Giftmordaffäre, die zur Zeit der Schlacht von Jena und Auerstedt in Berlin vorgefallen war, gewann er den Stoff für einen Roman, in dem er mit seiner Epoche abrechnete: »Ruhe ist die erste Bürgerpflicht«. Raub und Sadismus im

Privaten sind hier für Alexis nur das Pendant zur verbrecherischen Staatsführung, mit dem Unterschied, daß die großen Verbrecher »in die Geschichtsbücher« kommen, während die kleinen »irgendwo in einem Kriminalregister« verschwinden.

Nicht nur literarisch distanzierte sich Alexis von dem nachrevolutionären Preußen, er schaffte sich auch räumlichen Abstand. 1851 hatte er das erste Mal Arnstadt in Thüringen besucht, um sich eine längere Erholungspause zu gönnen. Die Stadt gefiel ihm so gut, daß er sich zwei Jahre später entschloß, dem geliebten und gehaßten Preußen den Rücken zu kehren, um in dem kleinen thüringischen Ort seinem Werk leben zu können. Doch schon ein Jahr darauf warf ihn ein erster Schlaganfall nieder. Kaum genesen, schrieb er wieder einen umfangreichen Roman, widmete sich den neuen Folgen des »Pitaval«. Sein persönlicher Umgang, der ohnehin nicht breit gefächert war, reduzierte sich infolge Krankheit, Überlastung und Ferne von den Berliner Kreisen auf wenige Freunde, unter denen sich nur sein Mitstreiter und Nachfolger in der Redaktion des »Neuen Pitaval«, Anton Vollert, im öffentlichen Leben einen Namen erwarb. Ein zweiter Schlaganfall, von dem sich Alexis nicht mehr erholte, setzte seinem literarischen Schaffen ein Ende. Die letzten Jahre verbrachte er gelähmt und an den Rollstuhl gefesselt, angewiesen auf die Hilfe seiner Frau. Er starb am 16. Dezember 1871.

Berlin, im Oktober 1987 *Carsten Wurm*

Anmerkungen

Der Text dieser Ausgabe faßt die beiden Reisebücher »Wiener Bilder« (1833) und »Schattenrisse aus Süddeutschland« (1834) zusammen, die der Autor als Einheit verstand. Verzichtet wurde lediglich auf einige Kapitel, die historische oder politische Abhandlungen darstellen und die Diktion des Reisebuchs verlassen.

Orthographie und Interpunktion sind – unter Wahrung des Lautstands – den heute geltenden Regeln behutsam angeglichen worden.

10 *Wallensteins Gruft in Gitschin* – Albrecht Wallenstein (1583–1634), kaiserlicher Feldherr im Dreißigjährigen Krieg, wurde nach seiner Ermordung durch eine Adelsverschwörung in Gitschin (Böhmen) beigesetzt und 1785 nach Münchengrätz überführt.

11 *Kotzebue ... Sand* – August von Kotzebue (1761–1819), Bühnenautor, wurde für einen Spitzel des russischen Zaren gehalten und deshalb von Karl Ludwig Sand (1795–1820), einem Jenenser Theologiestudenten und Burschenschafter, erdolcht. Das Attentat nahm der Deutsche Bund unter Metternichs Führung zum Anlaß, die berüchtigten antiliberalen Karlsbader Beschlüsse zu erlassen. Alexis schrieb 1842 eine psychologische Studie über Sands Tat.

Tentamen – (lat.) Vorprüfung.

Hans Heilings Felsen – Einer böhmischen Sage nach vermählte sich der Berggeist Hans Heiling mit einer Sterblichen. Aus Eifersucht verwandelte er sie und die Ihren in Felsen – die Hans-Heiling-Felsen zwischen Elbogen und Karlsbad.

11 *der Unglückselige* – Gemeint ist Karl Ludwig Sand, der wie Jean Paul in Wunsiedel im Fichtelgebirge geboren wurde.

Varnhagen – Karl August Varnhagen von Ense (1785 bis 1858), Schriftsteller, Publizist und preußischer Diplomat.

14 *Dürrenstein* – Dürnstein.

Olmütz und Munkacs – Die Festungen von Olmütz und Munkacs dienten als österreichische Staatsgefängnisse.

15 *Wiener Spaziergänger* – Anspielung auf die »Spaziergänge eines Wiener Poeten« (1831) von Anastasius Grün, eigentl. Anton Alexander Graf von Auersperg (1806 bis 1876); Grüns Gedichtzyklus bildete den Auftakt zur politischen Lyrik des Vormärz und wurde von Alexis gleich nach Erscheinen begeistert rezensiert.

Unser Land, wohl ist's ein Garten … – Zitat aus »Mautkordon«, einem Gedicht aus dem Zyklus »Spaziergänge eines Wiener Poeten«.

17 *Douceur* – (franz.) Trinkgeld.

Diligence – (franz.) Eilpostwagen.

19 *Voß'sche Zeitung* – Die »Vossische Zeitung« erschien 1751 bis 1934 in Berlin. Sie ging aus einem 1704 gegründeten Wochenblatt hervor und war seit 1824 Tageszeitung. Lessing und Fontane gehörten zu ihren Mitarbeitern, auch Alexis schrieb für sie.

22 *die »Stumme von Portici«* – Die Aufführung der Oper von Daniel-François-Esprit Auber nach einem Libretto von Eugène Scribe am 24. August 1830 in Brüssel löste die belgische Revolution von 1830/31 aus.

23 *dreier Völker Blut* – In der Schlacht bei Kulm und Nollendorf in Böhmen am 10. August 1813 schlugen nach erbitterten Kämpfen die verbündeten Armeen von Preußen und Rußland die französischen Truppen.

Blücher – Gebhard Lebrecht von Blücher (1742–1819), preußischer Generalfeldmarschall und Feldherr in den Befreiungskriegen.

27 *Prokope, Husineks, Žižka* – Prokop (um 1380–1434) und Jan Žižka von Trocnov (1370–1424) waren Führer und Feldherrn der Hussiten. Husinek heißt der Geburtsort des tschechischen Reformators Jan Hus.

Graf Thurn – Heinrich Matthias Graf von Thurn (1567 bis 1640) kämpfte an der Spitze des antihabsburgischen Aufstandes der böhmischen Stände.

Räuberbanden, die von Schiller bis Byron – Schillers »Räuber« (1779) und George Byrons Räuberdrama »Werner« (1823) handeln in Böhmen.

30 *Kolin* – König Friedrich II. von Preußen wurde während des Siebenjährigen Krieges in der Schlacht bei Kolin 1757 von den Österreichern unter Daun geschlagen und mußte Böhmen räumen.

34 *Impudenz* – Unvorsichtigkeit, Unklugheit.

35 *Düsseldorfer Malerschule* – Die romantische, religiös geprägte Düsseldorfer Schule nahm ihren Ausgang von der Düsseldorfer Akademie, deren Direktor Wilhelm von Schadow, als er 1826 nach Düsseldorf berufen wurde, aus Berlin kam.

36 *Normann* – Berliner Poet (1802–1832); sein wichtigstes Werk »Mosaik oder erste Liebe Heinrichs IV.«, eine Novelle in Versen, erschien 1828. Alexis war mit Normann befreundet.

Schleiermacher – Friedrich Daniel Ernst Schleiermacher (1768–1834), romantischer Theologe und Philosoph; er lebte und wirkte wie alle nachfolgenden Personen außer Garrick in Berlin.

Ritter – Carl Ritter (1779–1859), Geograph und romantischer Schriftsteller.

Hufland – Christoph Wilhelm Hufeland (1762–1836), Hofarzt und Gesundheitserzieher.

Graef – Karl Ferdinand von Graefe (1787–1840), Chirurg und Augenarzt.

Savigny – Friedrich Karl von Savigny (1779–1861), Rechtshistoriker, wichtigster Vertreter der Historischen Rechtsschule.

Devrient – Ludwig Devrient (1784–1832), Schauspieler.

36 *Wolff* – Pius Alexander Wolff (1782–1828), Schauspieler und Librettist.
Garrick – David Garrick (1717–1779), englischer Schauspieler, Theaterleiter und Bühnendichter.
39 *Paskewitsch* – Iwan Fedorowitsch Paskewitsch (1782 bis 1856), russischer Feldherr; er besiegte 1828/29 die Türken trotz zahlenmäßiger Unterlegenheit.
42 *der heilige Wenzeslaus* – Herzog Wenzel I., der Heilige (um 910 bis 929), Schutzpatron der Böhmen.
43 *bona fides* – (lat.) der gute Glaube.
44 *Marchfeld* – Ebene östlich Wiens, die Schauplatz vieler Kämpfe in der österreichischen Geschichte war.
Richard Löwenherz – Richard I. Löwenherz (1157–1199), König von England seit 1189, wurde 1192 von Herzog Leopold V. von Österreich auf Schloß Dürnstein festgesetzt und später an Kaiser Heinrich VI. ausgeliefert, der ihn 1193/94 auf der Reichsfeste Trifels (bayr. Pfalz) gefangenhielt.
46 *Duodezblättchen oder … Sedez* – Buchformate in Zwölftel- bzw. Sechzehntelbogengröße.
49 *Erklärt mir…* – Zitat aus der Tragödie »Die Schuld« (II,5) von Adolf Müllner (1774–1829).
Habsburger… Hohenstaufen – Das Kaisergeschlecht der Hohenstaufen starb 1268 mit der Hinrichtung Konradins aus, ihm folgte 1273 mit Rudolf I. der erste Habsburger auf den Thron.
Pourquoi faire des exemptions! – (franz.) Warum jemanden verschonen!
mediatisierter Fürst – Ehemals reichsunmittelbare Fürsten, die teils auf Betreiben Napoleons, teils durch die Beschlüsse des Wiener Kongresses ihre Souveränität verloren.
53 *bei einem dritten Einfall* – Wien wurde 1529 und 1683 aus dem Osten von den Türken bedroht und aus dem Westen 1805 und 1809 von den Franzosen eingenommen.
54 *Starhemberg* – Ernst Rüdiger Graf Starhemberg (1638 bis 1701), österreichischer Feldmarschall; er verteidigte 1683 Wien erfolgreich gegen die Türken.

65 *Schwedenkopf* – Kurz geschnittenes Haar, besonders in der zweiten Hälfte des 18. Jahrhunderts in Mode.
Frisur à la Maintenon … Allongenperücke à la Louis quatorze – Lockenperücken nach Art Ludwigs XIV. von Frankreich und seiner Geliebten und späteren Gattin Françoise d'Aubigné, Marquise de Maintenon.
Roquelaur – Im 17. und 18. Jahrhundert getragener Reise- oder Regenmantel, benannt nach einem Herzog von Roquelaur unter Ludwig XIV.
Carmoisinrock – Scharlachrote Jacke.

66 *Ginghamhosen à la Navarin* – Gestreifte oder karierte Baumwollhose nach englischer Mode.
Fashionable – (franz.) Mann von Welt.

68 *Murillo* – Bartolomé Esteban Perez Murillo (1618–1682), spanischer Maler.

69 *Revenant* – (franz.) Gespenst; wiederkehrender Geist eines Toten.
Mademoiselle Sontag – Henriette Sontag (1806–1854), berühmte Opernsängerin; sie wirkte seit 1822 in Wien.
Schweizer-Mimili – Titelfigur der Erzählung »Mimili« (1816) des preußischen Trivialautors H. Clauren.

70 *Theater des Direktor Carl* – Karl Carl, eigentl. Karl von Bernbrunn (1787–1854), Theaterdirektor, Schauspieler und Bühnenautor; er war ab 1825 Direktor des Josephstädter Theaters und des Theaters an der Wien, ab 1832 führte er nur noch das Theater an der Wien.
Lanner – Joseph Lanner (1801–1843), Wiener Komponist, Tanzmeister und Geiger; er war neben Johann Strauß (Vater) beliebtester Walzerkomponist seiner Zeit.

77 *Young* – Edward Young (1683–1765), englischer Dichter der Aufklärung; 1742 verfaßte er die »Klagen oder Nachtgedanken über Leben, Tod und Unsterblichkeit«.

80 *Marais* – Einer der ältesten Pariser Stadtbezirke.
Trocadéro-Name – Trocadéro heißt eine Landzunge in der Bai von Cadiz mit einem Fort, das 1823 von den Franzosen erobert wurde. Aus diesem Anlaß erhielt eine Anhöhe auf dem rechten Seine-Ufer in Paris diesen Namen.

82 *Vogtland* – Gegend in Berlin zwischen dem Hamburger und dem Oranienburger Tor, wo Friedrich II. aus dem sächsischen Vogtland stammende arme Weber und Maurer angesiedelt hatte; dort wurden Ende des 19. Jahrhunderts die ersten Mietskasernen gebaut.

Tangerzweig – (niederdt.) Nadelholzzweig.

87 *Aus der dumpfen Siechenstube* – Zitat aus »Spaziergänge eines Wiener Poeten« von Anastasius Grün (vgl. die erste Anm. zu S. 15).

92 *Fern der Stadt* – Dieses und die beiden folgenden Zitate stammen aus »Frühlingsgedanken«, einem anderen Gedicht aus dem Zyklus »Spaziergänge eines Wiener Poeten« (vgl. die erste Anm. zu S. 15).

94 *Karl X.* – Karl X. (1757–1836), seit 1825 König von Frankreich, wurde durch die Julirevolution 1830 gestürzt und aus Frankreich vertrieben. Im Ausland wechselte er häufig seinen Wohnsitz.

95 *Lobau* – Donau-Insel, auf die sich Napoleon in der Schlacht bei Aspern vor den Österreichern zurückziehen mußte.

Aspern, Wagram, das Marchfeld – Das Marchfeld östlich Wiens war in der österreichischen Geschichte Schauplatz vieler Kämpfe. Bei Aspern und Wagram, zwei Dörfern auf dem Marchfeld, fanden 1809 zwei Schlachten statt, die Österreich zum Wiener Frieden mit großen Gebietsabtretungen an Frankreich zwangen.

Sobieski – Jan III. Sobieski (1624–1696), seit 1674 polnischer König; er besiegte 1683 in der Schlacht am Kahlenberg die Türken und verhinderte damit die Eroberung Wiens.

97 *Reformbill* – Das Gesetz über die Reform des britischen Wahlsystems verbesserte das Wahlrecht zugunsten der bürgerlichen Klasse und beseitigte Privilegien der Aristokratie.

100 *Meisls »Fee aus Frankreich«* – Karl Meisl (1775–1853), österreichischer Bühnenautor; er verfaßte zahlreiche vielgespielte Wiener Possen, so 1822 »Die Fee aus Frankreich«.

100 *Schwänzelpfennig* – Kleiner Geldbetrag, der bei aufgetragenen Einkäufen eingespart und heimlich zurückbehalten wird.

101 *zweimal französische Heere nach Wien* – In den österreichisch-französischen Kriegen von 1805 und 1809 wurde Wien von Napoleon besetzt.

102 *Rumohr* – Karl Friedrich Rumohr (1785–1843), Dresdner Kunsthistoriker; sein Buch »Geist der Kochkunst« erschien 1822.

Tacitus – Römischer Geschichtsschreiber (um 55–120); seine Schrift »Germania« (98) über die nördlichen Nachbarn der Römer gehört zu den frühesten Zeugnissen über das Leben der Germanen.

Plinius – Plinius d. Ä. (um 24–79), römischer Geschichtsschreiber; sein Werk über die Germanen (»Bellorum Germaniae libri«, um 54) ist nicht erhalten.

103 *Markomannen* – Germanisches Volk, das in dem heutigen Böhmen siedelte.

Marbod – König der Markomannen (8 v. u. Z. bis 41 u. Z.).

104 *langobardische Wanderungen* – Die germanischen Langobarden zogen im 6. Jahrhundert von ihren Siedlungsgebieten an der Oder nach Italien, das sie eroberten. Zuvor vernichteten sie den Stamm der Gepiden.

Lady Montagu – Lady Mary Wortley Montagu (1689 bis 1762), Briefautorin; sie begleitete ihren Mann 1716/17 auf seiner Gesandtschaftsreise nach Istanbul über Wien und berichtete darüber in Reisebriefen.

Abraham a Sancta Clara – Abraham a Sancta Clara, eigentl. Hans Ulrich Megerle (1644–1709), volkstümlicher satirischer Schriftsteller und einflußreicher Kanzelredner.

Whigs und Tories – Namen der sich vom 17. bis zum 19. Jahrhundert bekämpfenden Hauptparteien des englischen Parlaments.

105 *Richelieu* – Armand-Jean du Plessis, Herzog von Richelieu (1585–1642), französischer Staatsmann und Kardinal; er setzte den Absolutismus in Frankreich durch.

105 *Siebenjähriger Krieg* – Im Siebenjährigen Krieg (1756 bis 1763) war England mit Preußen verbündet und somit Gegner Österreichs.

Castlereagh – Henry Robert Stewart Castlereagh (1769 bis 1822), englischer Staatsmann; auf dem Wiener Kongreß, auf dem er als Minister des Auswärtigen Großbritannien vertrat, überließ er die Führung der Friedensverhandlungen Österreich und Frankreich.

Esterházy – Paul Anton von Esterházy (1786–1866), österreichischer Gesandter in London von 1815 bis 1842.

106 *Werner* – Zacharias Werner (1768–1823), preußischer romantischer Schriftsteller; er lebte 1814/15 in Wien.

107 *Olla potrida* – (span.) Spanisches Nationalgericht.

ris à la Malte – (franz.) Kalbfleisch nach Malteser Art.

108 *Cayenne liegt fern von Wien* – Anspielung auf den Pfeffer, der aus Cayenne, Französisch-Guayana, kam.

111 *Seume* – Johann Gottfried Seume (1763–1810), sächsischer Schriftsteller; er machte auf seinem »Spaziergang nach Syrakus« (1803) in Wien Station. Bei Seume heißt es: »Vindobona, quia dat vinum bonum« (lat.: Wien, weil es guten Wein gibt).

112 *Kritik ad hominem* – Verbale Kritik, die die geistige bzw. psychische Befindlichkeit des Gesprächspartners ausnutzt.

honor naturalis – (lat.) natürliche Ehre.

Impost – Warensteuer.

113 *Ich bin besser als mein Ruf* – Zitat aus »Maria Stuart« (III,4) von Friedrich Schiller.

fraudulos – (franz.) betrügerisch.

120 *als die Cholera nahte* – Von 1829 bis 1837 herrschten in ganz Europa Choleraepidemien.

kontagiös – ansteckend.

121 *Castelli* – Ignaz Franz Castelli (1781–1862), Wiener Bühnenautor.

Quidproquo – Verwechslung.

123 *cabinet d'aisance* – (franz.) Toilette.

Il est défendu – (franz.) Es ist verboten.

Ludwig Philipp – Louis Philippe (1773–1850), französischer König von 1830 bis 1848 (»Bürgerkönig«).

125 *Marquis Posa* – Figur aus Schillers »Don Carlos. Infant von Spanien« (1786).

128 *»Sire, geben Sie Gedankenfreiheit!«* – Zitat nach »Don Carlos« (III, 10) von Friedrich Schiller.

130 *Tunguse* – Angehöriger eines Volksstamms in Sibirien.
Kantschu – Türkische Lederpeitsche.

131 *die Peter Vischer* – Peter Vischer d. Ä. (um 1460–1529) und Peter Vischer d. J. (1487–1528), Nürnberger Bildhauer und Erzgießer,
Adam Krafft – Nürnberger Bildhauer (um 1460–1508).
Trajanssäule – Siegessäule in Rom, benannt nach Kaiser Trajan.

132 *Reiterstatue* – Gemeint ist das Reiterstandbild Josephs II. von Franz Anton Zauner, geschaffen von 1795 bis 1807.
Ruhig auf granitnem Sockel schwebt ... – Zitat aus dem Gedicht »Sein Bild« des Zyklus »Spaziergänge eines Wiener Poeten« von Anastasius Grün (vgl. die erste Anm. zu S. 15).

134 *Friedrich* – Friedrich II. (1713–1786), preußischer König seit 1740.
Alexander – Alexander III., »der Große« (356–323 v. u. Z.), König von Mazedonien seit 336 v. u. Z.

136 *Liechtenstein ... Esterházy, Schwarzenberg* – Alte österreichische Adelsfamilien.

137 *Heinrich von Ofterdingen* – Sagenhafter deutscher Minnesänger zu Anfang des 13. Jahrhunderts; er trat in dem mittelhochdeutschen Lied »Sängerkrieg auf der Wartburg« als Gegner Wolframs von Eschenbach und Walters von der Vogelweide und als Lobredner Herzog Leopolds von Österreich auf.
der wackere Reimchronikant – Anonymer Verfasser des Liedes »Sängerkrieg auf der Wartburg« (1260).

138 *Leopoldinisches Österreich* – Die Ära des Kaisers Leopold I. (1640–1705), deutscher Kaiser seit 1658.
Loyola – Ignatius von Loyola (1491–1556), Gründer des Jesuitenordens.

140 *Leonardos »Vierge aux rochers«* – »Madonna in der Felsengrotte« von Leonardo da Vinci.

140 *Davids Schule* – Jacques-Louis David (1748–1825), französischer Maler; er begründete den französischen Klassizismus.

141 *Frankl* – Ludwig August Frankel (1810–1893), österreichischer Dichter; sein »Habsburglied« veröffentlichte er 1832.

Rudolph IV. – Rudolph IV. (1339–1365), Herzog von Österreich seit 1358; er legte 1359 den Grundstein für den Neubau des Langhauses des Stephansdoms als gotische Halle. Fertiggestellt wurde der äußere Bau des Doms erst Ende des 15. Jahrhunderts.

145 *Kaiser Leopolds Hülferuf* – Leopold I. (1640–1705), seit 1658 deutscher Kaiser; er rief mehrfach die deutschen Fürsten und andere europäische Monarchen um Hilfe gegen die Türken an.

eine Nation, die jetzt nicht mehr existiert – Gemeint ist Polen, das nach der dritten polnischen Teilung 1795 seine staatliche Souveränität verloren hatte. Der polnische König Jan Sobieski entschied 1683 mit seinen Truppen die Schlacht am Kahlenberge (vgl. die erste Anm. zu S. 95).

wo das Volk ... eingeschlossen saß – Die Belagerung von Warschau im September 1831 bildete das Ende des polnischen Aufstands von 1830/31 gegen die russische Statthalterschaft in Polen. Der Aufstand erregte in ganz Europa große Sympathie.

fand ... Aufnahme – Die polnischen Emigranten, die nach dem mißlungenen Aufstand in Österreich und Deutschland Schutz suchten, fanden bei den Wienern großzügige Unterstützung.

146 *kein türkischer Artillerielieutenant* ... – Anspielung auf Napoleon I., der seine Laufbahn 1786 als Artillerieleutnant begann.

156 *Niebuhr* – Barthold Georg Niebuhr (1776–1831), preußischer Staatsmann und Historiker; er widmete sich besonders der Geschichte des römischen Altertums.

Indigen – Staatsbürger.

160 *Scott* – Walter Scott (1771–1832), schottischer Schriftsteller.

160 *der Edle von Mausberger* – Ein Wiener Raubdrucker verlegte Alexis' zweiten Roman »Schloß Avalon«, der im Gegensatz zu seinem Erstling unter Alexis' Namen erschienen war, als Teil der Gesammelten Werke Walter Scotts.

166 *bei Kotzebue und Iffland, bei Raupach und Schiller* – Die Stücke der Trivialautoren August von Kotzebue (vgl. die erste Anm. zu S. 11), August Wilhelm Iffland (1759–1814) und Ernst Benjamin Salomo Raupach (1784–1852) beherrschten die Bühnen der Restaurationszeit. Nur Stücken von Schiller gelang es, sich daneben zu behaupten.

167 *Gêne* – (franz.) Zwang, Verlegenheit.

grilliert – vergittert.

168 *Barthélemy* – August Barthélemy (1796–1867), französischer Dichter, Bonapartist und Gegner der Bourbonen.

Barthélemy war ... nach Wien gekommen – Barthélemy kam nach Wien, um sein Epos »Napoleon in Ägypten« (1828) dem Sohn Napoleons I. zu überreichen, wurde nicht vorgelassen und rächte sich 1829 mit dem Spottgedicht »Le Fils de l'homme« (»Der Sohn des Mannes«), für das er in Frankreich eine dreimonatige Haftstrafe verbüßen mußte.

Prokeschs Brief – Anton Graf von Prokesch-Osten (1795 bis 1876), österreichischer Diplomat, Schriftsteller und Vertrauter von Napoleons Sohn; er verfaßte 1833 sein »Schreiben an *** über den Herzog von Reichstadt« anonym.

169 *der junge Napoleon* – Napoleon Franz Joseph Karl Herzog von Reichstadt (1811–1832), Sohn Napoleons I. und der Marie Luise von Österreich; er lebte seit 1814 in Wien und starb einundzwanzigjährig an Lungentuberkulose.

»Lanassa« – Tragödie (1870) des französischen Autors Antoine-Marin Lemierre (1723–1793).

170 *daß der Kaiser zu Wien in seiner Hofburg gezittert* – In »Wallensteins Tod« (III, 13) von Schiller heißt es: »Ins Bayerland, wie ein geschwollener Strom, / Ergoß sich dieser Gustav, und zu Wien / In seiner Hofburg zitterte der Kaiser.«

172 *in diesem schönen Palast* – Hier wurden der österreichisch-französische Krieg von 1809 mit dem Frieden von Schönbrunn beschlossen und die Ergebnisse des Wiener Kongresses von 1814/15 sanktioniert.
die berühmte Gloriette – Breitgelagerte dorische Kolonnade, die Joseph II. 1775 von F. von Hohenberg gegenüber dem Schloß Schönbrunn erbauen ließ.

173 *Jardin des plantes* – Botanischer Garten mit Tierpark in Paris.

174 *Staberl* – Figur der Wiener Lokalposse, die von Adolf Bäuerle (1784–1859) in seinem Stück »Die Berliner in Wien« (1813) kreiert wurde.
»Sappho«, »Die Ahnfrau« – »Sappho« (1817) und »Die Ahnfrau« (1816) heißen zwei frühe Dramen von Franz Grillparzer.
»Wirrwarr« – Ursprünglicher Titel des Dramas »Sturm und Drang« (1776) von Friedrich Maximilian Klinger (1752–1831).
Fautoren – Gönner.

175 *affrös* – abscheulich.

176 *Festlich prangt dein Leib ...* – Zitat aus der »Hymne an Österreich«, einem Gedicht aus dem Zyklus »Spaziergänge eines Wiener Poeten« von Anastasius Grün (vgl. die erste Anm. zu S. 15).

182 *Fanny* – Gemeint ist Fanny Elßler (1810–1884), eine Ballettänzerin, die auf einem von Rahel Varnhagen und ihrem Freundeskreis geförderten Gastspiel 1830 in Berlin ihren Weltruhm begründete. Sie tanzte seit ihrem siebenten Lebensjahr im Theater am Kärtnertor.
Abdera – Schildbürgerstadt des Altertums.

184 *der Sohn eines Mannes* – Napoleons Sohn (vgl. die erste Anm. zu S. 169).
Jovisstirne – Stirn des Jupiter.

185 *Morgensonne von Marengo* – In der Schlacht von Marengo (Oberitalien) am 14. Juni 1800 besiegte Napoleon die Österreicher und entschied damit den zweiten antifranzösischen Koalitionskrieg zugunsten Frankreichs.
unter den Pyramiden – Napoleon unternahm 1798/99

eine mißglückte militärische Expedition nach Äygpten mit dem Ziel, die britische Herrschaft über Indien zu zerschlagen.

185 *unter Moskaus Brande* – Auf seinem russischen Feldzug 1812 erlitt Napoleon durch den Widerstand des russischen Volkes und den Brand von Moskau die entscheidende Niederlage, die letztlich das Ende seiner Herrschaft bewirkte.

hochinteressanter Brief – Vgl. die dritte Anm. zu S. 168.

187 *Gentz* – Friedrich von Gentz (1764–1832), Publizist und Politiker, enger Vertrauter von Metternich; er wurde in Breslau geboren.

188 *Beaumonde* – Die vornehme Gesellschaft.

192 *Dolman* – Pelz der Husarenuniform, der im Winter angezogen, im Sommer nach ungarischem Vorbild über der Schulter getragen wurde.

Kalpak – National-ungarische Kopfbedeckung und Pelzmütze der Husaren.

marchande de mode – (franz.) Putzhändlerin.

Gigot – (franz.) Keulenartig gebauschter Ärmel der Biedermeierzeit.

196 *Jacques* – In Frankreich Name des plebejischen Rebellen.

»Wie es euch gefällt!« – Titel einer Komödie von Shakespeare.

202 *Thais und Lais* – Berühmte griechische Hetären des klassischen Altertums.

Herzogin von Kingston – Elisabeth Chudleigh Herzogin von Kingston (1720–1788); sie wurde bekannt durch ihre unkonventionellen Liebesverhältnisse und einen glänzenden Lebensstil.

Ligorianer – Angehörige des katholischen Mönchsordens, benannt nach dem Ordensstifter Alfons Maria von Liguori (1696–1787); Wien entwickelte sich um die Jahrhundertwende zu einem Zentrum der Ligorianer. Pietisten und Ligorianer zeichneten sich durch Religionseifer und Sittenstrenge aus.

203 *ob der Raum dieses bescheidenen Büchleins ...* – Alexis hat das Salzkammergut und Salzburg erst in den »Schatten-

rissen aus Süddeutschland« geschildert (in unserer Ausgabe S. 287 ff.).

205 *Faiseur* – (franz.) Macher, Anstifter, tätiger Ausführer eines Planes.

207 *de Ruyter in Trelawnys Memoiren* – Figur aus einem Roman des englischen Autors Edward John Trelawny (1792–1881), der 1832 unter dem deutschen Titel »Trelawnys Abenteuer in Ostindien« erschien.

209 *Hic haeret aqua* – (lat.) Hier stockt das Wasser, d. h. da hapert es, die Sache gerät ins Stocken (nach Cicero, »De officii«, 3, 117, und »Ad quintum fratrem«, 2, 8, 2).

215 *Hemling* – Früher fälschlich für Hans Memling (1433 bis 1494), einen Maler deutscher Herkunft, der sich an der altflandrischen Malweise schulte.

219 *Eskeles und Arnstein* – Name des von Bernhard Freiherr von Eskeles (1752–1839) gegründeten jüdischen Bankhauses in Wien.

222 *restitutio in integrum* – (lat.) Wiedereinsetzung in den vorherigen Stand.

mulier formosa superne – (lat.) das oben schöne Weib.

223 *Nanquin* – Nanking: feiner chinesischer Baumwollstoff.

227 *Kyselack* – Joseph Kyselack (1795–1831), Wiener Reiseschriftsteller; er pflegte auf Wanderungen seinen Namen für die passierenden Touristen in großen Buchstaben an weithin sichtbaren Felsen anzubringen.

228 *Hauderer* – (nordwestdt.) Lohnkutscher, Besitzer eines Mietfuhrwerks.

230 *Sandwirt* – Andreas Hofer (1767–1810), Führer des Tiroler Bauernaufstandes gegen die napoleonische Besetzung, war Wirt des Gasthauses »Am Sand«.

235 *Symposion* – (griech.) Trinkgelage.

Konvivium – (lat.) Gastmahl.

236 *Normann* – Pseudonym für Johann Anton Gross-Hoffinger (1808–1873), österreichischer Schriftsteller; sein Buch »Österreich, wie es ist« erschien 1833.

239 *unter Joseph* – Joseph II. ließ im Rahmen seiner weitreichenden Reformen viele Klöster enteignen oder ihre Besitzungen einschränken.

240 *Richard Löwenherz' Gefängnis* – Vgl. die zweite Anm. zu S. 44.

248 *Planché* – James Robinson Planché (1786–1818), englischer Schriftsteller; er lieferte 1825 das Textbuch zu Carl Maria von Webers Oper »Oberon« (1826).

254 *Guido Reni* – Italienischer Maler und Radierer (1575 bis 1642).

Andrea del Sarto – Italienischer Maler (1486–1531).

Perino del Vaga – Italienischer Maler (1500–1547), eigentl. Pietro Bunaccorsi.

Correggio – Italienischer Maler (um 1494–1534), eigentl. Antonio Allegri.

Caravaggio – Italienischer Maler (1573–1610), eigentl. Michelangelo Merisi.

van der Helst – Bartholomäus van der Helst (1613–1670), niederländischer Maler.

Ryckaert – David Ryckaert (1612–1661), niederländischer Maler.

Giorgione – Italienischer Maler (um 1477–1510), eigentl. Giorgio (Zorsi) da Castelfranco.

Lucretia – Frauengestalt der römischen Legende, die vom Sohn des Königs entehrt wurde und sich daraufhin erdolchte. Ihr Freitod soll 510 v. u. Z. den Sturz des römischen Königtums veranlaßt haben.

nec ulla impudica ... – (lat.) aber wird die Geschändete nach dem Beispiel der Lucretia leben?

255 *Domenichino* – Italienischer Maler (1581–1641), eigentl. Domenico Zampieri.

Velasquez – Diego Rodriguez Silva y Velázques (1599 bis 1660), spanischer Maler.

256 *van Eyck* – Hubert van Eyck (um 1370–1426) und sein Bruder Jan (1390–1441), niederländische Maler.

257 *Metalliques* – (franz.) Papiergeld.

260 *Canova* – Antonio Canova (1757–1822), italienischer Bildhauer.

Agnes Bernauerin – Sie war die Tochter eines Baders, mit der sich Herzog Albrecht III. von Bayern-München 1432 heimlich vermählte. Als 1435 die Ehe dem Vater Albrechts, Herzog Ernst, bekannt wurde, ließ er Agnes durch seinen Kanzler Hans von Preising als Hexe in der Donau ertränken.

261 *»Luise, kannst du...«* – In »Kabale und Liebe« von Friedrich Schiller heißt es (V, 7): »Luise! Hast du den Marschall geliebt?«

Kurländer – Franz August von Kurländer (1777–1836), österreichischer Dramatiker; in seinem »Almanach dramatischer Spiele für Gesellschaftstheater«, der seit 1811 neue Stücke in Übersetzung oder Bearbeitung vorstellte, läßt sich das genannte Stück nicht nachweisen.

»Neunundzwanzigster Februar« – Gemeint ist wahrscheinlich das Drama »Der 24. Februar« (1815) von Zacharias Werner.

265 *Décorer le pays* – (franz.) Das (eigene) Land schmücken.

Man stellt zwar nicht ... – Der russische General und Günstling der Zarin Gregor Alexandrowitsch Fürst von Potemkin (1739–1791) täuschte Katharina II. über die wahren Zustände in seinem Gouvernement, der Halbinsel Krim, hinweg, indem er Fassaden blühender Dörfer und Städte errichten ließ, aus denen der inspizierenden Zarin zugejubelt wurde.

266 *Deinhardstein* – Johann Ludwig Deinhardstein (1794 bis 1859), Wiener Bühnenautor; von 1832 bis 1841 war er Vizedirektor des Burgtheaters und zensierte in dieser Funktion die eingereichten Stücke.

269 *in dem Munde eines Börne ...* – Ludwig Börne (1786 bis 1837) rezensierte die »Spaziergänge eines Wiener Poeten« 1831.

270 *Mänaden* – Bacchantinnen; verzückte, rasende Weiber aus dem Gefolge des Bacchus.

271 *tempus actus* – (lat.) Gegenwart.

272 *»ubi bene, ibi patria«* – (lat.) »wo es mir wohl geht, da ist mein Vaterland« (nach Aristophanes, »Plutus«, 5).

274 *Verfasser der »Briefe eines Verstorbenen«* – Hermann Fürst von Pückler-Muskau (1785–1871), deutscher Schriftsteller und Landschaftsarchitekt, veröffentlichte 1830 unter dem Titel »Briefe eines Verstorbenen. Ein fragmentarisches

Tagebuch aus England, Wales, Irland und Frankreich« seine Reiseerlebnisse.

277 *Palais Bourbon* – Das 1722 errichtete Gebäude am Pariser Quai d'Orsay beherbergte seit 1804 das französische Parlament.

280 *»Justitia regnorum fundamentum«* – (lat.) »Gerechtigkeit ist die Grundlage der Herrschaft«.

284 *die Fluten der Donau* – Gemeint ist die Überschwemmung Wiens in der Nacht zum 1. März 1830, die besonders die Leopoldstadt in Mitleidenschaft zog.

misère générale – (franz.) Eine Spielart in dem Kartenspiel Boston, bei der derjenige verliert, der die meisten Stiche erhält (ähnlich dem »Ramsch« in deutschen Spielen).

290 *Otfried* – Otfried von Weißenburg, Mönch und erster namentlich bekannter deutscher Dichter.

298 *Sir Humphry Davy* – Englischer Chemiker (1778–1829); er beschreibt seine Erlebnisse am Traunfall in dem Buch »Salomonia or Days of fly fishing« (1828).

303 *Ludwig der Sechzehnte* – Ludwig XVI. (1754–1793), König von Frankreich von 1774 bis 1792.

307 *Satler* – Hubert Sattler oder Satler (1817–1904), österreichischer Panorama- und Landschaftsmaler, schuf u. a. 26 Kosmoramabilder für das Kosmoramagebäude im Kurpark von Salzburg.

311 *Pulpet* – (franz.) Pult.

314 *Schorel* – Jan van Schorel (1495–1562), niederländischer Maler.

319 *Friedrich in Dresden* – Gemeint ist Caspar David Friedrich (1774–1840).

323 *Rheinbayern* – 1777 wurden aus dynastischen Gründen Bayern und die Pfalz vereinigt, worauf sich für die Pfalz die Bezeichnung Rheinbayern einbürgerte.

Straßburg – Straßburg gehörte bis in das 17. Jahrhundert zum Heiligen Römischen Reich deutscher Nation. 1681 wurde die Stadt mitten im Frieden vom französischen König Ludwig XIV. okkupiert und nicht wieder freigegeben.

323 *Meisterwerk deutscher Baukunst* – Gemeint ist das Straßburger Münster, das von Erwin von Steinbach entworfen, 1277 begonnen wurde und an dem seine Nachfolger bis 1439 weiterbauten. Es galt schon Goethe für ein Muster deutscher Baukunst.

324 *die ausgezeichneten Männer* – Johann Georg August Wirth (1798–1848) und Philipp Jacob Siebenpfeiffer (1789–1845), liberale Publizisten; sie gaben den Anstoß für das Hambacher Fest zur Erringung nationalstaatlicher Einheit und wurden wegen ihrer Reden auf dem Fest im Juni 1833 in Landau vor Gericht gestellt.

326 *Paschjahre 1811/1822* – Anspielung auf das Erscheinen von Kometen in diesen beiden Jahren.

Streit zwischen Kriemhild und Brunhild – Im »Nibelungenlied« entspinnt sich vor dem Dom von Worms zwischen den beiden Königinnen Kriemhild und Brunhild ein Streit, der die Ermordung von Siegfried, Kriemhilds Gatten, und den Untergang des Burgundenreiches zur Folge hat.

Schreiber – Alois Wilhelm Schreiber (1763–1841), badensischer Historiker; er beschreibt in seinem »Handbuch für Reisende am Rhein« den Dom zu Worms. Die zitierte Bemerkung läßt sich nicht nachweisen.

329 *Luther auf seinem Wege nach Worms* – Martin Luther reiste, einer Vorladung vor Kaiser und Reich folgend, im April 1521 nach Worms, wo er vor dem Reichstag seine Schriften widerrufen sollte.

331 *Fuß* – Altes Längenmaß; ein Fuß betrug in der Rheinpfalz 33,333 cm, in Preußen 31,385 cm.

332 *Otterberg* – Die Zistersienserabtei mit der romanischen Kirche wurde nicht von Konrad II., sondern vermutlich 1144 von Konrad III. gestiftet.

333 *Justemilieuisten* – Anhänger des Juste-milieu (franz.: richtige Mitte); juste-milieu war die Bezeichnung für das zwischen konservativ und liberal lavierende Regierungssystem König Ludwig Philipps von Frankreich zwischen 1830 und 1848.

334 *Relata refero!* – (lat.) Ich wiederhole Gehörtes!

335 *Tacitus* – Tacitus beschrieb in seiner »Germania« auch in groben Umrissen die Siedlungsräume der germanischen Stämme (vgl. die zweite Anm. zu S. 102).
Sickingens alte Veste – Franz von Sickingen (1481–1523), Führer der schwäbischen und rheinischen Reichsritter, hatte bei Landstuhl eine seiner beiden Stammburgen.
fanden auch die Stube – Sickingen wurde nach einem erfolglosen Heerzug gegen den Erzbischof von Trier in seiner Burg Landstuhl belagert und tödlich verwundet.
Buchhändler Winter – Christian Friedrich Winter (1773 bis 1858), Heidelberger Verlagsbuchhändler.

336 *Hartenburg* – Die Hardenburg, 1215 bis 1220 von den Grafen von Leiningen erbaut und 1500 bis 1550 im Renaissancestil umgestaltet, wurde 1794 von den Franzosen im ersten Koalitionskrieg gesprengt.
Rudera – Ruinen (von lat. rudus: Schutt).

337 *Freisprechung in Landau* – Die Verhandlungen über Wirth und Siebenpfeiffer vor dem Geschworenengericht in Landau im Juni 1833 endeten mit einem Freispruch. In dem sich anschließenden Prozeß vor dem »Zuchtpolizeigericht« dagegen erhielten Wirth und Siebenpfeiffer zweijährige Gefängnisstrafen.
Johannes Müller – Wahrscheinlich Johannes von Müller (1752–1809), Schweizer Historiker und Staatsmann.
Zollverband – In den zwanziger Jahren schlossen sich verschiedene deutsche Staaten zu Zollverbänden, wirtschaftspolitischen Vereinigungen mit dem Ziel zollfreien Handels, zusammen. 1834 gründete man nach langen Verhandlungen den Deutschen Zollverein, der die meisten deutschen Staaten umfaßte.
Altbayern – Bezeichnung für die bayrischen Erblande im Unterschied zu Rheinbayern (vgl. die erste Anm. zu S. 323).

339 *Landau und Neustadt an der Hardt* – Landau – durch das Urteil des Geschworenengerichts zugunsten Wirths und Siebenpfeiffers – und Neustadt – durch das in der Nähe stattfindende Hambacher Fest – standen in dem Ruf, Hochburgen liberaler Gesinnung zu sein.

340 *Knipperdolling* – Bernt Knipperdolling (hingerichtet 1536), Bürgermeister in Münster zur Zeit der Wiedertäuferbewegung.

Johann von Leiden – Eigentl. Jan Beukelzoon (um 1510 bis 1536), radikaler Führer der Wiedertäuferbewegung; er versuchte 1534/35 in Münster das »Gottesreich auf Erden« zu errichten.

Belgien – Die belgische Revolution von 1830/31 führte zur Errichtung eines unabhängigen, bürgerlich-liberalen, konstitutionellen belgischen Königreiches.

341 *Kleon* – Kleon (gest. 422 v. u. Z.), athenischer Staatsmann; seine Rednergabe mobilisierte das Volk im Kampf gegen Sparta.

der heilige Hambacher Berg – Hier fand 1832 das Hambacher Fest statt, eine Versammlung von 30 000 Liberalen, auf der die Einheit Deutschlands und die Republik gefordert wurde.

Hochdörfer – Johann Heinrich Hochdörfer (1799–1851), Pfarrer und Publizist; er beteiligte sich am Hambacher Fest als Redner und wurde 1833 wegen »Schmähung öffentlicher Behörden« zu zwei Jahren Gefängnis verurteilt.

346 *Düsseldorfer Landschafter* – Gemeint sind Maler der Düsseldorfer Schule (vgl. die Anm. zu S. 35), die sich vor allem der Landschaftsmalerei widmeten.

347 *Lafayette* – Marie-Joseph de Motier, Marquis de Lafayette (1757–1834), französischer General und Politiker.

Washington – George Washington (1732–1799), erster Präsident der USA.

Thomas Paine – Englisch-amerikanischer Publizist und Philosoph (1737 bis 1809).

Robespierre – Maximilien-Marie-Isidore de Robespierre (1758–1794), französischer Revolutionär und Staatsmann.

Rotteck – Karl Wenzeslaus von Rotteck (1775–1840), liberaler Historiker und Politiker.

Owen – Robert Owen (1771–1858), englischer utopischer Sozialist.

348 *Held in meinem Roman* – Etienne Cabanis, Hauptfigur in Alexis' Roman »Cabanis« (1832), stellt sein Leben in den Dienst des preußischen Königs Friedrich II.

349 *Bertold von Zähringen* – Die Grafen von Zähringen besaßen seit dem 10. Jahrhundert eine Grafschaft bei Freiburg im Breisgau. Bertold I. (gest. 1078) erhielt 1052 von Kaiser Heinrich III. die Anwartschaft auf das Herzogtum Schwaben, ohne es je in Besitz nehmen zu können.

Ernst Münch – Ernst Hermann Joseph Münch (1798 bis 1841), Historiker und Publizist; er lebte seit 1831 in Stuttgart.

350 *Machtwille eines Fürsten* – Karlsruhe wurde 1715 durch Markgraf Karl Wilhelm gegründet und nach strengem Plan erbaut.

nachdem die Franzosen ... – Frankreich annektierte unter Ludwig XIV. weite Gebiete des Elsaß und Lothringens, die bis dahin zum deutschen Reich, u. a. zum Herzogtum Baden, gehörten.

351 *Neumann-Hainzingersches Ehepaar* – Anton Hainzinger (1796–1869), ein berühmter Tenor, war seit 1826 am Karlsruher Theater engagiert und heiratete 1829 die Schauspielerin Amalie Neumann.

Phidias – Phidias (5. Jh. v. u. Z.), griechischer Bildhauer; sein Thronender Zeus in Olympia, der im Altertum zu den 7 Weltwundern gerechnet wurde, schien, nach Aussage von Zeitgenossen, den Raum des Tempels zu sprengen.

353 *»It stone alone will not speak.«* – (engl.) »Ein Stein allein wird nicht sprechen.«

Benjamin Constant – Benjamin Constant de Rebecque (1767–1830), französischer Publizist und Politiker.

Martignac – Jean-Baptiste Gay, Vicomte de Martignac (1778–1832), französischer Politiker und Staatsmann.

Deutscher Bund – Der Deutsche Bund wurde im Ergebnis des Wiener Kongresses von 1815 gebildet und bestand bis 1866. Er beruhte auf dem Prinzip der Unabhängigkeit der Einzelstaaten, was in der Praxis nationale Zersplitterung bedeutete.

354 *König Nimrod* – In der biblischen Sage ein gewaltiger Herrscher und Jäger.
Herkules – Zu den Taten des griechischen Heros Herakles (lat.: Herkules) gehörten u. a. die Erwürgung zweier Schlangen, eines Löwen, die Erlegung der Hydra und menschenfressender Vögel.
Philadelph – Wohltäter.
Dejanira – Die zweite Frau des Herakles, Dejanira, schickte ihrem Gatten ein giftgetränktes Gewand, als er sich von einem Feldzug eine Geliebte mitbrachte. Herakles ließ sich wegen der furchtbaren Qualen auf einem Scheiterhaufen verbrennen.
Alcide – Beiname des Herakles.
Plus ultra! – (lat.) Noch darüber hinaus.

355 *Winter* – Ludwig Georg Winter (1778–1838), badensischer Staatsmann.
Böckh – Christian Friedrich von Böckh (1777–1855), badensischer Staatsmann; Böckh und Winter waren die Wortführer der konstitutionellen Monarchie in Baden.

356 *die Weisheit in Brüssel* – Vgl. die dritte Anm. zu S. 340.
die Hochzeit auf Hambach – Gemeint ist das Hambacher Fest (vgl. die zweite Anm. zu S. 341).

357 *Pique* – (franz.) Groll, Ingrimm.
Accessit ... Prinzipale – Beiwerk ... das Eigentliche.

359 *Mannheim ist auch ...* – Mannheim wurde im 18. Jahrhundert Residenz der pfälzischen Kurfürsten und als solche planvoll aus- und umgebaut.

363 *Spindler* – Karl Spindler (1796–1855), Romanautor; er lebte seit 1832 in Baden-Baden.

367 *Sehnsucht nach dem Lande, wo die Zitronen blühen* – Paraphrase des Anfangs von Mignons Lied aus Goethes Roman »Wilhelm Meisters Lehrjahre«.

369 *Hic transibat Caesar* – (lat.) Hier schritt Cäsar vorüber.

372 *ihre ältere Freiheit* – In Württemberg hatten im Gegensatz zu den meisten anderen deutschen Staaten die Stände bis zum Ende des 18. Jahrhunderts ihre Rechte gegenüber dem landesherrlichen Absolutismus verteidigt. Nachdem es dem Herzog kurzzeitig gelungen war, diese Rech-

te aufzuheben, setzten die süddeutschen Oppositionellen 1819 eine relativ liberale Verfassung durch.

375 *Tiecks glückliches Elfenreich* – Anspielung auf Ludwig Tiecks Märchen »Die Elfen« (1811).

Dannecker – Johann Heinrich von Dannecker (1758 bis 1841), klassizistischer Bildhauer und Direktor der Karlsruher Kunstschule.

griechischer Tempel – Zwischen 1823 und 1828 wurde nach Danneckers Plänen auf dem Rotenberg eine klassizistische Gruftkapelle errichtet.

377 *Uhland* – Uhlands Wirken rief die sogenannte schwäbische Dichterschule hervor, zu der Gustav Schwab, Justinus Kerner und andere gehörten.

Rottecksche Weltgeschichte – Die »Allgemeine Weltgeschichte« Rottecks (6 Bände, 1812–1818) gehörte zu den bedeutendsten Leistungen der vormärzlichen Geschichtsschreibung (vgl. die fünfte Anm. zu S. 347).

380 *Als Uhland für Stuttgart gewählt werden sollte* – Uhland wurde 1832 in die zweite Kammer der Württemberger Ständevertretung gewählt und gehörte ihr bis 1839 an.

Laffittes und Periers – Jacques Laffitte (1767–1844) und Casimir Perier (1777–1832) waren Bankiers und Politiker, die Ludwig Philipp nach der Julirevolution auf den Thron verhalfen.

382 *Paul Pfizer* – Paul Achatius Pfizer (1801–1867), schwäbischer Publizist und Politiker; er gehörte seit 1831 der zweiten Kammer der Württemberger Ständevertretung an.

383 *Seine Ansichten ...* – In dem »Briefwechsel zweier Deutscher« (1831) empfahl Pfizer den Anschluß an Preußen als einzigen Weg zur nationalstaatlichen Einigung, woraufhin er aus dem Staatsdienst entlassen wurde.

385 *Darius hatte recht und Alexander auch* – König Alexander der Große von Makedonien (356–323 v. u. Z.) besiegte Darius III. (gest. 330 v. u. Z.), König von Persien, in zwei Schlachten und eroberte dessen Reich vollständig.

Friedrichs geschriebenes Recht auf Schlesien – Friedrich II. benutzte als Vorwand für die Annektion

Schlesiens im Ersten Schlesischen Krieg (1740–1742) einen Erbverbrüderungsvertrag aus dem Jahre 1537, den das brandenburgische Haus mit einer schlesischen Seitenlinie der Hohenzollern geschlossen hatte. Der Vertrag war schon 1546 vom böhmischen König annulliert worden.

386 *Cato* – Marcus Porcius Cato (95–46 v. u. Z.), römischer Politiker; als überzeugter Republikaner war er ein Hauptgegner Caesars und beging nach dessen Sieg Selbstmord.

Wittekind – Widukind (gest. zwischen 804 und 812), Heerführer der Sachsen; er kämpfte erbittert gegen die fränkische Unterwerfung der Sachsen durch Karl den Großen, erlag aber 785 der Übermacht.

Bührlen – Friedrich Ludwig Bührlen (1777–1850), Stuttgarter Publizist; veröffentlichte 1833 die Streitschrift »Zeitansichten eines Süddeutschen«.

387 *Schwab* – Gustav Schwab (1792–1850), Stuttgarter Dichter.

Karl Mayer – Stuttgarter Dichter (1786–1870).

Karl Grüneisen – Stuttgarter Dichter (1802–1878).

Justinus Kerner – Andreas Justinus Kerner (1786–1862), schwäbischer Dichter.

Nikolaus Lenau – Eigentl. Niembsch Edler von Strehlenau (1802–1850), österreichischer Dichter; er lebte 1831 in Stuttgart und von 1833 bis 1843 abwechselnd in Wien und in Schwaben.

W. Menzel – Wolfgang Menzel (1798–1873), Kritiker und Literaturhistoriker; er lebte seit 1826 in Stuttgart.

388 *K. Reinbeck* – Wahrscheinlich Georg Reinbeck (1766 bis 1849), Gymnasialprofessor und dilettierender Dichter; der gebürtige Berliner lebte seit 1808 in Stuttgart.

Laudator temporis acti – (lat.) Lobredner der Gegenwart.

W. Hauff – Wilhelm Hauff (1802–1827), Stuttgarter Schriftsteller.

die »Zerrissenen« – »Die Zerrissenen« (1832), Roman von Peter Alexander Freiherr von Ungern-Sternberg (1806 bis 1868), einem baltischen Schriftsteller, der seit 1830 oder 1831 in Stuttgart lebte.

388 *»Maler Nolten«* – Roman (1832) von Eduard Mörike.
seit Cottas Name – Johann Friedrich Freiherr Cotta von Cottendorf (1764–1832) war der Verleger von Goethe und Schiller. Nach seinem Tode übernahm sein Sohn Johann Georg (1796–1863) das Geschäft.
Hallberger – Louis Wilhelm Friedrich Hallberger (1796 bis 1879), Stuttgarter Buchhändler und Verleger der süddeutschen Liberalen.

389 *Wer sagt mir an, wo Weinsberg liegt?* – Anfang von Bürgers Ballade »Die Weiber von Weinsberg«.

390 *hochberühmte Belagerung* – 1140 belagerte Kaiser Konrad III. im Kampf gegen die Welfen erfolgreich die Stadt Weinsberg. Er schenkte der Legende nach den Frauen von Weinsberg das Leben und erlaubte ihnen, mitzunehmen, was sie tragen könnten. Als sie daraufhin ihre Männer auf den Schultern hinaustrugen, soll der Kaiser sein Wort gehalten und auch die Männer passieren lassen haben.

391 *Magus* – (lat.) Magier, Zauberer; Beiname von Justinus Kerner.

392 *Justinus Kerner* – Kerner lebte seit 1818 in Weinsberg, wo er sich am Fuße der Burgruine ein Haus erbaute (vgl. die vierte Anm. zu S. 387).
Erscheinung, die mit Erscheinungen zu tun hat – Kerner schrieb mehrere Bücher über Geistererscheinungen und Somnambulismus.
ein Auftritt aus Götzens Leben – Götz von Berlichingen (1480–1562), fränkischer Ritter; er kämpfte zeitweilig und gezwungen an der Seite der aufständischen Bauern, stand aber nur in Goethes Drama vor Weinsberg.
siehe die folgende Skizze – Das 7. Kapitel der vollständigen Ausgabe der »Schattenrisse aus Süddeutschland« wurde in unsere Ausgabe nicht aufgenommen.

394 *der Bauernkrieg* – Im Großen Deutschen Bauernkrieg eroberten die Bauern 1525 die Burg Weibertreu bei Weinsberg, richteten den verhaßten Grafen von Helfenstein und einige Ritter hin und brannten die Burg nieder.
gehört jetzt ... den Frauen – 1824 wurde die Burgruine von

König Wilhelm I. von Württemberg gekauft und einem von Justinus Kerner gestifteten Frauenverein geschenkt.

395 *für den Hohenstaufen* … – Konrad III. (1093/94–1152), Friedrich I. Barbarossa (1125–1190) und Friedrich II. (1194–1250) waren Kaiser aus dem Geschlecht der Hohenstaufen, das aus Schwaben stammte.

Minstrel – (engl., von provenzal. Menestrel) Diener, Gefolgsmann; hier: in höfischen Diensten stehender Sänger.

396 *Raumer* – Friedrich Ludwig Georg von Raumer (1781 bis 1873), preußischer Historiker.

Graf von Helfenstein – Ludwig Graf von Helfenstein (um 1498–1525) (vgl. die erste Anm. S. 394).

397 *der Spieler des Grafen* – Gemeint ist Jäcklein Rohrbach (hingerichtet 1525). Rohrbach war einer der Bauernführer in Franken, gehörte aber nicht zu den Dienstleuten des Grafen von Helfenstein.

398 *Rybiński* – Mathias Rybiński (1784–1874), polnischer General; er befehligte die polnischen Truppen im Aufstand gegen die russische Fremdherrschaft. Nach der Niederschlagung der Insurrektion Ende 1831 flüchtete er, wie viele seiner Landsleute, nach Deutschland, von wo er ein Jahr später nach Frankreich emigrierte.

399 *Lenau* – Lenau lebte 1831 einige Zeit in Weinsberg.

»Die Seherin von Prevorst« – Schrift von Justinus Kerner über Somnambulismus und Geistererscheinungen (1828, 2 Bde).

402 *Müllner* – Amadeus Gottfried Adolf Müllner (1745 bis 1832), sächsischer Dramatiker und Kritiker.

Fouqué – Friedrich de la Motte Fouqué (1777–1843), romantischer Schriftsteller.

Bonstetten – Heinrich Viktor von Bonstetten (1745–1832), Schweizer Reiseschriftsteller.

403 *Carbonarismus* – Politische Richtung, die sich nach den Carbonari, den Angehörigen eines revolutionären Geheimbundes, benannte, welche Anfang des 19. Jahrhunderts in Italien für nationale Einheit und eine demokratische Staatsform kämpften.

403 *Hannibals, Carolus Magnus und Napoleone* – Sinnbildlich für den Kulturstrom über die Alpen; der kathargische Feldherr Hannibal, der fränkische Kaiser Karl der Große und Napoleon überquerten während ihrer Feldzüge die Alpen.
Republik Gersau – Gersau im Kanton Schwyz bildete von 1390 bis 1798 eine selbständige Republik.
das Grütli – Grütli oder Rütli wird eine Uferwiese am Urner See genannt; der Sage nach war sie Versammlungsort der drei ersten Eidgenossen, die hier einander schworen, die Habsburger Vögte zu verjagen.
Tellskapelle – Die Tellskapelle liegt an jenem Ort am Vierwaldstätter See, wo der Legende nach Tell dem Schiff des Landvogtes, dessen Gefangener er war, entsprang.
404 *Sarner Bund* – Sarner Bund hieß der 1832 gebildete Sonderbund der konservativen Kantone Basel, Uri, Schwyz, Unterwalden, Wallis und Neuenburg zur Verhinderung einer Reform der Bundesakte. Er wurde im August 1833 durch den Druck der liberalen Partei aufgelöst.
entêtiert – eigensinnig, starrköpfig.
405 *Walter Stauffacher* – Fälschlich für Werner Stauffacher; er soll ein wohlhabender Landmann gewesen sein, der sich an die Spitze der Erhebung gegen die Vögte stellte und 1307 die Eidgenossenschaft auf dem Rütli stiftete.
407 *possessorium summarissimum* – (lat.) abgekürzte, vorläufige Besitzklage.
411 *statt der Capulets die Montagues* – Capulet und Montague heißen in Shakespeares Tragödie »Romeo und Julia« die miteinander rivalisierenden Adelsfamilien in Verona.
Salis und Planta – Graubündener Adelsgeschlechter, die sich im 16. und 17. Jahrhundert befehdeten.
413 *Baseler Vorgänge* – Ein Verfassungsstreit führte 1831 bis 1833 zwischen Basel-Stadt und Basel-Landschaft zu einem erbitterten Bürgerkrieg. Nach wiederholtem Überfall der Stadt auf die Landschaft ließ der Bundestag im August 1833 Stadt und Landschaft besetzen und bildete zwei Kantone.

413 *Tagsatzung* – Bis 1848 Bezeichnung des Schweizer Bundestages.

416 *Fideikommisse* – Ererbtes Stammgut, das nicht veräußert werden darf.

417 *abbaye des gentilhommes* – (franz.) Abtei für Edelleute.

418 *Berthier* – 1807 erhob Napoleon seinen Marschall Alexandre Berthier (1753–1815) zum Fürsten und Herzog der von Preußen abgetretenen Fürstentümer Neuchâtel und Valangin.

423 *Paschalik* – (pers.) Machtgebiet eines Paschas.

424 *Junges Italien* – Der 1831 durch Mazzini gegründete Geheimbund zur Erringung eines einigen, republikanischen Italiens verlegte nach zwei mißglückten Aufständen sein organisatorisches Zentrum in die Schweiz.

Carbonarismus – Das Junge Italien ging aus dem Bund der Carbonari hervor (vgl. die erste Anm. zu S. 403).

425 *»Mimili«* – Vgl. die dritte Anm. zu S. 69.

G. Dörings »Hirtenkrieg« – Die Novelle »Hirtenkrieg« (1830) des deutschen Autors Georg Christian Wilhelm Asmus Döring (1789–1833) spielt wie »Mimili« in der Schweiz.

Ulrich Hegner – Ulrich Hegner (1759–1840), Schweizer Schriftsteller.

Verzeichnis der Abbildungen

Die Reproduktionen der Landschaften und Stadtansichten wurden sämtlich mit freundlicher Genehmigung der Deutschen Staatsbibliothek Berlin nach Vorlagen aus dem Besitz ihrer Kartenabteilung angefertigt. Die Aufnahmen stammen von Eberhard Renno.

Inhalt